丛书主编：梅强

# 公司理财与创业

GONGSI LICAI YU CHUANGYE

编著 谢竹云 徐惠珍 张 华 等

镇 江

**图书在版编目(CIP)数据**

公司理财与创业 / 谢竹云等编著. — 镇江 : 江苏大学出版社，2014.11
ISBN 978-7-81130-842-6

Ⅰ. ①公… Ⅱ. ①谢… Ⅲ. ①公司—财务管理 Ⅳ. ①F276.6

中国版本图书馆 CIP 数据核字(2014)第 238060 号

**公司理财与创业**

编　　著/谢竹云　徐惠珍　张　华 等
责任编辑/李菊萍
出版发行/江苏大学出版社
地　　址/江苏省镇江市梦溪园巷 30 号(邮编：212003)
电　　话/0511-84446464(传真)
网　　址/http://press.ujs.edu.cn
排　　版/镇江新民洲印刷有限公司
印　　刷/句容市排印厂
经　　销/江苏省新华书店
开　　本/787 mm×1 092 mm　1/16
印　　张/20.25
字　　数/518 千字
版　　次/2014 年 11 月第 1 版　2014 年 11 月第 1 次印刷
书　　号/ISBN 978-7-81130-842-6
定　　价/45.00 元

如有印装质量问题请与本社营销部联系(电话:0511-84440882)

# 序

自上世纪末以来，中国乃至世界都进入了一个前所未有、新的高速发展阶段。科学技术，尤其是计算机技术和网络技术突飞猛进的发展，带给人们的不仅仅是便利、舒适的日常生活，更重要的是带来了经济结构、生产方式和经营理念革命性的转变。在进入21世纪的十余年里，网络技术又有了新的突破，固定网络向移动网络拓展，有线网络向无线网络延伸，互联网变身为物联网，这些都为网上交易平台的建立和物流业实现全覆盖打下了坚实、完备的技术基础和物质基础，为个人创业提供了难得的契机。与此同时，随着中国改革开放的不断深入，经济全球化步伐的加快，中国经济社会发生了翻天覆地的变化。中国经济社会在取得令世界瞩目成就的同时，也面临着可持续发展的瓶颈。时代呼唤千百万创业者，社会需要比尔·盖茨、乔布斯那样的企业家。中国经济社会要走出发展的瓶颈，步入良性发展的轨道，必然离不开无数充满智慧、富有创造力和活力的创业者、企业家。

2013年11月，中共十八届三中全会召开，对我国今后10年乃至更长时期的改革方针、政策进行了全面部署，会议通过的《中共中央关于全面深化改革若干重大问题的决定》则为我国全面深化改革，推动政治、经济、文化、社会等方面发展的纲领性文件，《决定》明确指出，要“使市场在资源配置中起决定性作用”，“必须毫不动摇鼓励、支持、引导非公有制经济发展，激发非公有制经济活力和创造力。”可以预见，这必将拉开各级政府进一步拆除不利于民营企业发展政策门槛的大幕，激发起全社会的创业积极性，促进民营企业的大发展。

担负着为现代社会培养高层次人才重任的高等教育，特别是应用型的高等教育，毫无疑问应该密切关注现实经济社会的发展，围绕其发展动态开展教学改革和科研活动。知识只有与现实经济社会相衔接，接上现实世界的“地气”，才有可能获得生命力，知识之树才能够常青。

江苏大学工商管理专业类，是江苏省高校重点专业类，包括工商管理、会计学、市场营销、人力资源管理专业，一批专业教师长期从事创业管理的教学科研活动，取得了较丰硕的成果，2011 年出版了《管理学——创业视角》教材，将创业概念引入管理学原理的教学中，这一尝试取得了很好的效果。现在，江苏大学工商管理专业类教师计划与江苏大学出版社合作出版《创业会计学》等融入创业活动的管理系列教材，力图将创业教育全面引入相关管理专业教育的平台，将创业教育、创新教育、管理教育和专业教育有机结合起来，在向学生传授专业知识、技能的同时，培养他们管理、创新、创业的意识和能力。未来社会对于高素质人才的定义绝不会是指那些"学富五车"单纯拥有知识的人，而是如联合国教科文组织亚太办事处在"提高青少年创业能力的教育联合革新项目"东京会议报告中指出的"具有开创性的个人"和具有"首创、冒险精神、创业能力、独立工作能力以及技术、社交和管理技能"的人。管理、创新、创业和专业知识及技能将构成未来高素质人才不可或缺的基本因素。因此，江苏大学工商管理专业类同仁努力的方向正是联合国教科文组织所倡导的，相信通过大家脚踏实地不懈的追求，一定能够培养出更多适应经济社会发展的高层次创业人才，促成他们成功地把握时代和社会所提供的契机，成为我国经济发展大潮的弄潮儿，从而为我国经济结构的转型升级和社会的可持续发展作出自己应有的贡献。

江苏大学工商管理专业类负责人

2014 年 2 月

# 前　言

理财就是研究“以钱生钱”之术。从一个公司的角度来讲,“以钱生钱”就是公司运用自身掌握的财务资源追求财富增值的决策过程。翻开世界知名公司的发展史,你会发现这些卓越的公司在快速成长的过程中,几乎都伴随着传奇般的“以钱生钱”创造价值的历史。进入21世纪,经济全球化的浪潮,使得公司的生存与发展面临前所未有的竞争压力,掌握“以钱生钱”之术,可以帮助公司积极应对各种挑战,成功打开财富之门。

合理的投融资决策是公司价值创造的主要来源。融资决策主要解决公司资金的来源问题,而投资决策主要解决公司资金的去向问题。现有各类公司理财教材,大都以这两项财务决策来构建框架。本书在完整沿袭公司理财现有内容与经典框架的同时,积极探索变革思路,大胆引入“创业”元素,在教材中大量融入了创业企业财务管理的理论和案例,以满足经济管理类专业创业型、应用型人才培养的需要。

本书的特色主要体现在以下三个方面:第一,视角新颖。在深入阐述公司财务的理论基础与应用方法,保持公司理财理论体系的系统性与完整性的同时,通过每章后的知识拓展,实现了从创业视角系统阐述公司财务理论的目的,这在现有公司理财教材中较为少见;第二,内容全面、翔实。本书不仅系统阐述了公司理财的基本理论与方法,还用两章的篇幅,以专题的形式全面介绍了创业企业的治理与激励方式、大学生创业财务等问题;第三,实用性强。本书每一章给出的引导案例和案例分析大都源于企业的实际案例,大学生创业财务专题全面阐述了大学生创业计划书及其设计、大学生创业融资的主要渠道及创业风险的规避等问题,增强了本书的实用性与可操作性。

全书共十二章,参加编著的同志分工如下:第一章由谢竹云编写,第二、七章由徐惠珍编写,第三章由刘瑞文编写,第四章由谢竹云、张华编写,第五章由李靠队编写,第六章由李靠队、张华编写,第八、九章由喻雁编写,第十、十二章由陈卫军编写,第十一章由万武编写,第一章到第十章的知识拓展由谢竹云编写。全书由谢竹云负责框架的设计、书稿的统稿、修改和定稿。

本书适合选作高等院校会计学、财务管理等经济管理专业的本科教材，以及相关专业硕士研究生入学考试的参考教材，也可以作为创业者、企业高级管理人员和对学习公司理财有兴趣的读者的学习参考书。

本书的编写借鉴、吸收了大量专家、学者们的研究成果，在此表示诚挚的谢意。最后，衷心感谢江苏大学出版社有关领导的肯定，衷心感谢杨海濒、李菊萍在本书的出版与编辑过程中付出的辛勤劳动，他们的支持和帮助使得本书得以顺利出版。

谢竹云

2014 年 10 月

# 目　录

# 1 公司理财导论

**学习目标**

1. 了解公司理财发展的历程。
2. 理解企业的组织形式及其对公司理财活动的影响。
3. 掌握公司理财的目标及其内容。
4. 了解金融资产的概念、特点与种类。
5. 了解金融市场的类型与功能。

## 财务经理的苦恼

一年前，嘉华公司因业务发展的需要，将原有的公司拆成三个子公司，并将财权下放到各子公司，林平也由原来的总公司调到了现在的嘉华电子公司，任财务部总经理。

嘉华电子公司是原嘉华公司的一个事业部，当时并没有独立的财务部，只有一个经营管理部负责报表分析及预算工作。应该说，这是一个很好的发展机会。“终于可以独当一面了！”林平有些暗自庆幸。嘉华电子公司显然对他也很重视，公司老总亲自找他谈话，欢迎他加入电子公司，并非常谦逊地表示电子公司没有财务上的经验，也没有财务方面的专业人才，希望林平能带着所有分到电子公司的原总公司财务部人员搭建一个运作良好的财务平台，为电子公司的二次创业提供决策信息保障。

财务部的职责是及时、准确地提供经营决策信息，具体点说，就是在保证核算准确的基础上，于每月 8 日出具报表，并做分析。一切都在按规划进行着，财务部赶在过年前出了 1 月份的报表，并且受到了各方的好评。过完春节回来后，财务部要对 1 月份的报表进行分析，林平很快地将这次工作安排好了，可也就在那天，经营管理部总经理找到他要1月份的报表数据，并告诉林平，经营管理部要做财务分析。

林平并不以为然，他的想法是，经营管理部原来就是电子公司的一个部门，比财务部更加了解电子公司的产品及市场情况，让他们来做经营分析（指从非财务角度，如从产品、市场等角度对经营数据进行阐释）还是比较合理的，而财务分析（指主要依赖财务指标对经营数据进行阐释）应当由财务部门负责。这样两个部门可以各尽所长，相辅相成。可在几天后召开的1月份经营情况汇报会上，林平感到有些不妙，财务部被要求只汇报报表数据，而由经营管理部对报表数据进行深入分析。

财务分析究竟应当由谁来做？林平找老总询问此事，老总认为经营管理部多年来一直负责电子公司的财务分析，他们对电子公司的经营状况已很了解，分析起来也可以做到有的放矢。财务部主要职责还是保证报表数据的及时、准确，至于分析可以慢慢来。看来还是林平自己没有领会老总的"精神"，在老总眼中，财务部也就是会计部，搞好核算就可以了。

在总部时，财务部虽然一直提"服务"的口号，但那只局限于出纳及审核会计，而作为核算会计及责任会计，则强调的是对于下属事业部的管理监控。但没想到在电子公司仅3月份一个月，财务部就因为监管问题与事业部发生了多次冲突。例如，由于市场整体状况的影响，电子公司3月份的销量很不景气，按照这种趋势，将有多个部门完成不了年初定下来的月度、甚至是季度指标。于是一些事业部提出延长应收账款坏账准备金的计提时间，理由是总部制定的坏账准备金计提政策并不适合电子公司的业务特征。林平极力反对，他认为，应收账款坏账准备金政策作为会计政策在会计年度内应保持其一致性，如在此时调整，今年事业部的业绩将不具可比性，既无法与上年业绩对比，也无法与年初对比，而且不能真实反映经营状况，只能成为"算账业绩"。矛盾交到了公司老总那里，老总明确表态，事业部是利润的主要来源，一切应以销售为重，财务部应以服务为主，其目标是为事业部在前方的冲锋陷阵做好后勤保障服务。结果自然是事业部预提回佣及延长坏账准备金计提时间的建议得到了批准。

在接下来的日子里，财务部又不断接到事业部提出的一些无理要求。在遭到拒绝后，某些事业部开始向老总反映财务部核算不准、经常出错，致使事业部的报表数据无法反映真实的业绩，无法为经营决策提供信息。老总再一次向林平提出，保证报表数据准确、及时才是财务部的首要任务，并要求财务部提高服务意识，希望林平不要因其他事而影响主职责的完成。林平觉得很冤枉，他自认为财务部的工作人员很努力，他们踏实、勤勉，及时、准确地完成了报表的编报工作。至于服务意识，财务人员毕竟不是销售人员，不能为客户一味地开"绿灯"，否则后果将无法收拾。

去年的风风雨雨已走过，可林平预感到今年将有更大的风雨，规划就是个头疼的事，一想到临近年底的规划汇报会，他心里就犯愁，虽然这稿规划已经经过了多次讨论和修改，他还是有些不放心。老板不信任的眼神，让他既有点愤愤不平，又有些忐忑不安。财务部今后将何去何从？林平又一次陷入了沉思。

（资料来源　茅宁：《公司理财》，北京师范大学出版社，2006 年。）

# 1.1 公司理财的相关概念

嘉华电子公司财务经理林平面临众多的困惑：财务部要不要做财务分析？财务部是管理部门还是服务部门？这些困惑产生的主要原因之一是林平和公司总经理对现代公司理财内涵的理解有分歧，即什么是财务？财务的功能如何定位？

与财务一词对应的英文是“Finance”。“Finance”可以译为财务，也可以译为金融。Finance 的本意是融通资金，因此，公司理财（Corporate Finance）的直译是公司（或企业法人）的融资。或者说，融资决策是公司理财的最基本的功能，并由此带来公司理财的其他活动。因此，从狭义的角度定义，公司理财即公司财务管理，它是公司组织财务活动、处理财务关系的各项管理工作的总称。但是，“财”也可以理解为“财富”。因此，从广义上讲，公司理财是公司价值的创造过程。

## 1.1.1 公司理财的基本内容

公司理财是研究公司当前或未来经营活动所需财务资源的取得与使用的一种管理活动。所谓资源的取得是指筹资（Financing）活动，即以最低的成本筹集经营活动所需要的各种资本；所谓资源的使用是指投资（Investment）活动，即将筹得的资本用于旨在提高公司价值的各项活动。

图 1-1 列示了公司资产负债表的一般表达式，可以帮助人们了解公司理财的基本内容。根据资产负债表模式可将公司理财分为长期投资管理、长期筹资管理和营运资本管理三部分。长期投资管理（资本预算）主要侧重于公司资本的投向、规模、构成及使用效果管理，即对列示在资产负债表左下方有关内容的管理；长期筹资管理主要侧重于资本的来源渠道、筹措方式、资本成本及资本结构管理，即对列示在资产负债表右下方有关内容的管理；营运资本管理主要侧重于流动资产管理和为维持流动资产而进行的筹资活动管理，即对列示在资产负债表上方有关内容的管理。投资、筹资及营运资本管理共同作用的结果使资源的使用效益大于资源的取得成本，实现公司价值最大化。

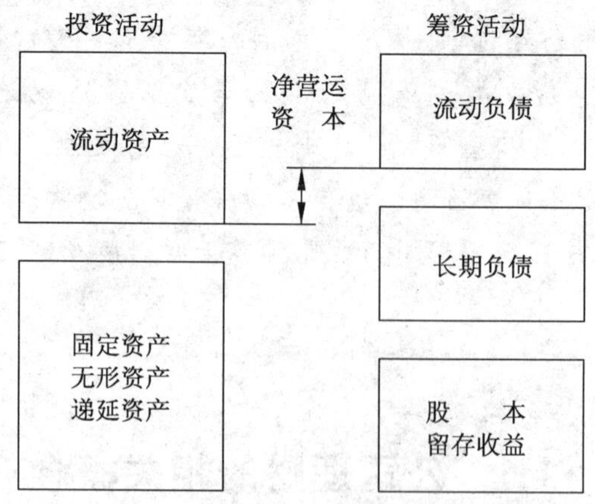


**图 1-1 资产负债表的一般表达式**

需要说明的是，股利政策是确定公司利润如何在股东红利和再投资这两方面进行分配的。因此，在投资既定的情况下，公司的股利政策可看作是筹资活动的一个组成部分。

### 1.1.2 财务经理的职责

通常，公司财务管理与公司高层管理人员有关，如财务副总经理（Vice President of Finance，VP）或财务经理（也称首席财务官，Chief Financial Officer，CFO）。财务经理的大部分工作在于通过财务和会计工作为公司创造价值。图 1-2 描述了财务经理（CFO）的主要职责以及现金从投资者流向公司并最终返回投资者的过程。

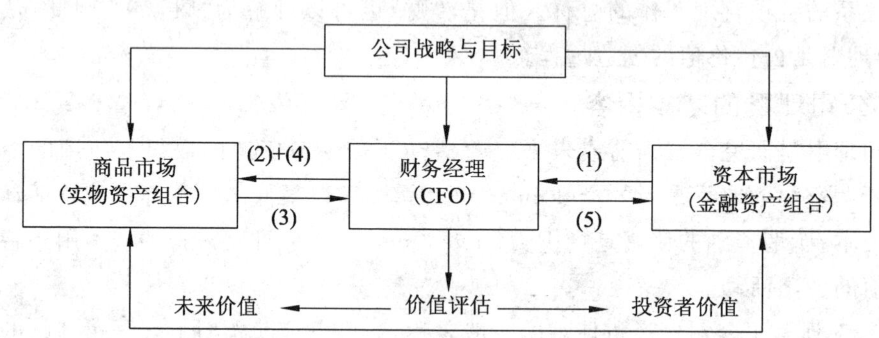


**图 1-2 财务经理的主要职责**

注：(1) 筹资，即在资本市场向投资者出售金融资产；

(2) 投资，即在商品市场进行实物资产投资；

(3) 分析，即将筹资的现金流量与投资的现金流量进行对比分析；

(4) 再投资，即将投资或经营产生的现金流量的一部分用于再投资；

(5) 分红付息，即将投资收益的一部分以利息、股息或红利的形式分配给投资者。

在图 1-2 中，财务经理需要回答两个基本问题：一是如何在商品市场上进行实物资产投资，为公司未来创造价值。二是如何在金融市场上筹措投资所需要的资本，为投资者创造价值。对第一个问题的回答是公司的投资决策，也称资本预算决策，即根据公司的战略规划确定公司资本预算方法和程序，参与投资方案的财务评估；对第二个问题的回答是公司的筹资决策，即根据公司的需要与商业银行或投资银行一起选择或设计各种筹资工具、估算资本成本、设置资本结构和股利政策等。

## 1.2 公司理财的演进

任何一门学科，其理论都是经过了历史的延续过程，一步一步形成与发展起来的。公司理财也不例外，从国际视野来看，公司理财的发展大致经历了以下几个阶段：

(1) 20 世纪之前，公司理财一直被视为微观经济理论的应用学科，是经济学的一个分支。格林(Thomas L. Greene)于 1897 年出版的《公司理财》可视为世界上第一部论述公司理财的论著。不过，当时公司理财的内容只包括信用工具、金融机构和资本市场三大部分。到了 1900 年，西方国家金融市场已经初具规模，投资银行、商业银行、储蓄银行、保险公司等中介机构已经成为企业组织经营环境不可缺少的组成部分。借助这些中介机构，企业组织发行的各种证券在金融市场上流通与交易。

(2) 20 世纪 20 年代，随着经济与科学技术的发展，新的行业不断涌现，企业组织需要筹集更多的资金，以扩大生产规模。这个时期，公司理财主要关注企业组织如何利用股票、债券和其他证券筹集资金。此时，投资银行家和证券经纪商的作用和地位开始引起人们的关注。显然，当时公司理财的主要研究内容是外部筹资方法。由此可见，传统的公司理财概念与筹资相联系。斯通(Arthor Stone)于 1920 年出版的《公司理财策略》(*Financial Policy of Corporate*)可视为该时期的代表作。

(3) 20 世纪 30 年代，西方国家出现经济大萧条。这时，公司理财的重点转向与企业组织生存密切相关的问题，如企业组织的资产流动性、破产清算、合并等。这个时期，西方国家加强了对企业组织的管制，推动了公司理财学科的发展。例如，美国政府在 1933 年和 1934 年分别通过了证券法和证券交易法，要求企业组织公布财务信息。这就为公司理财的财务分析奠定了基础。

(4) 20 世纪 40 年代至 50 年代，公司理财学科没有重要的发展和突破，传统观念依然占统治地位。也就是说，公司理财侧重于企业组织的外部和投资者的角度，而不是企业组织的内部决策角度。公司理财的研究方法主要还是描述性和定义性的。这个时期，公司理财的研究重点是分析、预测和控制企业组织的现金流量(Cash Flow)。

(5) 20 世纪 50 年代中期，公司理财的重心开始转向资本预算(Capital Budgeting)。随着投资项目选择方法的出现，公司理财开始关注资本的合理、有效运用。此外，公司理财也开始扩展到现金和存货管理、资本结构和股利策略等重要主题。由此，公司理财的关注重心开始从企业组织的外部转向企业组织的内部，注重企业组织的内部决策。

(6) 20 世纪 60 年代资本结构理论的发展，标志着公司理财进入一个崭新的发展阶段。在这个时期，公司理财的基本理论得到很大的发展，出现了著名的 MM 理论，即资本结构理论和投资组合理论(Investment Portfolio Theory)。

(7) 20 世纪 70 年代到 80 年代是公司理财基本理论的一个重要发展时期。夏普(Sharpe)的资产定价模型(Capital Asset Pricing Model,CAPM)、布莱克(Black)和斯科尔斯(Scholes)的期权定价模型(Option Pricing Model,OPM)等公司理财理论得到广泛的运用。公司理财的重心转变为基于不确定性环境下企业的估价问题。

(8) 20 世纪 90 年代至今,全球性的金融工具创新,引起公司理财的重大发展,使得公司理财的投融资技术和方法日趋多样化和复杂化。同时,基于国际经济一体化,公司理财已经超越了国家和民族的限制,进入国际化时代,国际理财(International Finance)越来越引人注目。

总之,公司理财学科已经从描述性研究转向更为严格的分析性和实证性研究;从单纯的筹资转向资产管理、资本分配和企业组织的估价;从注重企业组织的外部分析转向注重企业组织的内部决策。

自新中国建立到改革开放前,国内的公司理财主要学习苏联的经验,在计划经济的环境下,并没有形成真正意义上的企业财务管理。改革开放之后,随着我国企业制度和金融市场的建立和逐步完善,国内的公司理财学科在引进西方公司理财的基础上得到了大力发展。今天,公司理财活动和财务经理人日益受到企业组织的重视。

## 1.3 企业组织形式

企业的组织形式有很多,按照不同标准可以作不同的分类。这里主要介绍按照国际惯例划分的三种企业组织形式。

### 1.3.1 个人独资企业

个人独资企业是指由一个自然人投资兴办的企业,企业主享有全部的经营所得,同时对债务负完全责任。个人独资企业的优点:① 企业开办、转让、关闭的手续简便;② 企业主自负盈亏,对债务承担无限责任,会尽心经营企业;③ 企业税负较轻,只需要缴纳个人所得税;④ 企业在经营管理上制约因素较少,经营方式灵活,决策效率高;⑤ 没有信息披露的限制,企业的技术和财务信息容易保密。

个人独资企业也存在无法克服的缺点:① 风险巨大。企业主对企业承担无限责任,在硬化企业预算约束的同时,也带来了企业主承担风险过大的问题,从而限制了企业主向风险较大的部门或领域进行投资,这对新兴产业的形成和发展极为不利。② 筹资困难。因为个人资金有限,在借款时往往会因信用不足而遭到拒绝,因此,限制了企业的发展和大规模经营。③ 企业寿命有限。企业所有权和经营权高度统一的产权结构意味着企业主的死亡、犯罪都有可能导致企业不复存在。

基于以上特点,个人独资企业的理财活动相对来说比较简单。

### 1.3.2 合伙企业

合伙企业是指由两个或两个以上的自然人订立合伙协议，共同出资、合伙经营、共享收益、共担风险，并对合伙企业债务承担无限连带责任的企业。为了避免经济纠纷，在合伙企业成立时，合伙人须订立合伙协议，明确每个合伙人的权利和义务。与个人独资企业相比，合伙企业资信条件较好，容易筹集资金和扩大规模，经营管理能力也较强。

按照合伙人的责任不同，合伙企业可分为普通合伙企业和有限合伙企业。普通合伙企业的合伙人均为普通合伙人，对合伙企业的债务承担无限连带责任。有限合伙企业由普通合伙人和有限合伙人组成，有限合伙人以其出资额为限对债务承担有限责任。但是，有限合伙企业要求至少有一人是普通合伙人，而且有限合伙人不直接参与企业经营管理活动。

合伙企业具有设立程序简单、设立费用低等优点，但也存在责任无限、权力分散、产权转让困难等缺点。

由于合伙企业的资金来源和信用能力比独资企业有所增加，盈余分配也更加复杂，因此合伙企业的财务管理比独资企业要复杂得多。

### 1.3.3 公司制企业

任何依据《公司法》登记的机构都被称为公司。各国的公司法差异较大，因此，公司的具体形式并不完全相同。它们的共同特点是均为经政府注册的营利性法人组织，并且独立于所有者和经营者。

正是由于公司是独立法人，使它具有以下优点：① 无限存续。一个公司在最初的所有者和经营者退出后仍然可以继续存在。② 容易转让所有权。公司的所有者权益被划分为若干股权份额，每个份额可以单独转让，无须经过其他股东同意。③ 有限债务责任。公司债务是法人的债务，不是所有者的债务。所有者的债务责任以其出资额为限。正是由于公司具有以上三个优点，使之更容易在资本市场上筹集到资金。有限债务责任和公司无限存续，降低了投资者的风险；所有权便于转让，提高了投资人资产的流动性。这些特点促使投资人愿意把资金投入公司制企业。

公司制企业的缺点：① 双重课税。公司作为独立的法人，其利润需交纳企业所得税，企业利润分配给股东后，股东还需交纳个人所得税。② 组建公司的成本高。《公司法》对于建立公司的要求比建立独资或合伙企业高，并且需要提交一系列法律文件，通常花费的时间较长。公司成立后，政府对其监管比较严格，需要定期提交各种报告。③ 存在代理问题。经营者和所有者分开以后，经营者成为代理人，所有者成为委托人，代理人可能为了自身利益而伤害委托人利益。

三种形式的企业组织中，个人独资企业占企业总数的比重很大，但是绝大部分的商业资金是由公司制企业控制的。

## 1.4 公司理财目标

### 1.4.1 公司理财目标评价

公司理财目标是一切财务活动的出发点和归宿。一般而言，最具有代表性的公司理财目标有以下三种提法。

**1. 利润最大化**

起源于亚当·斯密基于“经济人”假设的利润最大化目标是经济学界的传统观点，时至今日，这种观点在理论界与实务界仍有较大影响。以追求利润最大化作为公司理财的目标，原因有以下三个方面：① 人类进行生产经营活动的目的是为了创造更多的剩余产品，在商品经济条件下，剩余产品的多少可以用利润这个价值指标来衡量；② 在自由竞争的资本市场中，资本的使用权最终属于获利最多的企业；③ 每个企业都最大限度地获得利润，整个社会的财富才可能实现最大化，从而带来社会的进步和发展。

利润最大化目标在实践中存在一些难以解决的问题：① 这里的利润是指企业一定时期实现的利润总额，它没有考虑货币的时间价值；② 没有反映创造的利润与投入的资本之间的关系，因而不利于不同资本规模的企业之间或不同期间的比较；③ 考虑风险因素，高额利润往往要承担过大的风险；④ 片面追求利润最大化可能导致企业短期行为，如忽视科技开发、产品开发、人才开发、生产安全、技术装备水平、生活福利设施、履行社会责任等。

**2. 股东财富最大化**

以股东财富最大化作为财务管理的目标，主要源于股东作为公司的所有者，承担着公司的全部风险，因而也应享受因经营活动带来的全部税后收益，或者说，股东对企业收益具有剩余要求权。这种剩余要求权赋予股东的权利、义务、风险、收益都大于公司的债权人、经营者和其他员工。因此，在确定公司理财目标时，应从股东的利益出发，使股东财富最大化。在市场经济条件下，股东财富是由其所持有的股票数量和股票价格两方面决定的，在股票数量一定的前提下，当股票价格达到最高时，股东财富也达到最大。因此，股东财富最大化也可以表示为股票价格最大化。

与利润最大化相比，将股东财富最大化作为理财目标具有其积极的方面，主要表现在：① 股票的内在价值是按照风险调整折现率折现后的现值，因此，股东财富这一指标能够考虑取得收益的时间因素和风险因素；② 由于股票价值是一个预期值，股东财富最大化在一定程度上能够克服企业在追求利润时的短期行为，保证企业的长期发展；③ 股东财富最大化能够充分体现企业所有者对资本保值与增值的要求。

股东财富最大化也存在一些缺点：① 股东财富最大化只适用于上市公司，对非上市公司则很难适用；② 由于股票价格的变动不是公司业绩的唯一反映，而是受诸多因素影响的综合结果,因而股票价格的高低实际上不能完全反映股东财富或价值的大小;③ 股东财富最大化目标在实际工作中可能导致公司所有者与其他利益主体之间的矛盾与冲突。

**3. 公司价值最大化**

公司价值是指公司全部资产的市场价值,即公司资产未来预期现金流量的现值。公司价值不同于利润,利润只是新创造价值的一部分,而公司价值不仅包含新创造的价值,还包含公司潜在的或预期的获利能力。公司价值的评价一般是通过投资大众的市场评价进行的,投资者对公司潜在的获利能力预期越高,其价值就越大。公司价值的一般表达方式为

公司价值=债券市场价值+股票市场价值

以公司价值最大化作为财务管理的目标,其优点主要表现在:① 这一目标考虑了货币的时间价值和投资的风险价值;② 这一目标反映了对公司资产保值增值的要求;③ 这一目标有利于克服管理上的片面性和短期行为;④ 这一目标有利于社会资源合理配置,社会资本通常流向公司价值最大化的企业或行业,从而实现社会效益最大化。

以公司价值最大化作为财务管理的目标也存在一些问题:① 对于非上市公司,这一目标不能依靠股票市价做出评判,而需通过资产评估方式进行,受评估标准和评估方式的影响,这种估价不易做到客观和准确;② 公司价值,特别是股票价值并非为公司所控制,其价格波动也并非与公司财务状况的实际变动相一致,这也给公司实际经营业绩的衡量带来了一定的问题。

### 1.4.2 目标实施与代理问题

在公司制下,参与公司经营活动的关系人主要有两种:一种是公司资源的提供者,即股东和债权人;另一种是公司资源的使用者,即经营者。除此之外,公司在经营活动中还要与其他关系人(如社区、供应商、客户、政府等)发生往来。公司代理关系如图 1-3 所示。

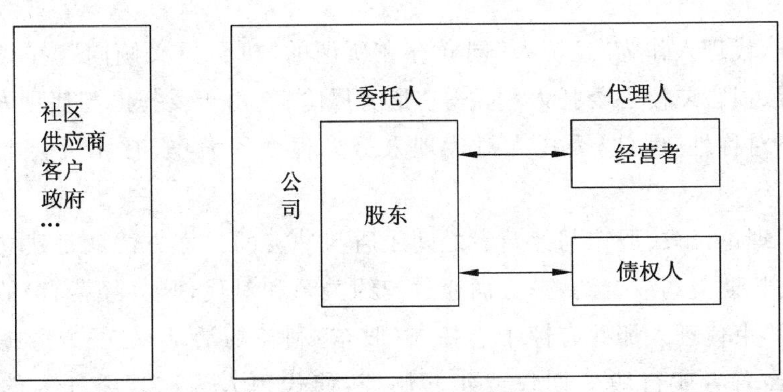


**图 1-3 公司代理关系模式**

图 1-3 中的各种关系人从市场进入公司,其目标函数各不相同。例如,股东追求股票价格最大化;债权人希望到期收回本金和利息;经营者关心工资待遇与工作条件;供应

商和客户重视产品的质量和价格;政府和社区关心税收和环境问题。由于关系人各方目标函数不一致,因而不可避免地引起代理各方利益的相互冲突。解决矛盾与冲突的方式就是关系人各方签订一系列合约,因此,现代公司的代理关系可以定义为一种契约或合同关系。这种契约或合同可能是明确的,也可能是模糊的。前者如公司与债权人之间的借贷契约,公司与员工之间的用工合同,公司与供应商、客户之间的购买与销售合同等;后者如股东与管理层之间的契约(承诺按股东的最佳利益行事)等。由此决定了这些关系人对公司收益的索偿权也不同。一般来说,除股东之外,其他关系人对公司收益具有固定的索偿权或法定索偿权;股东对公司收益仅有剩余索偿权,即公司收益只有在满足其他关系人的索偿权后(工资、利息、税收等),才能以股利等方式支付给股东。由于股东承担了公司的最后风险,因此,公司通常以股东财富最大化作为财务管理的目标。

如果说图1-1是从投资和筹资两个方面描述了财务管理的基本内容,那么图1-3则是从委托代理关系方面描述了财务管理的本质特征。在公司制下,委托代理关系主要表现为四个方面:① 股东与经营者;② 股东与债权人;③ 公司与金融市场;④ 公司与社会。

**1. 股东与经营者**

股东与经营者之间的委托代理关系产生的首要原因是资本的所有权与经营权相分离。代理关系并不必然导致代理问题,如果代理人的目标函数与委托人的目标函数完全一致,则不会引发代理问题。但在两权分离的条件下,这一假设是很难满足的。拥有公司所有权的股东具有剩余索取权,他们所追求的目标是资本的保值、增值,最大限度地提高资本收益,增加股东价值,它集中表现为货币性收益目标;拥有公司经营权的经营者作为所有者的代理人,除了追求货币性收益目标(高工资、高奖励)外,还追求一些非货币性收益目标,如豪华的办公条件、气派的商业应酬以及个人声誉、社会地位等。由于代理人的目标函数既包括货币性收益,又包括非货币性收益,在其他因素一定的条件下,代理人对非货币性收益的追求是以牺牲股东利益为代价的。因此,如果没有适当的激励约束机制,代理人就有可能利用委托人的授权谋求更多的非货币性收益,使股东的最大利益难以实现。

除此之外,代理人作为"经济人"同样存在所谓的"机会主义倾向",在代理过程中会产生职务怠慢、损害或侵害委托人利益等"道德风险"。由于委托人与代理人之间存在着严重的信息不对称性,因此,委托人对代理人努力程度的大小、有无机会主义行为较难察觉。

根据代理理论,解决股东与经营者之间矛盾与冲突的最好方法就是建立一个激励和约束经营者的长期契约或合约,一方面通过契约关系和对代理人(经营者)的行为进行密切监督,以便约束代理人那些有悖于委托人(股东)利益的活动;另一方面提供必要的激励措施,如对经营者实行股票期权或年薪制等,使代理人为实现委托人的利益而努力工作。

**2. 股东与债权人**

当债权人借出资本后,便与股东形成了一种委托代理关系。从某种意义上说,股东与债权人之间是一种“不平等”的契约关系。股东对公司资产承担有限责任,但对公司价值享有剩余索取权。前者给予股东将公司资产交给债权人(发生破产时)而不必偿付全部债务的权利;后者给予股东获得潜在收益的最大好处。也可以说,有限责任使借款人对极端不利事态(如破产)的损失享有最低保证(债务人的收入不可能小于零),而对极端有利事态所获得的收益却没有最高限制。这种风险与收益的“不对等契约”是股东与债权人之间矛盾与冲突的根源所在。

此外,在借贷活动中存在着以债务人占有私有信息为特征的信息不对称现象,即债务人比处于公司外部的债权人更了解企业的状况。他们可能会利用私有信息选择有利于增进自身效用而不利于债权人的各种行为,如债务人违反借款协议,私下改变资本用途,从事高风险投资,转移资本,弃债逃债等。而债权人既不能亲自监督债务人的行为选择过程,又无法证实债务人已经选择的行为是违背契约的。

对于债务人的各种违约行为,理性的债权人一般是通过降低债券投资的支付价格或提高资本贷放的利率,以反映他们对股东行为的重新评估。不仅如此,他们还会在债务契约中增加各种限制性条款进行监督,这些条款包括限制生产或投资条款、限制股利支付条款、限制筹资条款和约束条款等。

**3. 公司与金融市场**

以股东财富或公司价值最大化作为财务管理的目标,其隐含的假设是存在一个能有效反映信息的金融市场,信息本身可以通过公司经营者或该公司的财务分析人员及时、真实地传送到金融市场。实际上,公司有时会压制或延缓信息,特别是延缓不利信息的公布,甚至会向市场传送一些误导性或欺骗性信息。大量事实表明,公司经理确实会延期不利消息的公布。一项研究表明,星期五公布的有关收益与股东的信息比该周其他日期公布的信息包含更多的不利信息,如图 1-4 所示。

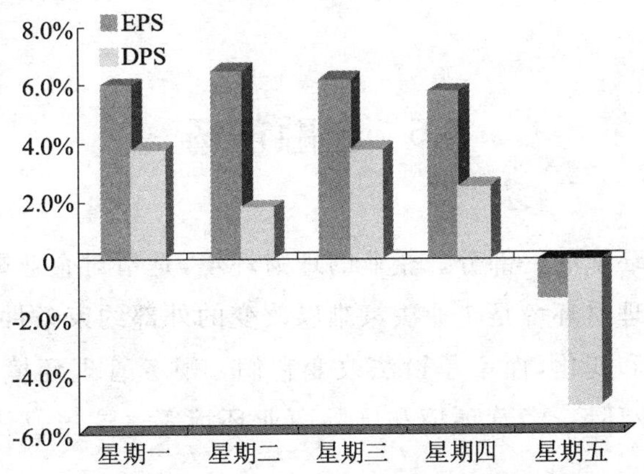


**图 1-4 每股收益(EPS)与每股股利(DPS)一周变动情况**

又如,一些公司为提高股票价格,蓄意向金融市场发出有关公司现状和前景的误导性信息,使股票市场严重偏离其真实价值。事实上,即使公司传递的信息没有造成市场价格的扭曲,也不能保证市场价格是实际价值的无偏估计,如市场参与者的非理性投资,金融市场对信息的过度反应都可能使市场价格偏离实际价值。

对于这些问题至今仍没有简单而又确凿的解决方法，从长期来看，可以采取一些方法改善信息质量，减轻价格与价值的偏离程度。这些方法主要有：① 改善信息质量，如证券交易委员会的管理机构要求公司披露额外信息，并对提供误导性和欺骗性信息的公司进行惩罚；② 改善市场效率，如提高市场流动性、降低交易成本等。市场效率这一概念并不要求市场价格总是等于真实价值，但它应是真实价值的无偏估计。

**4. 公司与社会**

如果公司目标是公司价值最大化或股东财富最大化，那么在制定和实施财务决策的过程中就可能存在一定的社会成本。例如，公司为了自身利益生产各种污染环境的产品或损害公共利益的产品等，有时这些社会成本是巨大的，且无法追索。因此，伦理学家认为当公司知道存在巨大社会成本时，公司价值最大化或股东财富最大化目标应服从于广义的社会利益。如果公司希望从公司员工、客户、供应商或社会那里获得不合理的利益，最终都将减少股东或公司的利润。例如，在20世纪50至60年代，John Manville公司为获取利润而生产石棉，当时没有意识到石棉会导致癌症的潜在可能性。30年之后，那些因石棉致癌而饱受折磨的人向该公司提起诉讼，诉讼导致了该公司的破产。因此，从长远看，股东财富最大化的财务目标将意味着公平对待社会各个群体，而这些群体的经济状况与公司的经营状况和价值是密切相关的。

上述分析表明，公司是多种契约关系的总和，不论是公司的出资者还是公司的经营者，或是公司外部的关系人，对公司的发展而言缺一不可。因此，在确定公司理财目标时，其他利益相关者的利益应在目标中得到体现。事实上，如果公司不能很好地兼顾与公司有关的其他利益相关者的利益，不能正确处理公司的各种财务关系，那么必然会引起矛盾与冲突。

## 1.5 金融市场

金融市场是理财环境的一部分。企业的理财环境，是指对企业财务活动产生影响作用的企业外部条件。理财环境是企业决策难以改变的外部约束条件，企业财务决策更多的是适应它们的要求和变化，而不是设法改变它们。财务管理环境涉及的范围很广，包括一般宏观环境、行业环境、经营环境和国际商业环境等。这里仅讨论理财环境中的金融市场问题。

金融市场和普通商品市场类似，也是一种交换商品的场所。金融市场交易的对象是银行存款单、债券、股票、期货、保险单等证券。例如，卖方发行债券换取货币，买方用货币换取债券。与普通商品交易的不同之处在于，金融市场大多只是货币资金使用权的转移，而普通商品交易是所有权和使用权的同时转移。

这些交易对象，对于买方（即投资人）来说是一种索取权，是可以产生现金流的资产；对于卖方（即筹资人）来说是一种筹资工具，是将来需要支付现金的义务。因此，金融资产、金融工具、信用工具、金融市场债券（简称证券）都是指代表资金通融关系、具有法律效力的凭证。

### 1.5.1 金融资产

**1. 金融资产的概念**

金融资产是与生产经营资产相对的一个概念。生产经营资产包括土地、建筑物、机器设备以及用来生产商品和服务的知识。生产经营资产对社会生产力（即社会成员创造的商品和服务）产生直接的贡献。社会生产力决定了社会的物质财富。金融资产，例如股票和债务，并不对社会生产力产生直接贡献，它们只不过是一张纸或是计算机里的一条记录。

金融资产是经济发展到一定阶段的产物，是人们拥有生产经营资产、分享其收益的所有权凭证。例如，你无法建立自己的汽车制造厂，但可以购买大众汽车公司的股票，从而分享该公司的收益。

生产经营资产能产生净收益，而金融资产决定收益在投资者之间的分配。人们可以选择当前消耗财富，也可投资以待将来消费。如果投资，可以通过购买证券从而以金融资产的形式持有财富。发行证券的公司得到资金，购置生产经营资产，生产商品和提供服务，创造收益。投资证券的人获得的收益，实际上来自于筹资公司的生产经营资产。

生产经营资产和金融资产的区别，还可从国民财富的角度看出来。假设一个国家只有家庭和公司两个部门。家庭部门的资产负债表中，资产为 100 亿元，其中生产经营资产 30 亿元，金融资产（对公司的投资）70 亿元，若假设没有负债，则家庭部门的净收益为 100 亿元。公司部门的资产负债表中，资产为 70 亿元，所有者权益为 70 亿元（即家庭部门的金融资产）。如果把两张报表合并在一起，公司的净收益和家庭的金融资产投资抵消，合并后的总资产 100 亿元才是国民财富，就是那些生产经营资产。

因此，金融资产是以信用为基础的所有权凭证，其收益来源于它所代表的生产经营资产的业绩，金融资产并不构成社会的实际财富。

**2. 金融资产的特点**

金融资产具有资产的一般属性：一是收益性，即预期可以产生回报；二是风险性，即预期回报具有不确定性。

金融资产和实物资产相比，具有以下特点：

（1）流动性。流动性是指非现金资产能够在短期内不受损失地变为现金的属性。金融资产和货币非常接近，它能用很少的时间、最低的成本转化为货币。一般来说，金融资产的流动性比实物资产强。

（2）人为的可分性。人为可分性是指金融资产可以人为设定最小的交换单位。例如，银行存款可以划分为货币的最小单位（1 分钱）进行取款，债券经常以 1 000 元为发行单位，股票按 1 股股票为发行单位等。金融资产的可分性与其同质性有关。这种同质资产的可分性,为聚集小额资金投入大项目提供了方便。实物资产的单位由其物理特征决定,不可以人为划分,例如一辆汽车不可以划分为更小的计量单位。

(3) 人为的期限性。具有事先人为规定的期限是金融资产的重要特征之一。期限是指金融资产从发行到最终支付的时间长度。债券工具的期限是有限的,无论债券还是借款都规定有还款期限;权益工具没有到期期限,或者说事先规定其期限为无限长。实际偿付的时间可能与事先规定的期限不同。例如,债务契约中规定,债权人可以提前偿付债务;发生破产、重组或应权益投资者要求,权益工具可能提前被偿付。实物资产的期限不是人为设定的,而是自然属性决定的。

(4) 名义价值不变性。通货膨胀时金融资产的名义价值不变,而按购买力衡量的价值下降。实物资产与之不同,在通货膨胀时其名义价值上升,而按购买力衡量的价值不变。

**3. 金融资产的种类**

金融资产按其收益的特征可分为以下三类:

(1) 固定收益证券。固定收益证券是指能够提供固定或可根据固定公式计算出来的现金流的债券。例如,固定债券的发行人承诺每年向债券持有者支付固定的利息。有些债券的利率是浮动的,但也规定有明确的计算方式。例如,某公司债券规定按国库债券率上浮两个百分点计算并支付利息。固定收益证券是公司筹资的重要形式。固定收益证券的收益与发行人的财务状况相关程度低,除非发行人破产或违约,证券持有者将按规定数额取得收益。

(2) 权益证券。权益证券代表公司所有者权益的份额。发行人事先不对持有者作出支付承诺,收益的多少具有不确定性,要看公司经营的业绩和公司净资产的价值,因此其风险高于固定收益证券。权益证券是公司筹资的最基本形式,任何公司都必须有股权资本。权益证券的收益与发行人的财务状况相关程度高,其持有者非常关心公司的经营状况。

(3) 衍生证券。衍生证券的种类繁多,并不断创新,包括各种形式的金融期权、期货和利率互换合约。由于衍生品的价值依赖于其他债券,因此它既可以用来套期保值,也可以用来投机。衍生证券是公司进行套期保值或者转移风险的工具。根据公司理财的原则,企业不应该靠投机获利。衍生品投机失败导致公司巨大损失甚至破产的事情时有发生。

### 1.5.2 资金提供者和资金需求者

金融市场上资金的提供者和需求者主要是居民、企业和政府。居民,包括自然人和家庭,他们是金融市场最主要的资金提供者。资金提供者也称资金所有者或投资者。居民出于节俭、预防意外的支付或者延迟消费等目的,其支出小于收入,成为社会的储蓄者。他们有时也会成为住宅和汽车等消费贷款的借款人,但在总体上看,居民总是净储蓄者,是金融市场上最主要的资产投资者。

**1. 企业**

企业是金融市场上最大的资金需求者。资金需求者也称筹资人、金融工具发行人。

企业通过发行股票、证券等形式筹集资金,并且在货币市场中筹集短期资金。当企业在经营中出现暂时的闲置现金时,他们会以资金提供者的身份出现,将这部分资金投入货币市场。

**2. 政府**

政府经常是资金需求者,政府通过发行财政部债券或地方政府债券来筹资,用于基础设施建设、弥补财政赤字,或者进行宏观经济调控。政府有时也会成为资金提供者,在税收集中入库而支付滞后时将部分资金投入金融市场。

上述资金提供者和需求者,是不以金融交易为主业的主体,参与交易的目的是调节自身的资金余缺。他们之间的金融交易称为直接金融交易,也就是企业或政府在金融市场上直接融通货币资金,其主要方式是发行股票或债券。此外,还有一类专门从事金融活动的主体,包括银行、证券公司等金融机构,他们充当金融交易的媒介。资金提供者和需求者通过金融中介机构实现资金转移的交易称为间接交易。金融市场的资金流动如图 1-5 所示。

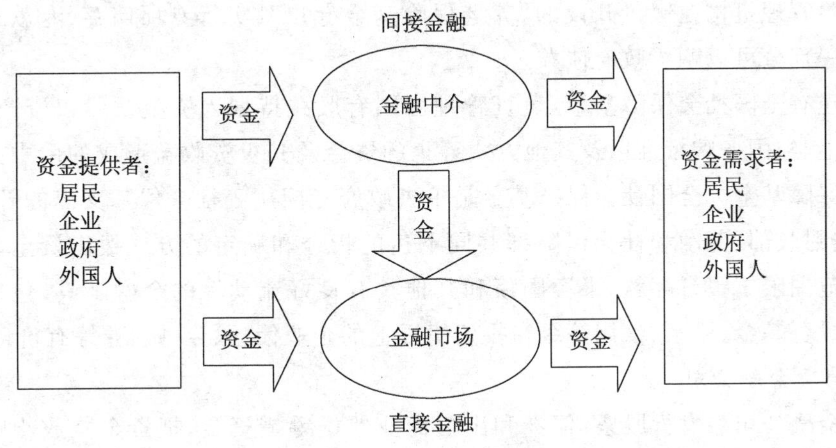


**图 1-5 金融市场的资金流动**

**3. 金融中介机构**

金融中介机构分为银行和非银行金融机构两类。银行是指存款性金融机构,包括商业银行、邮政储蓄银行、农村合作银行等。非银行金融机构是指非存款性金融机构,包括保险公司、养老基金、金融公司、投资基金、证券市场机构等。

(1) 商业银行

商业银行是指依照商业银行法和公司法设立的企业法人。它是以吸收存款方式取得资金,以发放贷款或投资证券等方式获得收益的金融机构。

商业银行的业务包括吸收公共存款,发放短期、中期和长期贷款,办理国内外结算,办理票据承兑与贴现,发放金融债券,代理发行、代理兑付、承销政府债券,买卖政府债券、金融债券,从事同业拆借,买卖、代理买卖外汇等。

(2) 保险公司

保险公司是指依照保险法和公司法设立的企业法人。保险公司收取保费,将保费所得资金投资于债券、股票、贷款等资产，运用这些资产所得的收入支付保单所确定的权益。保险公司通过上述资产转换，能够在投资中获得高额回报并以较低的保费向客户提供适当的保险服务，从中盈利。

保险公司的业务范围分为两类：① 人身保险业务，包括人寿保险、健康保险、意外伤害保险等保险业务；② 财产保险业务，包括财产损失保险、责任保险、信用保险、保证保险等保险业务。我国的保险公司不得兼营人身保险业务和财产保险业务。

(3) 养老基金

对于养老基金的建立，通常各国政府均有立法要求，并给予税收优惠。养老基金一般分为私人养老基金和政府退休基金两种。养老基金的资金来源于雇主和雇员的缴款，后者从雇员的薪酬中自动扣除或由雇员自愿缴纳。养老基金为参加养老计划的人提供年金形式的退休金。养老基金持有的金融资产主要是公司股票和公司债券。

我国的养老制度还处在不断完善之中。目前采取基本养老保险、企业补充养老保险、职工个人储蓄性养老保险相结合的制度。企业和职工个人缴纳的基本养老保险费转入社会保险管理机构在银行开设的“养老保险基金专户”，实行专项储存、专款专用。积累基金的一部分可以购买政府债券。

我国建有全国社会保障基金，负责管理由国有股减持划入资金及股权资产、中央财政拨入资金、经国务院批准以及其他方式筹集的资金及其投资收益形成的由中央政府集中的社会保障基金。全国社会保障基金是中央政府专门用于社会保障支出的补充、调剂基金，根据财政部、劳动和社会保障部共同下达的指令和确定的方式拨出资金。社会基金投资的范围限于银行存款、买卖国债和其他具有良好流动性的金融工具，包括上市流通的证券投资基金、股票、信用等级在投资级以上的企业债券、金融债券等有价证券。

(4) 消费金融公司

消费金融公司靠发行股票、债券和出售商业票据筹措资金，把资金贷放给购买耐用消费品的消费者。

消费金融公司的业务包括办理个人耐用消费品的贷款、办理一般用途个人消费贷款、办理信贷资产转让、境内同业拆借、向境内金融机构借款、经批准发行金融债券、代理销售与消费贷款相关的保险产品、固定收益类证券投资业务等。我国的消费金融公司向个人发放贷款的余额不得超过借款人月收入的5倍。

(5) 投资基金

投资基金，也称共同基金，是通过公开发售基金份额募集资金，然后投资于证券的机构。投资基金由基金管理人管理，基金托管人托管，为基金份额持有人的利益服务，以资产组合方式进行证券投资活动。

基金运作方式可以采用封闭式或开放式。封闭运作方式的基金，是指经核准的基金份额总额在基金合同期限内固定不变，基金份额可以在依法设立的证券交易场所交易，但基金份额持有人不得申请赎回的基金。开放运作方式的基金，是指基金份额总额不固定，基金份额可以在基金合同约定的时间和场所申购或者赎回的基金。

投资基金把许多人的资金集中起来，形成规模，有助于降低交易成本和建立投资组合。每份基金的价格变动，与基金持有的证券组合的构成有关。如果债券的比例大，则风险较小；如果股票的比例大，则风险较大。

(6) 证券市场机构

① 证券交易所

证券交易所是为证券集中交易提供场所和设施，组织和监督证券交易，实行自律管理的法人。实行会员制的证券交易所的财产积累归会员所有，其权益由会员共同所有，在其存续期间，不得将财产积累分配给会员。

进入证券交易所参与集中交易的必须是证券交易所的会员。投资者应当与证券公司签订证券交易委托协议，并在证券公司开设证券交易账户，以书面、电话或网络等方式，委托该证券公司代其买卖证券。

证券公司根据投资者的委托，按照证券交易规则提出交易申报，参与证券交易所场内的集中交易，并根据成交结果承担相应的清算交付责任；证券登记结算机构根据成交结果，按照清算交收规则，与证券公司进行证券和资金的清算交收，并为证券公司客户办理证券的登记过户手续。

② 证券公司

证券公司是指依照公司法和证券法规定设立的经营证券业务的有限公司。设立证券公司，必须经国务院证券监督管理机构审查批准。证券公司的主要业务有二级市场的证券经纪业务、一级市场的证券承销与保荐业务(投资银行业务)、证券自营业务等。此外，证券市场机构还有证券服务机构，包括投资咨询机构、财务顾问机构、资信评级机构、资产评估机构、会计师事务所等。

### 1.5.3 金融市场的类型

一个国家有许多金融市场，种类繁多，每个金融市场服务于不同的交易者，有不同的交易对象。金融市场可能是一个有形的交易场所，如在某一个建筑物中进行交易；也可能是无形的交易场所，如通过通信网络进行交易。

按照不同的标准，金融市场有不同的分类，这里只介绍与企业筹资关系密切的几种类型。

**1. 货币市场和资本市场**

金融市场可以分为货币市场和资本市场，两个市场所交易的证券期限、利率和风险不同，市场的功能也不同。

货币市场是短期债务工具交易的市场，交易的证券期限不超过 1 年。短期利率多数情况下低于长期债务利率；短期利率的波动大于长期利率，风险较大。货币市场的主要功能是保持金融资产的流动性，以便随时转换为现实的货币。它满足了借款者的短期资金需求，同时为暂时性闲置资金找到出路。货币市场工具包括国库券、可转让存单、商业票据、银行承兑汇票等。

资本市场是指期限在 1 年以上的金融资产交易市场。它包括两个部分：银行中长期存贷市场和有价证券市场。由于长期融资证券成为未来的发展趋势，现代资本市场也被称为证券市场。与货币市场相比，资本市场所交易的证券期限长(大于1年)，利率或要求的报酬率较高，其风险也较大。资本市场的主要功能是进行长期资金的融通。资本市场的工具包括股票、公司债券、长期政府债券和银行长期贷款。

**2. 债务市场和股权市场**

按照证券的索偿权不同，金融市场分为债务市场和股权市场。

债务市场交易的对象是债务工具，例如公司债券、抵押票据等。债务工具是一种契约，借款者承诺按期支付利息和偿还本金。期限在1年以下的是短期债务工具，期限在1年以上的是长期债务工具。有时，人们还把期限1～10年的债务工具称为中期债务工具。

股权市场交易的对象是股票。股票是分享一个公司净收入和资产权益的凭证。持有人的权益按照公司总权益的一定份额表示，而没有确定的金额。股票的持有者可以不定期地收取股利，但是没有到期期限。

股票持有人与债务工具持有人的索偿权不同。股票持有人是公司排在最后的权益要求人，即权益必须先向债权人进行支付，然后才可以向股票持有人支付。股票持有人可以分享公司盈利和资产价值增长。股票的收益不固定，因此风险比债务工具大。而债权人只能按照约定的利率得到固定收益，风险比股票小。

**3. 一级市场和二级市场**

金融市场按照所交易证券是初次发行还是已经发行分为一级市场和二级市场。

一级市场，也称发行市场或初级市场，是资金需求者将证券首次出售给公众时形成的市场。它是新证券和票据等金融工具的买卖市场。该市场的主要经营者是投资银行、经纪人和证券自营商(在我国这三种业务统一于证券公司)。他们承销政府、公司新发行的证券以及承购或分销股票。投资银行通常采用承购包销的方式承销证券，承销期结束后剩余证券由承销人全部自行购入，发行人可以获得预定的全部资金。

二级市场，也称流通市场或次级市场，是在证券发行后，各种证券在不同投资者之间买卖流通所形成的市场。该市场的主要经营者是证券商和经纪人。证券的持有者在需要资金时，可以在二级市场将证券变现。想要投资的人，也可以进入二级市场购买已经上市的证券，出售证券的人获得货币资金，但该证券的发行公司不会得到新的现金。

一级市场和二级市场有密切关系。一级市场是二级市场的基础，没有一级市场就不会有二级市场。二级市场是一级市场存在和发展的重要条件之一。二级市场使得证券更具流动性，正是这种流动性使得证券受到欢迎，人们才更愿意在一级市场购买证券。某公司证券在二级市场上的价格，决定了该公司在一级市场上新发行证券的价格。一级市场上的购买者，只愿意向发行公司支付他们认为二级市场将为这种证券所确定的价格。二级市场上证券价格越高，企业在一级市场出售证券的价格就越高，发行公司筹措的资金就越多。因此，与企业理财关系更为密切的是二级市场，而非一级市场。本书后面提到的证券价格，除非特别指明，均是指二级市场价格。

**4. 场内市场和场外市场**

金融市场按照交易程序分为场内市场和场外市场。

场内交易市场是指各种证券的交易所。证券交易所具有固定的场所,固定的交易时间和规范的交易规则。交易所按拍卖市场的程序进行交易。证券持有人拟出售证券时,可以通过电话或网络终端下达指令,该信息输入交易所撮合主机按价格由低到高排序,低价优先。拟购买证券的投资人,用同样的方法下达指令,按价格由高到低排序,高价优先。出价最高的购买人和出价最低的出售者取得一致时成交。证券交易所通过网络形成全国性的证券市场,甚至形成国际化市场。

场外交易市场没有固定场所,而由很多拥有证券的交易商分别进行。任何人都可以在交易商的柜台上买卖证券,价格由双方协商形成。这些交易商互相用计算机网络联系,掌握各自开出的价格,竞争也很充分,与有组织的交易所并无很大差别。场外市场包括股票、债券、可转让存单、银行承兑汇票、外汇交易市场等。

### 1.5.4 金融市场的功能

**1. 资金融通功能**

金融市场的基本功能是融通资金。它提供一个场所,将资金提供者手中的富余资金转移到那些资金需求者手中。这种转移,使资金从那些没有生产性投资机会的人手中转移至拥有这些机会的人手中,从而提高了经济社会的效率,增进了社会的经济福利。与此同时,这种转移使消费者在最需要消费的时候得以购买商品,也使直接消费者受益。

**2. 风险分配功能**

在转移资金的过程中,同时将实际资产预期现金流的风险重新分配给资金提供者和资金需求者。这是金融市场的另一项基本功能。

例如,一个企业主需要投资 100 万元建立企业,但是他自己只有 20 万元,还需要筹资 80 万元。所需的 80 万元,可以进行债务筹资和权益筹资,两者的比例决定了他自己和其他出资人的风险分摊比例。例如,向其他人筹集资金 40 万元,债务筹资 40 万元,如果经营成功,债权人只收取固定利息,净利润他自己分享 1/3,其他权益投资人分享 2/3;如果亏损,债权人不承担损失,仍然收取固定利息,他自己承担 1/3 的损失,其他权益投资人承担 2/3 的损失。如果改变筹资结构,风险分摊的比例也会改变。因此,筹资的过程同时实现了企业风险的重新分配。

聚集了大量资金的金融机构可以通过多元化分散风险,因此有能力向高风险的公司提供资金。金融机构创造出风险不同的金融工具,可以满足风险偏好不同的资金提供者。因此,金融市场在实现风险分配功能时,金融中介机构是必不可少的。

除了以上两项基本功能,金融市场还有以下附带功能。

**3. 价格发现功能**

金融市场上的买方和卖方的相互作用决定了证券的价格,也就是金融资产要求的报酬率。公司的筹资能力取决于它是否能够达到金融资产要求的报酬率。如果企业盈利能力达不到要求的报酬率,就筹不到资金。这个竞争形成的价格,引导着资金流向效率高的部门和企业，使其得到发展，而效率差的部门和企业得不到资金，会逐步萎缩甚至退出。竞争的结果，促进了社会稀缺资源的合理配置和有效利用。

金融市场被称为国民经济的“晴雨表”和“气象台”。金融市场的活跃程度可以反映经济的繁荣与衰退。每一种证券的价格可以反映发行人的经营状况和发展前景。金融市场上的交易规模、价格及其变化的信息可以反映政府货币政策和财政政策的效果。金融市场生成并传播大量的经济和金融信息，可以反映一个国家甚至世界范围的经济发展和变化。

**4. 调节经济功能**

金融市场为政府实施宏观经济的间接调控提供了条件。政府可以通过实施货币政策对各经济主体的行为加以引导和调解。

政府的货币政策工具主要有三个：公开市场操作、调整贴现率和改变存款准备金率。例如，经济过热时中央银行可以在公开市场出售证券，缩小基础货币，减少货币供应；也可以提高商业银行从中央银行贷款的贴现率，减少贴现贷款数量，减少货币供应；还可以提高商业银行缴存中央银行的存款准备金率，商业银行为补足应缴准备金就需减少放款，导致货币供应收缩。减少货币供应后，利率会提高，投资需求会下降，从而达到抑制经济过热的目的。

当然，事情不会这样简单。通常中央银行实施货币政策的基本目的不止一项，还包括高度就业、经济增长、物价稳定、利率稳定、金融市场稳定和外汇市场稳定等。有时这些目的相互冲突，操作时就会进退维谷。例如，经济上升、失业下降时，往往伴随通货膨胀和利率上升。如果为了防止利率上升，中央银行购入债券会增加货币供应，促使利率下跌，而增大货币供应又会使通货膨胀加剧。如果为了防止通货膨胀，放慢货币供应增长，在短期内利率和失业率就可能上升。因此，这种操控是十分复杂的，需要综合考虑其后果，并逐步试探和修正。

**5. 节约信息成本**

如果没有金融市场，每一个资金提供者寻找适宜的资金需要者、每一个资金需求者寻找适宜的资金供应者的信息成本将会非常高。完善的金融市场提供了广泛的信息，可以节约寻找资金投资对象的成本和评估金融资产投资价值的成本。

金融市场要想实现上述功能，需要不断完善市场的构成和机制。理想的金融市场需要具备两个条件：一是完整、准确和及时的信息；二是市场价格完全由供求关系决定而不受其他力量干预。现实中，扭曲的价格和错误的信息，不仅妨碍其功能的发挥，还会不时引发金融市场的动荡、混乱和危机。

## 知识拓展

### 创业期企业财务管理存在的六大问题

创业期企业的财务管理具有一些不同于成熟企业的鲜明特征。从企业创立和发展的过程来看，成功与否的关键在于企业经营者的发展战略，同时企业内部的管理制度，特别是财务管理制度也起着至关重要的作用。由于外部经营环境的不利及其内部对财务管理的不重视，创业期企业往往暴露出六个方面的财务问题。

问题之一：集权式财务管理，随意性大

创业期企业的经济性质大多属于私营性质，企业的所有者同时也是经营者，这种模式给企业的财务管理带来很多负面影响，导致创业期企业财务管理的显著特点就是集权式管理，一切事情由所有者决定，财务一般由所有者单线控制。由于所有者自身一般不具备专门的财务知识，同时又因为创业企业经营规模较小，不可能在机构、人员和制度建设方面投入太大，使财务管理具有很大的随意性，导致财务管理很难发挥其应有的计划、决策、控制等职能。

问题之二：财务人员素质低，财务管理内容单一

创业期企业在发展初期，人与人之间大多基于血缘关系和地缘联系，对团体以外的人有着天然的不信任。在财务这一敏感部门，"忠诚度"成为用人的重要标准，无血缘、乡缘关系的财务管理人员很难与家族势力平衡。所以，真正的财务专业人才很难被聘用，财务人员大多未经过正规的专业学习和培训，缺乏必要的财务管理能力，难以提供有效的财务信息，使不少创业期企业的财务管理活动仅限于财务控制，即财务部门通过控制财务收支和分析检查财务指标完成情况来监督企业本身的经营活动，降低产品成本，增加企业盈利，协助所有者实施财务监控。

问题之三：财务控制薄弱

根据有关创业期企业的调查显示，创业期企业财务上的内部控制制度总的来说残缺不全，财务清查制度、成本核算制度、财务收支审批制度等基本制度不健全，或者虽然建立了其中的几项制度，但实际工作中从未认真执行过，形同虚设。财务内控制度缺失的后果之一，就是作为内部控制的环境要素——会计资料的真实性和完整性令人怀疑。从理论上讲，确保会计资料的真实、完整，是对会计工作的基本要求。但对大多数创业期的企业而言，包括账实核对、账证核对、账账核对在内的会计核算程序并不能得到保证，从而影响到会计资料的真实性与可靠性。

问题之四：融资能力差、风险大

创业期企业在融资上面临的主要问题固然有缺乏政府支持造成融资渠道单一的原因，但与成熟期企业相比，创业期企业具有其自身融资的局限性。有数据表明，近80%的创业期中小企业的会计报表不真实或根本就没有会计报表。此外，由于一些企业存在逃避银行债务、多头抵押等情况，因而其资信等级不高。由于对创业期企业缺乏足够的信心，为保证信贷资金的安全，降低成本和提高经济效益，银行不愿冒险向创业期企业发放贷款。

问题之五：投资决策盲目，缺乏科学决策

财务管理的投资决策职能，在创业期企业往往是由创业者自己承担的，虽然在经营决策方面有着较高效率的优势，但由于大多数创业者只具有某一方面的专业技能，在进行科学投资决策方面没有太多的专业知识，投资决策时很少依赖于各种定量的分析，也很少使用科学的决策方法，往往凭借自身的经验来进行判断。同时，由于创业期企业的组织结构一般不健全，财务专业人员少，素质偏低，企业财务管理未受到应有的重视，财务管理的影响不大、地位不高等原因，使得财务人员参与收集分析的信息极少，导致决策程序比较粗糙。

问题之六：缺乏相应的风险管理

企业的平均寿命通常在10年左右，中国的企业则更短。我国企业存活期不长的原因基本相似，主要原因之一就是目前企业财务风险衡量与管理还比较滞后，许多企业都是在危机发生后总结失败的教训。创业环境的不确定性，创业机会与创业企业的复杂性，创业者、创业团队与创业投资者的能力与实力的有限性，使创业期企业面临着来自多方面的风险因素，财务风险是其中一项重要的风险，但目前很少有创业者事前对风险进行科学的分析，充分估计这一风险。创业者缺乏风险管理的意识和相应的管理行为，同时由于创业者资金、信息、资源、管理等各方面的局限，自身抵御风险的能力比较差，将使创业由于缺乏各种风险规避措施而失败。

## 案例分析

### 宏伟公司财务管理目标与利益冲突

宏伟公司是一家从事IT产品开发的企业，由三位志同道合的朋友共同出资100万元，三人平分股权共同创立。企业发展初期，创始股东都以企业的长远发展为目标，关注企业的持续增长能力，所以他们注重加大研发投入，不断开发新产品，这些措施有力地提高了企业的竞争力，使企业实现了营业收入的高速增长。在开始的几年间，销售业绩以年均60%的速度提升。然而，随着利润的快速增长，三位创始股东开始在收益分配上产生分歧。股东王力、张伟倾向于分红，股东赵勇则认为应将企业取得的收益用于扩大再生产，以提高企业的持续发展能力，实现长远利益的最大化。由此产生的矛盾不断升级，最终导致坚持企业长期发展的赵勇被迫出让其持有的1/3股份而离开企业。

但是，此结果引起了与企业有密切联系的广大供应商和分销商的不满，因为他们中许多人的业务发展壮大都与宏伟公司密切相关，深信宏伟公司的持续增长将给他们带来更多的机会。于是他们声称，如果赵勇离开企业，将断绝与企业的业务往来。面对这一情况，其他两位股东提出他们可以离开，条件是赵勇必须收购他们的股份。赵勇的长期发展战略需要较多的投资，这样做将导致企业陷入没有资金维持生产的困境。这时，众多供应商和分销商伸出援助之手，他们或主动延长应收账款的期限，或预付货款，最终使赵勇重新回到企业，成为公司的掌门人。

经历了股权变更的风波后，宏伟公司在赵勇的领导下不断加大投入，实现了企业规模化发展，在同行业中处于领先地位，企业的竞争力和价值不断提升。

（资料来源　荆新，王化成，刘俊彦：《财务管理学》，中国人民大学出版社，2012年。）

**讨论题：**

1. 赵勇坚持企业长远发展，而其他股东要求更多分红，你认为赵勇的目标是否与股东财富最大化的目标相矛盾？

2. 拥有控制权的大股东与供应商和客户等利益相关者之间的利益是否矛盾，如何协调？

3. 像宏伟这样的公司，其所有权和经营权是合二为一的，这对企业的发展有什么利弊？

4. 重要利益相关者能否对企业的控制权产生影响？

## 思考题

1. 为什么说财务管理的首要目标是企业价值最大化而不是企业利润最大化？

2. 企业利益相关者的利益与股东利益是否存在矛盾，如何解决？

3. 财务经理的主要工作是什么？

4. 金融市场环境对企业财务管理产生怎样的影响？

# 2 财务管理的价值观念

**学习目标**

1. 理解货币时间价值的含义。
2. 掌握货币时间价值的相关计算方法。
3. 理解风险及风险报酬的概念。
4. 掌握风险和风险报酬的计量方法。
5. 掌握不同证券的价值评估方法。

## 百万富翁与指数爆炸

杰米是个百万富翁，但他碰上一件奇怪的事。一天，有个叫韦伯的人对他说，我想和你订个合同，根据这个合同，我将在整整一个月中的每天给你10万元，而你第一天只需给我1分钱，以后你每天给我的钱是前一天的2倍。杰米说："真的？你说话算数？"但杰米没想到他付给韦伯的钱每天以100%的复利增长。

合同开始生效了，第一天杰米支出1分钱，收入10万元；第2天杰米支出2分钱，收入10万元；……；到了第10天，杰米共得100万元，而总共才付出10.23元。杰米想：要是合同签2个月、3个月该多好啊。可从第21天起情况发生了变化。

第21天杰米支出1万多元，收入10万元。到第28天，杰米支出134万多元，收入10万元。结果，杰米在一个月内得到300万元，却付给韦伯1 073 741 823分，也就是一千多万元！杰米破产了。

杰米的故事一定让你感到吃惊：开始微不足道的数字，两倍两倍地增长，会变得这么巨大！这种增长速度就像"大爆炸"一样，非常惊人。那么，资金是如何随着时间的推移而增值的呢？你能承受高收益投资方式所伴随的风险吗？你对潜在的高投资风险有充分的心理准备吗？这其中的奥妙在学完本章后你就会有所领悟。

（资料来源 李秉林：《百万富翁与"指数爆炸"》，《思维与智慧》，2000年第9期。）

# 2.1 货币时间价值

## 2.1.1 货币时间价值的概念

货币时间价值,是指货币经历一定时间的投资和再投资所增加的价值。

在商品经济中有这样一种现象:今天的1元钱与一年以后的1元钱是不等值的,前者要比后者的价值大,即一定量的货币资金在不同的时点上具有不同的价值。例如,将今天的1元钱存入银行,假设银行存款年利率为10%,一年以后就会是1.1元。可见,经过一年时间,这1元钱发生了0.1元的增值,这就是货币的时间价值,也称为资金的时间价值。

企业资本循环和周转的起点是投入货币资本,企业用它来购买所需的资源,然后生产出新的产品,产品出售时得到的货币量大于最初投入的货币量,实现货币增值。每完成一次循环,货币就增加一定数额,周转的次数越多,增值额也越大。可见,货币之所以具有时间价值,根源在于其在再生产过程中的运动和转化。所以,货币时间价值的实质是资本投入周转使用而形成的增值。

货币时间价值可以有两种表现形式:一是绝对数表现形式,即货币时间价值额,是指资本在周转使用中产生的真实增值额;二是相对数表现形式,即货币时间价值率,是指扣除风险报酬和通货膨胀补贴后的社会平均资本利润率或平均报酬率。但是在实际工作中对这两种表示方法并不做严格的区别,通常以利息率进行计量。

银行存款利率、贷款利率、各种债券利率等都可以看作投资报酬率,但它们与货币时间价值是有区别的,只有在没有风险和通货膨胀的情况下,货币时间价值率才与上述各报酬率相等。为了便于介绍,一般假设没有风险、没有通货膨胀,以利率代表货币时间价值率,本章也是以此假设为基础的。

## 2.1.2 单利终值和现值

利息的计算有单利和复利两种方法。单利(Simple Interest)是指每期都按初始本金计算利息,而不将以前计算期产生的利息累加到本金中去计算利息的一种方法,即利息不再计息。单利的计算包括单利终值和现值。

**1. 单利终值**

终值(Future Value),又称将来值,是指若干期以后包括本金和利息在内的未来价值,俗称本利和。

为计算方便,先设定如下符号:

$P$——本金,又称期初金额或现值;

$F$——本金与利息之和,又称本利和或终值;

$I$——利息;

$i$——每一利息期的利率(折现率);

$n$——计算利息的期数。

单利终值的一般计算公式为

$$F=P+I=P+P\cdot i\cdot n=P(1+i\cdot n)$$

**【例 2-1】** 假设银行年利率是 3%，现在存入 100 万元资金，用单利计算 3 年后这笔资金的本利和是多少？

**解** $F=P(1+i\cdot n)=100\times(1+3\%\times3)=109$(万元)

除非特别指明，在计算利息时，给出的利率均为年利率，对于计息期不足 1 年的，利息以一年等于 360 天来折算。

**2. 单利现值**

现值(Present Value)是指未来某一时点上的一定量现金折合为现在的价值。由终值求现值，称作贴现(Discount)。在贴现时所用的利息率称作贴现率。

单利现值的计算与单利终值的计算是互逆的。单利现值的计算公式为

$$P=\frac{F}{1+i\cdot n}$$

**【例 2-2】** 某人希望在 5 年后取得本利和 1 150 元，用以支付一笔款项。那么在年利率为 3%，单利方式计算下，此人现在需存入银行的资金是多少？

**解** $P=\frac{1\ 150}{1+3\%\times5}=1\ 000$(元)

### 2.1.3 复利终值和现值

复利(Compound Interest)是计算利息的另一种方法。按照这种方法，以当期末本利和为计息基础计算下期利息，即利上加利，俗称“利滚利”。这里所说的计算期，是指相邻两次计息的时间间隔，如年、月、日等。除非特别指明，计息期为 1 年。现代财务管理中一般用复利方式计算终值和现值。

**1. 复利终值**

复利终值是指一定量的本金按复利计算若干期后的本利和。其计算公式为

$$F=P(1+i)^n$$

式中 $(1+i)^n$ 通常称为复利终值系数或 1 元的复利终值，记作 $(F/P,i,n)$，可直接查阅“复利终值系数表”(见附表 1)。终值与时间和利率正相关，利率越高，终值越大；在利率为正的情况下，时间间隔越长，终值越大。上式也可写为 $F=P(F/P,i,n)$。

**【例 2-3】** 假设某公司向银行借款 200 万元，年利率为 10%，期限为 5 年，问 5 年后应偿还的本利和是多少？

**解**

$$\begin{aligned}F&=P(1+i)^n\\&=200\times(1+10\%)^5=200\times1.610\ 5=322(\text{万元})\end{aligned}$$

上述结果表明，如果利率为 10%，现在的 200 万元与 5 年后的 322 万元在价值上是相等的。

**2. 复利现值**

复利现值是复利终值的逆运算，它是指未来一定时间的特定资金按复利计算的现在

价值，或者说是为取得将来一定本利和现在所需要的本金。复利现值的一般计算公式为

$$P=F(1+i)^{-n}$$

式中$(1+i)^{-n}$通常称为复利现值系数或1元的复利现值，记作$(P/F,i,n)$，可直接查阅“复利现值系数表”(见附表2)。现值与时间和贴现率呈反方向变化，贴现率越高，现值越小；在贴现率为正的情况下，时间间隔越长，现值越小。上式也可写为$P=F(P/F,i,n)$。

**【例 2-4】** 某人计划在5年后得到10 000元，年利率(贴现率)为10%，现在应存入多少元？

**解**

$$\begin{aligned}P&=F(1+i)^{-n}\\&=10\ 000\times(1+10\%)^{-5}=10\ 000\times0.621=6\ 210(\text{元})\end{aligned}$$

### 2.1.4 年金的终值和现值

以上讨论的是一次性收付款项，在现实经济生活中，还存在一定时期内多次收付的款项，即系列收付的款项。如果每次收付的金额相等，这样的系列收付款项便称为年金。换言之，年金(Annuity)是指一定时期每次等额收付的系列款项，通常记为$A$。例如，折旧、租金、利息、保险金、养老金等通常都采用年金的形式。

年金按其每次收付发生的时点不同，可分为普通年金、先付年金、递延年金和永续年金。

**1. 普通年金终值和现值**

普通年金(Ordinary Annuity)是指一定时期每期期末等额的系列收付款项，又称为后付年金。普通年金在经济活动中最常见，因此以后凡涉及年金问题，如不作特殊说明，均指普通年金。

(1) 普通年金终值

普通年金终值犹如零存整取的本利和，它是一定时期内每期期末收付款项的复利终值之和。

普通年金终值计算可用图2-1来说明。

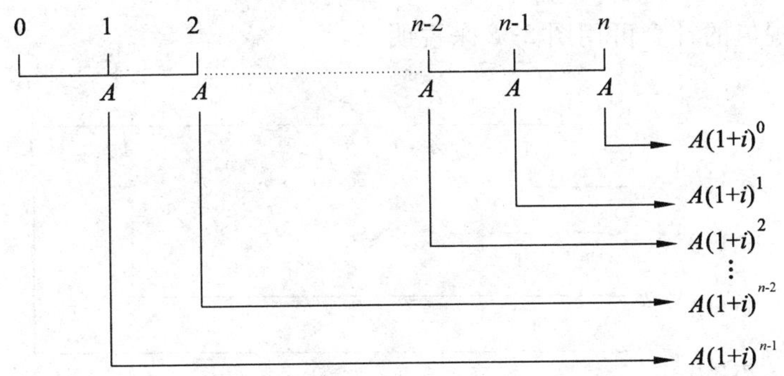


**图 2-1 普通年金终值计算示意图**

由图2-1可知，普通年金终值的计算公式为

$$F=A(1+i)^0+A(1+i)^1+A(1+i)^2+\cdots+A(1+i)^{n-1}$$

等式两边同乘以$(1+i)$，得

$$(1+i)F=A(1+i)^1+A(1+i)^2+A(1+i)^3+\cdots+A(1+i)^n$$

上述两式相减，整理可得

$$F=A\frac{(1+i)^n-1}{i}$$

式中$\frac{(1+i)^n-1}{i}$称为年金终值系数，记为$(F/A,i,n)$，可直接查阅“年金终值系数表”(见附表3)。上式也可写为$F=A(F/A,i,n)$。

**【例2-5】** 某人在5年中每年年末存入银行10 000元，年存款利率为8%，复利计息，则第5年末的终值是多少？

**解** $F=10\ 000\times(F/A,8\%,5)=10\ 000\times5.867=58\ 670$(元)

(2) 偿债基金

偿债基金是指为了在约定的未来某一时点清偿某笔债务或积聚一定数额资金而必须分次等额提取的存款准备金。每次提取的等额存款金额类似年金存款，它同样可以获得按复利计算的利息，因而应清偿的债务(或应积聚的资金)即为年金终值，每年提取的偿债基金即为年金。由此可见，偿债基金的计算也就是年金终值的逆运算。其计算公式为

$$A=F\frac{i}{(1+i)^n-1}$$

式中$\frac{i}{(1+i)^n-1}$是年金终值系数的倒数，称为偿债基金系数，记作$(A/F,i,n)$，可直接查阅“偿债基金系数表”或通过年金终值系数的倒数推算出来。

**【例2-6】** 某企业拟在5年后还清10 000元债务，从现在起每年等额存入银行一笔款项。假设银行存款利率为10%，则每年需要存入多少元？

**解** $A=10\ 000\times\frac{10\%}{(1+10\%)^5-1}=1\ 638$(元)

(3) 普通年金现值

普通年金现值是一定时期内每期期末收付款项的复利现值之和。

普通年金现值的计算可用图2-2来说明。

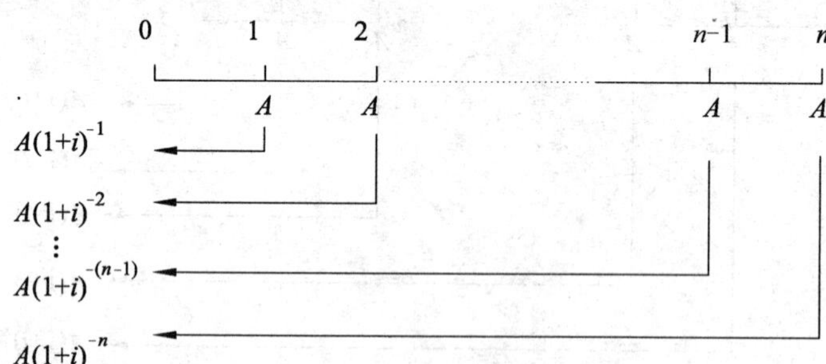


**图2-2 普通年金现值计算示意图**

由图2-2可知，普通年金现值的计算公式为

$$P=A(1+i)^{-1}+A(1+i)^{-2}+\cdots+A(1+i)^{-n}$$

等式两边同乘$(1+i)$，得

$$(1+i)P=A(1+i)^0+A(1+i)^{-1}+\cdots+A(1+i)^{-(n-1)}$$

上述两式相减，整理可得

$$P=A\frac{1-(1+i)^{-n}}{i}$$

式中$\frac{1-(1+i)^{-n}}{i}$称为年金现值系数，记为$(P/A,i,n)$，可直接查阅“年金现值系数表”(见附表 4)。上式也可写为 $P=A(P/A,i,n)$。

**【例 2-7】** 现存入一笔钱，准备在以后 5 年中每年末得到 10 000 元，如果利息率为 10%，现在应存入多少元？

**解** $P=10\ 000\times(P/A,10\%,5)=10\ 000\times3.791=37\ 910$(元)

(4) 年资本回收额

年资本回收额是指在约定的年限内等额回收的初始投入资本额或清偿所欠的债务额，其中未收回或清偿的部分要按复利计息构成需回收或清偿的内容。年资本回收额的计算也就是年金现值的逆运算。其计算公式为

$$A=P\frac{i}{1-(1+i)^{-n}}$$

式中$\frac{i}{1-(1+i)^{-n}}$是年金现值系数的倒数，称为资本回收系数，记作$(A/P,i,n)$，可直接查阅“资本回收系数表”或通过年金现值系数的倒数推算出来。

**【例 2-8】** 假设某公司现时借得 1 000 万元的贷款，在 10 年内以年利率 12%均匀偿还，每年应付的金额是多少？

**解**

$$A=P\frac{i}{1-(1+i)^{-n}}=1\ 000\times\frac{12\%}{1-(1+12\%)^{-10}}$$

$$=1\ 000\times0.177\ 0=177(\text{万元})$$

**2. 先付年金终值和现值**

先付年金(Due Annuity)是指一定时期内每期期初等额的系列收付款项，也称为预付年金、即付年金。先付年金与后付年金的差别，仅在于收付款的时间不同。

(1) 先付年金终值

先付年金终值是其最后一期期末的本利和，是各期收付款项的复利终值之和。

$n$ 期先付年金终值与 $n$ 期普通年金终值之间的关系如图 2-3 所示。

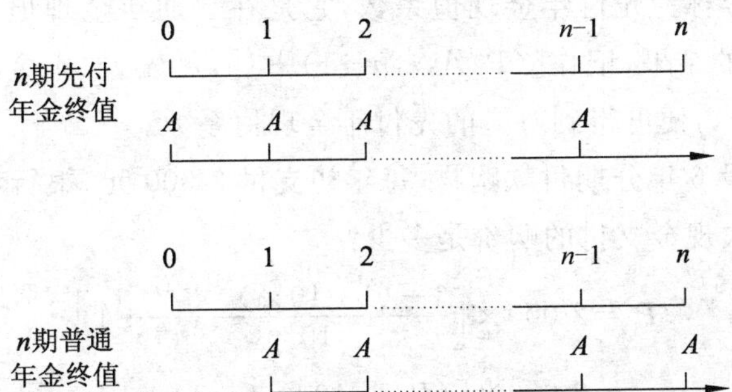


**图 2-3 先付年金终值计算示意图**

从图 2-3 可知，$n$ 期先付年金与 $n$ 期普通年金的付款次数相同，但由于付款时间不同，$n$ 期先付年金终值比 $n$ 期普通年金终值多计算一期利息。因此，在 $n$ 期普通年金终值的基础上乘以 $(1+i)$，就是 $n$ 期先付年金终值。其计算公式为

$$F=A\cdot\frac{(1+i)^{n}-1}{i}\cdot(1+i)=A\cdot\left[\frac{(1+i)^{n+1}-1}{i}-1\right]$$

式中方括号内的内容称为先付年金终值系数，记为 $[(F/A,i,n+1)-1]$，可先查“年金终值系数表”得到 $(n+1)$ 期的值，然后减去 1，便可得到对应的先付年金终值系数。

**【例 2-9】** 假设公司每年初存入银行 10 000 元，年利率为 10%，问 10 年后的本利和是多少？

**解**

$$\begin{aligned}F&=10\ 000\times\left[\frac{(1+10\%)^{10+1}-1}{10\%}-1\right]\\&=10\ 000\times[(F/A,10\%,10+1)-1]\\&=10\ 000\times(18.531\ 2-1)=175\ 312(\text{元})\end{aligned}$$

(2) 先付年金现值

$n$ 期先付年金现值与 $n$ 期普通年金现值之间的关系，如图 2-4 所示。

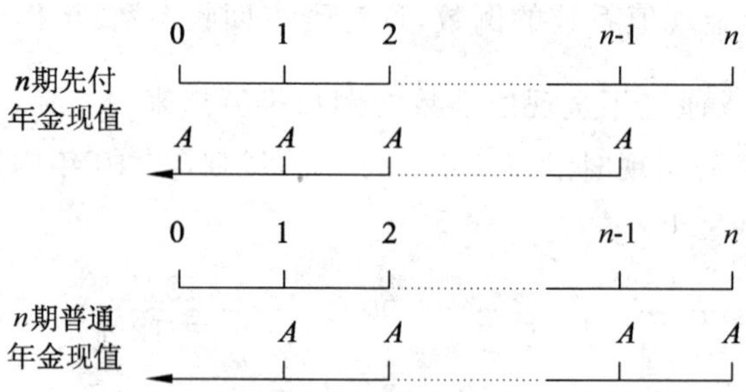


**图 2-4 先付年金现值计算示意图**

从图 2-4 可知，$n$ 期先付年金现值与 $n$ 期普通年金现值的期限相同，但由于付款时间不同，$n$ 期普通年金现值比 $n$ 期先付年金现值多折现一期。所以，在 $n$ 期普通年金现值的基础上乘以 $(1+i)$，便可求出 $n$ 期先付年金的现值，即

$$P=A\cdot\frac{1-(1+i)^{-n}}{i}\cdot(1+i)=A\cdot\left[\frac{1-(1+i)^{-(n-1)}}{i}+1\right]$$

式中方括号内的内容称为先付年金现值系数，它是在普通年金现值系数的基础上，期数减 1、系数加 1 所得的结果，记作 $[(P/A,i,n-1)+1]$，可先查“年金现值系数表”得 $(n-1)$ 期的值，然后加上 1，便可得到对应的先付年金现值系数。

**【例 2-10】** 假设 6 年分期付款购物，每年初支付 2 000 元，银行利率为 10%，问该项分期付款相当于一次现金支付的购价是多少？

**解**

$$\begin{aligned}P&=2\ 000\times\left[\frac{1-(1+10\%)^{-(6-1)}}{10\%}+1\right]\\&=2\ 000\times[(P/A,10\%,6-1)+1]\\&=2\ 000\times(3.791+1)=9\ 582(\text{元})\end{aligned}$$

3. 递延年金

递延年金(Deferred Annuity)也称延期年金,是指第一次收付发生在第二期或以后各期的年金。递延年金是普通年金的特殊形式。凡不是从第一期开始的普通年金都是递延年金。显然,递延年金终值与递延期数无关,其计算方法与普通年金终值相同。

递延年金现值的计算原理如图 2-5 所示。

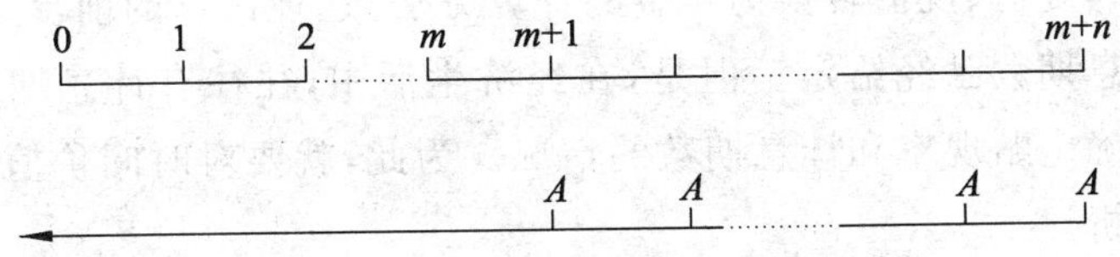


图 2-5 延期年金现值计算示意图

在图 2-5 中可见,第一次支付发生在第 $m+1$ 期期末,连续支付了 $n$ 期,$m$ 表示递延期数。

递延年金的现值有两种计算方法。

方法一:假设递延期也有年金收支,先求出($m+n$)期的年金现值,再扣除实际并未支付的递延期($m$)的年金现值。其计算公式为

$$P=A[(P/A,i,m+n)-(P/A,i,m)]$$

方法二:先把递延年金视为普通年金,求出其至递延期末的现值,再将此现值换算成第一期期初的现值。其计算公式为

$$P=A(P/A,i,n)\times(P/F,i,m)$$

**【例 2-11】** 假设某公司向银行借入一笔款项,银行规定前 10 年不需还本付息,第 11～20 年每年年末偿还本息 1 000 元,银行贷款的年利息率为 8%,则这笔借款的现值是多少?

**解**

$$\begin{aligned}P&=1\,000\times(P/A,8\%,10)\times(P/F,8\%,10)\\&=1\,000\times6.710\times0.463=3\,107(\text{元})\end{aligned}$$

或

$$\begin{aligned}P&=1\,000\times[(P/A,8\%,20)-(P/A,8\%,10)]\\&=1\,000\times(9.818-6.710)=3\,108(\text{元})\end{aligned}$$

4. 永续年金

永续年金(Perpetual Annuity)是指无限期支付的年金。在实际经济生活中,无限期债券、优先股股利、奖励基金都属于永续年金。永续年金没有终止的时间,所以没有终值。永续年金现值可从普通年金现值的计算公式中推导出来,即

$$P=A\,\frac{1-(1+i)^{-n}}{i}$$

当 $n\to\infty$ 时,$(1+i)^{-n}$ 的极限为 0,故上式可写成

$$P=A\cdot\frac{1}{i}$$

**【例 2-12】** 假设拟建立一项永久性的奖学金,每年计划颁发 20 000 元奖金。若年利

率10%,问现在应存入多少钱?

**解** $$P=\frac{20\ 000}{10\%}=200\ 000(\text{元})$$

### 2.1.5 时间价值计算中的几个特殊问题

以上有关资金时间价值的计算,主要阐述了现值转换为终值,终值转换为现值,年金转换为终值、现值,终值、现值转换为年金的计算方法,这种计算的前提是计息期为1年,而且贴现率和计息期数已经给定。但是,在经济生活中,往往有计息期短于1年或者需要根据已知条件确定贴现率和计息期数的情况。为此,就要对时间价值计算中的几个特殊问题做一些分析。

**1. 计息期短于1年时间价值的计算**

计息期就是每次计算利息的期限。以上叙述中,计息期是以年为单位的,$n$ 是指计息年数,$i$ 是指年利率。在实际经济生活中,计息期有时短于1年,如半年、季、月等。例如某些债券半年计息一次;有的抵押贷款每月计息一次;银行之间拆借资金均为每天计息一次。计息期越短,1年中按复利计息的次数就越多,每年的利息额就会越大。这时就需要明确三个概念:报价利率、计息期利率和有效年利率。

(1) 报价利率

银行等金融机构在为利息报价时,通常会提供一个年利率、并且同时提供每年的复利次数。此时金融机构提供的年利率被称为报价利率,有时也被称为名义利率。

(2) 计息期利率

计息期利率是指借款人对于每1元本金每期支付的利息。它可以是年利率,也可也是半年利率、季度利率、每月或每日利率等。

计息期利率=报价利率/每年复利次数

(3) 有效年利率

在按照给定的计息期利率和每年复利次数计算利息时,能够产生相同结果的每年复利一次的年利率被称为有效年利率或实际利率。

有效年利率与报价利率之间的关系是

$$i=\left(1+\frac{r}{m}\right)^m-1$$

式中:$i$ 为有效年利率;$r$ 为报价利率;$m$ 为每年复利次数。

对于一年内多次复利的情况,可采取两种方法计算时间价值。

方法一:先将报价利率调整为有效年利率,然后按有效年利率计算时间价值。

方法二:不计算有效年利率,而是将利率调整为 $r/m$,期数调整为 $m\cdot n$。

**【例2-13】** 某企业于年初存入10万元,在年利率为10%,半年复利一次的情况下,到第10年末,该企业能得到多少本利和?

方法一: $$i=\left(1+\frac{r}{m}\right)^m-1=\left(1+\frac{10\%}{2}\right)^2-1=10.25\%$$

$$F=P(1+i)^n=10\times(1+10.25\%)^{10}=26.53(\text{万元})$$

方法二： $F=P\left(1+\frac{r}{m}\right)^{mn}=10\times\left(1+\frac{10\%}{2}\right)^{2\times10}=26.53$（万元）

**2. 贴现率的推算**

在计算资金时间价值时，如果已知现值、终值、年金和期数，而要求 $i$，就要利用已有的计算公式加以推算。

根据前述各项终值和现值的计算公式进行移项，可得出下列各种系数：

$$(F/P,i,n)=\frac{F}{P} \qquad (P/F,i,n)=\frac{P}{F}$$

$$(F/A,i,n)=\frac{F}{A} \qquad (P/A,i,n)=\frac{P}{A}$$

求出换算系数后，可从有关系数表的 $n$ 期各系数中找到最接近的系数，这个最接近的系数所属的 $i$ 就是要求的贴现率的近似值。

**【例 2-14】** 假设现在存入银行 1 000 元，10 年后得到本利和 2 594 元，问银行存款的利率应为多少？

**解** $$(P/F,i,10)=\frac{1\ 000}{2\ 594}=0.386$$

查复利现值系数表，与 10 年相对应的折现率中，10％的系数为 0.386，因此，利息率应为 10％。

**【例 2-15】** 假设现在向银行存入 10 000 元，问贴现率为多少时，才能保证在以后 10 年中每年末得到 2 000 元？

**解** $$(P/A,i,10)=\frac{10\ 000}{2\ 000}=5$$

从年金现值系数表中可以看出，在 $n=10$ 的各系数中，$i=14\%$时，系数是 5.216；$i=16\%$时，系数是 4.833。可见利率应在 14％～16％之间。设 $x$ 为超过 14％的利息率，则可用插值法计算 $x$ 的值方法如下：

$$\begin{array}{ll} \text{利率} & \text{年金现值系数} \\ \left.\begin{array}{l}\left.\begin{array}{l}14\% \\ ?\end{array}\right\} x \\ 16\%\end{array}\right\} 2\% & \left.\begin{array}{l}\left.\begin{array}{l}5.216 \\ 5\end{array}\right\} 0.216 \\ 4.833\end{array}\right\} 0.383 \end{array}$$

$$\frac{x}{2\%}=\frac{0.216}{0.383}$$

$$x=1.128\%$$

则有

$$i=14\%+1.128\%=15.128\%$$

## 2.2 风险与报酬

在讨论时间价值时，货币时间价值通常被描述为"没有风险和通货膨胀情况下的社会平均投资报酬率"。然而事实上，做任何投资几乎都是有风险的。公司的财务决策几乎都是在包含风险和不确定的情况下做出的，即风险是客观存在的。

### 2.2.1 风险的概念

风险(Risk)一般是指预期结果的不确定性。如果公司的一项活动有多种可能的结果，其将来的财务后果是不确定的，就意味着存在风险。如果这项行动只有一种后果，就说明没有风险。

公司的财务决策几乎都是在包含风险和不确定的情况下做出的。离开了风险，就无法正确评价公司投资报酬的高低。风险是客观存在的，按风险的程度，可以将公司的财务决策分为三种类型：

(1) 确定性决策，是指决策者对未来的情况完全确定或已知时的决策。如购买政府发行的国库券，由于国家实力雄厚，事先规定的债券利息率到期肯定可以实现，属于确定性投资。

(2) 风险性决策，是指决策者对未来的情况不能完全确定，但各种情况发生的可能性概率为已知时的决策。如购买某家用电器公司的股票，已知该公司股票在经济繁荣、一般、萧条时的收益率分别为15%，10%，5%；另根据有关资料分析，认为近期该行业繁荣、一般、萧条的概率分别为30%，50%，20%，这种投资就属于风险性投资。

(3) 不确定性决策，是指决策者对未来的情况不仅不能完全确定，而且对各种情况发生的可能性也不清楚时的决策。如投资某煤炭开发工程，若开发顺利可获得100%的收益率，但若找不到理想的煤层则将发生亏损，至于能否找到理想的煤层，获利与亏损的可能性各有多少，事先很难预料，这种投资就属于不确定性投资。

从理论上讲，不确定性是无法计量的，但在财务管理中，通常为不确定性规定一些主观概率，以便进行定量分析。不确定性决策规定了主观概率以后，与风险决策就十分相似了。因此，在公司财务管理中，对风险与不确定性并不作严格区分，当谈到风险时，可能是风险，更可能是不确定性。

### 2.2.2 风险报酬

从理论上讲，人们对待风险可能采取三种态度：喜欢风险、厌恶风险、对风险既不喜欢也不厌恶。但实践证明，风险厌恶是普遍成立的。西方财务理论认为，风险厌恶的假设是财务学中运用许多决策模型的基础。在风险厌恶的假设下，人们选择高风险项目的基本条件是它必须有足够高的预期投资报酬率。高风险的项目必须有高报酬，否则就没有人投资；低报酬的项目必须风险很低，否则也没有人投资。风险和报酬的这种关系，是市场竞争的结果。

风险报酬或风险价值，是指投资者因冒风险进行投资而获得的超过货币时间价值的那部分额外报酬。风险报酬通常用相对数——风险报酬率表示。

在不考虑通货膨胀的情况下，投资者进行风险投资所要求或期望的投资报酬率等于资金的时间价值（无风险报酬率）与风险报酬率之和。

$$期望投资报酬率=无风险报酬率+风险报酬率$$

即
$$R=R_F+R_R$$

式中：$R$ 为期望投资报酬率；$R_F$ 为无风险报酬率；$R_R$ 为风险报酬率。

### 2.2.3 单项资产的风险与报酬

风险的计算是一个比较复杂的过程，现结合实例加以说明。

**1. 确定概率分布**

在经济活动中，某一事件在相同的条件下可能发生也可能不发生，这类事件称为随机事件。概率就是用来表示随机事件发生可能性大小的数值，记为 $P_i$。事件的概率是客观存在的，它具有以下特点：

(1) 任何事件的概率不大于 1，不小于 0，即 $0\leqslant P_i\leqslant 1$。

(2) 所有可能结果的概率之和等于 1，即 $\sum_{i=1}^{n} P_i = 1$，这里 $n$ 为可能出现结果的个数。

(3) 必然事件的概率等于 1，不可能事件的概率等于 0。

如果把事件所有可能的结果都列示出来，且每一结果都给一种概率，就构成了概率分布。

**【例 2-16】** 甲公司有两个拟投资项目，A 项目是风险小、利润率较低的项目，B 项目是高技术、高风险的项目。假设未来有 3 种可能的经济情况：繁荣、正常和衰退，在不同经济情况下，各项目的预期报酬率也不同。各种经济情况下的概率分布如表 2-1 所示。

**表 2-1 投资项目预期报酬率概率分布**

| 经济情况 | 发生概率 | A 项目预期报酬率(%) | B 项目预期报酬率(%) |
|---|---|---|---|
| 繁荣 | 0.2 | 30 | 70 |
| 正常 | 0.6 | 20 | 20 |
| 衰退 | 0.2 | 10 | −30 |
| 合计 | 1.0 | | |

**2. 计算期望报酬率**

期望报酬率是指各种可能的报酬率按其概率加权计算的平均报酬率。它表示在一定风险条件下，期望得到的平均报酬率，它是反映集中趋势的一种量度。其计算公式为

$$\overline{R} = \sum_{i=1}^{n} R_i P_i$$

式中：$\overline{R}$ 为期望报酬率；$R_i$ 为第 $i$ 种可能结果的报酬率；$P_i$ 为第 $i$ 种可能结果的概率；$n$ 为

可能结果的个数。

根据例 2-16 中的资料，A 项目和 B 项目的期望报酬率计算如下：

A 项目 $\overline{R}=30\%\times0.2+20\%\times0.6+10\%\times0.2=20\%$

B 项目 $\overline{R}=70\%\times0.2+20\%\times0.6+(-30\%)\times0.2=20\%$

可见，两个项目的期望报酬率都是 20%，但其概率分布不同。A 项目在不同经济情况下的报酬率相对集中，变动范围在 10%～30%之间；而 B 项目却比较分散，变动范围在 −30%～70%之间。这意味着 A 项目的风险较小，而 B 项目的风险较大。这种情况可通过图 2-6 来说明。

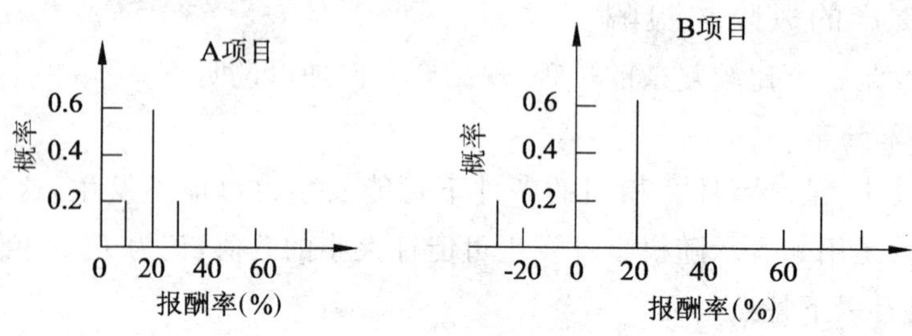


**图 2-6 两个项目报酬率的概率分布**

本例仅假设可能出现三种情况：繁荣、正常、衰退，是离散型分布。实际上，未来出现的经济状况远不止三种，有无数可能的状况会出现。如果对每种状况都赋予一个概率，并分别测定其报酬率，则可用连续型分布描述，如图 2-7 所示，它是一个呈正态分布的钟形曲线。

概率分布越集中、越尖，那么实际结果接近预期值的可能性越大，其背离预期收益的可能性则越小。由此，概率分布越集中，对应的风险越小。两个项目比较而言，A 项目风险相对较小，其预期报酬率的概率分布相对更为集中。

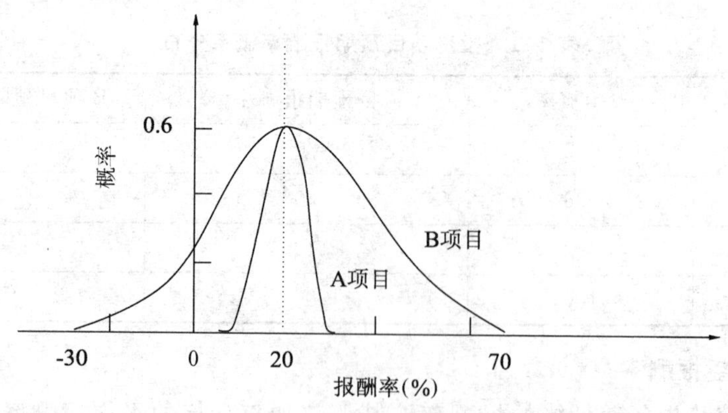


**图 2-7 两个项目报酬率的连续型分布**

### 3. 计算标准差

利用概率分布的概念能够对风险进行衡量，即预期报酬率的概率分布越集中，风险就越小；概率分布越分散，风险就越大。那么，如何衡量概率分布的集中程度呢？实际中一般用标准差来衡量。标准差是各种可能的报酬率偏离期望报酬率的综合差异，是测定离散程度的一种常用统计量。报酬率的概率分布越集中，标准差就越小，风险也就越低；反之，风险就越高。标准差的计算公式为

$$\sigma = \sqrt{\sum_{i=1}^{n}(R_i - \overline{R})^2 \cdot P_i}$$

式中：$\sigma$ 为期望报酬率的标准差。

根据标准差的计算公式，分别计算 A 投资项目和 B 投资项目的标准差。

A 投资项目：

$$\sigma = \sqrt{(30\% - 20\%)^2 \times 0.2 + (20\% - 20\%)^2 \times 0.6 + (10\% - 20\%)^2 \times 0.2}$$
$$= 6.32\%$$

B 投资项目：

$$\sigma = \sqrt{(70\% - 20\%)^2 \times 0.2 + (20\% - 20\%)^2 \times 0.6 + (-30\% - 20\%)^2 \times 0.2}$$
$$= 31.62\%$$

通过计算可知，A 投资项目的标准差小于 B 投资项目的标准差。所以，A 项目的风险小于 B 项目的风险。

但这一结论是在 A 项目与 B 项目的期望报酬率相等的情况下得出的。如果 A 项目与 B 项目的期望报酬率不相等，上面得出的结论就可能是错误的。这时应计算离散系数，通过对离散系数大小的比较，来判断风险的大小。

**4. 计算离散系数**

标准差是反映随机变量离散程度的一个指标。它是一个绝对数，只能用来比较期望报酬率相同的各项目的风险程度。所以，还必须借助作为相对数的离散系数，以便衡量期望报酬率不同的各项目的风险程度。

离散系数(Coefficient of Variation, CV)也称变异系数，是标准差与期望报酬率之比，其计算公式为

$$CV = \frac{\sigma}{\overline{R}}$$

在期望值不同的情况下，离散系数越大，风险越大；反之，离散系数越小，风险越小。

在上例中，A 项目的离散系数为

$$CV = 6.32\% / 20\% = 0.316$$

B 项目的离散系数为

$$CV = 31.62\% / 20\% = 1.581$$

因此，A 项目风险小于 B 项目风险。

**5. 计算风险报酬率**

标准差、离散系数可以用来评价投资风险的大小，但这些指标都不能反映风险报酬的大小，为此还必须计算风险报酬率。由于风险报酬率与风险大小有关，风险越大，要求的报酬率越高，所以风险报酬率可以通过离散系数和风险报酬系数来确定。其计算公式为

$$R_R = b \cdot CV$$

式中：$R_R$ 为风险报酬率；$CV$ 为离散系数；$b$ 为风险报酬系数。

投资者期望的报酬率应在无风险报酬率的基础上再加上风险报酬率，即

$$R = R_F + R_R = R_F + b \cdot CV$$

假设A项目的风险报酬系数为10％，B项目的风险报酬系数为12％，它们的风险报酬率分别为

$$R_R(\mathrm{A}) = 10\% \times 0.316 = 3.16\%$$

$$R_R(\mathrm{B}) = 12\% \times 1.581 = 18.97\%$$

根据计算结果，A投资项目的风险报酬率低于B投资项目的风险报酬率。这是因为A投资项目的风险小于B投资项目的风险。毫无疑问，风险小的A投资项目要求得到的风险补偿低于风险大的B投资项目要求得到的风险补偿。当然，风险报酬率的高低还决定于风险报酬系数的高低。

风险报酬系数的确定方法通常有以下两种：

(1) 根据同等风险投资项目的有关历史数据确定。只要能够找到一个同等风险的投资项目，并掌握它的实际报酬率、无风险报酬率、离散系数等有关数据，就可以推断出该投资项目的风险报酬系数。例如，某企业准备进行一项投资，此类项目含风险报酬率的投资报酬率一般为20％左右，其报酬率的离散系数为1，无风险报酬率为10％，则由公式得

$$b = \frac{20\% - 10\%}{1} = 10\%$$

(2) 决策者根据主观经验确定。在没有同等风险的投资项目可供参照的情况下，可由决策者根据以往的主观经验加以确定。这时，风险报酬系数的确定，在很大程度上会受到决策者个性特点及其对待风险的态度的影响。比较敢于冒风险的决策者，往往把风险报酬系数定得低些；而比较稳健的决策者，则往往定得高些。

### 2.2.4 证券组合的风险与报酬

投资者在进行证券投资时，一般不把所有资金投资于一种证券，而是同时持有多种证券。这种同时投资于多种证券的方式，称为证券的投资组合(Investment Portfolio)，简称证券组合或投资组合。由于投资组合能够分散风险，因此，绝大多数法人投资者如工商企业、投资信托公司、投资基金等都同时投资于多种证券。即使是个人投资者，一般也持有证券的投资组合，而不只是投资某一个公司的股票或债券。所以，了解证券投资组合的风险与报酬率对于公司财务人员来说非常重要。

**1. 证券组合的报酬**

证券组合的期望报酬，是指组合中单项证券期望报酬的加权平均值，权重为整个组合中投入各项证券的资金占总投资额的比重。其计算公式为

$$\overline{R_p} = \sum_{i=1}^{n} \omega_i \overline{R_i}$$

式中：$\overline{R_p}$为投资组合的期望报酬率；$\omega_i$ 为第 $i$ 种证券所占的比重；$\overline{R_i}$为第 $i$ 种证券的期望报酬率；$n$ 表示组合中的证券种类总数。

**【例 2-17】** 某投资组合包含 4 种股票，其预期报酬率分别为 $R_1=10\%$，$R_2=12\%$，$R_3=11\%$，$R_4=14\%$，而这 4 种股票投资价值的相应权数分别为 $\omega_1=0.20$，$\omega_2=0.25$，$\omega_3=0.30$，$\omega_4=0.25$，则该投资组合的预期报酬率为多少？

**解** $\overline{R_p}=10\%\times0.2+12\%\times0.25+11\%\times0.3+14\%\times0.25=11.8\%$

**2. 证券组合的风险**

1) 证券组合的风险计量

证券组合的标准差，并不是单个证券标准差的简单加权平均。证券组合的风险不仅取决于组合内的各证券的风险，还取决于各个证券之间的关系。

在一个由两项证券构成的投资组合中，如果某一证券的报酬率呈上升趋势，另一证券的报酬率有可能上升，也有可能下降或者不变。

在投资组合风险分析中，通常利用协方差和相关系数两个指标来测算投资组合中任意两个证券报酬率之间的变动关系。

(1) *协方差*

协方差是一项用于衡量投资组合中某一具体投资项目相对于另一投资项目风险的统计指标。例如，若 A 股票的价格随着经济形势由衰退转向繁荣而上涨，那 B 股票此时的价格是上涨、下跌还是静止不动？协方差可对 A、B 两只股票价格之间的这种相互关系进行度量和评价。从本质上讲，组合内各种投资组合相互变化的方式影响着投资组合的整体方差，从而影响其风险。协方差的计算公式为

$$\mathrm{cov}(R_1,R_2)=\frac{1}{n}\sum_{i=1}^{n}(R_{1i}-\overline{R_1})(R_{2i}-\overline{R_2})$$

式中：$\mathrm{cov}(R_1,R_2)$表示投资于两种证券报酬率的协方差；$R_{1i}$表示在第 $i$ 种投资结构下投资于第一种证券的报酬率；$\overline{R_1}$表示投资于第一种证券的期望报酬率；$R_{2i}$表示在第 $i$ 种投资结构下投资于第二种证券的报酬率；$\overline{R_2}$表示投资于第二种证券的期望报酬率；$n$ 表示不同投资组合的种类数。

协方差的计算结果可能为正值也可能为负值，它们分别显示两个证券之间报酬率变动的方向。当协方差为正值时，表示两种证券的报酬率呈同方向变化；协方差为负值时，表示两种证券的报酬率呈相反方向变化。协方差的绝对值越大，表示这两种证券报酬率关系越密切；协方差的绝对值越小，表示这两种证券报酬率的关系越疏远。

(2) *相关系数*

两种证券之间的报酬率互动性还可以用相关系数来表示，其计算公式为

$$\rho_{1,2}=\frac{\mathrm{cov}(R_1,R_2)}{\sigma_1\sigma_2}$$

式中：$\rho_{1,2}$表示第一种证券和第二种证券报酬率之间的相关系数；$\sigma_1$ 和 $\sigma_2$ 分别表示投资于第一种证券和第二种证券的报酬率的标准差。

相关系数的正负与协方差的正负相同，所以相关系数为正值时，表示两种证券报酬率呈同方向变化，负值则意味着呈相反方向变化。相关系数总是在－1～＋1之间变动。当相关系数为1时，表示一种证券报酬率的增长总是与另一种证券报酬率的增长成比例，反之亦然；当相关系数为－1时，表示一种证券报酬率的增长总是与另一种证券报酬率的减少成比例，反之亦然；当相关系数为0时，表示缺乏相关性，每种证券的报酬率相对于另外的证券的报酬率独立变动。一般而言，多数证券的报酬率趋于同向变动，因此两种证券之间的相关系数多为小于1的正值。

(3) 证券组合的标准差

证券组合报酬率概率分布的标准差是

$$\sigma_{\mathrm{p}} = \sqrt{\sum_{i=1}^{n}\sum_{j=1}^{n}\omega_i\omega_j\sigma_{ij}}$$

式中：$\sigma_{\mathrm{p}}$ 表示证券组合报酬率的标准差；$\omega_i$ 和 $\omega_j$ 表示各种证券在投资总额中的比例；$\sigma_{ij}$ 表示第 $i$ 种证券与第 $j$ 种证券报酬的协方差。

两项证券组合而成的投资组合报酬率标准差的计算公式为

$$\sigma_{\mathrm{p}}=\sqrt{\omega_1^2\sigma_1^2+\omega_2^2\sigma_2^2+2\omega_1\omega_2\operatorname{cov}(R_1,R_2)}$$

**【例 2-18】** 某企业拟分别投资于A、B股票。投资于A股票的期望报酬率为8%，计划投资额为500万元；投资于B股票的期望报酬率为12%，计划投资额为500万元。假定投资A、B股票预期报酬率的标准差均为9%。要求计算当A、B股票的相关系数分别为＋1，＋0.4，＋0.1，0，－0.1，－0.4和－1时的投资组合报酬率的协方差和标准差。

**解** 根据题意，$\omega_1=50\%$，$\omega_2=50\%$，$\sigma_1=9\%$，$\sigma_2=9\%$。

(1) 该投资组合报酬率的协方差为

$$\operatorname{cov}(R_1,R_2)=0.09\times0.09\times\rho_{1,2}=0.008\,1\rho_{1,2}$$

(2) 标准差为

$$\begin{aligned}\sigma_{\mathrm{p}}&=\sqrt{0.5^2\times0.09^2+0.5^2\times0.09^2+2\times0.5\times0.5\times\operatorname{cov}(R_1,R_2)}\\&=\sqrt{0.004\,05+0.5\operatorname{cov}(R_1,R_2)}\end{aligned}$$

当 $\rho_{1,2}=+1$ 时，

$$\operatorname{cov}(R_1,R_2)=0.008\,1\times1=0.008\,1$$

$$\sigma_{\mathrm{p}}=\sqrt{0.004\,05+0.5\times0.008\,1}=0.09$$

同理，可计算出当相关系数分别为＋1，＋0.4，＋0.1，0，－0.1，－0.4和－1时的投资组合报酬率的协方差和标准差（计算过程略），计算结果如表2-2所示。

**表 2-2 投资组合的相关系数与协方差及标准差的关系**

| 相关系数 | 1 | 0.4 | 0.1 | 0 | －0.1 | －0.4 | －1 |
|---|---|---|---|---|---|---|---|
| 协方差 | 0.008 1 | 0.003 24 | 0.000 81 | 0 | －0.000 81 | －0.003 24 | －0.008 1 |
| 标准差 | 0.09 | 0.075 30 | 0.066 75 | 0.063 64 | 0.060 37 | 0.049 30 | 0 |

由例 2-18 可知，不论投资组合中两只股票之间的相关系数如何，只要投资比例不变，各股票的预期报酬率不变，则该投资组合的预期报酬率就不变，都是 10%。但在不同的相关系数条件下，投资组合报酬率的标准差却随之发生变化。

当相关系数为＋1 时，两项资产报酬率的变化方向与变动幅度完全相同，会一同上升或下降，不能抵消任何投资风险。此时的标准差最大，为 9%。

当相关系数为－1 时，情况刚好相反，两项资产报酬率的变化方向与变动幅度完全相反，表现为此增彼减，可以完全抵消全部投资风险。此时的标准差最小，为 0。

当相关系数在 0～＋1 范围内变动时，表明单项资产报酬率之间是正相关关系，它们之间的正相关程度越低，其投资组合可分散的投资风险的效果越好。如当相关系数为＋0.4 时，标准差约为 7.53%；当相关系数为＋0.1 时，标准差约为 6.67%。

当相关系数在－1～0 范围内变动时，表明单项资产报酬率之间是负相关关系，它们之间的负相关程度越低（绝对值越小），其投资组合可分散的投资风险的效果越差。如当相关系数为－0.4 时，标准差约为 4.93%；当相关系数为－0.1 时，标准差约为 6.04%。

当相关系数为 0 时，表明单项资产报酬率之间是无关的，此时的标准差约为 6.36%。其投资组合可分散的投资风险的效果比正相关时的效果要好，但比负相关时的效果要差。

从上述分析中还可以看出，无论资产之间的相关系数大小如何，投资组合的报酬率都不会低于所有单个资产中的最低报酬率，投资组合的风险也不会高于所有单个资产中的最高风险。这一结论同样适用于由多项资产构成的投资组合。

2）证券组合的风险构成

证券组合的风险可以分为两种性质完全不同的风险，即可分散风险和不可分散风险。

（1）可分散风险

可分散风险又称非系统性风险或企业特有风险，是指某些因素对单个证券造成经济损失的可能性。例如，某公司发生工人罢工、诉讼失败、新产品开发失败、失去重要的销售合同等。这类事件是非预期的、随机发生的，它只影响一个或少数公司，不会对整个市场产生太大影响。这种风险可通过持有多种证券来抵消，即多买几家公司的股票，其中某些公司的股票收益下降，另一些股票的收益上升，从而将风险抵消。因而，这种风险称为可分散风险。

从上述分析可知，当证券组合中两种股票完全负相关时，二者报酬率的变化呈反向变动，会组成一个无风险的投资组合，所有的非系统性风险都可以分散掉；当证券组合中两种股票完全正相关时，则风险无法分散。实际上，多数股票都呈正相关，但并非完全正相关。一般来说，随机挑选两种股票，相关系数为 0.6 左右的最多，而对绝大多数股票而言，都在 0.5～0.7 之间。在这种情况下，若投资组合包含的股票多于两只，投资组合的风险将随所包含股票数量的增加而降低，但不能完全消除。不过，如果股票种类较多，则能分散掉大部分非系统性风险，而当股票种类足够多时，几乎能把所有的非系统性风险分散掉。

(2) 不可分散风险

不可分散风险又称系统性风险或市场风险，是指由于某些因素给市场上所有的证券都带来经济损失的可能性，经济危机、通货膨胀、经济衰退、世界能源变化等都是系统性风险的典型例子。由于这些因素会对大多数股票产生影响，不能通过投资组合分散或消除，所以称为不可分散风险。

不可分散风险的程度通常用$\beta$系数来计量。$\beta$系数反映的是个别证券相对于市场上全部证券的平均报酬的变动程度，等于第$i$种证券的报酬与市场组合报酬之间的协方差除以市场证券组合报酬的标准差，用公式表示就是

$$\beta_i=\left(\frac{\sigma_i}{\sigma_M}\right)\rho_{iM}$$

式中：$\beta_i$表示第$i$种股票的$\beta$系数；$\sigma_i$表示第$i$种股票报酬的标准差；$\sigma_M$表示市场组合报酬的标准差；$\rho_{iM}$表示第$i$种股票的报酬与市场组合报酬的相关系数。

从公式中可以看出，对于标准差$\sigma_i$较高的股票而言，其$\beta$系数也较大。因为在其他条件都相同的情况下，高风险的股票将为投资组合带来更多的风险。同时，与市场组合间相关系数$\rho_{iM}$较高的股票也具有较大的系数，因而风险也更高，这意味着分散化的作用不大，该股票将给投资组合带来较多风险。

$\beta$系数一般不需投资者自己计算，而由一些投资服务机构定期计算并公布，如表2-3列示。

**表2-3 我国几家公司2006年度的$\beta$系数**

| 股票代码 | 公司名称 | $\beta$系数 |
|---|---|---|
| 000037 | 深南电A | 1.20 |
| 000039 | 中集集团 | 0.56 |
| 000045 | 深纺织A | 0.86 |
| 000060 | 中金岭南 | 2.34 |
| 600637 | 百视通 | 1.49 |
| 600641 | 万业企业 | 0.40 |
| 600644 | 乐山电力 | 1.53 |
| 600650 | 锦江投资 | 1.00 |

$\beta$系数用来度量股票相对于平均股票的波动程度。假设把整体投资市场平均股票的$\beta$系数定为1，那么如果某种股票的风险情况与整个投资市场的风险情况一致，则这种股票的$\beta$系数也等于1；如果某种股票的$\beta$系数大于1，说明其风险大于整个市场的风险；如果某种股票的$\beta$系数小于1，说明其风险小于整个市场的风险。

以股票市场为例，股票市场上全部股票风险的加权平均值取1，即$\beta=1$，若A股票的$\beta=1$，则表示如果整个股市行情上涨10%，则A股票的行情也会上涨10%；若整个股市行情下跌10%，则A股票的行情也会下跌10%。因此，当某种股票的$\beta$系数大于1时，

表明其风险值将高于整个股票市场的风险平均值，其涨跌幅度会大于整个股市行情，其预期收益率的变化也会大于整个股市的平均变化。

以上介绍了单只股票$\beta$系数的相关情况，证券组合的$\beta$系数是单种证券的$\beta$系数的加权平均数，其权数为各种股票在证券组合中所占的比重，计算公式为

$$\beta_p = \sum_{i=1}^{n} \omega_i \beta_i$$

式中：$\beta_p$ 表示证券组合的$\beta$系数；$\omega_i$ 表示证券组合中第 $i$ 种股票所占的比重；$\beta_i$ 表示第 $i$ 种股票的$\beta$系数；$n$ 表示证券组合中股票的数量。

通过上面的分析，可以得出以下结论：

(1) 一种股票的风险由可分散风险和不可分散风险两部分组成，如图 2-8 所示。

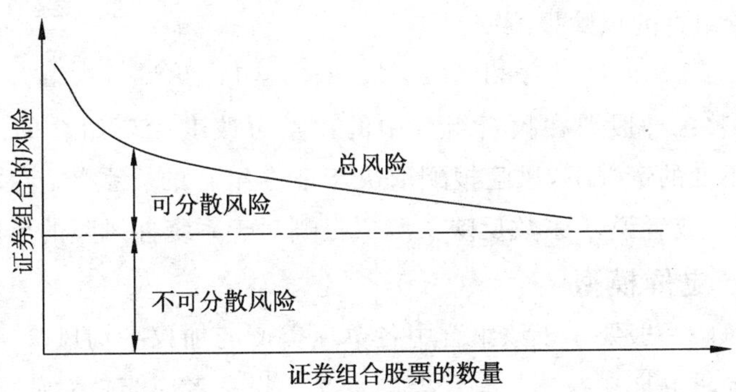


**图 2-8　证券组合风险的构成**

(2) 可分散风险可通过证券组合来降低。如图 2-8 所示，可分散风险随着证券组合中股票数量的增加而逐渐降低。

(3) 股票的不可分散风险由于市场变动而产生，它对所有股票都有影响，不能通过证券组合而消除。即股票投资始终存在一个不能通过组合投资来化解的最低风险水平，这个最低风险水平就是图 2-8 中标为“不可分散风险”的部分。不可分散风险是通过$\beta$系数来测量的，一些标准的$\beta$值如下：

$\beta=0.5$，说明该股票的风险只有整个市场股票风险的 1/2。

$\beta=1$，说明该股票的风险等于整个市场股票的风险。

$\beta=2$，说明该股票的风险是整个市场股票风险的 2 倍。

从以上的结论中可以得出另一个重要的启示：投资组合可以降低风险，但是只能将风险降低到某一点上，换句话说，有些风险是可以分散的，有些风险却无法分散。

**3. 证券组合的风险报酬率**

投资者进行证券组合投资与进行单项投资一样，都要求对承担的风险进行补偿，股票的风险越大，要求的报酬就越高。但是，与单项投资不同，证券组合投资要求补偿的风险只是不可分散风险，而不要求对可分散风险进行补偿。如果存在可分散风险的补偿，那些善于科学地进行证券组合的投资者便会购买这部分股票，并抬高价格，其最后的期望报酬率只反映不能分散的风险。因此，证券组合的风险报酬是投资者因承担不可分散

风险而要求的、超过时间价值的那部分额外报酬，可用下面的公式计算：

$$R_p = \beta_p(R_M - R_F)$$

式中：$R_p$ 表示证券组合的风险报酬率；$\beta_p$ 表示证券组合的 $\beta$ 系数；$R_M$ 表示所有股票的平均报酬率，也就是由市场上所有股票组成的证券组合的报酬率，简称市场报酬率；$R_F$ 表示无风险报酬率，一般用政府公债的利息率来衡量。

**【例 2-19】** 某企业持有由 A、B、C 三种股票构成的投资组合，它们的 $\beta$ 系数分别是 2.5，1.0 和 0.8，它们在证券组合中所占的比重分别为 60%，30% 和 10%，股票的市场报酬率为 14%，无风险报酬率为 8%，试确定这种投资组合的风险报酬率。

**解** （1）确定证券组合的 $\beta$ 系数：

$$\beta_p = 60\% \times 2.5 + 30\% \times 1.0 + 10\% \times 0.8 = 1.88$$

（2）计算证券组合的风险报酬率：

$$R_p = 1.88 \times (14\% - 8\%) = 11.28\%$$

可以看出，调整各种股票在投资组合中的比重可改变投资组合的风险及风险报酬率。在其他因素不变的情况下，风险报酬取决于证券组合的 $\beta$ 系数，$\beta$ 系数越大，风险报酬越大，反之亦然。或者说，$\beta$ 系数反映了股票报酬对于系统性风险的反应程度。

### 2.2.5 资本资产定价模型

投资组合的风险一般要小于该组合中各单项资产的加权平均风险，这一现象对于风险大小给定时所要求的期望报酬具有重要的意义。投资者应当针对证券的组合，而不是单个证券来进行投资。任何证券的风险都应当从它对投资组合风险的贡献来考虑，而不可将其从所在的投资组合中割裂开来。

资本资产定价模型（Capital Asset Pricing Model，CAPM）是 1964 年威廉·夏普（William Sharp）在证券组合理论基础上发展起来的一种证券投资理论。它试图揭示多样化投资组合中资产的风险与所要求的报酬之间的关系。由于该理论论证严谨，可操作性强，能较好地解释证券投资的一些基本问题，因而在西方当代财务理论中具有重要地位。

资本资产定价模型建立在如下基本假设之上：

（1）所有投资者均追求单期财富的期望效用最大化，并以各备选组合的期望收益和标准差为基础进行组合选择。

（2）所有投资者均可以无风险利率无限制地借入或贷出资金。

（3）所有投资者拥有同样的预期，即对所有资产收益的期望值、方差和协方差等，投资者有完全相同的主观估计。

（4）所有的资产均可被完全细分，拥有充分的流动性且没有交易成本。

（5）没有税金。

（6）所有投资者均为价格接受者，即任何一个投资者的买卖行为都不会对股票价格产生影响。

（7）所有资产的数量都是给定的且固定不变。

资本资产定价模型的一般形式为

$$R_i = R_F + \beta_i (R_M - R_F)$$

式中：$R_i$ 为第 $i$ 种股票或第 $i$ 种证券组合的必要报酬率；$R_F$ 为无风险报酬率；$\beta_i$ 为第 $i$ 种股票或第 $i$ 种证券组合的 $\beta$ 系数：$R_M$ 为所有股票或证券的平均报酬率。

**【例 2-20】** 某公司股票的 $\beta$ 系数为 1.4，无风险利率为 9%，市场上所有股票的平均报酬率为 14%，那么该公司股票的期望报酬率为多少？

**解** $R_i = R_F + \beta_i (R_M - R_F) = 9\% + 1.4 \times (14\% - 9\%) = 16\%$

这说明当该公司股票的报酬率达到或超过 16%时，投资者才愿意进行投资。如果低于 16%，则投资者不愿意购买该公司的股票。

资本资产定价模型通常可用图形来表示，称为证券市场线（Security Market Line, SML），它说明必要报酬率 $R$ 与不可分散风险 $\beta$ 系数之间的关系，如图 2-9 所示。

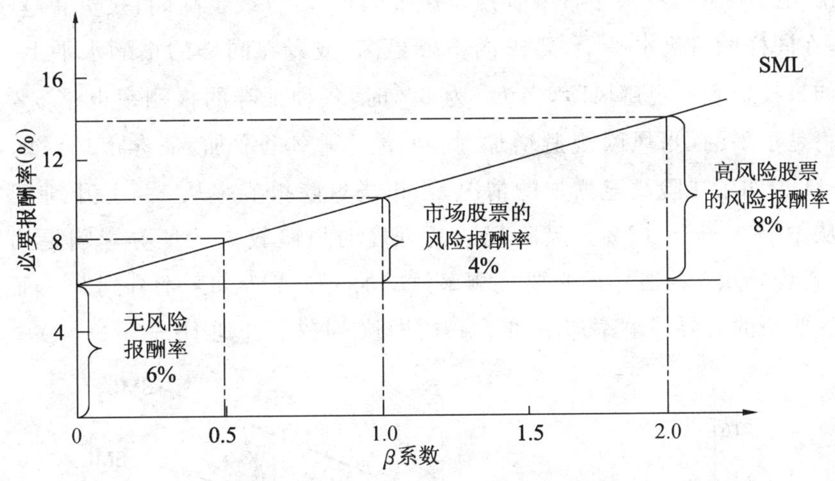


**图 2-9 证券必要报酬率与 $\beta$ 系数的关系**

从图 2-9 中可以看出，无风险报酬率为 6%，$\beta$ 系数不同的股票具有不同的风险报酬率。当 $\beta=0.5$ 时，风险报酬率为 2%；当 $\beta=1.0$ 时，风险报酬率为 4%；当 $\beta=2.0$ 时，风险报酬率为 8%。也就是说，$\beta$ 值越高，要求的风险报酬率也就越高，在无风险报酬率不变的情况下，必要报酬率也就越高。

从投资者的角度来看，无风险报酬率 $R_F$ 是其投资的报酬率，但从筹资者的角度来看，无风险报酬率 $R_F$ 是其支出的无风险成本，或称无风险利率。现在市场上的无风险利率由两方面构成：一是无通货膨胀的报酬率 $K_0$，这是真正的时间价值部分；二是通货膨胀贴水 $IP$，它等于预期的通货膨胀率。这样，无风险报酬率 $R_F = K_0 + IP$。在图 2-9 中，$R_F = 6\%$，假设包括 4%的真实报酬率和 2%的通货膨胀贴水，则有 $R_F = K_0 + IP = 4\% + 2\% = 6\%$。

如果预期通货膨胀率上升 2%，增加到 4%，这将使 $R_F$ 上升到 8%，这种变化显示在图 2-10 中。

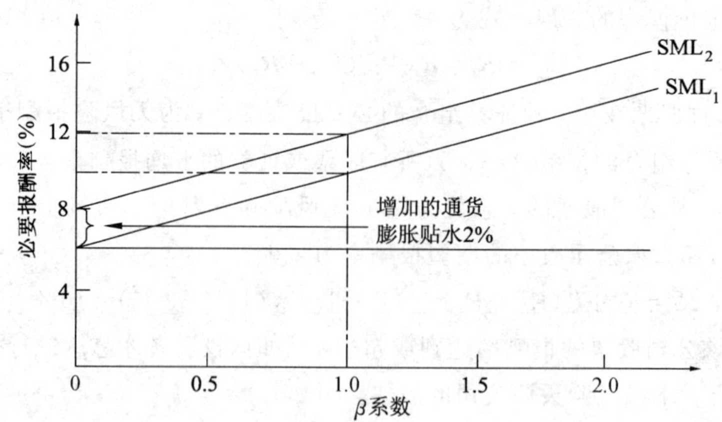


**图 2-10　通货膨胀对证券报酬的影响**

证券市场线(SML)反映了投资者规避风险的程度：直线越陡峭，投资者越规避风险，也就是说，在同样的风险水平上，要求的报酬更高，或者在同样的报酬水平上，要求的风险更小。如果投资者不规避风险，当 $R_F$ 为 6%时，各种证券的报酬率也是 6%，这样，证券市场线将是水平的，当风险规避增加时，风险报酬率也增加，证券市场线的斜率也增加。图 2-11 说明了风险规避增加的情况，当市场风险报酬率从 4%上升到 6%时，必要报酬率也从 10%上升到 12%。风险规避的程度对风险较大的证券影响更为明显。例如，一个 $\beta$ 系数为 0.5 的股票的必要报酬率只增加 1%，即从 8%上升到 9%，而一个 $\beta$ 系数为 2.0 的股票的必要报酬率却增加了 4%，即从 14%上升到 18%。

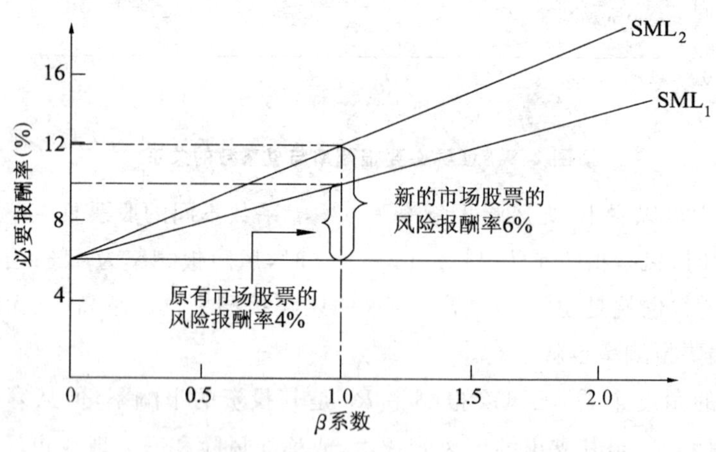


**图 2-11　风险规避对证券报酬的影响**

随着时间的推移，不仅证券市场线在变化，$\beta$ 系数也在不断变化。$\beta$ 系数可能会因一个企业的资产组合、负债结构等因素的变化而改变，也会因市场竞争的加剧、专利权的期满等情况而改变。$\beta$ 系数的变化会使公司股票的报酬率发生变化。

假设例 2-20 中该公司股票的 $\beta$ 系数从 1.4 降为 1.0，那么其必要报酬率为

$$R_i = R_F + \beta_i(R_M - R_F) = 9\% + 1.0 \times (14\% - 9\%) = 14\%$$

# 2.3 证券估价

当公司决定扩大企业规模，而又缺少必要的资金时，可以通过出售金融证券来筹集资金。债券和股票是两种最常见的金融证券。当企业发行债券或股票时，无论融资者还是投资者都需要对该种证券进行估价，以决定用何种价格发行或购买证券比较合理。因此，证券估价是财务管理中一个十分重要的基本理论问题。

## 2.3.1 债券估价

### 1. 债券的主要特征

债券是由发行者为筹集资金而发行的、在约定时间支付一定比例的利息，并在到期时偿还本金的一种有价证券。作为一种有价证券，其发行者和购买者之间的权利和义务是通过债券契约固定下来的。尽管不同的债券往往在发行的时候订立不同的债券契约，但是典型的债券契约至少包括以下条款：

(1) 票面价值。债券票面价值又称面值，是指设定的票面金额，它代表发行人借入并且承诺于未来某一特定日期偿付给债券持有人的金额。美国公司发行的大多数债券面值是 1 000 美元，而我国公司发行的公司债券面值大多为 100 元。

(2) 票面利率。债券的票面利率是债券发行者预计一年内向投资者支付的利息占票面金额的比率。例如，中国铝业公司 2009 年 5 月发行的 5 年期企业债券面值为 100 元，票面利率是 3.8%，即每年支付 3.8 元的利息。

多数债券的票面利率在债券的持有期间不变，即为固定利率债券，也有些债券在发行时没有确定的票面利率，而是规定利率水平按某一标准(如国债利率或银行存款利率)的变化而同方向调整，即为浮动利率债券。

还有一些债券根本不支付利息，但是会以低于面值的折价方式发行，这类债券称为零息债券。零息债券在美国应用较多，如 IBM、洛克希德·马丁公司，甚至美国财政部都发行过零息债券。我国的企业很少发行零息债券。2002 年 6 月，中国进出口银行发行的名为“02 进出 04”的金融债券是国内第一只真正意义上的零息债券。

(3) 到期日。债券的到期日是指偿还本金的日期。债券一般都规定到期日，以便到期时偿还本金。债券期限有的短至 3 个月，有的则长达 30 年。往往到期时间越长，其风险也越大，债券的票面利率也越高。

### 2. 债券的估价方法

债券的价值是发行者按照合同规定从现在至债券到期日所支付的款项的现值。计算现值时使用的折现率，取决于当前的市场利率和现金流量的风险水平，一般采用当时的市场利率或投资者要求的最低报酬率。

1) 债券估价的基本模型

典型的债券是固定利率、每年计算并支付利息、到期归还本金。按照这种模式，债券价值计算的基本模型是

$$V = \sum_{t=1}^{n} \frac{I}{(1+i)^t} + \frac{M}{(1+i)^n}$$

式中：$V$ 表示债券价值；$M$ 表示债券面值；$i$ 表示市场利率或投资人要求的必要报酬率；$n$ 表示付息期数；$t$ 表示年数。

**【例 2-21】** ABC 公司拟于 20××年 2 月 1 日发行债券面额 100 元的债券，票面利率为 8%，每年 2 月 1 日计算并支付一次利息，期限为 5 年。同等风险投资的必要报酬率为 10%，问债券价格为多少时才能购买？

**解**

$$\begin{aligned} V &= 100\times 8\%\times(P/A,10\%,5)+100\times(P/F,10\%,5) \\ &= 8\times 3.791+100\times 0.621 \\ &= 92.43(\text{元}) \end{aligned}$$

即这种债券的价格必须低于 92.43 元时，该公司才能购买，否则得不到 10% 的报酬率。

2) 其他模型

(1) 平息债券。平息债券是指利息在到期时间内平均支付的债券。支付的频率可能是一年一次、半年一次或每季度一次等。平息债券价值的计算公式为

$$V = \sum_{t=1}^{mn} \frac{I/m}{(1+\frac{i}{m})^t} + \frac{M}{(1+\frac{i}{m})^{mn}}$$

式中：$m$ 表示年付利息次数。

**【例 2-22】** 上例中，假设每半年支付一次利息，则债券价值为多少？

**解**

$$\begin{aligned} V &= 100\times 4\%\times(P/A,5\%,10)+100\times(P/F,5\%,10) \\ &= 4\times 7.721\,7+100\times 0.613\,9 \\ &= 92.28(\text{元}) \end{aligned}$$

计算结果表明，该债券的价值比每年付息一次时的价值(92.43 元)降低了。债券价值随付息频率加快而下降的现象，仅出现在折价出售的状态。如果债券溢价出售，则情况正好相反。

(2) 贴现债券。贴现债券是一种以低于面值的贴现形式发行，到期按债券面值偿还的债券，也称为“零息债券”。零息债券的估价公式为

$$V=\frac{M}{(1+i)^n}$$

**【例 2-23】** 某债券面值为 1 000 元，期限为 5 年，以贴现方式发行，期内不计利息，到期按面值偿还，当时市场利率为 8%，其价格为多少时，公司才能购买？

**解** $$V=\frac{1\,000}{(1+8\%)^5}=1\,000\times 0.681=681(\text{元})$$

该债券的价格只有低于 681 元时，公司才能购买。

(3) 一次还本付息且不计复利的债券。我国很多债券属于此种，是利随本清的存单式债券。其计算公式为

$$V=\frac{M(1+r\times n)}{(1+i)^{n}}$$

式中：$r$ 表示债券票面利率。

**【例 2-24】** 有一份 5 年期国债，面值 100 元，票面利率 12%，单利计息，到期时一次还本付息。假设市场利率 10%，其价值为多少？

**解** $$V=\frac{100(1+12\%\times 5)}{(1+10\%)^{5}}=99.35(元)$$

(4) 永久债券。永久债券是指没有到期日，也没有最后支付日，债券投资人可以定期持续地获得固定收益的债券。永久债券实际上是付息债券的一种特殊形式，即利息支付趋向于无穷大，一直定期支付利息的债券。英国和美国都发行过这种债券。对于永久公债，通常政府都保留了回购债券的权力。永久债券的价值为

$$V=\sum_{t=1}^{n}\frac{I}{(1+i)^{t}}=\frac{I}{i}$$

**3. 债券价值的影响因素**

通过上述模型可以看出，影响债券价值的因素除债券面值、票面利率和计息期以外，还有折现率和到期时间。

(1) 债券价值与折现率

债券估价模型的现金流量通常是不变的，而折现率却是经常变化的，并因此导致债券价值的变动。债券定价的基本原则是：当折现率等于票面利率时，债券价值等于票面价值，此时债券将以平价方式出售；当折现率高于票面利率时，债券价值低于票面价值，此时债券将以折价方式出售；当折现率低于票面利率时，债券价值高于票面价值，此时债券将以溢价方式出售。

例如，在例 2-21 中，如果投资者要求的报酬率为 8%，则该债券的价值为

$$\begin{aligned}V&=100\times 8\%\times(P/A,8\%,5)+100\times(P/F,8\%,5)\\&=8\times 3.9927+100\times 0.6806\\&=100(元)\end{aligned}$$

如果投资者要求的报酬率进一步下降为 6%，则该债券的价值将为

$$\begin{aligned}V&=100\times 8\%(P/A,6\%,5)+100\times(P/F,6\%,5)\\&=8\times 4.2124+100\times 0.7473\\&=108.43(元)\end{aligned}$$

(2) 债券价值与到期时间

债券的到期时间，是指当前日至债券到期日之间的时间间隔。随着时间的延续，债券的到期时间逐渐缩短，至到期日时该间隔为零。对于平息债券，在折现率一直保持不变的情况下，不管它高于或低于票面利率，债券价值都随到期时间的缩短逐渐向债券面值靠近，至到期日债券价值等于债券面值，这种变化情况如图 2-12 所示。当折现率高于票

面利率时，随着时间向到期日靠近，债券价值逐渐提高，最终等于债券面值；当折现率等于票面利率时，债券价值一直等于票面价值；当折现率低于票面利率时，随着时间向到期日靠近，债券价值逐渐下降，最终等于债券面值。

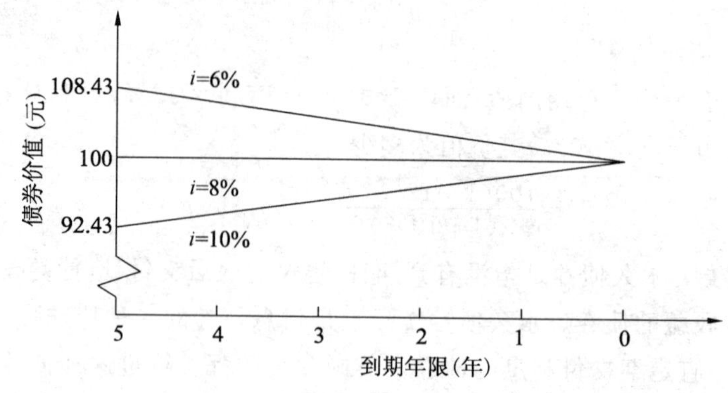


**图 2-12　债券价值与到期时间**

图 2-12 显示的是连续支付利息的情景，或者说是支付期无限小的情景。如果不是这样，而是每间隔一段时间支付一次利息，债券价值会呈现周期性波动。

综上所述，当折现率一直保持至到期日不变时，随着到期时间的缩短，债券价值逐渐接近其票面价值。如果折现率在债券发行后发生变动，债券价值也会因此而变动。随着到期时间的缩短，折现率变动对债券价值的影响越来越小。

**4. 债券的收益率**

债券的收益水平通常用到期收益率来衡量。到期收益率是指以特定价格购买债券并持有至到期日所能获得的收益率。它是使未来现金流量现值等于债券购入价格的折现率。

到期收益率是指导选购债券的标准，它可以反映债券投资按复利计算的真实收益率。如果到期收益率高于投资人要求的报酬率，则应该买进该债券，否则就放弃。

**【例 2-25】** ABC 公司 20×1 年 2 月 1 日以平价购买了一张面额 1 000 元的债券，票面利率为 8%，每年 2 月 1 日计算并支付一次利息，期限为 5 年。该公司持有该债券至到期日，计算其到期收益率。

**解**　　$1\,000=1\,000\times 8\%\times(P/A,i,5)+1\,000\times(P/F,i,5)$

解该方程要用“试误法”。

用 $i=8\%$ 试算：

$$
\begin{aligned}
&1\,000\times 8\%\times(P/A,8\%,5)+1\,000\times(P/F,8\%,5)\\
&=80\times 3.992\,7+1\,000\times 0.680\,6\\
&=1\,000(\text{元})
\end{aligned}
$$

可见，平价购买的每年付息一次的债券的到期收益率等于票面利率。

如果债券的价格高于面值，则情况将发生变化。例如，买价是 1 105 元，则

$$1\,105=1\,000\times 8\%\times(P/A,i,5)+1\,000\times(P/F,i,5)$$

用 $i=6\%$ 试算：

$$1\,000\times 8\%\times(P/A,6\%,5)+1\,000\times(P/F,6\%,5)=1\,084.29(\text{元})$$

用 $i=4\%$ 试算：

$$1\,000\times 8\%\times(P/A,4\%,5)+1\,000\times(P/F,4\%,5)=1\,178.16(\text{元})$$

用插值法计算近似值：

$$R=4\%+\frac{1\,178.16-1\,105}{1\,178.16-1\,084.29}\times(6\%-4\%)=5.56\%$$

### 2.3.2 股票估价

**1. 股票的构成要素**

股票是股份公司发给股东的所有权凭证，是股东们借以取得股利的一种有价证券。股票持有者即为该公司的股东，对该公司财产有要求权。

(1) 股票价值。投资股票通常是为了在未来能够获得一定的现金流入。这种现金流入包括两部分：每期将要获得的股利以及出售股票时得到的价格收入。有时为了把股票的价值与价格相区别，也把股票的价值称为“股票内在价值”。

(2) 股票价格。股票的价格是指其在市场上的交易价格，它分为开盘价、收盘价、最高价和最低价等。股票的价格主要由预期股利和当时的市场利率决定，即股利的资本化价值决定了股票价格。此外，股票价格还受整个经济环境变化和投资者心理等复杂因素的影响。

(3) 股利。股利是股份有限公司以现金的形式从公司净利润中分配给股东的投资报酬，也称“股息”或“红利”。但也只有当公司有利润并且管理层愿意将利润分给股东而不是将其进行再投资时，股东才有可能获得股利。

**2. 股票的估价方法**

股票的估值与债券估值本质上都是未来现金流的折现，但是由于股票的未来现金流是不确定的，依赖于公司的股利政策，因此股票的估值与债券估值存在差异。

(1) 股票估价的基本模型

股票带给持有者的现金流入包括两部分：股利收入现金流量和利得收益现金流量(通常为出售价格)。股票的内在价值由一系列的股利和将来出售股票时售价的现值所构成。如果股东永远持有股票，则他只能获得股利，这是一个永续的股利现金流入，这个现金流入的现值就是股票的价值，即

$$V=\frac{D_1}{(1+R_S)^1}+\frac{D_2}{(1+R_S)^2}+\cdots+\frac{D_n}{(1+R_S)^n}$$

$$=\sum_{t=1}^{\infty}\frac{D_t}{(1+R_S)^t}$$

式中：$D_t$ 表示第 $t$ 年的每股现金股利；$R_S$ 表示折现率，一般采用资本成本或投资者要求的必要报酬率；$t$ 表示折现期数。

如果投资者不打算永久地持有股票，而是在一段时间后出售，这时股票带给投资者的未来现金流入包括股利收入和将来股票出售时的售价两个部分，于是股票价值的计算

公式可以修正为

$$V=\frac{D_1}{(1+R_S)^1}+\frac{D_2}{(1+R_S)^2}+\cdots+\frac{D_n}{(1+R_S)^n}+\frac{P_n}{(1+R_S)^n}$$

$$=\sum_{t=1}^{n}\frac{D_t}{(1+R_S)^t}+\frac{P_n}{(1+R_S)^n}$$

式中：$P_n$ 表示股票每股售价。

**【例 2-26】** 一只股票预期未来 3 年每年每股可获现金股利 3 元，3 年后该只股票的预期售价为每股 20 元，要求的报酬率为 18%，则该股票目前的价值是多少？

**解** $V=\frac{D_1}{(1+R_S)^1}+\frac{D_2}{(1+R_S)^2}+\frac{D_3}{(1+R_S)^3}+\frac{P_3}{(1+R_S)^3}$

$$=\frac{3}{(1+18\%)^1}+\frac{3}{(1+18\%)^2}+\frac{3}{(1+18\%)^3}+\frac{20}{(1+18\%)^3}=18.7(\text{元})$$

(2) 零增长股票的价值

在每年股利稳定不变，投资人持有期间很长的情况下，股票的估价模型可简化为

$$V=\frac{D_1}{(1+R_S)^1}+\frac{D_2}{(1+R_S)^2}+\cdots+\frac{D_n}{(1+R_S)^n}=D/R_S$$

**【例 2-27】** 某只股票采取固定股利政策，每年每股发放 2 元现金股利，必要报酬率为 10%，则该股票的价值是多少？

**解** $$V=2/10\%=20(\text{元})$$

(3) 固定增长股票的价值

如果一只股票的现金股利在基期 $D_0$ 的基础上以速度 $g$ 不断增长，则

$$V=\frac{D_0(1+g)}{(1+R_S)^1}+\frac{D_0(1+g)^2}{(1+R_S)^2}+\cdots+\frac{D_0(1+g)^n}{(1+R_S)^n}$$

$$=\sum_{t=1}^{\infty}\frac{D_0(1+g)^t}{(1+R_S)^t}=\frac{D_0(1+g)}{R_S-g}$$

或

$$V=\frac{D_1}{R_S-g}$$

式中：$D_0$ 表示上年末股利；$g$ 表示股利增长率。

**【例 2-28】** ABC 公司上年每股发放 2 元现金股利，预计每年股利增长率为 12%，假定必要报酬率为 16%，则该股票的价值是多少？

**解** $$V=\frac{2\times(1+12\%)}{16\%-12\%}=56(\text{元})$$

(4) 非固定增长股票的价值

在现实生活中，有的公司股利是不固定的。例如，在一段时间里高速增长，在另一段时间里正常增长或固定不变。在这种情况下，就要分段计算，才能确定股票的价值。

**【例 2-29】** 某投资人持有 ABC 公司的股票，必要报酬率为 15%。预计 ABC 公司未

来3年股利将高速增长，增长率为20%。在此以后转为正常增长，增长率为12%。公司最近支付的股利是2元。请计算该投资人持有ABC公司股票的价值。

**解** 首先，计算非正常增长期的股利现值，如表2-4所示。

**表2-4 非正常增长期的股利现值计算**

| 年份 | 股利 $D_t$ | 现值系数(15%) | 现值 |
|---|---|---|---|
| 1 | 2×1.2=2.4 | 0.870 | 2.088 |
| 2 | 2.4×1.2=2.88 | 0.756 | 2.177 |
| 3 | 2.88×1.2=3.456 | 0.658 | 2.274 |
| | 合计(3年股利的现值) | | 6.539 |

其次，计算第三年年底的股票内在价值：

$$V_3=\frac{D_4}{R_S-g}=\frac{3.456\times(1+12\%)}{15\%-12\%}=129.02(\text{元})$$

其现值$=129.02\times(P/F,15\%,3)=129.02\times0.6575=84.831$(元)

最后，计算所持股票的价值：

$$V=6.539+84.831=91.37(\text{元})$$

## 知识拓展

### 高科技企业初创期的风险分析

高科技企业既是加快科技成果转化、实现技术创新的有效载体，也是国民经济增长的重要源泉。在企业创立的初期，高科技企业往往要面临一系列的风险考验。

#### 一、宏观风险

高科技企业面临的宏观风险主要来自整体经济形势、政策和法律等方面。

(1) 整体的经济形势不景气。就目前来看，全球经济危机的影响依然存在，整体消费不旺、金融机构对高新技术企业有惜贷情绪，在没有相应的政策扶持和充分竞争力的情况下盲目地进入高新科技行业是不可行的。

(2) 由于政策法律的限制，高新技术得不到政府的相关许可。例如，近年来国内外一些新创企业研发转基因产品，曾被有关国家政府部门明令禁止销售。再如，一些负面效应较大的高新技术产品，政府往往是在产品试验成功后进行限制，这种事后规制使得企业得不到任何商业利益，甚至承受一定程度的损失。

(3) 产权界定不清导致的侵权风险。企业使用的高新技术可能来自其他机构的技术成果，或是与他人共有的“共有产权”技术成果，或是模仿他人的技术成果。由于高新技术成果的产权边界很难清晰地界定，企业很容易无意陷入知识产权的纠纷或危机之中，影响企业活动的正常进行。

## 二、微观环境方面

### 1. 资金风险

资金风险是指因资金不能适时供应而导致创业失败的可能性。高新技术产品创业过程中所需的资金有两个特点：① 资金需求规模大，与一般产业相比，高新技术产业在R&D阶段投入的资金是传统产业的5～15倍；② 资金筹集渠道少，这是由其高风险性决定的。

一般来说，高新技术创业企业投资难以预期，前期资金周转太慢，而高新技术企业初创期又普遍缺乏持续投资能力，该阶段只有投入没有产出，资金短缺的问题相当突出。此外，高新技术产品的市场开拓费用也很高。由于其产出是用户从未接触过的高新技术产品，所以前期的市场调研及产品产出后的市场推广需要大量资金支持。然而，由于高新技术企业具有高风险的特点，在初期很难通过正常的渠道融资（民间私募资本有限、上市门槛高、银行怕担风险），国家无偿支援的资金又极为有限，无法满足高新技术企业的资金需求。在发达国家，风险资金是高新技术企业的重要资金来源，但是我国的风险投资市场发育不成熟，在高新技术企业的支持方面没有发挥应有的作用。资金的严重匮乏导致我国高新技术企业天生便无输血机制，产品创新活动陷于停顿，技术价值随着时间的推移不断贬值，面临的风险加倍。所以资金匮乏是导致企业发展速度减慢甚至破产的重要原因，是企业面临的重要风险之一。

### 2. 技术风险

(1) 生产的不确定性。初创期的技术风险主要是新产品生产的不确定性和新产品技术效果的不确定性。生产的不确定性是指由于技术的不成熟或达不到预计的技术水平而无法满足新产品的生产工艺、原材料供应、零部件配套及设备供应能力等提出的更高的要求，造成新产品无法生产或者产品质量远远达不到标准要求，致使高新技术创业企业的生产计划、市场开拓受阻。

(2) 技术前景的不确定性。新技术在诞生之初都是不完善的、粗糙的，对于在现有技术知识条件下，能否很快使其完善起来，开发者和高新技术企业家都没有把握。因此，新技术的发展前景是不确定的，创新企业面临着很大的风险。

(3) 技术效果的不确定性。一项高新技术产品即便能成功地开发、生产，事先也难以确定其效果，创业者往往不能把握可实现的技术功能。例如，有的技术实现不了预期的目标，有的产生副作用，会造成环境污染、破坏生态系统等，很可能使新技术受到限制而不能实施，导致前期的投资无法收回。

(4) 技术寿命长短的不确定性。高新技术产品往往寿命周期短、更新换代快、市场反馈迅速、同行业竞争激烈。例如，个人计算机从“386”到“586”没用几年时间，仅隔6个月就有新一代产品问世。又如，集成电路芯片上晶体管的集成度几乎每2年翻一番，电路线宽几乎每3年减少一半。这些表面上看是产品更新周期短，实际是高新技术发展越来越快，代际时段越来越短。目前，高新技术产品的寿命越来越短，对高新技术产品创新者而言，如果不能在高新技术寿命周期内迅速实现产业化，收回初始投资并取得利润，必将遭受巨大的损失。

**3. 管理风险**

一个初创企业成功与否，很大程度上取决于管理者的素质和能力。由于技术型企业的特殊性，从事技术研发的人员一般具有较高的教育背景和完善的知识结构及高超的能力，对其管理就不同于一般的生产运作型企业。对技术型而言，更有效的管理方法是满足员工精神需求而不仅仅是物质上的激励，这种管理方式的个性化给高层管理者提出了更高的要求。

高新技术企业创业者一般有三类：一是掌握某种特定技术或信息的研究人员；二是专门从事创业企业“孵化”的技术或信息开发人员；三是某些企业经理。掌握特定技术或信息的研究人员在学习和研究过程中看到了某种技术或信息开发的市场前景，并亲自从事开发，创办企业。第二类人员实际上是一种专职的创业型企业家，他们将技术信息开发、创办企业作为职业，自己不从事创建企业后的经营管理，企业创办成功后就卖掉，然后再从事创办另一家企业。

对于技术出身的领导在创办企业时往往靠的是合伙人之间的一腔热忱和哥们义气，由于管理者的素质低，往往在企业成功运作之后会产生利益的分歧，导致公司内部出现严重的问题，因此，在创业初期企业就应该组建自己的核心团队并建立合理的利益分配机制，适时地引入优秀的管理者。

**4. 市场风险**

(1) 难以确定市场容量。市场容量决定了产品的市场商业总价值，如果一项高新技术产品的推出投入巨大，而产品的市场容量较小或者短期内不能为市场所接受，那么产品的市场价值就无法实现，投资就无法收回，创业就会归于失败。

(2) 难以确定市场接受的具体时间。高新技术产品往往是全新的产品，既要有一个适应市场的过程，也要有一个为市场所了解接纳的过程。从新产品进入市场到新产品获得消费者的认可之间有一段时间间隔，时间间隔越长，风险越大。特别对一些高新技术小企业而言，因缺乏雄厚的财力支持，其投入到广告宣传中去的经费较少，产品的扩散速度缓慢，被市场接受的过程就会拉长，进而加大企业风险。

(3) 难以确定新产品的市场竞争力。影响新产品市场竞争力的因素很多,要想确定新产品的竞争力,就要找出各个影响因素。其一,市场价格因素。高新技术产品的研制开发成本一般较高,为了实现高投入的高收益,产品定价一般很高。但是,产品价格超出了市场的承受力,就很难为市场所接受,技术产品的商业化、产业化就无法实现,投资就无法收回。其二,市场战略因素。一项好的高新技术产品,如果没有好的市场战略策划,在价格定位、用户选择、上市时机、市场区域划分等方面出现失误,就会给产品的市场开拓造成困难,甚至功亏一篑。

(4) 难以对新产品的市场扩散速度做出判断。由于高新技术产品的市场是潜在的、待开发的、待成长的,所以创业初期很难确定它的成长速度。新产品扩散速度的快慢会影响企业整个的业务计划和生产销售计划,关系到企业的生存与发展。因而,创业初期不可避免地会出现产品销售不畅现象,造成产品积压,从而给企业资金周转带来困难。

## 案例分析

### "赠送玫瑰花"诺言的索赔

拿破仑1797年3月在卢森堡第一国立小学演讲时说了这样一番话:"为了答谢贵校对我,尤其是对我夫人约瑟芬的盛情款待,我不仅今天呈上一束玫瑰花,并且在未来的日子里,只要我们法兰西存在一天,每年的今天我将亲自派人送给贵校一束价值相等的玫瑰花,作为法兰西与卢森堡友谊的象征。"时过境迁,拿破仑穷于应付连绵的战争和此起彼伏的政治事件,最终惨败而被流放到圣赫勒拿岛,将对卢森堡的诺言忘得一干二净。

可卢森堡这个小国对这位"欧洲巨人与卢森堡孩子亲切、和谐相处的一刻"念念不忘,并载入史册。1984年底,卢森堡旧事重提,向法国提出违背"赠送玫瑰花"诺言的索赔:要么从1797年起,用3路易作为一束玫瑰花的本金,以5厘复利(即利滚利)计息全部清偿这笔"玫瑰花"债;要么法国政府在各大报刊上公开承认拿破仑是个言而无信的小人。

起初,法国政府准备不惜重金赎回拿破仑的声誉,但却又被电脑算出的数字惊呆了:原本3路易的许诺,本息竟高达1 375 596法郎。经反复思量,法国政府斟词酌句的答复是:"以后,无论在精神上还是在物质上,法国将始终不渝地对卢森堡大公国的中小学教育事业予以支持与赞助,来兑现我们的拿破仑将军那一诺千金的玫瑰花信誉。"这一措辞最终得到了卢森堡人民的谅解。

很多教材都将这一经典案例作为道德修养和讲诚信的材料进行教育和宣传，其实，从理财学的角度来分析这一案例，也会给我们带来很深的思考。

**讨论题：**

为什么当初的3路易会变成后来的130多万法郎？

## 思考题

1. 什么是资金时间价值？如何计算？
2. 单利和复利有何区别？
3. 什么是风险价值？风险价值如何衡量？
4. 如何理解风险与收益的关系？
5. 什么是可分散风险和不可分散风险？二者有何区别？
6. 什么是资本资产定价模型？它有何作用？
7. 债券估价和股票估价可以采用哪些估价模型？
8. 什么是证券市场线？

## 习 题

1. 某人连续5年每年年初存款10 000元，如果银行年利率为10%。问：此人在第5年末能一次取出本利和多少元？

2. 某人向银行借入一笔款项，银行贷款利率为5%，每年复利一次，银行规定，从第1年至第10年每年年末偿还本息20 000元。问：这笔款项的现值是多少？

3. 某企业于年初向银行借款50万元购买设备，第1年年末开始偿还，每年还款一次，等额偿还分5年还清，银行借款利率为10%。问：每年应还款多少？计算并填写下表。

**还款明细表** 元

| 年次 | 分期付款额 | 本年利息 | 应还贷款减少额 | 应还贷款余额 |
|---|---|---|---|---|
| 0 | — | — | — | 500 000 |
| 1 | | 50 000 | | |
| 2 | | | | |
| 3 | | | | |
| 4 | | | | |
| 5 | | | | 0 |
| 合计 | | | | — |

4. 某公司拟租赁一间厂房，期限是10年，假设年利率是10%，出租方提出以下几种付款方案：

(1) 立即付全部款项共计20万元；

(2) 从第4年开始每年年初付款4万元，至第10年年初结束；

(3) 第1年到第8年每年年末支付3万元，第9年年末支付4万元，第10年年末支付5万元。

要求：确定最优付款方案。

5. 某企业于第1年年初借款10万元，每年年末还本付息额均为2万元，连续8年还清。请计算借款利率。

6. 某企业有甲、乙两个投资项目，计划投资额均为1 000万元，其报酬率的概率分布如下表所示。

**甲、乙项目报酬率及概率分布表**

| 市场状况 | 概率 | 报酬率(%) | |
|---|---|---|---|
| | | 甲项目 | 乙项目 |
| 较好 | 0.3 | 20 | 30 |
| 一般 | 0.5 | 10 | 10 |
| 较差 | 0.2 | 0 | −10 |

问：

(1) 分别计算甲、乙两个项目报酬率的期望值；

(2) 分别计算甲、乙两个项目报酬率的标准差；

(3) 比较甲、乙两个投资项目风险的大小；

(4) 如果无风险收益率为6%，甲项目的风险价值系数为10%，计算甲项目投资的总报酬率。

7. 假设短期国库券的利率为6%，市场组合收益率为10%。如果一项资产组合由25%的A公司股票和75%的B公司股票组成。A公司股票的$\beta$系数为1.1，B公司股票的$\beta$系数为1.25，那么该资产组合的风险报酬为多少？

8. 某股票投资者拟购买甲公司的股票，该股票上年支付的每股股利为2.4元，现行国库券利率为12%，平均风险股票的报酬率为16%，该股票的$\beta$系数为1.5。

问：

(1) 假设该股票在未来时间里股利保持不变，当时该股票市价为15元，该投资者是否购买？

(2) 假设该股票股利固定增长，增长率为4%，则该股票的价值为多少？

9. 某公司欲在市场上购买B公司曾在2010年1月1日平价发行的债券，每张面值1 000元，票面利率为10%，5年到期，每年12月31日付息。

问：

(1) 假定2012年1月1日的市场利率下降到8%，若计划购买B债券，则债券的价格为多少时可购买？

(2) 假定2012年1月1日的市场利率为12%，此时债券市价为950元，你是否购买该债券？

10. 国库券的利息率是6%，市场证券组合的报酬率为13%。

问：

(1) 市场风险报酬率是多少？

(2) 当$\beta$系数为1.5时，必要报酬率应为多少？

(3) 如果一项投资计划的$\beta$系数为0.8，期望报酬率为10%，是否应当投资？

(4) 如果某种股票的必要报酬率为12.5%，其$\beta$系数应为多少？

# 3 财务分析

**学习目标**

1. 明确财务分析的目的和作用。
2. 提升解读财务报表的能力。
3. 掌握财务分析的基本框架。
4. 正确理解和使用财务比率。
5. 掌握整体财务报表分析体系与方法。
6. 了解创业企业财务分析特点与方法。

## 公司成长的烦恼

长风公司属于一家制造行业的私营公司，已经有几年的经营历史了。由于拥有多项本企业产品专利，技术创新能力强，虽然企业规模不大，但几年来产品的市场占有率却也令人满意。公司董事长兼总经理是从工艺制造领域打拼出来的技术性管理人员，没有受过系统的企业管理培训。进入新的一年，虽然公司的市场占有率尚维持在原有水平，营销部也在积极拓展新市场，但是，公司似乎已经不像以前那样"赚钱"了，而且整个公司发展的势头受到阻滞，甚至有倒退的趋势，尤其是公司现金流似乎也越来越紧张。目前，为了稳固及开拓市场，公司还决策引入国外先进技术以升级原有技术。公司此前较少和金融机构打交道。这一次，公司考虑为此进行成立以来的首次长期债务融资。

面临上述情况，公司总经理针对自身短板，几次邀请了资深管理专家并召集管理层会议，商讨目前公司现状的深层原因以及对策。经过几轮认真的研讨，生产、营销、采购、财务、技术、人事等各个部门针对各自的环节都梳理出一些存在的问题，其中不乏管理制度的问题，如生产过程材料成本的节约问题、采购环节定价审批制度问题、营销费用安排制度问题、企业激励奖惩机制问题、财务制度不够健全问题、管理费用大幅上升问题等。管理专家经过深入地了解，听取了各方意见后指出，各个部门提出的问题实质上都反映了公司财务管理体系的问题。公司自成立以来，为了使产品能够挤入市场，所有的工作重心都集中在技术创新、市场拓展上。虽然市场是公司的命脉，但是没有配套的管理，公司的发展必然受到制约。要想实现本公司的可持续发展，企业一定要重整制度，从过去的粗放型经营转变为集约型经营，开源节流。那么，如何做到这些呢？怎样挖掘出企业在整个生产经营环节中的不足呢？专家指出，对企业进行财务分析，深入考察本企业现状，认真反思公司在管理效率、盈利水平控制、现金流管理、资产利用效果等方面存在的问题，是企业要迈出的第一步。在此基础上，通过本企业财务分析指标数据，将公司的整个生产经营环节与行业先进企业比较，从而找出差距，加以改进。

**思考** 在目前的情况下，财务分析到底能为长风公司提供哪些信息、带来哪些改变呢？如何有效利用财务分析这个工具来引领公司走上可持续发展之路呢？

# 3.1 财务分析概述

## 3.1.1 财务分析的意义

企业在生产经营过程中，应依据会计准则等会计规范进行会计核算，并编制财务报告。财务报告是企业向会计信息使用者提供信息的主要文件，它反映了企业财务状况、经营成果和现金流量等方面的会计信息，为会计信息使用者进行经济决策提供依据。企业在会计核算和编制财务报告时，必须遵循会计准则，以保证会计信息客观、公允地反映企业的财务状况和经营状况。企业在财务报告中提供的会计信息应当符合会计准则所要求的质量特征，如可靠性、相关性等。由于财务报告主要是通过分类的方法提供各种会计信息，还缺乏一定的综合性，无法深入地揭示企业各方面的财务能力，无法反映企业在一定时期内的发展变化趋势。因此，为了提高会计信息的利用程度，需要对这些会计信息做进一步的加工和处理，以便更深入、全面地反映企业的各种财务能力和发展趋势。因此，财务分析的目的是将财务报告相关数据转换成有用的信息，以帮助报表使用人改善决策。

财务分析是以企业的财务报告等会计资料为基础，对企业的财务状况、经营成果和现金流量状况进行分析和评价的一种方法。财务分析是财务管理的重要方法之一，它对财务报告所提供的会计信息做进一步加工和处理，为股东、债权人和管理层等会计信息使用者进行财务预测和财务决策提供依据。在实务中，财务分析具有以下重要意义：

（1）财务分析是企业评价其经营业绩及财务状况的重要依据。通过财务分析，不但可以了解企业现金流量状况、营运能力、盈利能力和偿债能力，还可以分析比较可能影响财务状况和经营成果的微观因素和宏观因素、主观因素和客观因素。同时，财务分析数据也反映出创业企业遵守国家的法令、法规等的相关情况，使创业企业能够更加规范、有序的从事生产经营。

（2）通过财务分析，可以为企业外部投资者、债权人和其他有关部门和人员提供更加系统的、完整的会计信息，便于其更加深入地了解企业的财务状况、经营成果和现金流量情况，为其投资决策、信贷决策和其他经济决策提供依据。

（3）财务分析是企业的管理层认识自身、及时了解经营情况及方向、把握市场、挖掘潜力、管理好现金流、找出薄弱环节、规避企业风险等的有力工具。通过财务分析，可以检查企业内部各职能部门和单位完成经营计划的情况，考核各部门和单位的经营业绩，从而客观评价经营者业绩，划清责任界限，促进经营管理者提高管理水平。因此它是企业建立和健全完善的业绩评价体系，协调各种财务关系，保证企业财务目标顺利实现的重要工具。

### 3.1.2 财务分析的目的

财务分析的目的取决于人们使用会计信息的目的。虽然财务分析所依据的资料是客观的，但是，不同的人所关心的问题侧重面不同，因此，他们进行财务分析的目的也各不相同。会计信息的使用者主要包括债权人、股权投资者、企业管理层、审计师、政府部门等。下面分别介绍不同的会计信息使用者进行财务分析的目的。

**1. 债权人财务分析的目的**

债权人为了保证其债权的安全，非常关注债务人现有资源以及未来现金流量的可靠性、及时性和稳定性。为决定是否给企业贷款，需要分析贷款的报酬和风险；为了解债务人的短期偿债能力，需要分析企业资产的流动能力；为了解债务人的长期偿债能力，还需要分析其盈利状况和资本结构。

**2. 股权投资者财务分析的目的**

为决定是否投资，企业股权投资者需要分析企业的盈利能力；为决定是否转让股份，企业股权投资者需要分析盈利状况、股价变动和发展前景；为考察经营者业绩，企业股权投资者需分析资产盈利水平、破产风险和竞争能力；为决定股利分配政策，企业股权投资者需要分析筹资状况。由此可见，股权投资者的财务分析更加全面，包括企业盈利能力、资产运营能力、财务风险、发展前景等方面的分析与评价。

**3. 管理层财务分析的目的**

企业管理层主要是指企业的经理，是企业管理的受托责任者。管理层对企业现时的财务状况、盈利能力和未来持续发展能力非常关注，其财务分析的主要目的在于通过财务分析所提供的信息来监控企业的运营活动和财务状况的变化，以便尽早发现问题，采取改进措施。由于他们能够经常地、不受限制地获取会计信息，因此能够更加全面和系统地进行财务分析。管理层为了改善经营决策，需要进行内容广泛的财务分析，几乎包括外部报表使用者关心的所有问题。

**4. 注册会计师财务分析的目的**

注册会计师需要依据其审计结果对财务报表的公允性发表审计意见。财务分析是审计程序的一部分,对企业进行财务分析可以尽快地发现会计核算中存在的最薄弱环节,以便在审计时重点关注。因为错误和不规范的会计处理会对许多财务、经营和投资关系产生重大影响,对这些关系的分析有时能够揭示其潜在内涵。因此,注册会计师进行财务分析的主要目的是提高审计工作的效率和质量,以便正确地发表审计意见,降低审计风险。

**5. 政府部门财务分析的目的**

为履行政府职能,政府部门如财政部门、税务部门、统计部门以及监管机构等,需要使用企业的会计信息。政府部门进行财务分析的主要目的是更好地了解宏观经济的运行情况和企业的经营活动是否遵守法律法规,以便为其制定相关政策提供决策依据。

### 3.1.3 财务分析的主要内容

**1. 偿债能力分析**

偿债能力是指企业偿还到期债务的能力。通过对企业的财务报告等会计资料进行分析,可以了解企业资产的流动性、负债水平以及偿还债务的能力,从而评价企业的财务状况和财务风险,为管理者、投资者和债权人提供企业偿债能力的财务信息。

**2. 营运能力分析**

营运能力是指企业对资产的利用和管理能力。企业的生产经营过程就是利用资产取得收益的过程。资产是企业生产经营活动的经济资源。资产的利用和管理能力直接影响到企业的收益,它体现了企业的经营能力。对营运能力进行分析,可以了解企业资产的保值和增值情况,分析企业资产的利用效率、管理水平、资金周转状况、现金流量情况等,为评价企业的经营管理水平提供依据。

**3. 盈利能力分析**

获取利润是企业的主要经营目标之一,它也反映了企业的综合素质。企业要生存和发展,必须争取获得较高的利润,这样才能在竞争中立于不败之地。投资者和债权人都十分关心企业的盈利能力,对于盈利能力分析不能仅看其获取利润的绝对数,还应分析其相对指标。这些都可以通过财务分析来实现。

**4. 财务综合能力分析**

财务综合分析将时间发展因素考虑在内。对于任一企业,不仅要利用其单期财务报表全面分析和评价企业各方面的财务状况,对企业风险、收益、成本和现金流量等进行分析和诊断,而且要利用连续若干期的会计信息和财务指标进行分析,了解企业动态的经营活动和财务活动存在的问题,判断企业未来发展趋势,从而提高企业财务管理水平,改善经营业绩,同时为企业的各方利益相关者决策提供依据。

### 3.1.4 财务分析的方法

财务报表分析的方法非常多。不同的人,出于不同的目的,使用不同的财务分析方法。一般来讲,有比较分析法和因素分析法两种。

**1. 比较分析法**

报表分析的比较法,是对两个或几个有关的可比数据进行对比,从而揭示存在的差异或矛盾。

比较分析法按比较对象分为:

(1) 与本企业历史比,即不同时期(2～10 年)指标相比,也称“趋势分析”。

(2) 与同类企业比,即与行业平均数或竞争对手比较,也称“横向比较”。

(3) 实际执行结果与计划、预算指标比较,也称“预算差异分析”。

比较分析法按比较内容分为三种:

(1) 比较会计要素的总量。总量是指报表项目的总金额,如总资产、净资产、净利润等。总量比较主要用于时间序列分析,如研究利润的逐年变化趋势,看其增长潜力。有时也用于同业对比,看企业的相对规模和竞争地位的变化。

(2) 比较结构百分比。把资产负债表、利润表、现金流量表转换成结构百分比报表。例如,以收入为 100%看利润表各项目的比重。结构百分比报表用于发现有显著问题的项目,揭示进一步分析的方向。

(3) 比较财务比率。财务比率是各会计要素之间的数量关系,反映它们的内在联系。财务比率是相对数,排除了规模的影响,具有较好的可比性,是最重要的分析比较内容。财务比率的计算相对简单,而对它加以说明和解释却比较复杂和困难。

**2. 因素分析法**

因素分析法是依据财务指标与其驱动因素之间的关系,从数量上确定各因素对指标影响程度的一种方法。该方法将分析指标分解为各个可以计量的因素,并根据各个因素之间的依存关系,顺次用各因素的比较值(通常为实际值)替代基准值(通常为标准值或计划值),据以测定各因素对分析指标的影响。由于在分析时,要逐次进行各因素的有序替代,因此又称连环替代法。

因素分析法一般分为四个步骤:① 确定分析对象,即确定需要分析的财务指标,比较其实际数额和标准数额(如上年实际数额)并计算两者的差额;② 确定该财务指标的驱动因素,即根据该财务指标的形成过程,建立财务指标与各驱动因素之间的函数关系模型;③ 确定驱动因素的替代顺序,即根据各驱动因素的重要性进行排序;④ 按顺序计算各驱动因素脱离标准的差异对财务指标的影响。

**【例 3-1】** 某企业 2014 年 3 月某种材料费用的实际数是 3 360 元,而其计划数是 2 700 元,实际比计划增加 660 元。由于材料费用由产品产量、单位产品材料耗用量和材料单价 3 个因素的乘积构成。因此,可以把材料费用这一总指标分解为 3 个因素,然后逐个分析它们对材料费用总额的影响程度。现假设这 3 个因素的数值如表 3-1 所示。

表 3-1　产品产量、单位产品材料耗用量、材料单价数值

| 项　目 | 单　位 | 计划数 | 实际数 | 差　异 |
| --- | --- | --- | --- | --- |
| 产品产量 | 件 | 60 | 70 | 10 |
| 材料单耗 | 千克/件 | 9 | 8 | −1 |
| 材料单价 | 元/千克 | 5 | 6 | 1 |
| 材料费用 | 元 | 2 700 | 3 360 | 660 |

试用因素分析法(连环替代法)分析 3 月份产品材料费用情况。

**解**　根据表中资料,材料费用总额实际数较计划数增加 660 元,这是分析对象。运用连环替代法,可以计算各因素变动对材料费用总额的影响程度,具体如下:

计划指标:　$60\times9\times5=2\,700$(元)(计划数)　①

第一次替代:　$70\times9\times5=3\,150$(元)　②

第二次替代:　$70\times8\times5=2\,800$(元)　③

第三次替代:　$70\times8\times6=3\,360$(元)(实际数)　④

各因素变动的影响程度分析:

②－①＝3 150 －2 700＝450(元)　　产量增加的影响

③－②＝2 800 －3 150＝－350(元)　　材料节约的影响

④－③＝3 360－2 800＝560(元)　　价格提高的影响

450－350＋560＝660(元)　　全部因素的影响

通过上述计算结果可以分析得出,该企业此种材料实际成本比计划成本高出 660 元,这是产量增加 450 元、材料节约 350 元和价格提高 560 元三个因素共同作用的结果。

企业是一个有机整体,每个财务指标的高低都受其他因素的驱动。从数量上测定各因素的影响程度,可以帮助人们抓住主要矛盾或更有说服力地评价经营状况。财务分析的核心问题是不断追溯产生差异的原因。因素分析法提供了定量解释差异成因的工具。

### 3.1.5　财务分析的基础

财务分析是以企业的会计核算资料为基础,通过对会计所提供的核算资料进行加工整理,得出一系列科学的、系统的财务指标,以便进行比较、分析和评价。这些会计核算资料包括日常核算资料和财务报告,但财务分析主要是以财务报告为基础,日常核算资料只作为财务分析的一种补充资料。企业的财务报告主要包括资产负债表、利润表、现金流量表、所有者权益(或股东权益)变动表、财务报表附注以及其他反映企业重要事项的文字说明。这些财务报表及附注集中、概括地反映了企业的财务状况、经营成果和现金流量情况等财务信息,对其进行财务分析,可以更加系统地揭示企业的偿债能力、营运能力、盈利能力、发展能力等财务状况。下面主要介绍一般企业的三张基本财务报表:资产负债表、利润表和现金流量表。

**1. 资产负债表**

资产负债表反映企业在某一特定日期的财务状况。它以"资产＝负债＋所有者权

益”这一会计等式为依据，按照一定的分类标准和次序，反映企业在某一个时点资产、负债及所有者权益的基本状况。表 3-2 为长航公司 2013 年度的资产负债表。

**表 3-2 长航公司资产负债表**

2013 年 12 月 31 日　　万元

| 资产 | 年初余额 | 年末余额 | 负债和股东权益 | 年初余额 | 年末余额 |
|---|---|---|---|---|---|
| **流动资产：** | | | **流动负债：** | | |
| 货币资金 | 707 | 980 | 短期借款 | 800 | 820 |
| 交易性金融资产 | 60 | 160 | 交易性金融负债 | | |
| 应收票据 | 40 | 30 | 应付票据 | 100 | 140 |
| 应收账款 | 1 260 | 1 300 | 应付账款 | 528 | 710 |
| 预付款项 | 28 | 28 | 预收款项 | 40 | 10 |
| 应收利息 | 5 | | 应付职工薪酬 | 1 | 2 |
| 应收股利 | 7 | | 应交税费 | 80 | 100 |
| 其他应收款 | 27 | 8 | 应付利息 | 24 | 20 |
| 存货 | 1 160 | 1 300 | 应付股利 | 20 | 18 |
| 一年内到期的非流动资产 | 40 | 60 | 其他应付款 | 40 | |
| 其他流动资产 | | | 一年内到期的非流动负债 | 160 | 114 |
| 流动资产合计 | 3 334 | 3 866 | 其他流动负债 | | |
| **非流动资产：** | | | 流动负债合计 | 1 793 | 1 934 |
| 可供出售金融资产 | 40 | 40 | **非流动负债：** | | |
| 持有至到期投资 | 50 | 60 | 长期借款 | 1 000 | 800 |
| 长期应收款 | 30 | 20 | 应付债券 | 640 | 840 |
| 长期股权投资 | 60 | 180 | 长期应付款 | 180 | 300 |
| 投资性房地产 | 40 | 60 | 专项应付款 | 20 | 100 |
| 固定资产 | 3 600 | 4 300 | 预计负债 | 8 | 100 |
| 在建工程 | 200 | 160 | 递延所得税负债 | | |
| 工程物资 | 60 | 100 | 其他非流动负债 | | |
| 固定资产清理 | 22 | 40 | 非流动负债合计 | 1 848 | 2 140 |
| 生产性生物资产 | 18 | | 负债合计 | 3 641 | 4 074 |
| 油气资产 | | | **股东权益：** | | |
| 无形资产 | 40 | 64 | 股本 | 3 000 | 3 000 |
| 开发支出 | | | 资本公积 | 260 | 480 |
| 商誉 | | | 减：库存股 | | |
| 长期待摊费用 | 20 | 18 | 盈余公积 | 440 | 918 |
| 递延所得税资产 | | | 未分配利润 | 173 | 436 |
| 其他非流动资产 | | | 股东权益合计 | 3 873 | 4 834 |
| 非流动资产合计 | 4 180 | 5 042 | | | |
| 资产总计 | 7 514 | 8 908 | 负债及股东权益总计 | 7 514 | 8 908 |

资产负债表是进行财务分析的一张重要财务报表，它提供了企业的资产结构、资产流动性、资金来源状况、负债水平以及负债结构等财务信息。使用者通过对资产负债表的分析，可以了解企业的偿债能力、资金营运能力等财务状况，为债权人、投资者以及企业管理者提供决策依据。

**2. 利润表**

利润表也称损益表，是反映企业在一定期间生产经营成果的财务报表。利润表以"利润＝收入－费用"这一会计等式为依据编制而成。通过利润表可以考核企业利润计划的完成情况，分析企业的盈利能力以及利润增减变化的原因，预测企业利润的发展趋势，为投资者及企业管理者等决策提供有用的财务信息。在利润表中，通常按照利润的构成项目来分别列示。表 3-3 为长航公司 2013 年度的利润表。

**表 3-3 长航公司利润表**

2013 年度　　万元

| 项目 | 本期金额 | 上期金额 |
|---|---|---|
| 一、营业收入 | 18 742 | 16 514 |
| 减：营业成本 | 8 380 | 7 420 |
| 营业税金及附加 | 1 352 | 1 124 |
| 销售费用 | 2 740 | 2 510 |
| 管理费用 | 2 100 | 1 624 |
| 财务费用 | 650 | 600 |
| 资产减值损失 | | |
| 加：公允价值变动收益 | | |
| 投资收益 | 126 | 136 |
| 其中：对联营企业和合营企业的投资收益 | | |
| 二、营业利润 | 3 646 | 3 372 |
| 加：营业外收入 | 17 | 19 |
| 减：营业外支出 | 31 | 40 |
| 其中：非流动资产处置损失 | | |
| 三、利润总额 | 3 632 | 3 351 |
| 减：所得税费用 | 1 102 | 1 016 |
| 四、净利润 | 2 530 | 2 335 |
| 五、每股收益 | | |
| （一）基本每股收益（元） | 0.63 | 0.58 |
| （二）稀释每股收益（元） | 0.63 | 0.58 |

企业的收入主要包括营业收入（销售收入）、公允价值变动收益、投资收益以及营业外收入。费用支出主要包括营业成本（销售成本）、销售费用、管理费用、财务费用、营业

税金及附加、投资损失以及营业外支出等。总收入减去总费用就是利润总额。企业的利润因收入与费用的不同配比，可以分为三个层次：营业利润、利润总额（税前利润）和净利润。营业利润是营业收入减去营业成本，再扣除营业税金及附加、销售费用、管理费用、财务费用，加上公允价值变动收益和投资净收益等得到的利润，营业利润主要反映企业的经营所得；营业利润加上营业外收支净额后就是利润总额，是计算所得税的基础；利润总额扣除所得税费用后的余额就是企业的净利润，这是企业所有者可以得到的收益。

**3. 现金流量表**

现金流量表是以现金及现金等价物为基础编制的财务状况变动表，是企业对外报送的一张重要财务报表。它为财务报表使用者提供企业一定会计期间现金和现金等价物流入和流出的信息，以便报表使用者了解和评价企业获取现金和现金等价物的能力，并据以预测企业未来现金流量。表 3-4 为长航公司 2013 年度的现金流量表。

**表 3-4 长航公司现金流量表**

2013 年度 万元

| 项目 | 本期金额 | 上期金额 |
|---|---|---|
| 一、经营活动产生的现金流量 | | 略 |
| 销售商品、提供劳务收到的现金 | 20 900 | |
| 收到的税费返还 | 900 | |
| 收到其他与经营活动有关的现金 | 600 | |
| 经营活动现金流入小计 | 22 400 | |
| 购买商品、接受劳务支付的现金 | 13 260 | |
| 支付给职工以及为职工支付的现金 | 516 | |
| 支付的各项税费 | 5 100 | |
| 支付其他与经营活动有关的现金 | 930 | |
| 经营活动现金流出小计 | 19 806 | |
| 经营活动产生的现金流量净额 | 2 594 | |
| 二、投资活动产生的现金流量 | | |
| 收回投资收到的现金 | 210 | |
| 取得投资收益收到的现金 | 130 | |
| 处置固定资产、无形资产和其他长期资产收回的现金净额 | 10 | |
| 处置子公司及其他营业单位收到的现金净额 | 10 | |
| 收到其他与投资活动有关的现金 | 12 | |
| 投资活动现金流入小计 | 372 | |
| 购建固定资产、无形资产和其他长期资产支付的现金 | 1 720 | |
| 投资支付的现金 | 160 | |
| 取得子公司及其他营业单位支付的现金净额 | 20 | |
| 支付其他与投资活动有关的现金 | 10 | |
| 投资活动现金流出小计 | 1 910 | |
| 投资活动产生的现金流量净额 | −1 538 | |

续表

| 项目 | 本期金额 | 上期金额 |
|---|---|---|
| 三、筹资活动产生的现金流量 | | |
| 吸收投资收到的现金 | | |
| 取得借款收到的现金 | 730 | |
| 收到其他与筹资活动有关的现金 | | |
| 筹资活动现金流入小计 | 730 | |
| 偿还债务支付的现金 | 685 | |
| 分配股利、利润或偿付利息支付的现金 | 700 | |
| 支付其他与筹资活动有关的现金 | 28 | |
| 筹资活动现金流出小计 | 1 413 | |
| 筹资活动产生的现金流量净额 | −683 | |
| 四、汇率变动对现金及现金等价物的影响 | | |
| 五、现金及现金等价物净增加额 | 373 | |
| 加:期初现金及现金等价物余额 | 767 | |
| 六、期末现金及现金等价物余额 | 1 140 | |

现金流量表反映了企业在一定会计期间的现金流量状况,它将企业的现金流量划分为经营活动产生的现金流量、投资活动产生的现金流量和筹资活动产生的现金流量三类,按照收付实现制原则编制而成,将权责发生制下的盈利信息调整为收付实现制下的现金流量信息。

## 3.2 财务比率分析

财务报表中有大量数据,可以组成涉及企业活动各个方面的许多财务比率。

### 3.2.1 偿债能力分析

#### 1. 短期偿债能力分析

短期偿债能力是指企业偿付流动负债的能力。流动负债是指将在 1 年内或超过 1 年的一个营业周期内需要偿付的债务。这部分负债对企业的财务风险影响较大,如果不能及时偿还,就可能使企业陷入财务困境,面临破产倒闭的危险。在资产负债表中,流动负债与流动资产形成一种对应关系。一般来说,流动负债需要以现金直接偿还,而流动资产是指在 1 年内或超过 1 年的一个营业周期内可变现的资产,因而流动资产就成为偿还流动负债的一个安全保障。因此,可以通过分析流动负债与流动资产之间的关系来判断企业短期偿债能力。通常,评价短期偿债能力的财务比率主要有流动比率、速动比率、现金比率和现金流量比率等。

(1) 流动比率

流动比率是企业流动资产与流动负债的比值。其计算公式为

流动比率=流动资产÷流动负债

流动资产主要包括货币资金、交易性金融资产、应收及预付款项、存货和1年内到期的非流动资产等,一般用资产负债表中的期末流动资产总额表示;流动负债主要包括短期借款、交易性金融负债、应付及预收款项、各种应交款项、1年内到期的非流动负债等,通常也用资产负债表中的期末流动负债总额表示。根据表3-2长航公司流动资产和流动负债的年末数,该公司2013年末的流动比率为

流动比率=3 866÷1 934=1.999

这表明长航公司每有1元的流动负债,就有近2元的流动资产作为安全保障。流动比率是衡量企业短期偿债能力的一个重要财务指标,这个比率越高,说明企业偿还流动负债的能力越强,流动负债得到偿还的保障越大。但是,过高的流动比率也并非是好现象,因为流动比率过高,可能是企业滞留在流动资产上的资金过多,未能有效地加以利用,可能会影响企业的盈利能力。

根据发达国家的经验,流动比率在2∶1左右比较合适,长航公司的流动比率约等于2,属于正常范围。需要注意的是,实际上不存在统一、标准的流动比率数值。流动比率的分析应该结合不同的行业特点、流动资产结构及各项流动资产的实际变现能力等因素。不同行业的流动比率,通常有明显差别。营业周期越短的行业,合理的流动比率越低。在过去很长一段时期里,人们认为生产型企业合理的最低流动比率是2。这是因为流动资产中变现能力最差的存货金额约占流动资产总额的一半,剩下的流动性较好的流动资产至少要等于流动负债,才能保证企业最低的短期偿债能力。这种认识一直未能从理论上得到证明。最近几十年,企业的经营方式和金融环境发生了很大变化,流动比率有下降的趋势,许多成功企业的流动比率都低于2。

如果流动比率相对上年发生较大变动或与行业平均值出现重大偏离,就应对构成流动比率的流动资产和流动负债的各项目逐一分析,寻找形成差异的原因。为了考察流动资产的变现能力,有时候还要分析其周转率。

流动比率有某些局限,在使用时应注意:流动比率假设全部流动资产都可以变为现金并用于偿债,全部流动负债都需要还清。实际上,有些流动资产的账面金额与变现金额有较大差异,如产成品等;经营性流动资产是企业持续经营所必需的,不能全部用于偿债;经营性应付项目可以滚动存续,无须动用现金全部结清。因此,流动比率是对短期偿债能力的粗略估计。

(2) 速动比率

从前面的分析可知,流动比率在评价企业短期偿债能力时,存在一定局限性。如果流动比率较高,但流动资产的流动性较差,则企业的短期偿债能力仍然不强。在流动资产中,交易性金融资产、应收票据、应收账款的变现能力均比存货强,存货需经过销售才能转变为现金。如果存货滞销,则其变现就成问题。因此存货是流动资产中流动性相对

较差的资产。一般来说，流动资产扣除存货后的资产称为速动资产，主要包括货币资金、交易性金融资产、应收票据、应收账款等。速动资产与流动负债的比值称为速动比率，也称酸性测试比率，其计算公式为

速动比率＝速动资产÷流动负债＝(流动资产－存货)÷流动负债

通过速动比率来判断企业短期偿债能力相对于用流动比率精确度提高了，因为它撇开了变现能力较差的存货。速动比率越高，说明企业的短期偿债能力越强。根据表 3-2 中的有关数据，长航公司 2013 年末的速动比率为

速动比率＝(3 866－1 300)÷1 934＝1.33

根据发达国家经验，一般认为速动比率为 1∶1 时比较合适。长航公司的速动比率为 1.33，应属于正常范围之内。但在实际分析时，用速动比率分析短期偿债能力如同利用流动比率分析一样，应该根据企业性质和其他因素来综合判断，不可一概而论。通常影响速动比率可信度的重要因素是应收账款的变现能力，如果企业的应收账款中，有较大部分不易收回，可能会成为坏账，那么速动比率就不能真实反映企业的偿债能力。需要说明的是，用流动资产扣除存货来计算速动资产只是一种粗略的计算，严格来讲，不仅要扣除存货，还应扣除预付账款、1 年内到期的非流动资产和其他流动资产等变现能力较差的项目。

(3) 现金比率

现金比率是企业的现金类资产与流动负债的比值。现金类资产包括库存现金、随时可用于支付的存款和现金等价物等。

现金比率＝(现金＋现金等价物)÷流动负债

根据表 3-2 长航公司的有关数据(假定该公司的交易性金融资产均为现金等价物)，该公司 2013 年末的现金比率为

现金比率＝(980＋160)÷1 934＝0.59

现金比率可以反映企业的直接偿付能力，因为现金是企业偿还债务的最终手段，如果企业现金缺乏，就可能发生支付困难，面临财务危机。因而，现金比率高，说明企业有较好的支付能力，对偿付债务是有保障的。但是这个比率过高，可能意味着企业拥有过多盈利能力较低的现金类资产，企业的资产未能得到有效地运用。

(4) 现金流量比率

现金流量比率是企业经营活动产生的现金流量净额与流动负债的比值，其计算公式为

现金流量比率＝经营活动产生的现金流量净额÷流动负债

前面介绍的流动比率、速动比率和现金比率都是反映短期偿债能力的静态指标，揭示了企业的现存资源对偿还到期债务的保障程度。现金流量比率则是从动态角度反映本期经营活动产生的现金流量净额足以偿付流动负债的能力。根据表 3-2 和表 3-4 的有关数据，长航公司 2013 年的现金流量比率为

现金流量比率＝2 594÷1 934＝1.34

需要说明的是，经营活动产生的现金流量是过去一个会计年度的经营结果，而流动

负债则是未来一个会计年度需要偿还的债务，二者的会计期间不同。因此，这个指标是建立在以过去一年的现金流量来估计未来一年现金流量的假设基础之上的。使用这一财务比率时，需要考虑未来一个会计年度影响经营活动的现金流量变动的因素。

**2. 长期偿债能力分析**

长期偿债能力是指企业偿还长期负债的能力。对于企业的长期债权人和所有者来说，他们不仅关心企业短期偿债能力，更关心企业长期偿债能力。因此，在对企业进行短期偿债能力分析的同时，还需分析企业的长期偿债能力，以便债权人和投资者全面了解企业的偿债能力及财务风险。反映企业长期偿债能力的财务比率主要有资产负债率、产权比率、权益乘数、利息保障倍数和现金利息保障倍数等。

(1) 资产负债率

资产负债率是企业负债总额与资产总额的比率，其计算公式为

资产负债率=(负债总额÷资产总额)×100%

资产负债率反映总资产中有多大比例是通过负债取得的。它可以衡量企业清算时对债权人利益的保障程度。资产负债率越低，企业偿债越有保证，贷款越安全。资产负债率还代表企业的举债能力。一个企业的资产负债率越低，举债越容易。如果资产负债率高到一定程度，就没有人愿意提供贷款了，这表明企业的举债能力已经用尽。

根据表3-2的有关数据，长航公司2013年末的资产负债率为

资产负债率=(4 074÷8 908)×100%=45.73%

这表明，2013年长航公司的资产有45.73%来源于举债；或者说，长航公司每45.73元的债务，就有100元的资产作为偿还债务的保障。

通常，资产在破产拍卖时的售价不到账面价值的50%，因此如果资产负债率过高，债权人的利益就缺乏保障。各类资产变现能力有显著区别，房地产的变现价值损失小，专用设备则难以变现。不同企业的资产负债率不同，与其持有的资产类别有关。

资产负债率还可以用资产负债表中负债和资产的期初、期末数的平均数来计算，即

资产负债率=(负债平均余额÷资产平均余额)×100%

各项目平均余额的计算以资产平均余额为例(其他项目计算方法同，不再赘述)：

资产平均余额=(资产期初余额+资产期末余额)÷2

(2) 产权比率和权益乘数

产权比率和权益乘数是资产负债率的另外两种表现形式，它们和资产负债率的性质一样，其计算公式为

产权比率=负债总额÷股东权益总额

权益乘数=资产总额÷股东权益总额

产权比率表明每1元股东权益借入的债务额，权益乘数表明每1元股东权益拥有的资产额，它们是两种常用的财务杠杆比率。财务杠杆即表明债务的多少，与偿债能力有关。权益乘数越大，说明股东投入的资本在资产中所占比重越小，财务杠杆越大。

对于长航公司来说，

产权比率＝4 074÷4 834＝0.84

权益乘数＝8 908÷4 834＝1.84

产权比率和权益乘数还可以用资产负债表中负债和资产的期初、期末数的平均数来计算，即

产权比率＝负债平均余额÷股东权益平均余额

权益乘数＝资产平均余额÷股东权益平均余额

(3) 利息保障倍数和现金利息保障倍数

利息保障倍数是指息税前利润对利息费用的倍数，其计算公式为

利息保障倍数＝(税前利润＋利息费用)÷利息费用

＝息税前利润÷利息费用

根据表3-3的有关数据，假定长航公司的财务费用都是利息费用，并且固定资产成本中不含资本化利息，则长航公司2013年的利息保障倍数为

利息保障倍数＝(3 632＋650)÷650＝6.59

前式中的税前利润是指缴纳所得税之前的利润总额，利息费用不仅包括财务费用中的利息费用，还包括计入固定资产成本的资本化利息。利息保障倍数反映了企业的经营所得支付债务利息的能力。如果这个比率太低，说明企业难以保证用经营所得来按时按量支付债务利息，这会引起债权人的担心。一般来说，企业的利息保障倍数至少要大于1，否则就难以偿付债务及利息，若长此以往，会导致企业破产倒闭。

但是，在利用利息保障倍数这一指标时必须注意，因为会计采用权责发生制来核算费用，所以本期的利息费用不一定就是当期的实际利息支出，而本期发生的实际利息支出也并非全部是本期的利息费用；同时，本期的息税前利润也并非本期的经营活动所获得的现金。这样，利用上述指标来衡量经营所得支付债务利息的能力就有一定的片面性，不能清楚地反映实际支付利息的能力。为此，可以进一步用现金利息保障倍数来分析经营所得现金偿付利息支出的能力。其计算公式为

现金利息保障倍数＝(经营活动产生的现金流量净额＋现金利息支出＋付现所得税)÷现金利息支出

在长航公司的例子中，若假定所有的利息费用都是付现利息费用，所有的所得税费用都是付现所得税，则

现金利息保障倍数＝(2 594＋650＋1 102)÷650＝6.69

**3. 企业偿债能力的其他影响因素**

上述各偿债能力指标，都是根据财务报表数据计算而得。但是，在分析企业偿债能力时，除了使用上述指标以外，还应考虑到其他表外因素对企业偿债能力的影响，这些因素既可影响企业的短期偿债能力，也可影响企业的长期偿债能力。

(1) 租赁活动

当企业急需某种设备或厂房而又缺乏足够资金时，可以通过租赁的方式解决。财产租赁的形式包括融资租赁和经营租赁。融资租赁形成的负债会反映在资产负债表中，而

经营租赁的负债则未反映在资产负债表中。因此，经营租赁也是一种表外融资。这种融资到期时必须支付租金，会对企业偿债能力产生影响。因此，如果企业经常发生经营租赁业务，应考虑租赁费用对偿债能力的影响。

(2) 或有负债

或有负债是企业过去的交易或者事项形成的潜在义务，其存在须通过发生或不发生予以证实。或有负债可能会转化为企业的债务，也可能不会转化为企业的债务，因此，其结果具有不确定性。例如，商业承兑汇票、销售的产品可能会发生质量事故赔偿、诉讼案件、债务担保项目等。这些或有负债在资产负债表编制日并未在资产负债表的负债类项目中进行反映。但是，或有负债在将来一旦转化为企业现实的负债，就会对企业的财务状况产生影响，尤其是金额巨大的或有负债项目会增加企业的财务风险，影响到企业的偿债能力。因此，在进行偿债能力分析时，不能不考虑这一因素的影响。

(3) 可用的银行授信额度

可用的银行授信额度是指银行授予企业的贷款指标，该项信用额度已经得到银行的批准，但企业尚未办理贷款手续。这一数据不反映在财务报表中，但会在董事会决议中披露。对于这种授信额度企业可以随时使用，从而能够方便、快捷地取得银行借款，提高企业的偿付能力，缓解财务困难。因此，有充足可用的银行授信额度的企业，其实际偿债能力要高于仅仅通过报表计算出来的财务指标所反映出的企业偿债能力。

### 3.2.2 营运能力比率

营运能力比率是衡量企业资产管理效率的财务比率，常见的有应收账款周转率、存货周转率、流动资产周转率、非流动资产周转率和总资产周转率等。

**1. 应收账款周转率**

应收账款周转率是销售收入与应收账款的比率。它主要有两个指标，即应收账款周转次数和应收账款周转天数，计算公式为

应收账款周转次数＝赊销收入净额÷应收账款平均余额

应收账款周转次数表明1年中应收账款周转的次数，或者说明每1元应收账款投资支持的销售收入。

应收账款周转天数＝365÷应收账款周转次数

应收账款周转天数，也称为应收账款收现期，表明从销售开始到收回现金平均需要的天数。

对于长航公司来说，若假设该公司所有的销售收入都是赊销收入，则

应收账款周转次数＝18 742÷1 280＝14.64(次/年)

其中，

应收账款平均余额＝(期初应收账款余额＋期末应收账款余额)÷2

即

应收账款平均余额＝(1 260＋1 300)/2＝1 280(万元)

应收账款周转天数＝365÷14.64＝24.93(天)

在计算和使用应收账款周转率时应注意以下问题：

(1) 销售收入的赊销比例问题。从理论上讲，应收账款是赊销引起的，其对应的流量是赊销额，而非全部销售收入。因此，计算时应使用赊销额而非销售收入。但是，外部分析人员无法取得赊销数据，只好直接使用销售收入进行计算。实际上相当于假设现销是收现时间等于零的应收账款。只要现销与赊销的比例保持稳定，就不妨碍与上期数据的可比性，只是一贯高估了周转次数。但问题是与其他企业比较时，不知道对比企业的赊销比例，也就无从知道应收账款周转率是否可比。

另外，应收账款是特定时点的存量，容易受季节性、偶然性和人为因素影响。在用应收账款周转率进行业绩评价时，可以使用年初和年末的平均数，或者使用多个时点的平均数，以减少这些因素的影响。

(2) 应收票据是否计入应收账款周转率的问题。大部分应收票据是销售形成的，是应收账款的另一种形式，应将其纳入应收账款周转率的计算，称为“应收账款及应收票据周转率”。

(3) 应收账款周转天数是否越少越好的问题。应收账款是赊销引起的，如果赊销有可能比现销更有利，周转天数就不是越少越好。收现时间的长短与企业的信用政策有关。例如，甲企业的应收账款周转天数是 18 天，信用期是 20 天；乙企业的应收账款周转天数是 15 天，信用期是 10 天。尽管其周转天数较多，但是甲企业的收款业绩优于乙企业。另外，改变信用政策通常会引起企业应收账款周转天数的变化。信用政策的评价涉及多种因素，不能仅仅考虑周转天数的缩短。

(4) 应收账款分析应与销售额分析、现金分析相联系。应收账款的起点是销售，终点是收回现金。正常情况是销售增加引起应收账款增加，现金存量和经营活动现金流量也会随之增加。如果一个企业应收账款日益增加，而销售和现金日益减少，则可能是销售出了比较严重的问题，以致放宽信用政策，甚至随意发货，但现金却收不回来。

总之，应当深入应收账款内部进行分析，并且要注意应收账款与其他问题的联系，才能正确评价应收账款周转率。

**2. 存货周转率**

存货周转率是销售收入与存货的比率，也有两种计量方式，计算公式为

$$存货周转次数=销售成本\div 存货平均余额$$

其中，

$$存货平均余额=(期初存货余额+期末存货余额)\div 2$$

$$存货周转天数=365\div 存货周转次数$$

在长航公司 2013 年度的财务报表数据中，

$$存货周转次数=8\ 380\div 1\ 230=6.81(次/年)$$

其中，

$$存货平均余额=(1\ 160+1\ 300)/2=1\ 230(万元)$$

$$存货周转天数=365\div 6.81=53.60(天)$$

存货周转次数表明1年中存货周转的次数，或者说明每1元存货支持的销售收入。存货周转天数表明存货周转一次需要的时间，也就是存货转换成现金平均需要的时间。

存货周转天数不是越少越好。存货过多会浪费资金，存货过少不能满足流转需要，在特定的生产经营条件下存在一个最佳的存货水平。

但分析过程中，应注意应付账款、存货和应收账款（或销售收入）之间的关系。一般来说，销售增加会拉动应收账款、存货、应付账款增加，不会引起周转率的明显变化。但是，当企业接受一个大订单时，通常要先增加存货，然后推动应付账款增加，最后才引起应收账款（销售收入）增加。因此，在该订单没有实现销售以前，先表现为存货等周转天数的增加。这种周转天数增加，没有什么不好。与此相反，预见到销售会萎缩时，通常会先减少存货，进而引起存货周转天数等下降。这种周转天数的下降，不是什么好事，并非资产管理改善。因此，任何财务分析都应以认识经营活动本质为目的，不可根据数据高低作简单结论。

同时，应关注构成存货的原材料、在产品、半成品、产成品和低值易耗品之间的比例关系。各类存货的明细资料以及存货重大变动的解释，应在报表附注中披露。正常情况下，它们之间存在某种比例关系。如果产成品大量增加，其他项目减少，很可能是销售不畅，放慢了生产节奏。此时，总的存货金额可能并没有显著变动，甚至尚未引起存货周转率的显著变化。因此，在财务分析时既要重点关注变化大的项目，也不能完全忽视变化不大的项目，因为其内部可能隐藏着重要问题。

**3. 流动资产周转率**

流动资产周转率是销售收入与流动资产的比率，也有两种计量方式，计算公式为

流动资产周转次数＝销售收入÷流动资产平均余额

其中，

流动资产平均余额＝(期初流动资产余额＋期末流动资产余额)÷2

流动资产周转天数＝365÷流动资产周转次数

流动资产周转次数表明1年中流动资产周转的次数，或者说明每1元流动资产支持的销售收入。流动资产周转天数表明流动资产周转一次需要的时间，也就是流动资产转换成现金平均需要的时间。

根据长航公司2013年度的财务报表数据，

流动资产周转次数＝18 742÷3 600＝5.21(次/年)

其中，

流动资产平均余额＝(3 334＋3 866)÷2＝3 600(万元)

流动资产周转天数＝365÷5.21＝70.06(天)

通常，流动资产中应收账款和存货占绝大部分，因此它们的周转状况对流动资产周转具有决定性影响。

**4. 非流动资产周转率**

非流动资产周转率是销售收入与非流动资产的比率，计算公式为

非流动资产周转次数＝销售收入÷非流动资产平均余额

其中，

非流动资产平均余额＝(期初非流动资产余额＋期末非流动资产余额)÷2

非流动资产周转天数＝365÷非流动资产周转次数

非流动资产周转次数表明1年中非流动资产周转的次数，或者说明每1元非流动资产支持的销售收入。非流动资产周转天数表明非流动资产周转一次需要的时间，也就是非流动资产转换成现金平均需要的时间。非流动资产周转率反映非流动资产的管理效率，主要用于投资预算和项目管理分析，以确定投资与竞争战略是否一致，收购和剥离政策是否合理等。

根据长航公司2013年度的财务报表数据，

非流动资产周转次数＝18 742÷4 611＝4.06(次/年)

其中，

非流动资产平均余额＝(4 180＋5 042)÷2＝4 611(万元)

非流动资产周转天数＝365÷4.06＝89.90(天)

**5. 总资产周转率**

总资产周转率是销售收入与总资产的比率，也有两种计量方式，计算公式为

总资产周转次数＝销售收入÷总资产平均余额

其中

总资产平均余额＝(期初总资产余额＋期末总资产余额)÷2

总资产周转天数＝365÷总资产周转次数

总资产周转次数表明1年中总资产周转的次数。总资产周转天数表明总资产周转一次需要的时间。

根据长航公司2013年度的财务报表数据，

总资产周转次数＝18 742÷8 211＝2.28(次/年)

其中，

总资产平均余额＝(7 514＋8 908)÷2＝8 211(万元)

总资产周转天数＝365÷2.28＝160.09(天)

### 3.2.3 盈利能力比率

**1. 销售毛利率和销售净利率**

销售毛利是指企业销售收入净额与营业成本的差额。销售毛利率则是企业的销售毛利与企业销售收入净额的比率，计算公式为

销售毛利率＝(销售收入净额－销售成本)÷销售收入净额×100％

根据长航公司2013年度的财务报表数据，

销售毛利率 ＝(18 742－8 380)/18 742×100％＝55.29％

销售净利率是指净利润与销售收入的比率，通常用百分数表示，其计算公式为

销售净利率＝(净利润÷销售收入净额)×100％

根据长航公司2013年度的财务报表数据，

$$销售净利率 =(2\ 530÷18\ 742)×100\%=13.50\%$$

“销售收入”是利润表的第一行数字，“净利润”是利润表的最后一行数字，两者相除可以概括企业的全部经营成果。它表明每1元销售收入与其成本费用之间可以“挤”出来的净利润。该比率越大，企业的盈利能力越强。

销售净利率简称“净利率”，某个利润率如果前面没有指明计算比率使用的分母，则是指以销售收入为分母。

**2. 权益净利率**

权益净利率是净利润与股东权益的比率，它反映每1元股东权益赚取的净利润，可以衡量企业的总体盈利能力。权益净利率的分母是股东的投入，分子是股东的所得。对于股权投资者来说，具有非常好的综合性，概括了企业的全部经营业绩和财务业绩。由于股东权益又是企业总资产扣除总负债金额之后的净资产金额，权益净利率又称净资产收益率，用来表明企业每1元净资产可以创造的相应净收益的程度。权益净利率的计算公式为

$$权益净利率=(净利润÷股东权益平均余额)×100\%$$

其中，

$$股东权益平均余额=(期初股东权益平均余额+期末股东权益平均余额)÷2$$

根据长航公司2013年度的财务报表数据，

$$股东权益平均余额=(3\ 873+4\ 834)÷2=4\ 353.50(万元)$$

$$权益净利率=(2\ 530÷4\ 353.50)×100\%=58.11\%$$

权益净利率可以进行如下分解：

$$权益净利率=(净利润÷总资产平均余额)×(总资产平均余额÷股东权益平均余额)$$
$$=总资产净利率×平均权益乘数$$

由上式可知，权益净利率取决于企业的资产净利率和权益乘数两个因素。提高权益的报酬率可以有两个途径：① 在财务杠杆不变的情况下，通过增收节支，提高资产利用效率来提高资产净利率，从而提高权益净利率；② 在资产利润率大于负债利息率的情况下，通过增大权益乘数，即提高财务杠杆，来提高权益净利率。其中，第一种途径不会增加企业的财务风险，第二种途径则会导致企业的财务风险增大。企业在内外部环境向好的情况下，可以充分利用财务杠杆效应，从而获取更高的权益净利率。

**3. 总资产净利率**

总资产净利率是指净利润与总资产的比率，它反映每1元总资产创造的净利润，计算公式为

$$总资产净利率=(净利润÷总资产平均余额)×100\%$$

根据长航公司2013年度的财务报表数据，

$$总资产平均余额=(7\ 514+8\ 908)÷2=8\ 211(万元)$$

$$总资产净利率=(2\ 530÷8\ 211)×100\%=30.81\%$$

总资产净利率是企业盈利能力的关键。虽然股东报酬由总资产净利率和财务杠杆共同决定，但提高财务杠杆会同时增加企业风险，往往并不增加企业价值。此外，财务杠杆的提高有诸多限制，企业经常处于财务杠杆不可能再提高的临界状态。因此，提高权益净利率的基本动力是总资产净利率。

总资产净利率可以进行如下分解：

总资产净利率＝(净利润÷销售收入)×(销售收入÷总资产平均余额)

＝销售净利率×总资产周转次数

总资产周转次数是每 1 元总资产创造的销售收入，销售净利率是每 1 元销售收入创造的净利润，两者共同决定了总资产净利率，即每 1 元总资产创造的净利润。因此，提高总资产净利率可以从两个方面入手：① 加强总资产管理，提高资产利用效率；② 加强产品和市场管理，提高销售收入，节约成本费用，从而提高利润水平。

**4. 每股利润和每股现金流量**

(1) 每股利润(Earnings Per Share，EPS)

每股利润也称每股收益，是公司普通股每股所获得的净利润，这是适用于股份公司税后利润分析的一个重要指标。每股利润是股份公司发行在外的普通股每股所取得的利润，它可以反映公司盈利能力的大小。每股利润越高，说明公司的盈利能力越强，其计算公式为

每股利润＝(净利润－优先股股利)÷发行在外的普通股平均股数

根据长航公司 2013 年度的财务报表数据(假定长航公司 2013 年和 2014 年发行在外的普通股股数均为 4 000 万股，且该公司 2013 年度没有分配优先股股利)，计算如下：

每股利润＝(2 530 － 0)÷4 000＝0.63(元/股)

(2) 每股现金流量(Cash Flow Per Share，CFPS)

每股现金流量是公司普通股每股所取得的经营活动的现金流量。每股现金流量等于经营活动产生的现金流量净额扣除优先股股利后的余额，除以发行在外的普通股平均股数，其计算公式为

每股现金流量＝(经营活动现金净流量－优先股股利)÷发行在外的普通股平均股数

注重股利分配的投资者应当注意，每股利润的高低虽然与股利分配有密切的关系，但它不是决定股利分配的唯一因素。如果某公司的每股利润很高，但是因为缺乏现金，那么也无法分配现金股利。因此，很有必要分析公司的每股现金流量。每股现金流量越高，说明公司越有能力支付现金股利。

根据长航公司 2013 年度财务报表有关数据，

每股现金流量＝(2 594－0)÷4 000＝0.65(元/股)

**5. 市盈率**

市盈率是指普通股每股市价与每股收益的比率，它反映普通股股东愿意为每 1 元净利润支付的价格。其中，每股收益是指可分配给普通股股东的净利润与流通在外普通股加权平均股数的比率，它反映每股普通股当年创造的净利润，其计算公式为

$$市盈率 = 每股市价 \div 每股利润$$

市盈率是反映公司市场价值与盈利能力之间关系的一个重要财务比率，投资者对这个比率十分重视。市盈率是投资者做出投资决策的重要参考因素之一。资本市场上并不存在一个标准市盈率，对市盈率的分析要结合行业特点和企业的盈利前景。一般来说，市盈率高，说明投资者对该公司的发展前景看好，愿意出较高的价格购买该公司的股票。所以，成长性好的公司股票市盈率通常要高一些，而盈利能力低、缺乏成长性的公司股票市盈率要低一些。但是也应注意，如果某一种股票的市盈率过高，则也意味着这种股票具有较高的投资风险。

假定长航公司目前每股市价为 15 元，则

$$市盈率 = 15 \div 0.63 = 23.81(倍)$$

每股市价实际上反映了投资者对未来收益的预期。然而，市盈率是基于过去年度的收益。因此，如果投资者预期收益将由当前水平大幅增长，市盈率将会相当高，也许是 20 倍、30 倍或更多。但是，如果投资者预期收益将由当前水平下降，市盈率将会相当低，如 10 倍或更少。成熟市场上的成熟公司有非常稳定的收益，通常其每股市价为每股收益的 10～15 倍。因此，市盈率反映了投资者对公司未来前景的预期，相当于每股收益的资本化。

## 3.3 财务综合分析

### 3.3.1 财务趋势分析法

财务趋势分析是通过比较企业连续几期的财务报表或财务比率，来了解企业财务状况变化的趋势，并以此来预测企业未来财务状况，判断企业的发展前景。一般来说，进行企业财务状况的趋势分析，主要应用比较财务报表、比较百分比财务报表、比较财务比率等方法。应用这些方法进行趋势分析都可以用定基趋势分析法和环比分析法得出所需的加工信息。定基趋势分析法首先要选取一个基期，以基期财务数据为标准，然后把其他各年度财务报表上的数字与基期数值相比，并用指数表示，由此编制出定基比率的财务报表。环比分析是以某一期的数据和上期的数据进行比较，计算趋势百分比，以观察每年和上年相比的增减变化情况。

**1. 比较财务报表分析法**

比较财务报表分析法是通过比较企业连续几期财务报表的数据，分析其增减变化的幅度及其变化原因，来判断企业财务状况的发展趋势。

为了简化说明问题，表 3-2 和表 3-3 中列示了长航公司 2012 和 2013 两年的资产、负债、所有者权益、收入、费用和利润等项目的相关状况。运用比较财务报表分析法，就可以对这两年的报表项目逐一进行对比，可得出企业规模、资产增速、负债水平、股东权益变化、财务状况、经营成果等方面的分析结论。

需要说明的是,在比较财务报表分析法下,选择的期数越多,分析结果的准确性越高。但是,在进行比较分析时,必须考虑到各期数据的可比性。因某些特殊原因,某一时期的某项财务数据可能变化较大,缺乏可比性,因此,在分析过程中应该排除非可比因素,使各期财务数据具有可比性。

**2. 比较百分比财务报表**

比较百分比财务报表是在比较财务报表的基础上发展而来的。比较百分比财务报表是将财务报表中的数据用百分比来表示。比较财务报表是比较各期报表中的数据,而比较百分比财务报表则是比较各项目百分比的变化,以此来判断企业财务状况的发展趋势。比较百分比财务报表其实是一种比重法,即在同一财务报表的同类项目之间,通过计算同类项目在整体中的权重或份额以及同类项目之间的比例,来揭示它们之间的结构关系,它通常反映财务报表各项目的纵向关系。

表 3-5 和表 3-6 分别列示了长航公司 2012 和 2013 年度的比较百分比资产负债表和比较百分比利润表。从表 3-5 中可以看出,与 2012 年相比,长航公司 2013 年的资产结构、资本结构都发生了变化。2013 年流动资产比重下降,流动负债和负债平均余额比重也都有所下降。从表 3-6 中可以看出,和 2012 年相比,长航公司 2013 年的营业成本和各项费用比重都发生了变化。在营业成本和各项费用都有所降低的情况下,由于管理费用的比重上升幅度比较大,导致营业利润和净利润等项目反而比 2012 年下降。因此长航公司应该分析管理费用上升的原因并在下年度工作中加以改进控制。

**表 3-5 长航公司简化比较百分比资产负债表** %

| 项目 | 2012 年末 | 2013 年末 |
|---|---|---|
| 流动资产 | 44.37 | 43.40 |
| 非流动资产 | 55.63 | 56.60 |
| 资产合计 | 100.00 | 100.00 |
| 流动负债 | 23.86 | 21.71 |
| 长期负债 | 24.60 | 24.02 |
| 负债合计 | 48.46 | 45.73 |
| 股东权益 | 51.54 | 54.27 |
| 负债及股东权益合计 | 100.00 | 100.00 |

**表 3-6 长航公司简化比较百分比利润表** %

| 项目 | 2012 年末 | 2013 年末 |
|---|---|---|
| 一、营业收入 | 100.00 | 100.00 |
| 减:营业成本 | 44.93 | 44.71 |
| 营业税金及附加 | 6.81 | 7.21 |
| 销售费用 | 15.20 | 14.62 |

续表

| 项目 | 2012 年末 | 2013 年末 |
|---|---|---|
| 管理费用 | 9.83 | 11.21 |
| 财务费用 | 3.63 | 3.47 |
| 资产减值损失 | | |
| 加:公允价值变动(损失以“—”号填列) | | |
| 投资收益(损失以“—”号填列) | 0.82 | 0.67 |
| 二、营业利润(亏损以“—”号填列) | 20.42 | 19.45 |
| 加:营业外收入 | 0.12 | 0.09 |
| 减:营业外支出 | 0.24 | 0.17 |
| 三、利润平均余额(亏损以“—”号填列) | 20.29 | 19.38 |
| 减:所得税费用 | 6.15 | 5.88 |
| 四、净利润(亏损以“—”号填列) | 14.14 | 13.50 |

**3. 比较财务比率**

比较财务比率就是将企业连续几个会计期间的财务比率进行对比,从而分析企业财务状况的发展趋势。这种方法实际上是比率分析法与比较分析法的结合。与前面两种方法相比,这种方法更加直观地反映了企业各方面财务状况的变动趋势。

通过表 3-7 对长航公司连续三年流动比率、速动比率、资产负债率指标的比较,可以看出:该公司负债水平逐年降低,说明偿债能力逐年增强;应收账款周转率逐年提高,说明企业在市场上的竞争力和回款能力都在增强;存货周转率逐年下降,企业应分析是否是合理的下降,并应进一步加强存货管理。总资产周转率显示企业资产利用总体效果在逐年提高。通过总资产净利率、权益净利率和销售净利率连续三年的比较,发现该公司盈利能力持续下降,应找出原因并努力扭转。

**表 3-7 长航公司 2011—2013 年部分财务比率比较表**

| 项目 | 2011 年 | 2012 年 | 2013 年 |
|---|---|---|---|
| 流动比率 | 1.88 | 1. 86 | 2.00 |
| 速动比率 | 1.25 | 1. 21 | 1.33 |
| 资产负债率 | 0.510 0 | 0.484 6 | 0.457 3 |
| 应收账款周转率 | 11.45 | 13.45 | 14.64 |
| 存货周转率 | 7.00 | 6.87 | 6.81 |
| 总资产周转率 | 2.15 | 2. 18 | 2.28 |
| 总资产净利率 | 33.89 | 32.35 | 30.81 |
| 权益净利率 | 60.85 | 60.80 | 58.11 |
| 销售净利率 | 15. 84 | 14. 82 | 13.50 |

### 3.3.2 沃尔评分法

1928 年，亚历山大·沃尔出版的《信用晴雨表研究》和《财务报表比率分析》中提出了信用能力指数的概念。他选择了 7 个财务比率即流动比率、产权比率、固定资产比率、存货周转率、应收账款周转率、固定资产周转率和自有资金周转率，分别给定各指标的比重，确定标准比率(以行业平均数为基础)，将实际比率与标准比率相比，得出相对比率，然后将此相对比率与各指标比重相乘，得出总评分。这种方法又被称为财务比率综合评分法。在沃尔之后，这种方法不断发展，成为对企业进行财务综合分析的重要方法之一。

采用这种财务比率综合评分法的基本步骤如下：

(1) 选择评价指标。在选择财务比率时，需要注意以下三个方面：

① 财务比率要求具有全面性，即反映企业的偿债能力、营运能力和盈利能力的三类财务比率都应当包括在内。

② 财务比率应当具有代表性，要选择能够说明问题的重要的财务比率。

③ 各项财务比率要具有变化方向的一致性。当财务比率增大时，表示财务状况的改善；反之，财务比率减小时，表示财务状况的恶化。

(2) 分配已选指标权重和标准评分值。确定指标的标准评分值，即确定各指标的重要性。各指标的标准评分值之和应等于 100 分。在总分 100 分的指标群中，不同的分析者会为各指标安排不同的权重，但一般来说，应根据企业经营活动的性质、企业的生产经营规模、市场形象和分析者的分析目的等因素来确定。

(3) 确定财务比率评分值的上下限。规定各项财务比率评分值的上限和下限，即最高、最低评分值，这主要是为了避免个别财务比率的异常给总分造成不合理的影响。

(4) 确定各财务比率自身的标准值。财务比率的标准值是指各项财务比率在本企业现时条件下最理想的数值。财务比率的标准值，通常可以参照同行业的平均水平，并经过调整后确定。

(5) 计算关系比率。计算企业在一定时期各项财务比率的实际值，然后计算出各项比率实际值与标准值的比值，即关系比率。关系比率反映了企业某一财务比率的实际值偏离标准值的程度。

(6) 计算出各项财务比率的实际得分。

$$实际分数=实际值\div标准值\times权重$$

其中，"实际值÷标准值"即关系比率；权重即前述的评分值。

(7) 形成评价结果。如果企业得分近于 100，说明企业的财务状况良好，达到了预先确定的标准；如果综合得分远远低于 100，则说明企业的财务状况较差，应当采取适当的措施加以改善；如果综合得分远远超过 100，则说明企业的财务状况很理想。

长航公司的财务比率综合评分列入表 3-8。

表 3-8 长航公司财务比率的综合评分

| 财务比率 | 评分值 (1) | 上/下限 (2) | 标准值 (3) | 实际值 (4) | 关系比率 (5)=(4)/(3) | 实际得分 (6)=(5)×(1) |
|---|---|---|---|---|---|---|
| 流动比率 | 10 | 20/5 | 2.00 | 2.00 | 1.00 | 10.00 |
| 速动比率 | 10 | 20/5 | 1.20 | 1.33 | 1.11 | 11.10 |
| 资产/负债 | 12 | 20/5 | 1.10 | 1.19 | 1.08 | 12.96 |
| 存货周转率 | 10 | 20/5 | 6.50 | 6.81 | 1.05 | 10.50 |
| 应收账款周转率 | 10 | 20/4 | 14.00 | 14.64 | 1.05 | 10.50 |
| 总资产周转率 | 10 | 20/5 | 2.20 | 2.28 | 1.04 | 10.40 |
| 总资产净利率 | 13 | 30/7 | 31.50 | 30.81 | 0.98 | 12.74 |
| 权益净利率 | 15 | 30/7 | 58.33 | 58.11 | 0.996 | 14.94 |
| 销售净利率 | 10 | 20/5 | 15.50 | 13.50 | 0.87 | 8.70 |
| 合计 | 100 | | | | | 101.84 |

通过上述计算、比较和加总,长航公司最后的得分是 101.84,非常接近评分值 100,说明该公司总体财务状况良好。

### 3.3.3 杜邦分析体系

杜邦分析法(DuPont Analysis)是利用几种主要的财务比率之间的关系来综合分析企业财务状况的一种综合财务分析方法。具体来说,它是用来评价公司赢利能力和股东权益回报水平,从财务角度评价企业绩效的一种经典方法。其基本思想是将企业净资产收益率(权益净利率)逐级分解为多项财务比率的乘积,使财务比率分析的层次更清晰、条理更突出,为报表分析者全面、仔细地了解企业的经营和盈利状况提供方便。由于这种分析方法最早由美国杜邦公司使用,故名杜邦分析法。

杜邦分析体系分析的起点是权益净利率指标。权益净利率反映了股东财富最大化的企业财务管理目标。针对这个核心指标,杜邦分析法中的几种主要财务指标关系如下:

权益净利率=资产净利率(净利润/总资产)×权益乘数(总资产/总权益资本)

其中,

资产净利率=销售净利率(净利润/总收入)×总资产周转率(总收入/总资产)

即

权益净利率=销售净利率×总资产周转率×权益乘数

根据上述的指标关系,传统杜邦分析体系的基本框架可用图 3-1 表示。由图 3-1 可以看出,杜邦分析体系是一个多层次的财务比率分解体系:

(1) 权益净利率是整个分析系统的起点和核心。该指标的高低反映了投资者的净资产获利能力。净资产收益率是由销售报酬率、总资产周转率和权益乘数决定的。

(2) 权益乘数是资产权益率的倒数。它表明了企业的负债程度,反映了企业资本结构和财务杠杆信息。该指标越大,企业的负债程度越高,其财务杠杆效应也越强。

(3) 总资产收益率是销售利润率和总资产周转率的乘积,是企业销售成果和资产运营成果的综合反映,要提高总资产收益率,就必须增加销售收入,降低资金占用额。

(4) 总资产周转率反映企业资产实现销售收入的综合能力。分析时,必须综合销售收入分析企业资产结构是否合理,即流动资产和长期资产的结构比率关系。同时,还要分析流动资产周转率、存货周转率、应收账款周转率等有关资产使用效率指标,找出总资产周转率高低变化的确切原因。

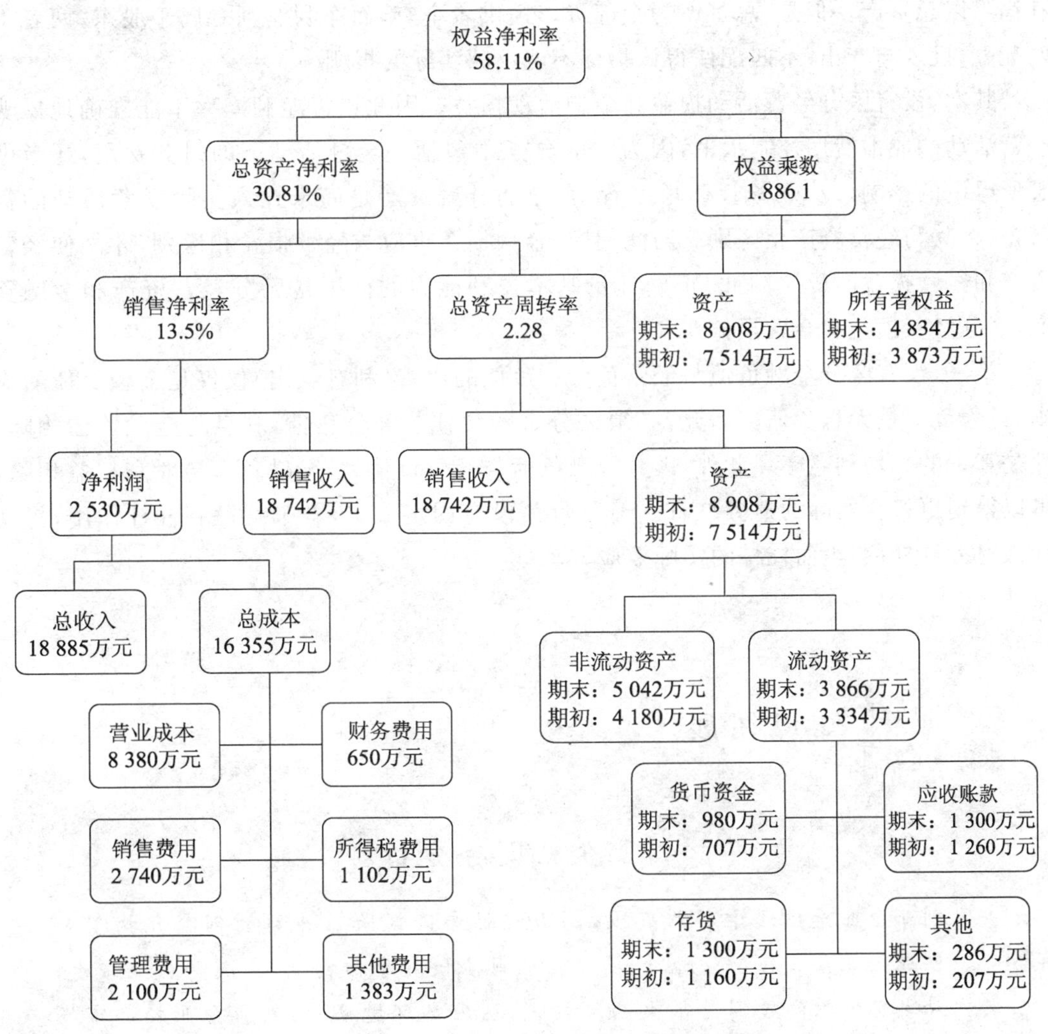


**图 3-1 传统杜邦分析体系的基本框架**

通过图 3-1 长航公司各项财务比率的计算分析可以看出,长航公司将反映股东财富实现的指标权益净利率进一步分解,从而分别得出企业在盈利能力、营运能力及资本结构等方面的分析评价指标,这些指标数值逐级向下分解,逐步覆盖企业经营活动的每一个环节。各层数指标数据不仅可以纵向与本企业各历史时期数据相比较,也可以横向与同行业相应财务比率进行比较,从而实现系统全面评价企业经营成果和财务状况的目的。

由此可以看出,杜邦分析法可使财务比率分析的层次更清晰、条理更清楚。其为外部报表分析者全面、仔细地了解企业的经营和盈利状况提供方便。同时也有助于企业管理层更加清晰地看到权益基本收益率的决定因素以及销售净利润与总资产周转率、债务比率之间的相互关联关系，给管理层提供一张明晰的考察公司资产管理效率和是否最大化股东投资回报的路线图。

需要说明的是，传统杜邦分析体系虽然被广泛使用，但也存在某些局限性。

首先，总资产净利率并不能准确反映企业经营活动的获利能力。总资产净利率为净利润除以总资产。但是，总资产为全部资产提供者享有，而净利润则专属于股东，两者不匹配。"投入与产出"不匹配使得该指标不能反映实际的报酬率。

其次，没有区分经营活动损益和金融活动损益。因此销售净利润率不能准确地反映经营活动的成本费用控制水平，因为它的分子中包括了金融活动下的财务费用，还考虑了所得税的影响。从财务管理角度看，企业的金融资产是尚未投入实际经营活动的资产，应将其与经营资产相区别。与此相应，金融损益也应与经营损益相区别，才能使经营资产和经营损益匹配。因此，正确计量基本盈利能力的前提是区分经营资产和金融资产，区分经营损益和金融损益。

第三，没有区分金融负债与经营负债。负债的成本（利息支出）仅仅是金融负债的成本，经营负债是无息负债。因此，必须区分金融负债与经营负债，利息与金融负债相除，才是真正的平均利息率。此外，区分金融负债与经营负债后，金融负债与股东权益相除，可以得到更符合实际的财务杠杆。经营负债没有固定成本，本来就没有杠杆作用，将其计入财务杠杆，会歪曲杠杆的实际效应。

## 知识拓展

### 创业企业财务分析

创业企业是指处于创业阶段，高成长性与高风险性并存的创新开拓型企业。创业企业要么在企业阶段、要么在项目阶段处于初创期，和成熟企业相比，其内外部环境上的差别是很大的。首先，从外部环境来看，创业企业外部市场条件存在较大的不确定性，产品的市场接纳度方面存在很大风险；同时创业企业的外部投、融资环境都更加严格。因此，创业企业的整体发展都会受限于这个环境。其次，创业企业内部机构及经营管理上普遍存在程序不规范、内部控制严重缺乏、员工数量有限、职责分割困难等许多管理问题。在这种条件下，企业生产经营的阶段性目标及理财目标和成熟企业都不相同，其在财务分析的运用上必定和成熟企业有一定的差异。

## 一、创业企业财务分析的特点

与成熟企业相比，创业企业财务分析具有如下特点：

(1) 突出管理视角的财务分析。创业企业的财务关系相对比较简单，因此其财务分析更侧重为企业内部管理层的经营管理目的服务。由3.1节可知，不同的主体进行财务分析的目标不一致。由于创业企业走在企业生命周期中的初创期，其投资人、债权人、被投资企业等方面关系相对简单，甚至税收关系也相对简单，因此，其财务分析的目标主要体现在管理视角的财务分析层面。

(2) 高风险的特点使得创业企业对财务分析的准确性有更高的要求。创业企业风险主要受外部环境、内部条件和资源配置三个方面的影响。前已述及，创业企业通常都面临比成熟企业更加严格的外部投融资及市场环境，同时创业企业自身还非常脆弱，方方面面还有待完善。在这种环境下，为了更好地开展财务管理工作，实现创业企业的财务目标和可持续发展，对创业企业财务分析的准确性也有更高的要求。

(3) 和成熟企业相比，在整个财务分析中，现金流和利润分析对创业企业具有最为重要的意义。现金流是创业公司的命脉，它掌握着创业公司的生死大权。创业公司无论有多好的创业项目，如果现金流管理出现麻烦，都可能直接导致企业无法实现持续发展。创业企业现金流和其偿债能力、盈利能力及营运能力息息相关。对于大多数创业企业来说，存在资本市场融资难，同时创业企业产品或服务的市场认可度有待开发的问题。在这种自身"造血机能"和外部的"输血机能"都还非常薄弱的情况下管理现金流，不但要非常重视现金预算管理，而且在日常生产经营中要时时注意现金流状况，分析现金的短缺溢余，使其呈现健康的状况。因此，现金流和利润分析对创业企业有格外重要的意义。

(4) 和成熟企业相比，创业企业要为自身的财务分析程序所依赖的分析对象——财务报告的规范性夯实基础。创业企业财务机构、岗位设置、会计核算程序等方面缺乏规范性是比较普遍的现象，因而生成的会计资料规范性普遍不理想，使得财务分析难以建立在翔实可靠的会计数据之上。但是，有效的会计系统对创业企业财务分析效率有重要意义。创业企业需大力加强会计资料规范工作，为财务分析打好基础。

## 二、创业企业财务分析的目标

创业企业要根据企业目标与财务目标构建符合自身发展的财务分析体系，然后根据财务活动与财务报表构建财务分析内容。根据上述目标，创业企业的财务效率与财务结果是其财务分析的目的。如前所述，创业企业财务分析的目标更倾向于体现在内部管理视角的财务分析层面。针对这个特点，创业企业进行财务分析时，应能回答如下问题：

（1）企业目前运转状况如何？其利润水平是否达到预期目标？企业在收入和成本费用管理方面有哪些问题有待改进？

（2）企业营运的趋势如何？企业资产管理的效率如何？财务分析如何找出企业采购、生产、营销等各方面存在的问题？

（3）企业有足够的现金偿还短期债务吗？企业长期负债风险如何？现金管理环节以及与现金流相关的各个环节存在哪些问题？现金流管理方面还有哪些工作要做？

（4）企业是否实现了资本结构、资产结构、利润层次、分配政策等方面的动态平衡？在这些方面有哪些工作需要改进和完善？

（5）如何充分降低企业的财务风险？在应对内外部环境方面，企业存在哪些问题？企业应如何充分利用有利环境，规避不利环境，从而做出对企业最有利的决策？

（6）企业成长的潜力如何，在行业内处于怎样的水平？为了赶上行业先进水平，企业还有哪些薄弱环节需要加以改善？企业可持续发展的综合水平如何？

财务分析针对创业企业提出的这些问题，是对其整个经营管理方面的系统检查和促进。认真执行财务分析，可以帮助企业更好地走上可持续发展的道路。

## 三、创业企业财务分析工作要点

创业企业管理视角下的财务分析的主要工作要点如下：

**1. 创业企业对资产负债表的运用**

从资产负债表中主要分析企业资产结构，企业的长、短期偿债能力和企业的营运能力。

（1）创业企业资产结构的安排。企业资产结构是指企业进行的投资中各种资产的构成比例，主要是指固定资产和流动资金投放的比例。企业资产结构管理的重点在于，确定一个既能维持企业正常开展经营活动，又能在减少或不增加风险的前提下给企业带来更多利润的流动资金水平。由于创业企业营业收入还不稳定，固定资产和无形资产的比重较大会给企业带来更大的成本压力，所以流动资产的比例可以适当放大，而固定资产和无形资产的比例可以适当缩小。

（2）创业企业资本结构的安排。最优资本结构的标准是实现杠杆利益与财务风险间的平衡。前已述及，创业企业不但面临相对严峻的外部环境，也面临自身情况的局限。适度的资产负债率能够降低企业的财务风险，创业企业一般应采用较为保守的资本结构。

（3）营运能力管理方面。对创业企业来说，最显著的营运能力管理方面的项目体现在应收账款和存货的周转上。这两方面的管理也常常是企业容易忽视却最为重要的。创业企业一定要把合理制定信用政策、科学合理进行存货管理等工作落到实处，提高周转率，同时提高企业的综合营运能力。

**2. 创业企业对利润表的利用**

创业企业往往更多地把注意力放在创收上。但在利润表的运用中，要在注重创收的同时，培养良好的成本意识，加强成本管理的执行力度。

(1) 加强成本核算力度。创业企业可对成本核算方法做调整，根据自身的生产流程和特点，划分不同的成本范畴，由财务部门会同相关生产部门和业务部门，共同计算出合理的标准成本。标准成本下达后，由相关责任部门负责本部门的成本控制，节约奖励，超额处罚，使企业的整个成本核算体系由事后计算改为事前控制，有效控制企业整体成本。

(2) 全员参与成本管理，加强成本执行力度。创业型企业在财务人员有限的情况下，仅靠财务部门难以完成成本核算的目标。因为成本核算的结果是否合理，不但需要财务部门的自我评价和时间的验证，还需要生产、技术等部门的评价。所以创业型企业要树立全员参与成本管理的理念，同时只有保证财务部门和其他部门之间的资讯畅通，才能加强企业成本核算的执行力度。

**3. 现金流量表中着重经营活动现金流的管理**

(1) 加强现金流管理。创业型企业在其高速成长时，增长的趋势导致追加现金的速度要快于这些利润以现金的形式产生的速度，因此现金流的问题往往会被高速增长的表象所掩饰。如伴随着企业规模的扩大，企业生产资料库存、存货规模和应收账款数额也随之增长，这些要素会占用企业大量现金，故加强现金流管理就是要加强存货、应收账款、应付账款这些作为营运资金主要组成要素的管理。同时，要树立理财理念，学会利用合适的金融工具对企业的长、短期资金进行配置，降低资金成本，提高资金的使用效率。

(2) 谨慎筹资。资金短缺是处于成长期的创业型企业普遍面临的问题。创业型企业在筹资时要遵循谨慎性原则，着重考虑以下问题：① 要在充分挖掘企业自身潜力的基础上进行筹资；② 对筹资规模要进行合理估算；③ 筹资时间要与用资时间相适应；④ 确定权益性筹资和负债性筹资的比例；⑤ 根据利率变化的趋势来安排筹资的节奏。现金流量趋势分析通常是采用编制历年财务报表的方法，即将连续多年的报表，至少是最近 2～3 年，甚至 5 年、10 年的财务报表并列在一起加以分析，以观察变化趋势。

**4. 利用好财务综合分析工具**

利用好杜邦财务分析体系等财务综合分析工具，帮助管理层清晰地考察经营环节、管理效率等方面的问题，从而实时纠正偏差。

杜邦分析法有助于企业管理层更加清晰地看到权益基本收益率的决定因素

以及销售净利润与总资产周转率、债务比率之间的相互关联关系，给创业企业管理层提供一张明晰的考察公司资产管理效率和是否最大化股东投资回报的路线图。

首先是把权益净利率分解为销售净利率、总资产周转次数和权益乘数。这三个比率在各企业之间可能存在显著差异。通过对差异的比较，可以观察本企业与其他企业的经营战略和财务政策有什么不同。

分解出来的销售净利率和总资产周转次数，可以反映企业的经营战略，且两者经常呈反方向变化：一些企业销售净利率较高，而总资产周转次数较低；另一些企业与之相反，总资产周转次数较高而销售净利率较低。正因如此，仅从销售净利率的高低并不能看出业绩好坏，应把它与总资产周转次数联系起来考察企业经营战略。

权益乘数所体现的财务杠杆可以反映企业的财务政策。在总资产净利率不变的情况下，提高财务杠杆可以提高权益净利率，但同时也会增加财务风险。如何配置财务杠杆是企业最重要的财务政策。总资产净利率与财务杠杆负相关，共同决定了企业的权益净利率。因此，创业企业必须使其经营战略和财务政策相匹配。

## 案例分析

### 新事业健康饮品公司财务分析与规划

新事业健康饮品公司为创业型公司，于 2012 年 2 月开业，其开业后的报表如下。

**表 1　新事业公司简化资产负债表**

2013 年 12 月 31 日　　千元

| 资产 | 年初余额 | 年末余额 | 负债和股东权益 | 年初余额 | 年末余额 |
|---|---|---|---|---|---|
| **流动资产：** | | | **流动负债：** | | |
| 货币资金 | 202 | 230 | 短期借款 | 200 | 420 |
| 交易性金融资产 | | | 应付账款 | 86 | 205 |
| 应收票据 | | | 预收款项 | 100 | 180 |
| 应收账款 | 465 | 762 | 应付职工薪酬 | 80 | 143 |
| 预付款项 | | | 应交税费 | 8 | 42 |
| 其他应收款 | 3 | 8 | 应付利息 | 12 | 26 |

续表

| 资产 | 年初余额 | 年末余额 | 负债和股东权益 | 年初余额 | 年末余额 |
|---|---|---|---|---|---|
| 存货 | 780 | 1 100 | 应付股利 | | |
| 其他流动资产 | 10 | 60 | 其他应付款 | 230 | 120 |
| 流动资产合计 | 1 460 | 2 160 | 流动负债合计 | 716 | 1 136 |
| **非流动资产：** | | | **非流动负债：** | | |
| 长期股权投资 | | | 长期借款 | 150 | 576 |
| 投资性房地产 | | | 预计负债 | | |
| 固定资产 | 686 | 1 402 | 非流动负债合计 | 150 | 576 |
| 在建工程 | | | 负债合计 | 866 | 1 712 |
| 工程物资 | | | **股东权益：** | | |
| 固定资产清理 | | | 股本 | 1 200 | 1 200 |
| 长期待摊费用 | | | 资本公积 | | |
| 其他非流动资产 | | | 盈余公积 | 10 | 67 |
| 非流动资产合计 | | | 未分配利润 | 70 | 583 |
| 资产总计 | 2 146 | 3 562 | 股东权益合计 | 1 280 | 1 850 |
| | | | 负债及股东权益总计 | 2 146 | 3 562 |

**表 2　新事业公司利润表**

2013 年 12 月 31 日　　千元

| 项目 | 本期金额 | 上期金额 |
|---|---|---|
| 一、营业收入 | 3 960 | 2 452 |
| 减：营业成本 | 1 970.40 | 1 220.10 |
| 营业税金及附加 | 264.50 | 169.10 |
| 销售费用 | 607 | 502 |
| 管理费用 | 366 | 408 |
| 财务费用 | 12 | 25 |
| 资产减值损失 | | |
| 加：公允价值变动收益 | | |
| 投资收益 | | |
| 其中：对联营企业和合营企业的投资收益 | | |
| 二、营业利润 | 740.10 | 127.80 |
| 加：营业外收入 | 16.90 | |
| 减：营业外支出 | | 21 |
| 其中：非流动资产处置损失 | | |
| 三、利润平均余额 | 757 | 106.80 |
| 减：所得税费用 | 187 | 26.80 |
| 四、净利润 | 570 | 80 |

**表 3　新事业公司现金流量表**

2013 年 12 月 31 日　　千元

| 项目 | 本期金额 | 上期金额 |
| --- | --- | --- |
| 一、经营活动产生的现金流量 | | |
| 销售商品、提供劳务收到的现金 | 3 398 | 略 |
| 收到其他与经营活动有关的现金 | | |
| 经营活动现金流入小计 | 3 398 | |
| 购买商品、接受劳务支付的现金 | 2 760.50 | |
| 支付给职工以及为职工支付的现金 | 290 | |
| 支付的各项税费 | 222.50 | |
| 支付其他与经营活动有关的现金 | 23 | |
| 经营活动现金流出小计 | 3 296 | |
| 经营活动产生的现金流量净额 | 102 | |
| 二、投资活动产生的现金流量 | | |
| 收回投资收到的现金 | | |
| 取得投资收益收到的现金 | | |
| 投资活动现金流入小计 | | |
| 购建固定资产、无形资产和其他长期资产支付的现金 | 720 | |
| 投资活动现金流出小计 | 720 | |
| 投资活动产生的现金流量净额 | －720 | |
| 三、筹资活动产生的现金流量 | | |
| 吸收投资收到的现金 | | |
| 取得借款收到的现金 | 900 | |
| 筹资活动现金流入小计 | 900 | |
| 偿还债务支付的现金 | 254 | |
| 分配股利、利润或偿付利息支付的现金 | | |
| 筹资活动现金流出小计 | 254 | |
| 筹资活动产生的现金流量净额 | 646 | |
| 四、汇率变动对现金及现金等价物的影响 | | |
| 五、现金及现金等价物净增加额 | 28 | |
| 加:期初现金及现金等价物余额 | 202 | |
| 六、期末现金及现金等价物余额 | 230 | |

表 4 2013 年度健康饮品行业主要财务指标

| 项目 | 行业先进水平 | 行业平均水平 |
| --- | --- | --- |
| 流动比率 | 1.86 | 1.92 |
| 速动比率 | 0.98 | 0.98 |
| 资产负债率 | 0.55 | 0.457 3 |
| 现金比率 | 0.22 | 0.20 |
| 现金流量比率 | 1.02 | 0.74 |
| 应收账款周转率 | 9 | 7 |
| 存货周转率 | 5.00 | 4.10 |
| 总资产周转率 | 1.49 | 1.45 |
| 总资产净利率 | 22.08% | 19.60% |
| 权益净利率 | 49.00% | 36.02% |
| 销售净利率 | 14.82% | 13.50% |

**讨论题：**

1. 根据报表计算新事业公司偿债能力、营运能力和盈利能力等方面的指标。

2. 对公司前两年的综合财务状况进行杜邦分析。可参照表 4 中 2013 年度行业先进水平和行业平均水平数据对企业的综合财务状况进行分析判断。

3. 新事业公司 2014 年主要的任务是稳固老市场并开拓新市场，预计 2014 年与 2013 年相比健康饮品的价格不会有波动。通过在 2013 年销售费用的基础上再增加 30%的广告费用，本公司 2014 年可比 2013 年增加 25%的销量。同时，本公司致力于比上年降低 1%的管理费用。公司还计划尝试新的更为合理的资本结构，拟将资产负债率维持在 55%。公司 2014 年度没有吸收新股权投资的打算，如果有资金缺口打算通过长期银行贷款来补充，目前公司银行贷款的资本成本为 9%(税前)。公司 2014 年计划税后利润留用比例为 40%。试为新事业公司 2014 年规划现金流，并从管理者的角度为新事业公司提供综合财务状况和管理水平方面的建议。

## 思考题

1. 财务分析有哪些内容？

2. 速动资产是如何界定的？其深层内涵是什么？

3. 如何进行资产负债表结构分析?

4. 如何进行利润表百分比分析?

5. 为什么说企业的营运能力可以反映经营管理水平?企业应当如何提高营运能力?

6. 分析偿债能力的目的与内容。

7. 比率分析的作用是什么?有何不足?

8. 为什么说权益净利率是反映盈利能力的核心指标?

9. 在应用杜邦分析法进行企业财务状况的综合分析时,应当如何分析各项因素对企业权益净利率的影响程度?

10. 创业企业营运能力分析的目的是什么?

11. 从创业企业经理人员的角度阐述企业盈利能力分析的目的。

12. 创业企业如何应用杜邦分析法?

# 4 长期计划与财务预测

**学习目标**

1. 了解销售百分比法预测外部融资的基本原理及其应用。
2. 了解外部融资销售增长比的含义及其应用。
3. 掌握内含增长率的含义与计算。
4. 掌握可持续增长率的计算、分析与应用。

## 德隆神话的破灭

1992年，以冲洗胶卷的“朋友公司”起家并赚得第一桶金的唐氏兄弟，用800万元的注册资本，组建了新疆德隆实业，开始了被称作“德隆神话”的一段传奇。在德隆十多年的发展历程中，唐氏兄弟以资本运作为主要手段，打着产融结合的大旗，经过一系列的并购整合，控股参股多达177家公司，打造了一个资产总值200多亿元，横跨水泥、机电设备、汽车零部件等十余个产业的庞大帝国。其发展速度之快、资产规模之大、产业分布范围之广，都令人瞠目结舌。“德隆神话”“德隆模式”也名噪一时，成为众人关注、研究的对象。

在1996—1997年的两年时间里，德隆先后入主新疆屯河、沈阳合金、湘火炬三家上市公司。在德隆入主后的几年时间里，这三家上市公司主营业务收入的增长令人惊奇。到2003年，新疆屯河在7年的时间里主营业务收入增长了16.81倍，年均增长2.4倍；净利润增长了3.09倍，年均增长44%。沈阳合金在6年的时间里主营业务收入增长了13.61倍，年均增长2.27倍；净利润增长了3.26倍，年均增长54%。湘火炬在6年的时间里主营业务收入增长了82.56倍，年均增长13.76倍；净利润增长了9.47倍，年均增长1.58倍。

然而德隆最终还是垮了。2004年春,银监会向银行系统发布了这样一条风险提示:"当前有德隆等十家企业(其中大部分为民营)运用金融手段过度膨胀,可能给银行造成大量不良贷款。"就是这样一条风险提示,成了"压死骆驼的最后一根稻草",使得本已因金新信托挤兑风波等事件陷入债务纠纷而资金吃紧的德隆无法继续融资,资金链断裂,庞大的德隆帝国顷刻间兵败如山倒,唐氏兄弟打造中国GE的梦想也随之破灭。

利润表上高奏凯歌的德隆为何会一败涂地呢?从德隆"三驾马车"的资产负债表中能够看出一些端倪。伴随着三家上市公司主营业务收入火箭式增长的,是资产负债表上债务的激增。同样是在德隆入主之后,三家上市公司银行贷款的累计增长也高达10倍,其中绝大部分是短期贷款。但是,德隆的产业链整合未能向其提供足够的现金流。而且,自2001年起,德隆也无法再借所控制的上市公司融资。此时,德隆只能靠银行贷款满足自身扩张所需要的现金,其用于并购、参股和新建企业的60多亿元资金主要依赖于短期贷款。短贷长投,使德隆的流动性面临着巨大的压力。92%的资产负债率,使德隆看上去几乎与银行无异。紧绷的资金链,经不起银监会的最后一击,最终促成了德隆的溃败。

从财务分析的角度如何看待"德隆神话"呢?增长是企业永恒的话题。在做大做强的口号下,人们关注的增长往往是由利润表反映的主营业务收入增长和净利润增长。但是,这是我们真正需要的增长吗?如何管理公司的增长,使之能持续而不是昙花一现,这是公司增长道路上不得不面对的重要问题。

## 4.1 长期计划

### 4.1.1 长期计划的内容

通过对财务报表的分析,了解企业过去的经营状况,对于管理者和投资者来说非常重要,但是决策是面向未来的,预测未来更重要。预测是计划过程不可缺少的组成部分,但有无数例子表明我们预测未来的能力有限,准确性不高。既然预测未来如此困难,而计划又是建立在预测未来的基础之上,为什么企业还要对计划工作乐此不疲呢?因为预测的真正价值在于有助应变。未来的不确定性越大,预测能够给企业带来的收益越大。

长期计划是指一年以上的计划。该计划为实现企业的长期目标服务,关系到企业的发展远景,其目的是扩大和提升企业的发展能力。长期计划的主要内容是规范企业为实现长期目标所应采取的一些主要行动步骤、分期目标和重大措施及企业各部门在较长时期内应达到的目标和要求。

长期计划一般以战略计划为起点,涉及公司理念、公司经营范围、公司目标和公司战略。长期计划包括经营计划和财务计划。经营计划在已制定的公司战略的基础上,提供详细的实施指导,帮助实现公司目标。财务计划是以货币形式预计计划期内资金的取得与运用和各项经营收支及财务成果的书面文件。这些计划可以按照任何时间跨度制定,但是计划期限的跨度既要服从计划目标的要求,也要考虑未来的可预测程度、企业的经济和技术力量等因素。通常企业制定为期五年的企业计划。

在进行长期计划时,管理者一般需要编制预计财务报表,并在4个方面使用:① 通过预计财务报表,可以评价企业预期经营业绩是否与企业总目标一致以及是否达到了股东的期望水平,如果预计财务报表显示权益净利率远低于行业平均水平,管理者就应该着手调查原因并找出补救方法;② 预计财务报表可以预测拟进行的经营变革将产生的影响;③ 管理者可利用财务报表预测企业未来的融资需求;④ 预计财务报表被用来预测企业未来现金流,因为现金流决定企业的总体价值,因此,管理者通过预测不同经营计划下的实体现金流量和这些计划的资本需求,可选择能使股东价值最大化的计划。

由于本书的重点关注财务管理内容,故此处略去对战略计划和经营计划的详细讨论,而只阐述与财务计划有关的内容。

### 4.1.2 财务计划的步骤

财务计划是依据企业的发展战略和经营计划,对未来一定期间的财务活动及其结果进行的规范、布置和安排,它规定了企业计划期财务工作的任务和目标及预期的财务状况和经营成果。

财务计划的基本步骤如下:

(1) 确定计划并编制预计财务报表,运用这些预测结果分析经营计划对预计利润和财务比率的影响。这些预测结果还能用于监督实施阶段的经营情况。实施情况一旦偏离计划,管理者能否很快得知,是控制系统好坏的重要标准,也是公司能否在一个变化迅速的世界取得成功的必要因素。

(2) 确认支持长期计划需要的资金,包括购买设备等固定资产以及存货、应收账款、研究开发、主要广告宣传需求的资金。

(3) 预测未来长期可使用的资金,包括预测可从内部产生的和向外部融资的资金。任何财务限制导致的经营约束都必须在计划中体现。这些约束包括对负债率、流动比率、利息保障倍数等的限制。

(4) 在企业内部建立并保持一个控制资金分配和使用的系统,目的是保证基本计划适当展开。

(5) 制定调整基本计划的程序。基本计划在一定的经济预测基础上制订,当基本计划所依赖的经济预测与实际的经济状况不符时,需要对计划及时做出调整。例如,如果实际经济走势强于预测,这些新条件必须在更新的计划里体现,如更高的生产计划额度、更大的市场份额等,并且计划调整得越快越好。因此,此步骤实际上是“反馈环节”,即基于实际情况的变化对财务计划进行修改。

(6) 建立基于绩效的管理层报酬计划。奖励管理层,使其按照股东的想法(即股东价值最大化)经营非常重要。

## 4.2 财务预测

### 4.2.1 财务预测的意义和目的

狭义的财务预测仅指估计企业未来的融资需求,广义的财务预测包括编制全部的预计财务报表。

财务预测是融资计划的前提。企业要对外提供产品和服务,必须要有一定的资产。销售增加时,要相应增加流动资产,甚至还需增加固定资产。为取得扩大销售所需增加的资金,企业要筹措资金。这些资金一部分来自利润留存,另一部分来自外部融资。通常,销售增长率较高时利润留存不能满足资金需求,即使获利良好的企业也需外部融资。对外融资,需要寻找提供资金的人,向他们做出还本付息的承诺或提供盈利前景,并使之相信其投资安全并且可以获利,这个过程往往需要较长时间。因此,企业需要预先知道自己的财务需求,提前安排融资计划,否则就可能发生资金周转问题。

财务预测有助于改善投资决策。根据销售前景估计出的融资需求不一定总能满足,因此,就需要根据可能筹措到的资金来安排销售增长以及有关的投资项目,使投资决策建立在可行的基础上。

预测的真正目的是有助于应变。财务预测与其他预测一样都不可能很准确。从表面上看,不准确的预测只能导致不准确的计划,从而使预测和计划失去意义。事实并非如此,预测给人们展现了未来的各种可能的前景,促使人们制订出相应的应急计划。预测和计划是超前思考的过程,其结果并非仅仅是一个资金需要量数字,还包括对未来各种可能前景的认识和思考。预测可以提高企业对不确定事件的反应能力,从而减少不利事件带来的损失,增加有利机会带来的收益。

### 4.2.2 财务预测的步骤

**1. 销售预测**

财务预测的起点是销售预测。一般情况下,财务预测将销售预测视为已知数,并把它作为财务预测的起点。销售预测本身不是财务管理的职能,但它是财务预测的基础,销售预测完成后才能开始财务预测。

销售预测对财务预测的质量有重大影响。如果销售的实际状况超出预测很多,企业没有准备足够的资金添置设备或储备存货,就无法满足顾客需求,不仅会失去盈利机会,还会丧失原有的市场份额。相反,销售预测过高,筹集大量资金购买设备并储备存货,则会造成设备闲置和存货积压,使资产周转速度下降,导致权益净利率降低,股价下跌。

**2. 估计经营资产和经营负债**

通常,经营资产是销售收入的函数,根据历史数据可以分析出该函数关系。根据预计销售收入以及经营资产与销售收入的函数,可以预测所需经营资产的数额。大部分经营负债也是销售收入的函数,亦应预测经营负债的自发增长,这种增长可以减少企业外部融资的数额。

**3. 估计各项费用和保留盈余**

假设各项费用也是销售收入的函数,可以根据预测销售收入估计费用和损失,并在此基础上确定净利润。净利润和股利支付率共同决定所能提供的资金数额。

**4. 估计所需融资**

根据预计经营资产总量,减去已有的经营资产、自发增长的经营负债、可动用的金融资产和内部提供的利润留存便可得出外部融资需求。

### 4.2.3 销售百分比法

销售百分比法是假设资产、负债与销售收入存在稳定的百分比关系,根据预计销售收入和相应的百分比预计资产、负债,然后确定融资需求的一种财务预测方法。

**1. 确定资产和负债项目的销售百分比**

确定资产和负债项目的销售百分比,可以根据通用的财务报表数据预计,也可以使用经过调整的管理用财务报表数据预计,后者更为方便,也更合理。资产和负债项目占销售收入的百分比,可以根据基数的数据确定,也可以根据以前若干年度的平均数确定。

**【例 4-1】** 假设甲公司 20×1 年实际销售收入为 6 000 万元,管理用负债资产和利润表的有关数据如表 4-1 所示。假设 20×1 年的各项销售百分比在 20×2 年可以持续,20×2年预计销售收入为 8 000 万元。

要求:以 20×1 年为基期,采用销售百分比法进行预计。

**解** 各项目销售百分比=基期资产(负债)÷基期销售收入

根据 20×1 年销售收入(6 000 万元)计算的各项经营资产和经营负债的百分比,如表 4-1 的“销售百分比”栏。

**表 4-1 净经营资产的预计** 万元

| 项目 | 20×1 年实际 | 销售百分比(%) | 20×2 年预测 |
|---|---|---|---|
| 销售收入 | 6 000 | | 8 000 |
| 货币资金(经营) | 88 | 1.47 | 118 |
| 应收票据(经营) | 28 | 0.47 | 38 |
| 应收账款 | 796 | 13.27 | 1062 |
| 预付账款 | 44 | 0.73 | 58 |
| 其他应收款 | 24 | 0.40 | 32 |
| 存货 | 238 | 3.97 | 318 |

续表

| 项目 | 20×1 年实际 | 销售百分比(%) | 20×2 年预测 |
|---|---|---|---|
| 一年内到期的非流动资产 | 154 | 2.57 | 206 |
| 其他流动资产 | 16 | 0.27 | 22 |
| 长期股权投资 | 60 | 1.00 | 80 |
| 固定资产 | 2 476 | 41.27 | 3 302 |
| 在建工程 | 36 | 0.60 | 48 |
| 无形资产 | 12 | 0.20 | 16 |
| 长期待摊费用 | 10 | 0.17 | 14 |
| 其他非流动资产 | 6 | 0.10 | 8 |
| 经营资产合计 | 3 988 | 66.47 | 5 318 |
| 应付票据(经营) | 10 | 0.17 | 14 |
| 应付账款 | 200 | 3.33 | 266 |
| 预收账款 | 20 | 0.33 | 26 |
| 应付职工薪酬 | 4 | 0.07 | 6 |
| 应交税费 | 10 | 0.17 | 14 |
| 其他应收款 | 50 | 0.83 | 66 |
| 其他流动负债 | 106 | 1.77 | 142 |
| 长期应付款(经营) | 100 | 1.67 | 134 |
| 经营负债合计 | 500 | 8.33 | 666 |
| 净经营资产总计 | 3 488 | 58.13 | 4 650 |

**2. 预计各项经营资产和经营负债**

各项经营资产(负债)＝预计销售收入×各项目销售百分比

根据20×2年预计销售收入(8 000万元)和各项目销售百分比计算的各项经营资产和经营负债,如表4-1的“20×2年预测”栏所示。

融资总需求＝(预计经营资产合计－基期经营资产合计)－
(预计经营负债合计－基期经营负债合计)
＝预计净经营资产合计－基期净经营资产合计
＝ 4 650－3 488＝ 1 162(万元)

该公司20×2年需要融资1 162万元,如何筹集该资金取决于它的融资政策。通常,融资的优先顺序如下:① 动用现存的金融资产;② 增加留存收益;③ 增加金融负债;④ 增加股本。

**3. 预计可动用的金融资产**

假设该公司20×1年年底有金融资产12万元,为可动用的金融资产,则

尚需融资＝1 162－12＝1 150(万元)

**4. 预计增加的留存收益**

留存收益是公司内部的融资来源。只要公司有盈利并且不全部支付股利，留存收益就会使股东权益增长，可以全部或部分满足企业的融资需求。这部分资金的多少，取决于净利润的多少和支付股利率的高低。

留存收益增加＝预计销售收入×计划销售净利润×(1－股利支付率)

假设甲公司20×2年计划销售净利率为4.5%。由于需要的融资额较大，20×2年甲公司不支付股利。

增加留存收益＝8 000×4.5%＝360(万元)

需要外部融资＝1 150－360＝790(万元)

这里需要注意一个问题：该留存收益增加额的计算隐含了一个假设，即计划销售净利润可以涵盖增加的利息。提出该假设的目的是为了摆脱融资预测的数据循环。在融资预测时，需要先确定留存收益的增加额，然后确定需要增加的借款，但是借款的改变反过来又会影响留存收益。其关系如下：股利支付率确定后，留存收益受净利润的影响；净利润受利息费用的影响；利息费用受借款数额的影响；借款增加额要视留存收益增加额而定。为了解决该数据循环问题，一种办法是使用多次迭代法，逐步逼近可以使数据平衡的留存收益和借款增加额，另一种简单的办法是假设计划销售净利率可以涵盖借款增加的利息，先确定留存收益，然后确定借款增加额。此处使用的是后一种处理办法。

**5. 预计的增加额**

外部融资需求额，可以通过增加借款或增发股本筹集，涉及资本结构管理问题。通常，在目标资本结构允许的情况下，企业会优先使用借款融资。如果不用再增加借款，则需要增发股本。

假设甲公司可以通过借款筹集资金790万元，则

筹集总需求＝动用金融资产＋增加留存收益＋增加借款

＝12＋360＋790＝1 162(万元)

销售百分比法是一种比较简单、粗略的预测方法。首先，该方法假设各项经营资产和经营负债与销售收入保持稳定的百分比，可能与事实不符。其次，该方法假设销售净利率可以涵盖借款利息的增加，也不一定合理。

### 4.2.4 财务预测的其他方法

为了改进财务预测的质量，有时需要使用更精确的方法。

**1. 回归分析**

财务预测的回归分析，是利用一系列历史资料求得各项资产负表项目和销售收入的函数关系，然后基于计划销售收入预测资产、负债数量，最后预测融资需求。

通常销售收入与资产、负债等存在线性关系。例如，假设存货与销售收入之间存在线性关系，其直线方程为“存货＝$a+b\times$销售收入”，根据历史资料和回归分析的最小二乘法可以求出直线方程系数$a$和$b$，然后根据计划销售收入和直线方程预计存货的金额。

完成资产、负债项目的预计后，其他计算步骤与销售百分比法相同。

**2. 计算机预测**

对于大企业来说，无论是销售百分比法还是回归分析法都显得过于简化。实际上，影响融资需求的变量很多，如产品组合、信用政策、价格政策等。把这些变量纳入预测模型后，计算量大增，手工处理已经很难胜任，需要使用计算机才可完成。

最简单的计算机财务预测是使用"电子表软件"，如 Excel。使用电子表软件时，计算过程和手工预测几乎没有差别。相比之下，其主要优点是预测期间如果是几年或者要分月预测时，计算机要比手工快得多；如果改变一个参数，软件能自动重新计算所有预测数据。

比较复杂的预测是使用交互式财务规划模型，它比电子表软件功能更强，其主要优点是能通过"人机对话"进行"反向操作"。例如，不但可以根据既定的销售水平预测融资需求，还可根据既定资金限额来预测可达到的销售收入。

最复杂的预测是使用综合数据库财务计划系统。该系统建有公司的历史资料库和模型库，用以选择适用的模型并预测各项财务数据。它通常是一个联机实时系统，随时更新数据，可以使用概率技术，分析预测的可靠性；同时它还是一个综合的规划系统，不仅用于资金的预测和规划，而且包括需求、价格、成本及各项资源的预测和规划。即该系统通常是规划和预测结合的系统，能快速生成预计的财务报表，从而支持财务决策。

## 4.3 增长率与资金需求

由于企业要以发展求生存，销售增长是任何企业都要追求的目标。企业增长的财务意义是资金增长。在销售增长时企业往往需要补充资金，这主要是因为销售增加往往会引起存货和应收账款等资产的增加。销售增长得越多，需要的资金越多。

从资金来源上看，企业增长的实现方式有三种：

(1) 完全依靠内部资金增长。有些小企业无法取得借款，有些大企业不愿意借款，它们主要是靠内部积累实现增长。内部有限的财务资源往往会限制企业的发展，使其无法充分利用扩大企业财富的机会。

(2) 主要依靠外部资金增长。从外部筹资包括增加外债和股东投资，同样可以实现增长，但主要依靠外部资金增长是不能持久的。增加负债会使企业的财务风险增加，筹资能力下降，最终会使借款能力完全丧失；通过增发股票等方式增加股东投资，不仅会分散控制权，而且会稀释每股利益，除非增加投资有更高的报酬率，否则不能增加股东财富。

(3) 平衡增长。平衡增长，即保持目前的财务结构和与此有关的财务风险，按照股东权益的增长比例增加借款，以此支持销售增长。这种增长，一般不会消耗企业的财务资源，是一种可持续增长。

### 4.3.1 销售增长率与外部融资的关系

**1. 外部融资销售增长比**

既然销售增长会带来资金需求的增加，那么销售增长和筹资需求之间就存在某种函数关系，根据这种关系，就可以直接计算特定销售增长下的筹资需求。假设它们之间成正比例关系，即两者之间有稳定的百分比（代表每增加 1 元销售收入需要追加的外部融资额），则该百分比称为"外部融资占销售增长的百分比"，简称"外部融资销售增长比"。

假设可动用的金融资产为 0，经营资产销售增长比、经营负债销售增长比保持不变，则有

外部融资额＝经营资产销售增长比×销售收入增加－经营负债销售增长比×
销售收入增加－预计销售收入×预计销售净利率×
（1－预计股利支付率）

式中，经营资产销售增长比和经营负债销售增长比可以按通用财务报表的数据计算确定，也可以按管理用财务报表的数据计算确定，后者应该更准确。

上式两边同除以"销售收入增加"，则有

外部融资销售增长比＝经营资产销售增长比－经营负债销售增长比－[（1＋
增长率）÷增长率]×预计销售净利率×
（1－预计股利支付率）

**【例 4-2】** A 公司上年销售收入为 6 000 万元，本年计划销售收入为 8 000 万元，销售增长率为 33.33%。假设经营资产销售增长比为 66.67%，经营负债销售增长比为 6.17%，且两者保持不变，可动用的金融资产为 0，预计销售净利率为 4.5%，预计股利支付率为 30%。

要求：计算外部融资额。

**解**

外部融资销售增长比＝0.666 7－0.061 7－（1.333÷0.333 3）×4.5%×（1－30%）
＝0.605－0.126
＝0.479

外部融资额＝外部融资销售增长比×销售增长额
＝0.479×2 000
＝958（万元）

如果销售增长 1 000 万元（即销售增长率为 16.7%），则

外部融资额＝1 000×[0.666 7－0.061 7－（1.167÷0.167）×4.5%×（1－30%）]
＝1 000×0.385
＝385（万元）

外部融资销售增长比不仅可以预计外部融资额，而且可用于调整股利政策和预计通货膨胀对筹资的影响。

例如，例 4-2 中 A 公司预计销售增长 5%，则

外部融资销售增长比＝0.666 7－0.061 7－(1.05÷0.05)×4.5%×(1－30%)

＝0.605－0.661 5

＝－5.65%

这说明企业不仅没有外部融资需求，还有剩余资金 16.95 万元(即 6 000×5%×5.65%)可用于增加股利或进行短期投资。

又如，预计明年通货膨胀率为 10%，公司销量增长 5%，则销售额含有通胀的增长率为 15.5%，即(1＋10%)×(1＋5%)－1＝15.5%，则

外部融资销售增长比＝0.666 7－0.061 7－(1.155÷0.155)×4.5%×(1－30%)

＝0.605－0.234 7

＝37.03%

企业要按销售名义增长额的 37.03%补充资金，才能满足需求。

即使销量增长为 0，也需要补充资金，以弥补通货膨胀造成的货币贬值损失，即因通货膨胀带来的名义销售增长 10%，则

外部融资销售增长比＝0.666 7－0.061 7－(1.1÷0.1)×4.5%×(1－30%)

＝0.605－0.346 5

＝25.85%

外部融资额＝6 000×10%×25.85%＝155.1(万元)

**2. 外部融资需求的敏感分析**

外部融资需求的多少，不仅取决于销售增长，还要看销售净利率和股利支付率。在股利支付率小于 1 的情况下，销售净利率越大，外部融资需求越少；在销售净利率大于 0 的情况下，股利支付率越高，外部融资需求越大。销售净利率、股利支付率与外部融资需求的关系如图 4-1 所示。

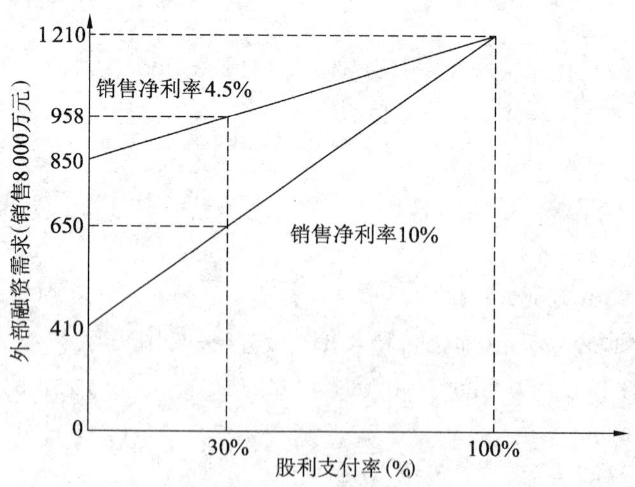


**图 4-1　销售净利率、股利支付率与外部融资需求的关系**

在例 4-2 中，企业股利支付率是 30%，外部融资需求为 958 万元。假设预计销售收入仍为 8 000 万元，若股利支付率为 100%，则

外部融资额=2 000×[0.666 7-0.061 7-(1.333 3÷0.333 3)×4.5%×(1-100%)]
=1 210(万元)

若股利支付率为 0，则

外部融资额=2 000×[0.666 7-0.061 7-(1.333 3÷0.333 3)×4.5%×(1-0)]
=850(万元)

例 4-2 中，企业的销售净利率为 4.5%，外部融资需求为 958 万元。假设预计销售收入仍为 8 000 万元，销售净利率为 10%，则

外部融资额=2 000×[0.666 7-0.061 7-(1.333 3÷0.333 3)×10%×(1-30%)]
=650(万元)

### 4.3.2 内含增长率

销售增长引起的资金需求增长，通过三种途径满足：① 动用金融资产；② 增加内部留存利益；③ 外部融资(包括借款和股权融资，但不包括经营负债的自然增长)。如果企业没有可动用的金融资产，且不能或不打算从外部融资，则只能靠内部积累，这将限制销售的增长。此时的销售增长率为“内含增长率”。

**【例 4-3】** 例 4-2 中假设外部融资额为 0，求销售增长率。

**解** 0=经营资产销售增长比-经营负债销售增长比-[(1+增长率)÷增长率]×预计销售净利率×(1-预计股利支付率)

0=0.666 7-0.061 7-[(1+增长率)÷增长率]×4.5%×(1-30%)

增长率=5.493%

验算：销售收入增加=6 000×5.493%=329.58(万元)

外部融资额=经营资产销售增长比×销售收入增加-经营负债销售增长比×销售收入增加-预计销售收入×预计销售利润率×(1-预计股利支付率)
=(0.666 7×329.58)-(0.061 7×329.58)-[6 329.58×4.5%×(1-30%)]
=219.7-20.3-199.4
=0(万元)

### 4.3.3 可持续增长率

#### 1. 可持续增长率的概念

可持续增长率是指不发行新股，不改变经营效率(销售净利率和资产周转率)和财务政策(负债/权益比和利润留存率)时，其销售所能达到的最大增长率。

可持续增长率的假设条件如下：

(1) 公司销售净利率将维持当前水平，并且可以涵盖增加负债的利息。

(2) 公司资产周转率将维持当前水平。

(3) 公司目前的资本结构是目标结构，并且打算继续维持下去。

(4) 公司目前的利润留存率是目标留存率，并且打算继续维持下去。

(5) 不愿意或者不打算增发新股(包括股份回购,下同)。

在上述假设条件成立的情况下,销售的增长率与可持续增长率相等。公司的这种增长状态,称为可持续增长或平衡增长。在这种状态下,其资产、负债和股东权益同比例增长,如表 4-2 所示。

**表 4-2 可持续增长情况下的资产、负债和股东权益**

| | |
|---|---|
| 年初资产 100 万元 | 年初负债 40 万元 |
| | 年初股东权益 60 万元 |
| 新增资产 10 万元 | 新增负债 4 万元 |
| | 新增股东权益 6 万元 |

### 2. 可持续增长率的计算

(1) 根据期初股东权益计算可持续增长率

限制销售增长的是资产,限制资产增长的是资金来源(包括负债和股东权益)。在不增发新股,不改变经营效率和财务政策的情况下,限制资产增长的是股东权益增长。因此,可持续增长率的计算公式可推导如下:

可持续增长率=股东权益增长率

=股东权益本期增加/期初股东权益

=本期净利润×(本期利润留存率/期初股东权益)

=期初权益本期净利率×本期利润留存率

=(本期净利润/本期销售收入)×(本期销售收入/期末总资产)×(期末总资产/期初股东权益)×本期利润留存率

=销售净利率×总资产周转次数×期初权益期末总资产乘数×利润留存率

应该注意的是,此处的“权益乘数”使用“期初股东权益”而非“期末股东权益”计算,其余比例均用本期发生额或期末数计算。

**【例 4-4】** M公司 20×1—20×5 年的主要财务数据如表 4-3 所示。

**表 4-3 根据期初股东权益计算的可持续增长率** 万元

| 年度 | 20×0 | 20×1 | 20×2 | 20×3 | 20×4 | 20×5 |
|---|---|---|---|---|---|---|
| 收入 | 909.09 | 1 000 | 1 100 | 1 650 | 1 375 | 1 512.5 |
| 净利润 | 45.45 | 50 | 55 | 82.5 | 68.75 | 75.63 |
| 股利 | 28.18 | 20 | 22 | 33 | 27.5 | 30.25 |
| 利润留存 | 27.27 | 30 | 33 | 49.5 | 41.25 | 45.38 |
| 股东权益 | 300 | 330 | 363 | 412.5 | 453.75 | 499.23 |
| 负债 | 54.55 | 60 | 66 | 231 | 82.5 | 90.75 |
| 总资产 | 354.55 | 390 | 429 | 643.5 | 536.25 | 589.88 |

续表

| 年度 | 20×0 | 20×1 | 20×2 | 20×3 | 20×4 | 20×5 |
|---|---|---|---|---|---|---|
| 可持续增长率的计算 | | | | | | |
| 销售净利率 | | 5% | 5% | 5% | 5% | 5% |
| 总资产周转次数 | | 2.564 1 | 2.564 1 | 2.564 1 | 2.564 1 | 2.564 1 |
| 期末总资产/期初股东权益 | | 1.3 | 1.3 | 1.7727 | 1.3 | 1.3 |
| 利润留存率 | | 0.6 | 0.6 | 0.6 | 0.6 | 0.6 |
| 可持续增长率 | | 10% | 10% | 13.64% | 10% | 10% |
| 实际增长率 | | 10% | 10% | 50% | −16.67% | 10% |

根据可持续增长率公式(期初股东权益)计算：

可持续增长率＝销售净利率×期初权益期末总资产乘数×利润率留存率

＝5%×2.564 1×1.3×0.6 ＝10%

实际增长率(20×1 年)＝(本年销售－上年销售)/上年销售

＝(1 000－909.09)/909.09 ＝10%

其他年份的计算方法与此相同。

(2) 根据期末股东权益计算的可持续增长率

可持续增长率也可以全部用期末数和本期发生额计算，而不使用期初数。其推导过程如下：

由于企业增长所需资金有增加负债和增加股东权益两个来源，所以

资产增加＝负债增加＋股东权益增加　(1)

假设总资产周转次数不变(即总资产随销售收入正比例增加)，则有

资产增加/期末总资产＝销售增加/基期销售收入

资产增加＝(销售增加/基期销售收入)×期末总资产　(2)

假设不增发新股或回购股票，销售净利率不变，则有

股东权益增加＝(基期销售收入＋销售增加)×

(净利润/销售收入)×利润留存率　(3)

假设资本结构不变(即负债和股东权益同比例增加)，则有

负债增加＝股东权益增加×(负债/股东权益)

＝[(基期销售收入＋销售增加)×(净利润/销售收入)×

利润留存率]×(负债/股东权益)　(4)

将式(2)、(3)、(4)代入式(1)，则有

(销售增加/基期销售收入)×期末总资产

＝(基期销售收入＋销售增加)×(净利润/销售收入)×利润留存率＋

(基期销售收入＋销售增加)×(净利润/销售收入)×

利润留存率×(负债/股东权益)

整理以后得

可持续增长率＝销售增加/基期销售收入

$$=\frac{利润存留率\times 销售净利率\times(1+负债/股东权益)}{总资产/销售收入-[利润留存率\times 销售净利率\times(1+负债/股东权益)]}$$

将分子分母同时乘以(销售收入/总资产)得

$$可持续增长率=\frac{利润留存率\times(\frac{净利润}{销售收入})\times(\frac{总资产}{股东权益})\times(\frac{销售收入}{总资产})}{1-利润留存率\times(\frac{净利润}{销售收入})\times(\frac{总资产}{股东权益})\times(\frac{销售收入}{总资产})}$$

使用例 4-4 数据，根据本公式计算的可持续增长率如表 4-4 所示。

**表 4-4　根据期末股东权益计算的可持续增长率**　万元

| 年度 | 20×1 | 20×2 | 20×3 | 20×4 | 20×5 |
|---|---|---|---|---|---|
| 收入 | 1 000 | 1 100 | 1 650 | 1 375 | 1 512.5 |
| 净利润 | 50 | 55 | 82.5 | 68.75 | 75.63 |
| 股利 | 20 | 22 | 33 | 27.5 | 30.25 |
| 利润留存 | 30 | 33 | 49.5 | 41.25 | 45.38 |
| 股东权益 | 330 | 363 | 412.5 | 453.75 | 499.13 |
| 负债 | 60 | 66 | 231 | 82.5 | 90.75 |
| 总资产 | 390 | 429 | 643.5 | 536.25 | 589.88 |
| 可持续增长率的计算 | | | | | |
| 销售净利润 | 5% | 5% | 5% | 5% | 5% |
| 总资产周转次数 | 2.564 1 | 2.564 1 | 2.564 1 | 2.564 1 | 2.564 1 |
| 期末总资产/期末股东权益 | 1.181 8 | 1.181 8 | 1.560 0 | 1.181 8 | 1.181 8 |
| 利润留存率 | 0.6 | 0.6 | 0.6 | 0.6 | 0.6 |
| 可持续增长率 | 10% | 10% | 13.64% | 10% | 10% |
| 实际增长率 | 10% | 10% | 50% | －16.67% | 10% |

根据可持续增长率(期末股东权益)公式计算结果如下：

可持续增长率(20×1 年)＝10%

其他年份的计算方法与此相同。

通过比较表 4-3 和表 4-4 可以看出，两个公式计算的可持续增长率一致。

**3. 可持续增长率与实际增长率**

实际增长率和可持续增长率经常不一致。通过分析两者差异，可以了解企业经营效率和财务政策有何变化。

沿用例 4-4 财务数据说明该公司经营效率和财务政策的变化情况。

(1) 20×2 年的经营效率和财务政策保持了年初的状态(即 20×1 年的状态)。20×2 年的实际增长率和可持续增长率均为 10%，公司处于均衡增长状态。20×2 年初的所有者权益为 330 万元(与 20×1 年末相同)，当年创造了税后净利润 55 万元，公司留存了 33 万元，以 22 万元发放股利。因此所有者权益增加到 363 万元，增加了 10%。由于资本结构不同，负债也增加 10%。由于负债和所有者权益均增加 10%，使得总资产增加 10%。

在资金周转率不变的情况下，资产增加10%可以支持销售额增加10%。

(2) 20×3年权益乘数提高，另外3个财务比率保持不变，可持续增长率上升为13.64%，实际增长率上升为50%。这表明提高财务杠杆，提供了高速增长所需的资金。

(3) 20×4年权益乘数降为高速增长前的水平，另外3个财务比率不变。本年的可持续增长率恢复为10%，实际增长率下降为-16.67%。即归还借款，使财务杠杆恢复到历史正常水平，同时使总资产减少。在资金周转率不变的情况下，资产减少使销售额下降。

(4) 20×5年的经营效率和财务政策保持了年初状态(20×4年状态)。销售增长率与可持续增长率均为10%。

通过上述分析可知，可持续增长率是企业当前经营效率和财务决策的内在增长能力，它和实际增长率之间有如下联系：

(1) 如果某一年的经营效率和财务政策与上年相同，在不增发新股的情况下，则实际增长率、上年的可持续增长率以及本年的可持续增长率三者相等。这种增长状态，在资金上可以永远持续发展下去，可称之为平衡增长。当然，外部条件是公司不断增加的产品能为市场接受。

(2) 如果某一年的可持续增长率计算公式中4个财务比率有一个或多个比率提高，在不增发新股的情况下，则实际增长率就会超过上年的可持续增长率，本年的可持续增长率也会超过上年的可持续增长率。由此可见，超常增长是“改变”财务比率的结果，而不是持续当前状态的结果。企业不可能每年提高这4个财务比率，因此也就不可能使超常增长继续下去。

(3) 如果某一年的可持续增长率计算公式中4个财务比率有一个或多个比率下降，在不增发新股的情况下，则实际增长率就会低于上年的可持续增长率，本年的可持续增长率也会低于上年的可持续增长率。这是超常增长之后的必然结果，公司对此要事先有准备。如果不愿意接受这种现实，继续勉强冲刺，现金周转的危机很快就会来临。

(4) 如果可持续增长率计算公式中的4个财务比率已经达到公司的极限，只有通过发行新股增加资金，才能提高销售增长率。

## 知识拓展

### 创业之初的财务预测

财务预测看得出一个初创公司的命运。但是初创公司还没有收入，甚至还没有产品，如何来做“财务预测”呢？要做好初创公司的财务预测，就必须先看看公司的美好未来都是由什么组成的。

公司里最重要的财务预测是它的“现金流”。初创公司的CEO必须清楚自己公司现金流里的每一个数字，千万别想等将来公司做大了，再找个CFO来做财务预测，忽视现金流重要性的公司也许根本就活不到那一天。

预测初创公司的现金流是一份细软活，需要CEO们静下心来仔细做功课。以下三方面的细节将决定初创公司的财务预测(现金流预测)是否合理、真实、可信。

## 一、收入的基本假设

预测收入的逻辑很简单，但需要掌握一些信息：① 产品/服务的定价；② 客户人数。把这二者放在时间的框架中看它们如何增长，这便是“收入的预测”。

### 1. 产品/服务的定价

无论你的公司做的是产品还是服务，都得有基本的定价。假设你生产的是平板电脑：第一步，将零部件加上你希望的利润便得出可能的定价；第二步，和市场上同类产品比较一番，比iPod便宜一些，比山寨机昂贵一些，最后定价就出来了。如果计算出来后发现这个价格比生产成本还低，那生意就没法做，这里面肯定存在严重的问题。

### 2. 客户人数

对于初创公司来说，什么时候进来第一个客户，客户人数到底有多少，这都是令人头痛和迷茫的问题。计算客户人数，万万不可使用“市场占有率”之类的百分比，因为初创公司是小本经营，得精打细算。

仍以一家MP3播放器公司为例：如果用分销的方法去销售，就不妨向分销商打听，成熟的分销商可以不费吹灰之力地告诉你，他每月大概可以给你卖出多少MP3播放器；如果采取直销，那你必须考虑广告投放。

### 3. 时间框架

有了产品/服务定价和客户人数的假设之后，再把它们放进一个时间框架里去。一般来说，投资人会要求你做3～5年的预测。

初创公司的财务预测最忌讳按“年”来计算，而必须要用“月”来计算。

一旦把数字化整为零按月来计算，无论收入还是支出的预测，都会立刻让你对财务预测比较有感觉和把握。比如你需要3个月时间设计开发产品，外加3个月时间测试、改进、量产，然后正式投放市场，所以，公司收入最早也要在第7个月实现。也许分销商还有90天的账期，这样的话，收到钱可能要到第10个月。接下来第11个月，收入应该有所增长，第12个月，收入继续增长。按月来做预测，相对会精准许多，因为30天以内能做的事情，还是可以比较容易测算出来的，而如果按年来算，往往只能信口开河地瞎报数字。按月做出来的财务预测不仅可以拿出来和投资人讨论细节，令其信服，更重要的是，还可以用它来对照和指导你每个月的日常运营。

## 二、成本

计算成本很容易，这里简单地叙述一下需要计算哪些成本。

(1) 固定成本：人员工资、房租、保险、职工福利费、办公费等。

(2) 可变成本：原材料、包装、运输、直接人工成本等。

(3) 销售成本：广告、销售、客户服务的成本。

(4) 设备投入：装修、办公家具、电脑、服务器、生产设备等。

和收入一样，成本也是在时间框架里一点点发生的。如果你将成本细化到每个月，马上就会发现很多成本并不是在公司开张那天一次性付出的。比如你预计需要30台服务器，但是它们并不需要第一天就全部到位，而是随着网站流量的增加一台台增加的，说不定要到第2年、第3年的时候才会达到30台服务器的需求，而那时候公司的收入也许早就实现了！

## 三、分析和调整

留心找到"收支平衡点"，把收支平衡点之前所有的费用加在一起，就得出了你需要为初创公司准备的资金数目。如果有投资人问你需要多少钱，那就自信地给他这个数字吧，你再也不必支支吾吾、模棱两可了。

此外，你还需要检查主要数据之间的关系和比率，确保能从财务预测的数据中看到初创公司的业务是健康和合理的，必要时还需要调整、平衡收入和成本之间的关键比率。当然，调整的原则依然是回到每月的原始数据里去分析它们的准确性和合理性。

(1) 毛利率。随着时间的延伸和业务扩展，初创公司的毛利率可能会从10%增加到60%，甚至更高，这就是公司的生命力所在。

(2) 营业利润率。初创公司管理成本是相对固定的，随着收入的增长，它占总成本的比例会越来越小，营业利润率便会大大提高。

(3) 增长率和规模。有了财务预测表，初创公司的年增长率也一目了然，你可以看看公司什么时候能达到创业板IPO的标准，公司是否对投资人、股民具有吸引力。

初创公司的财务预测不是一成不变的，每个月都应该进行仔细地对照和监控，并根据运营情况进行相应调整，使之符合现实并更加优化。如果实际情况和预测总是相去甚远，一定要及时找出原因，使情况迅速好转，否则就应该当机立断，停下来重新考虑公司未来的策略。

建议初创公司做两份预测：一份是以上所说的"保守"预测，这样你能对公司的底线做到心中有数；另一份是"乐观"预测，看看在理想的情况下，你是否能够做得更快、更好，"乐观"预测会给你带来无限的工作动力！

初创公司财务预测的关键是对公司未来收入做比较现实的假设。有了它，你再也不会浑浑噩噩地做一天和尚撞一天钟，就像是给了你一双火眼金睛，让你看清每一天的任务细节和自己必须踏出的每一个脚印。

## 案例分析

### 准确预测现金流

如果企业能够准确预测现金流，就可以保证充足的流动性，将投资收益最大化，借款成本最小化，获得新的信用额度，管理货币汇率风险，并预测财务风险。反之，若现金流预测不准确，企业就会在市场竞争以及与银行和其他商业伙伴的合作方面处于不利地位。

“错误的利润预测会导致企业在资本市场受到打击，看到这一点，就很容易理解为什么财务预测对于首席执行官和首席财务官来说非常重要。”财务及商业咨询公司 Parson Consulting 的业务主管霍尔说。

预测是一项特别困难的任务，但借助新的科技手段和改良后的模型技术，并督促各个业务部门及时提供全面的数据，企业可以准确地预测现金流，并且精益求精。由于预测所涉及的各种因素完全取决于每个企业具体的业务流程和现金周期，所以没有一种预测方法可以适用于所有的企业。不过，大部分企业的预测目的相似，面临的问题也具有一定的共性，了解并掌握各种各样的预测方法，可以组建一个有用的方案库供企业备选。

**1. 受不可控因素影响的企业的现金预测**

在变化无常的行业中进行现金预测尤为复杂，例如能源行业中的集团公司。安特吉公司是一个能源集团企业，每年的营业收入达到 90 亿美元，公司要预测在长达 5 年的时间里，包括从汇率波动到天气变化在内的各种因素。

“公司进行这项预测的目的有两方面。第一，意外停产所造成的即时现金需求和其他开支，必须通过投资短期欧元和商业票据来解决。”现金经理迈尔斯(Steve Myers)说，“第二，公司长期的运作目标，比如收购、支付股东红利、回购股票等，要求公司利用长期的投资工具管理现金，以达到在低风险的前提下提高现金收益的目的。”

对于短期目标，公司的资金部门为公用事业部门准备了一个为期 90 天的滚动现金预算计划，以确定短期投资战略，并为公司的流动资金需求提供充足的准备。为了提高准确性，资金部门确定了诸如采购燃料、纳税、支付红利等经常发生的支付项目，同时确定如购买债券和回购等一次性的大宗支付。各业务部门每周通过电子邮件或者企业内部网邮件，向资金部门提供必要的数据，资金部门每周更新一次现金预测数字，提供最新的信息。

除了短期预测，安特吉公司的公用事业财务部门利用咨询公司 Utilities International Inc. 提供的财务计划模型，做出了一个 5 年预测报告。这份报告为公司提供了全面的财务状况预测，公司可以据此决定是否需要长期的债务融资。财务部每月与业务部协作，将最新的数据输入到模型中，提供最新预测结果。

**2. 业务多元化的企业的现金预测**

业务多元化或者运营周期性强的公司可能无法做出长期的现金预测。与安特吉公司的5年计划相反，Gehr Enterprises的预测时间不超过1年。Gehr是一个多元化的跨国公司，涉足制造业、批发分销、高科技设备销售，同时经营商业和住宅房地产。“一般情况下，如果预测的时间比业务经营的现金周期长，预测的准确性就会降低。”公司副总裁兼首席财务官利夫希兹(David Lifschitz)说，“超过了这个周期，预测更多的是假定条件下的主观猜测——尽管这种猜测有时也很有见地。但就我们的情况而言，虽然一些预测长达12个月，但是超过60天，预测的准确程度就降低了。”

Gehr的一些分支机构面对的市场周期性非常强，而另一些分支机构的市场则比较稳定、有规律。“因此，我们利用预测来避免流动资金波动对公司带来的不良影响。”David Lifschitz说，“现金预测的难易程度与行业和市场的波动性和周期性有关。比如，对大型零售商的应收账款回收受制于消费者的周期性需求，而长期生产合同货款或者房地产的租金回收就有规律得多了。”

**3. 提供专业服务的企业的现金预测**

专业服务公司的产品线之间通常联系紧密，但他们的业务周期比制造业的企业更难以预测。“一般情况下，我们的业务在第一和第四季度有增长，在夏季下滑，但除此之外，在其他的时间里都很不确定。”评估咨询公司Avail Consulting LLC的首席财务官洛根(Mary Logan)如是说，“因为我们的业务取决于客户的购买和支付周期，所以要预测现金流常常并不容易。”

企业可以建立准确的模型来提高预测应收账款和费用的准确性。不过这个办法能否有效，很大程度上取决于企业各个职能部门和业务单元能否提供完整的数据支持。首席财务官、资金管理人员和财务分析人员抱怨，由于各个业务单元不能及时地提供准确全面的信息，他们的预测工作常常大打折扣。

Avail咨询公司负责销售和客户服务的每个经理和主管，每周都要与洛根以及公司的首席执行官开一次会，以检查各项机会、建议及销售信息的渠道是否通畅无阻。会议记录将在公司内部传阅，从而对与会人员形成一种无形的压力，促使他们保证信息的及时性和准确性。

公司要求各个部门都提交一份现金流预测报告，从而避免因这些部门不提供必要的信息而对整体预测造成影响。“每个部门提交的年度现金流报告是整个公司年度预算报告的一部分。在每个季度的预测过程中，他们还必须根据要求更新提交的报告。”

每个分支机构的总裁都要为现金流的预测负责，他们可以得到准备这些预测报告的财务经理的支持。预测报告提交到公司总部进行合并。这些分支机构的总裁和他们各自的财务总监都有责任将季度的业绩做到与预测报告相符。

如果一整年的结果都超过或者低于预测的数字，他们的奖金就要受到影响了。

销售主管负责长期的销售预测，销售与运营经理则负责对短期预测进行日常更新和维护。负责赊销的经理和分支机构的财务总监负责监测应收账款账户和更新预测数字。采购主管则负责预测采购与库存数字。

现金流预测常常游离于企业的整体计划和预测之外。所有的预测都必须考虑损益表、资产负债表和现金流量预测表。但很多预测者在预测时只关注费用或者收入，较少关注其他要素。现金预测必须考虑四个层面：即期现金流（每日到每周）、经营性现金流（每月到每季）、策略性现金流（每年）以及战略性现金流（1年以上）。在这四个层面中，较长期的现金预测必须综合考虑公司计划有哪些资本投资和收购项目，公司期望的运营回报有多高。但短期预测方面，综合的概念却被忽略了。企业可以将每日的现金存量输入模型中，提高整体预测能力，从而达到更高的整合度。

即使是最好的预测系统，都不可能预知行业特有的风险和市场的波动。不过，安特吉公司虽然处于一个受天气影响较大的行业中，却能够准确地进行短期和长期现金预测，并且把两种预测整合到更广泛的业务目标当中，这一点，让那些更容易预判到未来挑战的公司看到了希望。

（资料来源　温素彬：《管理会计》，机械工业出版社，2008年。）

**讨论题：**

1. 为什么说预测是一项特别困难的任务？
2. 如何将预测与企业整体目标相结合？

## 思考题

1. 什么是财务计划？如何编制财务计划？
2. 为什么要进行财务预测？如何进行财务预测？
3. 什么是内含增长率？如何估算公司的内含增长率？
4. 什么是可持续增长率？与实际增长率有何区别与联系？

## 习　题

1. 已知：某公司20×1年销售收入为40 000万元，税后净利润2 000万元，发放了股利1 000万元，20×1年12月31日的资产负债表（简表）如下：

资产负债表(简表)

20×1 年 12 月 31 日　　万元

| 资产 | 期末余额 | 负债及所有者权益 | 期末余额 |
|---|---|---|---|
| 货币资金 | 1 000 | 应付账款 | 3 000 |
| 交易性金融资产 | 1 000 | 短期借款 | 1 000 |
| 应收账款 | 3 000 | 长期借款 | 9 000 |
| 存货 | 7 000 | 普通股股本 | 1 000 |
| 固定资产 | 7 000 | 资本公积 | 5 500 |
| 可供出售金融资产 | 1 000 | 留存收益 | 500 |
| 资产总计 | 20 000 | 负债与所有者权益合计 | 20 000 |

假设货币资金均为经营资产，预计该公司 20×2 年销售增长 30%，销售净利率提高 10%，股利支付率保持不变。要求：预测该公司在不保留金融资产情况下的外部融资需求额。

2. 某公司上年销售收入为 3 000 万元，本年计划销售收入 4 000 万元，销售增长率为 33.33%，假设经营资产销售增长比为 66.67%，经营负债销售增长比为 6.17%，且二者保持不变，可动用的金融资产为 0，预计销售净利率为 4.5%，预计股利支付率为 30%。

要求：

(1) 计算外部融资销售增长比。

(2) 计算外部融资额。

(3) 如果销售增长 500 万元(即销售增长率为 16.7%)，计算外部融资销售增长比和外部融资额。

3. A 公司 20×1 年财务报表主要数据如下：

**A 公司 20×1 年财务报表**　　万元

| 项目 | 20×1 年 |
|---|---|
| 销售收入 | 3 200 |
| 净利润 | 160 |
| 本期分配股利 | 48 |
| 本期留存利润 | 112 |
| 流动资产 | 2 552 |
| 固定资产 | 1 800 |
| 资产总计 | 4 352 |
| 流动负债 | 1 200 |
| 长期负债 | 800 |

续表

| 项目 | 20×1 年 |
| --- | --- |
| 负债合计 | 2 000 |
| 实收资本 | 1 600 |
| 期末未分配利润 | 752 |
| 所有者权益合计 | 2 352 |
| 负债及所有者权益总计 | 4 352 |

假设A公司资产均为经营性资产，流动负债为经营负债，长期负债为金融负债，不变的销售净利率可以涵盖增加的负债利息。A公司20×2年的增长策略有两种选择：

(1) 高速增长：销售增长率为20%。为了筹集高速增长所需的资金，公司拟提高财务杠杆，在保持20×1年的销售净利率、资产周转率和收益留存率不变的情况下，将权益乘数(总资产/所有者权益)提高到2。

(2) 可持续增长：维持目前的经营效率和财务政策，不增发新股。

要求：

(1) 假设A公司20×2年选择高速增长策略，请预计20×2年财务报表的主要数据(具体项目同上表，答案填入给定的表格内)，并计算确定20×2年所需的外部筹资额及其构成。

(2) 假设A公司20×2年选择可持续增长策略，请计算确定20×2年所需的外部筹资额及其构成。

# 5 融资决策

**学习目标**

1. 掌握股票、债券发行价格和融资租赁租金的计算。
2. 理解各种筹资方式的优缺点。
3. 了解权益资金、负债资金筹集的各种方式。
4. 了解初创企业天使投资的融资方式。

## (一) 洛克菲勒借款给梅里特

德国人梅里特兄弟移居美国后,发现了铁矿,就秘密行动,购买土地,成立了铁矿公司。洛克菲勒也发现了这个铁矿,但梅里特兄弟抢得先机,洛克菲勒只好等待时机。也有人出价500万美元,希望受让该铁矿,梅里特兄弟没有同意。

1883年,美国发生经济危机,梅里特兄弟的铁矿也发生资金周转困难的问题。这时,来了一位牧师,承诺借款42万美元,并立下字据:"今有梅里特兄弟借到考尔贷款42万美元整,特立此为证。"

半年后,牧师再次来到,说:"债权人是洛克菲勒,现在需要马上收回贷款。"

"考尔贷款"是一种债权人可以随时收回的低利息贷款,债务人如果不能按照债权人的要求还款,只有宣布破产。

这样,梅里特兄弟只好宣布破产,出售资产,价格52万美元,买主就是洛克菲勒。

1901年,洛克菲勒将该铁矿转让,转让价格7 500万美元。

**【点评】** 资金需求方要讲诚信,资金供给方也要讲诚信。债务融资要讲诚信,股本融资也要讲诚信。

## （二）美国地方之间的引资竞争

1993年，奔驰汽车公司宣布将在美国选定一投资地点建设一家汽车装配工厂，投资3亿美元。有20多个州表示对该项目感兴趣，它们各有所长，纷纷推出优惠措施。其中，南卡罗来纳州的优惠措施为：第一，在一定时期内免交财产税、公司税；第二，承担2 000名工人的个人培训费；第三，政府负责征用土地（搬迁100多个家庭的费用），将土地租给公司使用，租金1美元；第四，出资6 000万美元修建机场；第五，投资500万美元修建展览中心；第六，政府和公共事业部门大量购买该厂生产的汽车。

人们普遍看好南卡罗来纳州，因为奔驰公司已经在该州建立了一家载重卡车生产线，且该州还提出投资3 500万美元建立一个培训中心。

奔驰公司向南卡罗来纳州提出的要求是，该州替公司支付1 500个工人1年的工资，总额为4 500万美元。南卡罗来纳州拒绝了奔驰公司的要求。

奔驰公司最后选择了美国最落后的亚拉巴马州，该州的优惠条件是提供总价值3亿美元的巨额税收优惠计划。

**【点评】** 融资能够使交易双方都获得利益，但互利不等于利益的平均分配，同时风险需双方共同分担。项目融资的风险可以由项目发起人、工程承包商、材料供应商、设备供应商、项目产品买主或使用者、债权人来承担。

资金是企业进行生产经营活动的必要条件。企业设立，开展日常生产经营业务，购置设备、材料等生产要素，都需要一定数量的生产经营资金；企业扩大生产规模、开发新产品、提高技术水平，更要追加投资。筹集资金是企业资金运动的起点，是决定资金运动规模和生产经营发展程度的重要环节。通过一定的资金渠道，采取一定的筹资方式，组织资金的供应，保证企业生产经营活动的需要，是企业财务管理的一项重要内容。

## 5.1 企业筹资概述

### 5.1.1 企业筹资的概念

企业筹资是指企业作为筹资主体，根据其生产经营、对外投资和调整资本结构等需要，采取适当的方式，获取所需资金的一种行为。资金是企业生存和发展的必要条件。筹集资金既是保证企业正常生产经营的前提，又是谋求企业发展的基础。筹资工作做得好，不仅能降低资本成本，给经营或投资创造较大的可行或有利的空间，而且能降低财务风险，增大企业经济效益。筹集资金是企业资金运动的起点，它会影响乃至决定企业资金运动的规模及效果。企业的经营管理者必须把握企业何时需要资金、需要多少资金、以何种合理的方式取得资金。

### 5.1.2 企业筹资的来源与方式

**1. 企业筹资的来源**

企业资金的来源有两个方面：① 由投资人提供的，称为所有者权益，这部分资金称为权益资金；② 由债权人提供的，称为负债，这部分资金称为负债资金。

**2. 企业筹资的方式**

企业筹资的方式是指企业筹措资金采用的具体形式，主要有以下六种：

(1) 吸收直接投资。

(2) 发行股票。

(3) 发行债券。

(4) 融资租赁。

(5) 银行借款。

(6) 商业信用。

以上这些筹资方式，将在 5.2 和 5.3 节做详细介绍。

### 5.1.3 筹资的基本原则

采取一定的筹资方式有效地组织资金供应，是一项重要而复杂的工作。为此，企业筹集资金应遵循以下基本原则。

**1. 合理性原则**

不论采取什么方式筹资，都必须预先合理确定资金的需要量，以需定筹。既要防止筹资不足，影响生产经营的正常进行，又要防止筹资过多，造成资金闲置。

**2. 及时性原则**

按照资金时间价值的原理，同等数量的资金，在不同时点上具有不同的价值。企业筹集资金应根据资金投放使用时间来合理安排，使筹资和用资在时间上相衔接。既要避免过早筹资使资金过早到位而形成资金投放前的闲置，又要避免资金到位滞后而丧失资金投放的最佳时机。

**3. 效益性原则**

不同资金来源的资本成本各不相同，取得资金的难易程度也有差异。筹集资金应从资金需要的实际情况出发，采用合适的方式操作，降低成本，谋求最大的经济效益。

**4. 优化资金结构原则**

企业的自有资金和借入资金要有合适的比例，长期资金和短期资金也应比例适当。资金筹集应注意这两方面的内容，使企业减少财务风险，优化资金结构。

## 5.2 权益资金的筹集

企业的全部资产由两部分构成：投资人提供的所有者权益和债权人提供的负债。所有者权益是企业资金的最主要来源，是企业筹集债务资金的前提与基础。所有者权益是指投资人对企业净资产的所有权，包括投资者投入企业的资本金及企业在经营过程中形成的积累，如盈余公积金、资本公积金和未分配利润等。资本金是企业在工商行政管理部门登记的注册资金，是企业设立时的启动资金，资本金的数额不能低于国家规定的开办此类企业的最低资本数额(法定资本金)。企业通过吸收直接投资、发行股票、内部积累等方式筹集的资金都称为权益资金，权益资金不用还本，因而也称之为自有资金或主权资金。

### 5.2.1 吸收直接投资

吸收直接投资是指非股份制企业按照“共同投资、共同经营、共担风险、共享利润”的原则直接吸收国家、法人、个人、外商投入资金的一种筹资方式。吸收直接投资不以股票为媒介，无需公开发行证券。吸收直接投资中的出资者都是企业的所有者，他们对企业拥有经营管理权，并按出资比例分享利润、承担损失。

**1. 吸收直接投资的渠道**

企业通过吸收直接投资方式筹集资金有以下四种渠道。

(1) 吸收国家投资

吸收国家投资是指有权代表国家投资的政府部门或者机构以国有资产投入企业，由此形成国家资本金。

(2) 吸收法人投资

法人投资是指其他企业、事业单位以其可支配的资产投入企业，由此形成法人资本金。

(3) 吸收个人投资

个人投资是指城乡居民或本企业内部职工以其个人合法财产投入企业，形成个人资本金。

(4) 吸收外商投资

外商投资是指外国投资者或我国港澳台地区投资者的资金投入企业，形成外商资本金。

**2. 吸收直接投资的出资方式**

吸收直接投资中的投资者可采用现金、实物、无形资产等多种形式出资，主要出资方式有以下几种。

(1) 现金投资

现金投资是吸收直接投资中最重要的出资形式。企业有了现金，就可获取所需物资、支付各种费用，具有最大的灵活性。因此，企业要争取投资者尽可能采用现金方式出资。

(2) 实物投资

实物投资是指以房屋、建筑物、设备等固定资产和原材料、商品等流动资产所进行的投资。实物投资应符合以下条件：①适合企业生产经营、科研开发等的需要；②技术性能良好;③作价公平合理;④实物不能涉及抵押、担保、诉讼冻结。投资实物的作价,除由出资各方协商确定外,也可聘请各方都同意的专业资产评估机构评估确定。

(3) 无形资产投资

无形资产投资是指以商标权、专利权、非专利技术、知识产权、土地使用权等所进行的投资。企业在吸收无形资产投资时应持谨慎态度,避免吸收短期内会贬值的无形资产和对本企业利益不大及不适宜的无形资产。此外还应注意符合法定比例,即吸收无形资产的出资额一般不能超过注册资本的20%(不包括土地使用权),对于高新技术等特殊行业,经有关部门审批最高放宽至30%。

**3. 吸收直接投资的程序**

企业吸收直接投资,一般要遵循一定的程序:

(1) 确定吸收直接投资所需的资金数量。企业新建或扩大经营规模时,应先确定资金的总需要量及理想的资本结构,然后据以确定吸收直接投资所需的资金数量。

(2) 寻求投资单位,商定投资数额和出资方式。吸收直接投资中的双方是双向选择的结果。受资单位要选择相宜的投资者,投资单位要选择收益理想或对自身发展有利的受资者。为此,要做好信息交流工作,企业既要广泛了解有关投资者的财力和意向,又要主动传递自身的经营状况和盈利能力,以利于在较多的投资者中寻求最好的合作者。投资单位确定后,双方便可进行具体的协商,确定投资数额和出资方式,落实现金出资计划及实物、无形资产的评估作价。

(3) 签署投资协议。企业与投资者商定投资意向和具体条件后,便可签署投资协议,明确双方的权利和责任。

(4) 执行投资协议。企业与投资者按协议约定,做好投资交接及有关手续,并在以后确保投资者参与经营管理的权利及盈利分配权利。

**4. 吸收直接投资的优缺点**

(1) 吸收直接投资的优点

① 筹资方式简便、筹资速度快。吸收直接投资的双方直接接触磋商,没有中间环节。只要双方协商一致,筹资即可成功。

② 有利于增强企业信誉。吸收直接投资所筹集的资金属于自有资金,与借入资金相比能提高企业的信誉和借款能力。

③ 有利于尽快形成生产能力。吸收直接投资可直接获得现金、先进设备和先进技术,与通过有价证券间接筹资比较,能尽快地形成生产能力并开拓市场。

④ 有利于降低财务风险。吸收直接投资可以根据企业的经营状况向投资者支付报酬,没有固定的财务负担,比较灵活,所以财务风险较小。

(2) 吸收直接投资的缺点

① 资金成本较高。企业向投资者支付的报酬是根据企业实现的净利润和投资者的出资额计算的,不能减免企业所得税,当企业盈利丰厚时,企业向投资者支付的报酬很高。

② 企业控制权分散。参与直接投资的新投资者享有企业经营管理权，这会造成原有投资者控制权的分散与减弱。

### 5.2.2 发行股票

股票是股份公司为筹集主权资金而发行的有价证券，是持股人拥有公司股份的凭证，它表示了持股人在股份公司中拥有的权利和应承担的义务。

按股东权利和义务的不同，股票有普通股和优先股之分。

**1. 普通股筹资**

普通股是股份公司发行的具有管理权而股利不固定的股票，是股份制企业筹集权益资金的最主要方式。

1) 普通股的特点

(1) 普通股股东对公司有经营管理权。

(2) 普通股股东对公司有盈利分享权。

(3) 普通股股东有优先认股权。

(4) 普通股股东有剩余财产要求权。

(5) 普通股股东有股票转让权。

2) 普通股的发行价格

普通股的发行价格可以按照不同情况采取两种办法确定：一是按票面金额等价发行；二是按高于票面金额的价格发行，即溢价发行。

公司始发股的发行价格与票面金额通常是一致的，增发新股的发行价格则需根据公司盈利能力和资产增值水平加以确定，主要有以下三种计算方式。

(1) 以未来股利计算

$$每股价格=\frac{预期股利}{利息率}=\frac{票面价值\times股利率}{利息率}$$

公式中的利息率最好使用金融市场平均利率，也可用投资者的期望报酬率。

(2) 以市盈率计算

$$每股价格=每股税后利润\times合适的市盈率$$

(3) 以资产净值计算

$$每股价格=\frac{资产总额-负债总额}{普通股总股数}=\frac{所有者权益总额}{普通股总股数}$$

不论用以上三种方法中的哪一种，如果计算得到的结果低于股票面值，那么股票的发行价格就取股票面值。

3) 普通股筹资的优缺点

(1) 普通股筹资的优点

① 能增加股份公司的信誉。普通股筹资能增加股份公司主权资金的比重，较多的主权资金为债务人提供了较大的偿债保障，这有助于增加公司的信誉和举债能力。

② 能减少股份公司的风险。普通股既无到期日，又无固定的股利负担，因此不存在不能偿付的风险。

③ 能增强公司经营的灵活性。普通股筹资比发行优先股或债券限制少,它的价值较少因通货膨胀而贬值,普通股资金的筹集和使用都较为灵活。

(2) 普通股筹资的缺点

① 资金成本较高。发行普通股的资金成本一般高于债务资金,一是因为普通股股东期望报酬高,二是因为股利要从税后净利润中支付,且发行费用也高于其他证券。

② 新股东的增加导致原股东对公司控股权的分散和削弱。

③ 有可能降低原股东的收益水平。

**2. 优先股筹资**

优先股是股份公司发行的具有一定优先权的股票。它既具有普通股的某些特征,又与债券有相似之处。从法律上讲,企业对优先股不承担还本义务,因此它是企业自有资金的一部分。

1) 优先股的特点

优先股较普通股有某些优先权利,同时也有一定限制,其“优先”表现在两方面:

(1) 优先分配股利权。优先股股利的分配在普通股之前,其股利率是固定的。

(2) 优先分配剩余财产权。当企业清算时,优先股的剩余财产请求权位于债权人之后,但位于普通股之前。

2) 优先股筹资的优缺点

(1) 优先股筹资的优点

① 没有固定的到期日,不用偿还本金。

② 股利支付率虽然固定,但无约定性。当公司财务状况不佳时,也可暂不支付,不像债券到期无力偿还本息就有破产风险。

③ 优先股属于自有资金,既能增强公司信誉及借款能力,又能保持原普通股股东的控制权。

(2) 优先股筹资的缺点

① 资金成本高,优先股股利要从税后利润中支付,股利支付虽无约定性且可以延时,但终究是一种较重的财务负担。

② 优先股较普通股限制条款多。

### 5.2.3 留存收益

留存收益也是权益资金的一种,是指企业的盈余公积、未分配利润等。与其他权益资金相比,留存收益的取得更为简便,无须进行筹资活动,又无筹资费用,因此这种筹资方式既节约了成本,又增强了企业的信誉。留存收益的实质是投资者对企业的再投资,但这种筹资方式受制于企业盈利的多寡及企业的分配政策。

### 5.2.4 天使投资

**1. 天使投资的含义**

天使投资(Angel Investment)是权益资本投资的一种形式,是指富有的个人出资协助具有专门技术或独特概念的原创项目或小型初创企业进行的一次性前期投资。它是风险投资的一种形式，根据天使投资人的投资数量以及对被投资企业可能提供的综合资源进行投资。

**2. 天使投资的特征**

天使投资实际上是风险投资的一种特殊形式，对于高风险、高收益的初创企业来说是第一笔投资。一般来说，一个公司从初创到稳定成长期，需要进行三轮投资：第一轮投资大多是来自个人的天使投资，作为公司的启动资金；第二轮投资往往会有风险投资机构进入，为产品的市场化注入资金；第三轮投资则基本是上市前的融资，来自于大型风险投资机构或私募基金。

对此，投资专家有一个比喻：如果对一个学生投资，私募股权投资着眼于大学生，风险投资机构青睐中学生，而天使投资者则培育萌芽阶段的小学生。

虽然天使投资对回报的期望值并不是很高，但是 10 到 20 倍的回报才足够吸引他们，这是因为他们决定出手投资时，往往在一个行业同时投资 10 个项目，最终只有一两个项目可能获得成功。因为只有用这种方式，天使投资人才能分担风险。天使投资的特征如下：

(1) 天使投资的金额一般较小，而且是一次性投入，对风险企业的审查也并不严格。它更多的是基于投资人的主观判断或者是由个人的好恶所决定的。通常天使投资是个体或者小型的商业行为，并且见好就收。

(2) 很多天使投资人本身是企业家，了解创业者面临的难处。天使投资人是初创公司的最佳融资对象。

(3) 他们不一定是百万富翁或高收入人士。天使投资人可能是您的邻居、家庭成员、朋友、公司伙伴、供货商或任何愿意投资公司的人士。

(4) 天使投资人不但可以带来资金，同时也带来关系网络。如果他们是知名人士，也可提高公司的信誉。

天使投资往往是一种参与性投资，也被称为增值型投资。投资后，天使投资家往往积极参与被投资企业的战略决策和战略设计；为被投资企业提供咨询服务；帮助被投资资企业招聘管理人员；协助公关；设计推出渠道和组织企业推出等。然而，不同的天使投资家对投资后管理的态度不同，一些天使投资家积极参与投资后管理，而另一些天使投资家则不然。

**3. 天使投资与风险投资的区别**

天使投资是自由投资者或非正式风险投资机构，对原创项目构思或小型初创企业进行的一次性前期投资。天使投资虽是风险投资的一种，但两者有着较大差别。天使投资是一种非组织化的创业投资形式，其资金来源大多是民间资本，而非专业的风险投资商。

天使投资的门槛较低，有时即便是一个创业构思，只要有发展潜力，就能获得资金，而风险投资一般对这些尚未诞生或嗷嗷待哺的"婴儿"兴趣不大。对刚刚起步的创业者来说，既吃不了银行贷款的"大米饭"，又沾不了风险投资"维生素"的光，在这种情况下，只能靠天使投资的"婴儿奶粉"来吸收营养并茁壮成长。

**4. 天使投资的种类**

根据美国资本主义的情况,一般规定天使投资人的总资产在100万美元以上或者年收入在20～30万美元。依据项目投资量的大小可以参考选择天使投资的种类,主要包括:

(1) 支票天使:他们相对缺乏企业经验,仅仅出资,而且投资额较小,每个投资案约1～2.5万美元。

(2) 增值天使:他们较有经验并参与被投资企业的运作,投资额也较大,约5～25万美元。

(3) 超级天使:他们往往是具有成功经验的企业家,对新企业提供独到的支持,每个投资案的投资额相对较大,在10万美元以上。

## 5.3 负债资金的筹集

负债是企业所承担的能以货币计量、需以资产或劳务偿付的债务。企业通过银行借款、发行债券、融资租赁、商业信用等方式筹集的资金属于企业的负债。由于负债要归还本金和利息,因而称为企业的借入资金或债务资金。

### 5.3.1 银行借款

银行借款是指企业根据借款合同向银行或非银行金融机构借入的需要还本付息的款项。

**1. 银行借款的种类**

(1) 按借款期限长短分

按借款期限长短,银行借款可分为短期借款和长期借款。短期借款是指借款期限在1年以内的借款;长期借款是指借款期限在1年以上的借款。

(2) 按借款担保条件分

按借款担保条件,银行借款可分为信用借款、担保借款和票据贴现。

(3) 按借款用途分

按借款用途,银行借款可分为基本建设借款、专项借款和流动资金借款。

(4) 按提供贷款的机构分

按提供贷款的机构,银行借款可分为政策性银行贷款和商业性银行贷款。

**2. 银行借款的程序**

(1) 企业提出借款申请

企业要向银行借入资金,必须向银行提出申请,填写包括借款金额、借款用途、偿还能力、还款方式等内容的"借款申请书",并提供有关资料。

(2) 银行进行审查

银行对企业的借款申请要从企业的信用等级、基本财务情况、投资项目的经济效益、偿债能力等多方面做必要的审查,以决定是否提供贷款。

(3) 签订借款合同

借款合同是规定借款单位和银行双方的权利、义务和经济责任的法律文件。借款合同包括基本条款、保证条款、违约条款及其他附属条款等内容。

(4) 企业取得借款

双方签订借款合同后,银行应如期向企业发放贷款。

(5) 企业归还借款

企业应按借款合同规定按时足额归还借款本息。如因故不能按期归还,应在借款到期之前的 3~5 天内,提出展期申请,由贷款银行审定是否给予展期。

**3. 银行借款的信用条件**

向银行借款往往附带一些信用条件。

(1) 补偿性余额

补偿性余额是银行要求借款企业在银行中保留一定数额的存款余额,约为借款额的 10%~20%,其目的是降低银行贷款风险,但对借款企业来说,加重了利息负担。

**【例 5-1】** 某企业按年利率 9%向银行借款 100 万元,补偿性余额比例 10%。

要求:计算企业实际借款利率。

**解**

$$\text{企业实际借款利率}=\frac{\text{名义利率}}{1-\text{补偿性余额利率}}=\frac{9\%}{1-10\%}=10\%$$

(2) 信贷额度

信贷额度是借款企业与银行在协议中规定的借款最高限额。在信贷额度内,企业可以随时按需要支用借款。但如协议是非正式的,则银行并无必须按最高借款限额保证贷款的法律义务。

(3) 周转信贷协议

周转信贷协议是银行具有法律义务的承诺提供不超过某一最高限额的贷款协议。企业享用周转信贷协议,要对贷款限额中的未使用部分付给银行一笔承诺费。

**【例 5-2】** 某企业与银行商定的周转信贷额度为 2 000 万元,承诺费为 1%,该企业年度内实际借款额为 1 600 万元。

要求:计算该企业应向银行支付的承诺费。

**解**

$$\text{应付承诺费}=(2\,000-1\,600)\times 1\%=4(\text{万元})$$

**4. 银行借款的优缺点**

1) 银行借款的优点

(1) 筹资速度快。与发行证券相比,银行借款不需印刷证券、报请批准等,一般所需时间短,可以较快满足资金的需要。

(2) 筹资成本低。与发行债券相比,银行借款利率较低,且不需支付发行费用。

(3) 借款灵活性大。企业与银行可以直接接触,商谈借款金额、期限和利率等具体条款,借款后如情况变化可再次协商。到期还款有困难,如能取得银行谅解,也可延期归还。

2) 银行借款的缺点

(1) 筹资数额往往不可能很大。

(2) 银行会提出对企业不利的限制条款。

### 5.3.2 发行债券

债券是企业依照法定程序发行的、承诺按一定利率定期支付利息,并到期偿还本金的有价证券,是持券人拥有公司债权的凭证。

**1. 债券的种类**

(1) 按发行主体分类

按发行主体,债券可分为政府债券、金融债券和企业债券。

政府债券是由中央政府或地方政府发行的债券。政府债券风险小、流动性强。

金融债券是银行或其他金融机构发行的债券。金融债券风险不大、流动性较强、利率较高。

企业债券是由各类企业发行的债券。企业债券风险较大、利率较高、流动性差别较大。

(2) 按有无抵押担保分类

按有无抵押担保,债券可分为信用债券、抵押债券和担保债券。

信用债券又称无抵押担保债券,是以债券发行者自身的信誉发行的债券。政府债券属于信用债券,信誉良好的企业也可发行信用债券。企业发行信用债券往往有一些限制条件,如不准企业将其财产抵押给其他债权人,不能随意增发企业债券,未清偿债券之前股利不能分得过多等。

抵押债券是指以一定抵押品作抵押而发行的债券。当企业不能偿还债券时,债权人可将抵押品拍卖以获取债券本息。

担保债券是指由一定保证人作担保而发行的债券。当企业没有足够的资金偿还债券时,债权人可以要求保证人偿还。

(3) 按偿还期限分类

按偿还期限,债券可分为短期债券和长期债券。短期债券是指偿还期在1年以内的债券。长期债券是指偿还期在1年以上的债券。

(4) 按是否记名分类

按是否记名,债券可分为记名债券和无记名债券。

(5) 按计息标准分类

按计息标准,债券可分为固定利率债券和浮动利率债券。

(6) 按是否标明利息率分类

按是否标明利息率,债券可分为有息债券和贴现债券。

(7) 按是否可转换成普通股分类

按是否可转换成普通股,债券可分为可转换债券和不可转换债券。

**2. 债券的发行**

国有企业、股份公司、有限责任公司只要具备发行债券的条件,都可以依法申请发行债券。

1) 发行方式

债券的发行方式有委托发行和自行发行两种。委托发行是指企业委托银行或其他金融机构承销全部债券,并按总面额的一定比例支付手续费。自行发行是指债券发行企业不经过金融机构直接把债券配售给投资单位或个人。

2) 发行债券的要素

(1) 债券的面值。债券面值包括两个基本内容:币种和票面金额。币种可以是本国货币,也可以是外国货币,这取决于债券发行的地区及对象。票面金额是债券到期时偿还本金的金额。票面金额印在债券上,固定不变,到期必须足额偿还。

(2) 债券的期限。债券从发行之日起至到期日之间的时间称为债券的期限。

(3) 债券的利率。债券上一般都注明年利率,利率有固定的,也有浮动的。面值与利率相乘即为年利息。

(4) 偿还方式。债券的偿还方式有分期付息、到期还本和到期一次还本付息两种。

(5) 发行价格。债券的发行价格有三种:① 按债券面值等价发行,等价发行又称面值发行;② 按低于债券面值折价发行;③ 按高于债券面值溢价发行。

债券之所以会偏离面值发行,是因为债券票面利率与金融市场平均利率不一致。如果债券利率大于市场利率,则由于未来利息多计,导致债券内在价值大而应采用溢价发行。如果债券利率小于市场利率,则由于未来利息少计,导致债券内在价值小而应采用折价发行。这基于债券发行价格应该与它的价值贴近的原理。债券溢价、折价可依据资金时间价值原理算出的内在价值确定。

每年末支付利息,到期支付面值的债券,其发行价格计算公式为

$$\text{债券发行价格}=\text{债券面值}\times\text{按市场利率和债券期限计算的现值系数}+\text{债券应付年利息}\times\text{按市场利率和债券期限计算的年金现值系数}$$

到期一次还本付息的债券,其发行价格计算公式为

$$\text{债券发行价格}=\text{按票面利率和期限计算债券到期的本利和}\times\text{按市场利率和债券期限计算的现值系数}$$

**【例 5-3】** 某企业通过发行债券筹资,债券面值 500 元,期限 5 年,发行时市场利率为 10%,每年末付息,到期还本。

要求:分别按票面利率为 8%,10%,12%计算债券的发行价格。

**解** 若票面利率为 8%:

$$\begin{aligned}\text{发行价格}&=500\times8\%\times(P/A,10\%,5)+500\times(P/F,10\%,5)\\&=40\times3.7908+500\times0.6209=462.08(\text{元})\end{aligned}$$

若票面利率为10%：

$$\begin{aligned}发行价格&=500\times 10\%\times(P/A,10\%,5)+500\times(P/F,10\%,5)\\&=50\times 3.790\,8+500\times 0.620\,9=500(元)\end{aligned}$$

若票面利率为12%：

$$\begin{aligned}发行价格&=500\times 12\%(P/A,10\%,5)+500\times(P/F,10\%,5)\\&=60\times 3.790\,8+500\times 0.620\,9=537.90(元)\end{aligned}$$

从计算结果可知，上述三种情况分别以折价、等价、溢价发行。此类问题的市场利率是复利年利率，当债券以单利计息，到期一次还本付息时，即使票面利率与市场利率相等，也不应是面值发行。

**【例5-4】** 依例5-3的资料，若改成单利计息，到期一次还本付息，其余不变。

要求：分别按票面利率为8%，10%，12%计算债券的发行价格。

**解** 若票面利率为8%：

$$\begin{aligned}发行价格&=500\times(1+5\times 8\%)\times(P/F,10\%,5)\\&=700\times 0.620\,9=434.63(元)\end{aligned}$$

若票面利率为10%：

$$\begin{aligned}发行价格&=500\times(1+5\times 10\%)\times(P/F,10\%,5)\\&=750\times 0.620\,9=465.68(元)\end{aligned}$$

若票面利率为12%：

$$\begin{aligned}发行价格&=500\times(1+5\times 12\%)\times(P/F,10\%,5)\\&=800\times 0.620\,9=496.72(元)\end{aligned}$$

**3. 债券筹资的优缺点**

1）债券筹资的优点

（1）债券利息作为财务费用在税前列支，而股票的股利需由税后利润发放，利用债券筹资的资金成本较低。

（2）债券持有人无权干涉企业的经营管理，因而不会减弱原有股东对企业的控制权。

（3）债券利率在发行时就确定，如遇通货膨胀，则实际减轻了企业负担；如企业盈利情况好，由财务杠杆作用导致原有投资者获取更大的利益。

2）债券筹资的缺点

（1）筹资风险高。债券筹资有固定到期日，要承担还本付息义务。当企业经营不善时，会减少原有投资者的股利收入，甚至会因不能偿还债务而导致企业破产。

（2）限制条件多。债券持有人为保障债权的安全，往往要在债券合同中签订保护条款，这对企业造成较多约束，影响企业财务的灵活性。

（3）筹资数量有限。债券筹资的数额一般比银行借款大，但它筹集的毕竟是债务资金，不能过多，否则会影响企业信誉，也会因资金结构变差而导致总体资金成本的提高。

### 5.3.3 融资租赁

租赁是承租人向出租人交付租金，出租人在契约或合同规定的期限内将资产的使用权让渡给承租人的一种经济行为。

**1. 租赁的种类**

租赁的种类很多,按租赁的性质可分为经营性租赁和融资性租赁两大类。

1) 经营性租赁

经营性租赁,又称服务性租赁。它是由承租人向出租人交付租金,由出租人向承租人提供资产使用及相关的服务,并在租赁期满时由承租人把资产归还给出租人的租赁。经营性租赁通常为短期租赁,其特点如下:

(1) 资产所有权属于出租人,承租人仅为获取资产使用权,并非为了融资。

(2) 经营租赁是一个可解约的租赁,承租企业在租期内可按规定提出解除租赁合同。

(3) 租赁期短,一般只是租赁物使用寿命期的一小部分。

(4) 出租企业向承租企业提供资产维修、保养及人员培训等服务。

(5) 租赁期满或合同中止时,租赁资产一般归还给出租企业。

2) 融资性租赁

融资性租赁,又称财务租赁、资本租赁。它是承租人为融通资金而向出租人租用由出租人出资按承租人要求购买的租赁物的租赁。它是以融物为形式,融资为实质的经济行为,是出租人为承租人提供信贷的信用业务。融资性租赁通常为长期租赁,其特点如下:

(1) 资产所有权形式上属于出租方,但承租方能实质性地控制该项资产,并有权在承租期内取得该项资产的所有权。承租方应把融资租入资产作为自有资产对待,如要在资产账户上作记录,要计提折旧。

(2) 融资租赁是一种不可解约的租赁,租赁合同比较稳定,在租赁期内,承租人必须连续交纳租金,非经双方同意,中途不得退租。这样既能保证承租人长期使用该项资产,又能保证出租人收回投资并有所得益。

(3) 租赁期长,租赁期一般是租赁资产使用寿命期的绝大部分。

(4) 出租方一般不提供维修、保养等方面的服务。

(5) 租赁期满,承租人可选择留购、续租或退还,通常由承租人留购。

**2. 融资租赁的形式**

融资租赁有直接租赁、售后回租和杠杆租赁三种形式。

(1) 直接租赁

直接租赁是指承租人直接向出租人租入所需要的资产。直接租赁的出租人主要是制造厂商、租赁公司。直接租赁是融资租赁中最为普遍的一种,是融资租赁的典型形式。

(2) 售后回租

售后回租是指承租人先把其拥有主权的资产出售给出租人,然后再将该项资产租回的租赁。这种租赁方式既使承租人通过出售资产获得一笔资金,以改善其财务状况,满足企业对资金的需要,又使承租人通过回租而保留了企业对该项资产的使用权。

(3) 杠杆租赁

杠杆租赁是由资金出借人为出租人提供部分购买资产的资金,再由出租人购入资产租给承租人的租赁。因此,杠杆租赁涉及出租人、承租人和资金出借人三方。从承租人的角度来看,它与其他融资租赁形式并无多大区别。从出租人的角度来看,它只支付购买资产的部分资金(20%～40%),其余部分是向资金出借人借来的。在杠杆租赁方式下,出租人具有三重身份,即资产所有权人、出租人、债务人。出租人既向承租人收取租金,又向借款人偿还本息,其间的差额就是出租人的杠杆收益。从资金出借人的角度来看,它向出租人借出资金是由出租人以租赁物为抵押的,它的债权对出租人没有追索权,但对租赁物有第一留置权。即当承租人不履行支付租金义务时,资金出借人不能向出租人追索债务,但可向法院申请执行其担保物权。该项租赁物被清偿的所得,首先用以清偿资金出借人的债务,如有剩余再给出租人。

**3. 融资租赁的程序**

(1) 做出租赁决策

当企业需要长期使用某项设备而又没有购买该项设备所需资金时,一般有两种选择:一是筹措资金购买该项设备;二是融资租入该项设备。孰优孰劣,可以通过现金流量的分析计算做出合适的抉择。

(2) 选择租赁公司

当企业决定采用融资租赁方式取得某项设备时,即应开始选择租赁公司,并根据融资条件、租赁费率等有关资料进行比较,择优选定。

(3) 办理租赁委托

当企业选定租赁公司后,便可向其提出申请,办理委托。这种委托包括填写"租赁申请书"及提供财务状况的文件资料。

(4) 签订购货协议

租赁公司受理租赁委托后,即由租赁公司与承租企业的一方或双方选择设备的制造商或销售商,与其进行技术与商务谈判,签订购货协议。

(5) 签订租赁合同

租赁合同由承租企业与租赁公司签订。租赁合同用以明确双方的权利义务,它是租赁业务的最重要的文件,具有法律效力。融资租赁合同的内容包括一般条款和特殊条款两部分。

(6) 办理验货及投保

承租企业收到租赁设备,要进行验收。验收合格后签发租赁设备收据及验收合格证,并提交租赁公司,租赁公司据以向制造商或销售商付款。同时,承租企业向保险公司办理投保事宜。

(7) 交付租金

承租企业在租赁期内按合同规定的租金数额、交付日期、交付方式,向租赁公司交付租金。

(8) 租赁期满的设备处理

融资租赁合同期满,承租企业可按合同规定对租赁设备留购、续租或退还。一般来说，租赁公司会把租赁设备在期满时以低价甚至无偿转给承租企业。

**4. 融资租赁租金的计算**

融资租赁租金是承租企业支付给租赁公司让渡租赁设备的使用权或价值的代价。租金的数额大小、支付方式对承租企业的财务状况有直接的影响，也是租赁决策的重要依据。

1) 租金的构成

(1) 租赁资产的价款，包括设备的买价、运杂费及途中保险费等。

(2) 利息，即租赁公司所垫资金的应计利息。

(3) 租赁手续费，包括租赁公司承办租赁业务的营业费用及应得到的利润。租赁手续费的高低由租赁公司与承租企业协商确定，一般以租赁资产价款的某一百分比收取。

2) 租金的支付方式

(1) 按支付时期长短，可分为年付、半年付、季付、月付。

(2) 按每期支付租金的时间，可分为先付租金和后付租金。先付租金指在期初支付，后付租金指在期末支付。

(3) 按每期支付金额，可分为等额支付和不等额支付。

3) 租金的计算方法

融资租赁租金计算方法较多，常用的有平均分摊法和等额年金法。

(1) 平均分摊法

平均分摊法是指先以商定的利息率和手续费率计算出租赁期间的利息和手续费，然后连同租赁设备购置成本的应摊销总额按租金支付次数平均，计算出每次应付租金数额的方法。

在平均分摊法下，每次应付租金数额的计算公式为

$$R=\frac{(C-S)+I+F}{N}$$

式中：$R$ 表示每次应付租金数额；$C$ 表示租赁设备的购置成本；$S$ 表示期满时由租入方留购，支付给出租方的转让价；$I$ 表示租赁期间利息；$F$ 表示租赁期间手续费；$N$ 表示租赁期间租金支付次数。

**【例 5-5】** 某企业向租赁公司租入一套设备，设备原价 100 万元，租期 5 年，预计租赁期满租入企业支付的转让价为 5 万元，年利率为 10%，手续费为设备原价的 2%，租金每年末支付一次。

要求：计算该企业每年应付租金的数额。

**解** $R=\frac{(100-5)+[100\times(1+10\%)^5-100]+100\times 2\%}{5}=31.61$(万元)

(2) 等额年金法

等额年金法是运用年金现值的计算原理计算每次应付租金的方法。在这种方法下，要将利息率和手续费率综合在一起确定一个租费率，作为贴现率。这种方法与平均分摊法比，计算更复杂，但因为考虑了资金的时间价值，结论更具客观性。

在等额年金法下，每次应付租金数额的计算公式为

$$R=\frac{C-S\cdot(P/F,i,n)}{(P/A,i,n)}$$

式中：$R$ 表示每次期末应付租金数额；$C$ 表示租赁设备的购置成本；$S$ 表示期满时由租入方留购，支付给出租方的转让价；$i$ 表示租费率；$n$ 表示租赁期间支付租金次数。

关于这一公式的正确使用，应注意以下三点：

第一，这一公式假定每期租金都是期末支付的，即租金是普通年金。假如每期租金是期初支付的，即租金是即付年金，那么计算公式应为

$$R=\frac{C-S\cdot(P/F,i,n)}{(P/A,i,n-1)+1}$$

第二，公式中的 $i$ 是租费率，它是综合了资金利息率和租赁手续费率后由租赁双方认可的，比纯粹的借款利率要高些。当租赁手续费是在租赁开始一次付清的，也即各期租金不含手续费时，租费率与租金利息率相同。

第三，公式中分子、分母的 $i$ 表示的量相同，都是租费率，否则会造成租赁期结束时账面余额与预计残值不一致。

**【例 5-6】** 沿用例 5-5 的资料。

要求：分别对以下三种情况用等额年金法计算该企业每年应付租金额。

① 租费率为 12%，租金在每年年末支付。

② 租费率为 12%，租金在每年年初支付。

③ 租金在每年年末支付，但租赁手续费在租入设备时一次付清。

**解** 设三种情况下每年应付租金额分别为 $R_1$，$R_2$，$R_3$，则

$$R_1=\frac{100-5\times(P/F,12\%,5)}{(P/A,12\%,5)}=\frac{100-5\times0.567\,4}{3.604\,8}\approx26.95(\text{万元})$$

$$R_2=\frac{100-5\times(P/F,12\%,5)}{(P/A,12\%,4)+1}=\frac{100-5\times0.567\,4}{3.037\,3+1}\approx24.07(\text{万元})$$

$$R_3=\frac{100-5\times(P/F,12\%,5)}{(P/A,10\%,5)}=\frac{100-5\times0.620\,9}{3.790\,8}\approx25.56(\text{万元})$$

**5. 融资租赁的优缺点**

1) 融资租赁的优点

(1) 融资租赁的实质是融资，当企业资金不足，举债购买设备困难时，更显示其“借鸡生蛋，以蛋还鸡”办法的优势。

(2) 融资租赁的资金使用期限与设备寿命周期接近，比一般借款期限要长，承租企业偿债压力较小；在租赁期内租赁公司一般不得收回出租设备，使用有保障。

(3) 融资与融物的结合，减少了承租企业直接购买设备的中间环节和费用，有助于迅速形成生产能力。

2) 融资租赁的缺点

(1) 资金成本高。融资租赁的租金比举债利息高，因此总的财务负担重。

(2) 不一定能享有设备残值。

## 5.4 混合性筹资

前面介绍的投入资本、发行普通股、发行债券、融资租赁和商业信用等筹资方式所筹集的资金要么是权益资金，要么是负债资金，具有单一属性。混合性筹资是指兼具权益资金筹集和负债资金筹集双重属性的筹资，通常包括发行优先股筹资和发行可转换债券筹资。此外，本节还附带介绍股权认证的相关内容。

**1. 发行优先股**

优先股是介于普通股和债券之间的一种混合证券，作为一种股权资本，其优先权主要表现在：① 优先股股东领取股息先于普通股股东；② 优先股股东对企业剩余财产的索偿权先于普通股股东，但次于债权人。优先股股息一般事先确定，这一点与债券相同。但企业对这种股息的支付却带有随意性，并非必须支付。即使不支付优先股股息，也不会像债券那样使企业濒临破产的境地。优先股股息与普通股红利的相同之处是两者都在税后支付，即股息支付不能获得税收利益。

1) 优先股的特征

优先股一般具有以下几个方面的特征：① 优先分配固定的股利；② 优先分配企业剩余财产；③ 优先股股东一般无表决权；④ 优先股可由企业赎回。

2) 优先股的种类

企业为了保障优先股股东的利益，通常对优先股规定某些附属条件。优先股通常有以下几种类型。

(1) 累积优先股和非累积优先股

累积优先股是指任何一年度未支付的股利都可以递延到以后年度一起发放，也就是说，当企业的税后利润不足以支付优先股股利时，未支付的股利可以累积到下一年度支付。在累积分派的优先股股利未补足之前，不得分派普通股股利。例如，某企业连续两年没有发放10%的优先股股利，如果优先股的总面额为100万元，那么企业就积欠了20万元的优先股股利，在没有支付完20万元的优先股股利之前，企业不能支付普通股股利。

非累积优先股是指股利当年结清，如果当年未能分派或分派不足，以后年度不再补发。从投资者角度来看，此类股票风险大且收益率低，因此在实际中很少发行此类优先股。

(2) 参与优先股和非参与优先股

参与优先股是指优先股股东在获得定额股息后，还有权与普通股股东一起参加企业剩余利润的分配，即优先股股东可以获得双重分红权。这种优先股又进一步分为全部参加优先股和部分参加优先股。其中，全部参加优先股股东可与普通股股东等额地参与剩余利润的分配，部分参加优先股股东则只能按规定在一定限额内参与剩余利润的分配。

非参与优先股是指除了按规定分得当期的固定股利外，无权再参与对当期剩余利润的分配。可以看出，非参与优先股是一般意义上的优先股，其优先的体现不在股利的多少，而在分配顺序上。

(3) 可赎回优先股和不可赎回优先股

可赎回优先股是指在优先股的发行条款中设有赎回条款，当赎回的条件出现时，企业有权按预定的价格和方式赎回已发行的优先股。一般认为优先股是企业的永久性资本来源，但是可赎回优先股却不具有这种性质，它可以依照股票发行时所附的赎回条款，由企业出价提前赎回。这种优先股与可转换优先股的权利恰好相反，可转换优先股的选择权在优先股股东，可赎回优先股的选择权在企业。

不可赎回优先股是指发行后根据规定不能赎回的优先股。企业如果要收回这类优先股，只能在证券市场上按市场价格收购或者以其他证券调换。

3) 发行优先股筹资的优缺点

(1) 优先股筹资的优点

① 优先股筹资没有到期日，不需要偿还本金，可以视为一种永久性的资本。只有在对企业有利时，企业才会提前收回优先股，这就增强了企业利用资金的灵活性。

② 股利的支付既固定，又有一定的弹性。一般来说，优先股都采用固定股利，但对固定股利的支付并不构成企业的法定义务。当企业的经营状况良好、利润较多时，支付给优先股的股利是固定不变的；当企业的经营状况不佳、利润较少时，企业又可以暂时不支付优先股股利，这极大地保护了普通股股东的权益。

③ 增强了企业的举债能力。优先股与普通股一样，属于权益性资本，发行优先股有利于企业巩固资本的基础，提高企业的信誉，加强企业的举债能力。

(2) 优先股筹资的缺点

① 优先股筹资的资本成本较高。优先股的股利要从企业的税后利润中支付，因此不能得到税收优惠。尽管优先股的资本成本低于普通股，但还是高于债券。

② 由于优先股在股利分配和财产清偿等方面拥有优先权，所以在企业收益不多时，普通股股东的收益就会受到影响。

③ 优先股筹资对企业具有一定的限制。例如，企业不能连续 3 年拖欠优先股的股利，企业有盈利必须首先给优先股股东分配股利，企业举债额度较大时要事先征求优先股股东的意见等。

**2. 发行可转换债券**

可转换债券是指由企业发行并规定债券持有人在一定期限内可按约定的条件将其转换为发行公司股票的债券。

1) 可转换债券的特性

从筹资企业的角度看，发行可转换债券具有债务与权益筹资的双重属性，属于一种混合性筹资。利用可转换债券筹资，企业赋予可转换债券持有人可将其转换为企业股票的权利。因此，对发行公司而言，在可转换债券转换之前需要定期向持有人支付利息。如果在规定的转换期内，持有人未将可转换债券转换为股票，发行公司还需要到期偿付本金，在这种情形下，可转换债券筹资与普通债券筹资相类似，属于债权筹资属性。如果在规定的转换期限内，持有人将可转换债券转换为股票，则发行公司将债券负债转化为股东权益，从而具有股权筹资的属性。

2）可转换债券的发行条件

根据我国证监会《上市公司证券发行管理办法》的规定，上市公司发行可转换债券，应当符合下列条件：

（1）最近3个会计年度连续盈利，加权平均净资产收益率不低于6%。

（2）本次发行后，累积债券余额不超过最近一期期末净资产额的40%。

（3）最近3个会计年度实现的年均可分配利润不低于公司债券1年的利息。

3）可转换债券的要素

（1）转换期

我国可转换债券的转换期最短为1年，最长为6年。上市公司发行可转换债券，在发行结束后6个月内，持有人可以依据约定的条件随时将其转换为股票。

（2）转换价格

转换价格指募集说明书事先约定的可转换公司债券转换为每股股份所支付的价格。该价格应不低于募集说明书公告日前20个交易日该公司股票交易的均价和前一交易日的均价。

（3）转换比率

可转换债券的转换比率是指每份可转换债券所能转换的股票数，它等于可转换债券的面值除以转换价格。

4）可转换债券筹资的优缺点

（1）可转换债券筹资的优点

① 有利于降低资本成本。可转换债券的利率通常低于普通债券，故在转换前可转换债券的资本成本低于普通债券；转换为股票后，又可节省股票发行成本，从而降低了企业筹资的资本成本。

② 有利于筹集更多的资金。可转换债券的转换价格通常高于发行时的股票价格，因此，可转换债券转换后，其筹资额大于当时发行股票的筹资额，此外也有利于稳定该公司的股价。

③ 有利于调整资本结构。可转换债券是一种具有债权筹资和股权筹资双重性质的筹资方式。可转换债券在转换前属于发行公司的一种债务，若发行公司希望可转换债券持有人转股，还可以借助利益诱导促其转换，借以调整资本结构。

④ 有利于避免筹资损失。当企业的股票价格在一段时期内连续超过转换价格某一幅度时，发行公司可按事先约定的价格赎回未转换的可转换债券，从而避免筹资上的损失。

(2) 可转换债券筹资的缺点

① 转股后可转换债券筹资将失去利率较低的好处。

② 若确需股票筹资,但股价并未上升,可转换债券持有人不愿转股时债务压力大。

③ 若可转换债券转股时股价高于转换价格,则发行公司遭受筹资损失。

④ 回售条款的规定可能使发行公司遭受损失。当公司的股票价格在一段时期内连续低于转换价格并达到一定幅度时,可转换债券持有人可按事先约定的价格将所持债券回售公司,从而使发行公司受损。

**3. 发行认股权证**

1) 认股权证的特点

认股权证是由股份有限公司发行的可认购其股票的一种买入期权。它赋予持有者在期限内以事先约定的价格购买发行公司一定股份的权利。

对于筹资公司而言,发行认股权证是一种特殊的筹资手段。认股权证本身含有期权条款,其持有者在认购股份之前,对发行公司既不拥有债权也不拥有股权,而只是拥有股票认购权。

尽管如此,通过发行认股权证发行公司不仅可以筹得现金,还可以用于公司成立时对承销商的一种补偿。

2) 认股权证的种类

在国内外的企业筹资实务中,认股权证的形式多种多样,可划分为不同的种类。

(1) 长期与短期认股权证

认股权证按允许认股的期限分为长期认股权证和短期认股权证。长期认股权证的认股期通常持续几年,有的则是永久性的。短期认股权证的认股期比较短,一般在 90 天以内。

(2) 单独发行与附带发行的认股权证

认股权证按发行方式可分为单独发行的认股权证和附带发行的认股权证。单独发行的认股权证是指不依附于其他证券而独立发行的认股权证。附带发行的认股权证是指依附于债券、优先股、普通股或短期票据而发行的认股权证。

(3) 备兑认股权证与配股权证

备兑认股权证是指每份备兑证按一定比例含有几家企业的若干股份。配股权证是确认股东配股权的证书,它按股东的持股比例定向派发,赋予股东以优惠价格认购发行公司一定份数的新股的权利。

3) 认股权证的作用

(1) 为企业筹集额外的现金

认股权证不论是单独发行还是附带发行,大都能为发行公司筹集一笔额外现金,从而增强企业的资本实力和运营能力。

(2) 促进其他筹资方式的运用

单独发行的认股权证有利于企业将来发行股票,附带发行的认股权证可促进其所依附证券提高发行的效率。

# 天使投资

## 一、天使投资

天使投资在美国还有个别称叫“3F”，即 Family，Friends，Fools（家人、好友、傻瓜），意思就是，想要创业，首先要靠一群家人、好友和傻瓜的支持！

“天使”这个名词，是新罕布什尔大学商学院教授、美国风险投资研究所的创始人 W. Wetzel 在 1978 年首先开始使用的。天使投资和风险投资的主要区别在于，天使投资者大多在申请天使投资的人士具有明确市场计划时就已经开始投资了，而这些市场计划或想法暂时不为风险投资公司所接受。

## 二、天使投资人

所谓“天使投资人（Angels）”通常是指投资于非常年轻的公司以帮助这些公司迅速启动的投资人。在风险投资领域，“天使”这个词指的是企业的第一批投资人，这些投资人在公司产品和业务成型之前就把资金投入进来。

天使投资人通常是创业企业家的朋友、亲戚或商业伙伴，由于他们对该企业家的能力和创意深信不疑，因而愿意在业务尚未开展之前就向该企业投入大笔资金。一笔典型的天使投资往往只有区区几十万美元，是风险资本家随后可能投入资金的零头。

## 三、天使投资的模式

（一）模式 1：天使投资人

天使投资人多指富裕的、拥有一定的资本金、投资于创业企业的专业投资家。在美国，《证券交易委员会 501 号条例》和《1993 证券法》D 条例中明确了可以成为天使投资家的“经鉴定合格投资者”的标准：投资者必须有 100 万美元的净资产，至少 20 万美元的年收入，或者在交易中至少投入 15 万美元，且这项投资占投资者财产的比率不得超过 20%。

目前，我国天使投资人主要有两大类：一类是以成功企业家、成功创业者、风险投资家（VC）等为主的个人天使投资人，他们了解企业的难处，并能给予创业企业帮助，往往积极为公司提供一些增值服务，比如战略规划、人才引进、公关、人脉资源、后续融资等。他们在带来资金的同时也带来联系网络，是早期创业和创新的重要支柱；另一类是专业人士，比如律师、会计师、大型企业的高管以及一些行业专家，他们虽然没有太多的创业经验和投资经验，但拥有闲置可投资金以及相关行业资源。

（二）模式 2：天使投资团队

由于很多个体天使投资人除投资人的身份外还有自己的本职工作，他们会遇到以下一些问题：① 项目来源渠道少，项目数量有限；② 个人资金实力有限，难以分散投资；③ 时间有限，难以承担尽职调查等烦琐的工作；④ 投资经验和知识缺乏，投资失败率高。

因此，一些天使投资人组织起来，组成 Cye 天使俱乐部、天使联盟或天使投资协会，每家有几十位天使投资人，可以汇集项目来源，定期交流和评估，会员之间可以分享行业经验和投资经验。对于合适的项目，有兴趣的会员可以根据各自的时间和经验，分配尽职调查工作，并可以多人联合投资，以提高投资额度和风险承担力度。

美国的天使投资团队非常发达，有超过 300 家天使团队（Angel Group）遍布各州，其中半数以上的天使投资团体联合起来成立了天使投资协会，不仅促进相互之间的信息交换，也促进了天使投资相关政策的发展。中国也有不少类似的天使投资俱乐部和天使联盟，比较典型的是上海天使投资俱乐部、深圳天使投资人俱乐部、亚杰商会天使团、K4 论坛北京分会、中关村企业家天使投资联盟等。

（三）模式 3：天使投资基金

以个人为投资主体的天使投资模式，无论是对初创企业的帮助还是对自身的投资能力而言，都有很大的局限性，但由于天使投资人各具优势，如专业知识、人际关系等，大家联合起来以团队或者基金的形式投资，就能够优势互补，发挥更大的作用。于是，随着天使投资的更进一步发展，产生了天使基金和平台基金等形式的机构化天使。

机构化天使投资发展大约分为三个阶段：

第一个阶段是松散的会员管理式的天使投资机构。这种天使投资机构采用由会员自愿参与、分工负责的管理办法，如会员分工进行项目初步筛选、尽职调查等。

第二个阶段是密切合作的经理人管理式的天使投资机构。这种天使投资机构利用天使投资家的会员费或其他资源雇用专门的职业经理人进行管理。

第三个阶段是管理天使投资基金的天使投资机构。同投资于早期的创业投资基金相似，它是正规的、有组织的、有基金管理人的非公开权益资本基金。天使投资基金作为一个独立的合法实体，负责管理整个投资的机会寻找、项目估值、尽职调查和投资的全过程。

天使投资基金的出现使得天使投资从根本上改变了原有的分散、零星、个体、非正规的性质，是天使投资趋于正规化的关键一步。投资基金形式的天使投资能够让更多没有时间和经验选择公司或进行管理投资的被动投资者参与到天使投资中来，它将会是天使投资发展的趋势。

在美国和欧洲，天使投资基金已得到比较充分的发展，其财力、资源、团队能将一个初创阶段的公司带到很高的发展阶段，投资成功率要比个人天使投资高很多。在现阶段，中国个人天使投资还未得到充分发展，这给了天使投资基金更多的发展机会，拥有更多的资金、更专业化的团队、更广泛资源的有组织的机构化天使将会成为发展潮流。

（四）模式4：孵化器形式的天使投资

孵化器有广义与狭义之分。广义的孵化器主要是指有大量高科技企业集聚的科技园区，如深圳南山高科技创业园区、陕西杨陵高科技农业园区、深圳盐田生物高科技园区等。狭义的孵化器是指一个机构围绕着一个或几个项目对其孵化以使其产品化。

20世纪50年代，孵化器起源于美国，伴随着新技术产业革命的兴起而发展起来。企业孵化器在推动高新技术产业的发展、孵化，培育中小科技型企业以及振兴区域经济、培养新的经济增长点等方面发挥了巨大作用，引起了世界各国政府的高度重视，孵化器也因此在全世界范围内得到了较快的发展。在欧洲，企业孵化器也被称为“创新中心”。

在我国，根据科技部办公厅2010年印发的《科技企业孵化器认定和管理办法》，孵化器的主要功能是以科技型创业企业为服务对象，通过开展创业培训、辅导、咨询，提供研发、试制、经营的场地和共享设施以及政策、法律、财务、投融资、企业管理、人力资源、市场推广和加速成长等方面的服务，以降低创业风险和创业成本，提高企业的成活率和成长性，培养成功的科技企业和创业家。

创业孵化器多设立在各地的科技园区，为初创的科技企业提供最基本的启动资金、便利的配套措施、廉价的办公场地，甚至人力资源服务等，同时在企业经营层面给予被投资的公司各种帮助。

全世界最为知名的孵化器为美国硅谷的Y Combinator，它吸引了很多知名的天使投资人加入，其中孵化出的初创公司基本被超级天使或VC大力追捧、争相投资。Y Combinator对一个项目只投2～3万美元，占5%左右的股份，会给每个创业者安排教练，并且有创业课程等辅助，但是不提供创业场地。除此之外，还有纽约市的高科技孵化器Betaworks，横跨欧美的Seed Camp等。

国内的孵化器在现阶段有了一定的发展，但并不充分，典型代表是天使湾创投的20万8%聚变计划、李开复成立的创新工场、北京中关村国际孵化器有限公司、中国加速(CHINAACCELERATOR)、联想之星孵化器等。

现阶段孵化器与天使投资融合发展主要有两种模式。

(1) 政府主导的孵化器与天使投资融合发展模式

政府主导的孵化器是非营利性的社会公益组织，组织形式大多为政府科技管理部门或高新技术开发区管辖下的一个事业单位，孵化器的管理人员由政府派遣，运作经费全部由政府或部分由 Cye 拨款。在这种模式下，孵化器以优惠价格吸引天使投资机构入场，充当天使投资与创业企业之间的媒介。

(2) 企业型孵化器与天使投资融合发展模式

企业型孵化器为市场化方式运作孵化器，以保值、增值为经营目标，自负盈亏。这种类型的孵化器多采用自己做天使投资的运作模式，使得孵化、投资、管理实现一体化，减少投资成本的同时也降低了投资风险，其运作过程充分地利用了资源配置，提高了资本效率。

(五) 模式 5：投资平台形式的天使投资

随着互联网和移动互联网的发展，越来越多的应用终端和平台开始对外开放接口，使得很多创业团队和创业公司可以基于这些应用平台进行创业。比如围绕苹果 App Store 的平台，就产生了很多应用、游戏等，让许多创业团队趋之若鹜。

很多平台为了吸引更多的创业者在其上开发产品，提升平台的价值，设立了平台型投资基金，对在其平台上开发产品的有潜力的创业公司进行投资。这些平台基金不但可以给予创业公司资金上的支持，而且可以给他们带去平台上丰富的资源。

### 案例分析

## 美国"硅谷"天使投资

美国的天使投资已经有很长的历史，天使投资总量绝对不亚于风险投资。统计资料显示，美国天使投资资金总量与风险投资的资金总量几乎相等，但是天使投资的创业公司数量则是风险投资的创业公司数量的 10 倍以上。

一、依靠"天使投资"的传统产业

2007 年全美天使投资总额为 260 亿美元，风险投资为 300 亿美元；同年，天使投资的创业公司总数为 57 000 家，风险投资的创业公司总数为 3 928 家。如果按平均每笔资金量来算，显然，天使投资应该是大部分创业公司的启动资金提供者，而风险投资则是接力者。

虽然美国有十分发达的风险投资市场，但绝大部分投资于种子期的资金，并非来自风险投资，而是来自被称为"创业天使"的天使投资者。当今很多商业巨头，如贝尔电话公司、福特汽车等，也都曾从天使投资那里获得启动的资金。

1874 年，贝尔作为天使投资者投资并创建了贝尔科技，造就了如今庞大的电信帝国；1903 年，5 个天使投资者给亨利·福特投资了 4 万美元，后来便造就了一个庞大的汽车王国。

“创业者是这个时代最牛的人，而天使投资人是这个时代最牛的人后面最牛的人。”著名天使投资人徐小平说。提及天使投资，就不能不提及其发源地美国，现阶段那里活跃的“天使”已经超过 30 万人。

二、离不开“天使投资”的硅谷

硅谷之所以成为美国高科技创新创业最活跃的地方，在相当大程度上得益于本地“无处不在”的天使投资。在硅谷，许多人会在餐桌上就开出一张几万美元的支票给另一个刚刚认识的人，获得他所创办的一家连办公室都还没有的公司的几百万股“股票”，甚至就连这些“股票”本身也要等到一个礼拜后才能在律师的帮助下完成过户手续。

天使投资已经成为硅谷创业中最为密不可分的一个环节。一方面，每一位创业者的背后都离不开几个天使投资人的身影；另一方面，这些创业者创业成功之后往往又亲自担当天使投资人的角色，给其他创业者提供支持。

**讨论题：**

1. 天使投资对于初创企业的发展和成功起到什么样的作用？
2. 如何理解“创业者是这个时代最牛的人，而天使投资人是这个时代最牛的人后面最牛的人”？
3. 天使投资具有不同于传统风险投资的哪些特征？
4. 美国“硅谷”天使投资对中国发展创新企业有什么启示？

## 思考题

1. 什么是筹资渠道？什么是筹资方式？企业有哪些筹资渠道和筹资方式？
2. 企业筹资的动机是什么？
3. 确定企业筹资时机时应考虑哪些因素？
4. 比较分析股票筹资和债券筹资的优缺点。
5. 债券的发行价格主要受哪些因素的影响？
6. 利用商业信用政策，在何种情况下应放弃折扣？
7. 什么是信用额度和周转信贷协定？二者有什么区别？

## 习 题

1. 伟邦公司2013年度实现销售收入100万元，获得税后净利8万元，发放股利6万元。年末资产负债表如下：

资产负债表

2013年12月31日　　万元

| 资产 | | 负债及所有者权益 | |
|---|---|---|---|
| 现金 | 2 | 短期借款 | 1 |
| 应收账款 | 8 | 应付账款 | 8 |
| 存货 | 14 | 长期债券 | 6 |
| 固定资产净值 | 15 | 实收资本 | 15 |
| 无形资产 | 1 | 留存收益 | 10 |
| 资产合计 | 40 | 权益合计 | 40 |

该公司预计2014年销售收入增长到120万元，现有设备足以满足生产增长的需要，销售净利率、股利发放率仍保持2013年水平。

要求：用销售增长比法预测伟邦公司2014年需要追加的资金。

2. 某企业拟发行每股面值10元，股利率保持5%的股票，当前市场利率为2%。

要求：确定该股票的发行价格。

3. W公司去年普通股每股税后利润为0.25元，今年打算增发新股筹资，以市盈率为20计算。

要求：确定该股票的发行价格。

4. 某企业股本总额1 000万元，负债总额4 000万元，资产总额8 000万元，企业发行的普通股每股面值10元。

要求：确定新股发行价格。

5. 某企业按年利率5%向银行借款500万元，补偿性余额比例为15%。

要求：计算企业实际借款利率。

6. 某企业与银行商定的周转信贷额度为1 000万元，承诺费率为3%，该企业年度内实际借款额为900万元。

要求：计算该企业应向银行支付的承诺费。

7. 企业拟发行面值为100元的债券一批。该债券期限5年，单利计息，票面利率为5%，到期一次还本付息。

要求：计算市场利率分别为4%，5%，6%时的发行价格。

8. 企业向租赁公司租赁一套设备，设备原价500万元，租赁期10年，期满时企业支付的转让价为10万元，借款年利率按8%计算，租赁手续费为设备原价的3%，租金在每年末支付一次。

要求：

按下列情况分别计算每年应交租金金额(答案精确到 0.01 万元)：

① 采用平均分摊法；

② 采用等额年金法，手续费在租入时一次付清；

③ 采用等额年金法，手续费摊入租金，租赁双方商定租费率为 10%；

④ 采用等额年金法，条件同②，但每年租金要求在年初支付。

9. 甲公司向乙公司购入一批商品，约定付款办法为(3/10，$n$/60)。

要求：计算甲公司放弃现金折扣成本率。

# 6 资本成本和资本结构

## 学习目标

1. 理解资本结构理论,掌握资本结构理论主要内容。
2. 掌握资本成本、杠杆及资本结构优化的计算。
3. 理解资本成本、杠杆效应及资本结构的概念。
4. 了解资金时间价值与资本成本的区别与联系。

### 大宇资本结构的神话

韩国第二大企业集团——大宇集团,在1999年11月1日向新闻界正式宣布,该集团董事长金宇中以及14名下属公司的总经理决定辞职,以表示"对大宇的债务危机负责,并为进行结构调整创造条件"。韩国媒体认为,这意味着"大宇集团解体进程已经完成"。大宇集团于1967年奠基立厂,其创办人金宇中当时是一名纺织品推销员。通过政府的政策支持、银行的信贷支持和在海内外的大力购并,经过30年的发展,大宇成为直逼韩国最大企业——现代集团的庞大商业帝国,跻身于国际知名品牌的行列。1998年底,大宇集团总资产高达640亿美元,营业额占韩国GDP的5%,业务涉及贸易、汽车、电子、通用设备、重型机械、化纤、造船等众多行业;国内所属企业曾多达41家,海外公司数量创下超过600家的记录,鼎盛时期,海外雇员多达几十万。大宇是"章鱼足式"扩张模式的积极推行者,认为企业规模越大,就越能立于不败之地,即所谓的"大马不死"。据报道,1993年金宇中提出"世界化经营"战略时,大宇在海外的企业只有15家,而到1998年底已增至600多家,"等于每3天增加一个企业"。更让韩国人为大宇着迷的是,在韩国陷入金融危机的1997年,大宇不仅没有被危机困倒,反而在国内的集团排名中由第4位上升到第2位,金宇中本人也被美国《幸福》杂志评为亚洲风云人物。

1997 年年底，受金融危机的影响，其他企业集团都开始收缩，但大宇仍然我行我素，结果债务越背越重。尤其是 1998 年初，韩国政府提出"五大企业集团进行自律结构调整"方针后，其他集团把结构调整的重点放在改善财务结构方面，努力减轻债务负担。大宇却认为，只要提高开工率，增加销售额和出口，就能躲过这场危机。因此，它继续大量发行债券，进行"借贷式经营"。1998 年大宇发行的公司债券达 7 万亿韩元(约 58.33 亿美元)。1998 年第四季度，大宇的债务危机已初露端倪，在各方援助下才避过债务灾难。此后，在严峻的债务压力下，如梦初醒的大宇虽做出了种种努力，但为时已晚。1999 年 7 月中旬，大宇向韩国政府发出求救信号;7 月 27 日，大宇因"延迟重组"，被韩国 4 家债权银行接管;8 月 11 日，大宇在压力下屈服，割价出售两家财务出现问题的公司;8 月 16 日，大宇与债权人达成协议，在 1999 年年底前，将出售盈利最佳的大宇证券公司以及大宇电器、大宇造船、大宇建筑公司等，大宇的汽车项目资产免遭处理。"8 月 16 日协议"的达成，表明大宇已处于破产清算前夕，遭遇"存"或"亡"的险境。由于在此后的几个月中，经营依然不善，资产负债率仍然居高，大宇最终不得不走向本文开头所述的那一幕。

**【点评】** **大宇集团的举债经营所产生的财务杠杆效应是消极的，不仅难以提高企业的盈利能力，反而因巨大的偿付压力使企业陷于难以自拔的财务困境。从根本上说，大宇集团的解散，是其财务杠杆消极作用影响的结果。**

为了使企业价值最大化，除了企业的生产和经营成本支出要低，资本成本也要达到最小。在企业筹集的资金中，各类资金占全部资金的比例形成了资本结构，也就是在资本成本计算中所使用的"权数"。资本结构的变化，即"权数"的变化，会引起加权平均资本成本的变化，从而影响投资决策。在资本结构决策中，资本成本和杠杆效应这两个重要概念是决策理论的基础。

## 6.1 资本结构理论

资本结构理论是证券投资理论体系中的一个重要组成部分。该理论体系的主要目标就是实现企业的价值最大化或者股东财富的最大化，研究的主要对象是资本结构中权益资本与中长期债务资本的构成比例对企业总价值的影响，同时试图为企业找出最为合适的资本结构、融资方式或者融资工具。

### 6.1.1 资本结构理论概述

资本结构的概念有狭义和广义之分。狭义的资本结构是指长期的资本结构，即长期资本中权益资本与债务资本的比例和构成关系，也就是通常所说的资本结构。而广义的资本结构是由 Masulis(1988)提出的，他认为资本结构涵盖了一个公司的各种负债，包括公募证券、私募证券、银行借款、纳税义务、养老金支出、往来债务、租约、管理层和员工的递延补偿、绩效保证、产品的售后服务以及其他的或有负债。Masulis(1988)对资本结构的定义代表了一个公司资产的主要权利,这些资产不仅包括长期资本,还包括短期资本。

早期的资本结构理论包括净收益理论、净经营收入理论、折中理论等。美国著名的金融学家莫迪里亚尼(Modigliani)和米勒(Miller)于1958年发表的《资本成本、公司理财和投资理论》中提出的MM定理,正式标志着现代资本结构理论的诞生。MM定理承接了净收益理论、净经营收入理论以及折中理论等传统的资本结构理论,同时后面的学者在研究中逐渐放松MM定理中的假设条件,针对不同的影响企业总价值的因素发展出了形形色色的资本结构理论。

在20世纪70年代以后,有效市场假说理论受到了越来越多的质疑,新凯恩斯主义学派登上了学术舞台,他们以信息不对称理论、委托—代理理论为基础提出了新资本结构理论。新资本结构理论抛弃了现代资本结构理论中只注重税收、破产等外部因素对企业最优资本结构的影响,通过信息不对称理论中的信号、动机、激励以及契约等内部因素来分析资本结构的构成。新资本结构理论对现代资本结构理论的最大继承和贡献就是将现代资本结构理论中的权衡理论成功地转化为结构或制度设计等问题。

到20世纪80年代中期以后,资本结构理论有了更进一步的发展,以管理控制学派和资本结构产品市场学派为代表的后资本结构理论受到了理论界的广泛关注。这一理论突破了新凯恩斯学派中信息不对称理论的束缚,又兼容了上述新资本结构理论中的成果,从行业竞争、公司控制等新的学术视角对资本结构理论进行了解释和分析。

### 6.1.2 资本结构理论的主要内容

#### 1. 早期的资本结构理论

最早对资本结构理论进行研究的经济学家是美国的杜兰德(Durand,1952)。杜兰德发表的《企业债务和股东权益成本:趋势和计量问题》中系统地总结了公司资本结构的三种理论,即净收益理论、净经营收益理论和折中理论。这三种理论采取边际分析方法,从收益的角度来研究企业资本结构的选择问题,它们的区别仅在于假设条件和具体方法的不同。

(1) 净收益理论

净收益理论认为,随着企业负债总额的增加,企业的财务杠杆会不断提高,产生税盾效应,进而降低企业的加权平均资本成本,增加企业的总价值和市场价值。因此该理论认为,企业应当尽可能利用负债融资来优化其资本结构。

净收益理论认为,当债务资本为100%,也就是说企业的资产负债率达到100%时,企业的价值就会达到最大值,因此企业应该最大限度地利用其债务资本,通过不断地降低企业的资本成本来提高其市场价值。因此,净收益理论有一个隐含的假设前提条件,那就是财务杠杆的提高不会增加企业的风险。但在现实中,随着债务成本的增加,企业的支付压力会不断增大,融资风险也会上升,使得企业的财务困境成本大幅上升。因此,净收益理论与现实存在很大的差距。

(2) 净经营收入理论

净经营收入理论认为，无论企业的财务杠杆如何变化，企业的加权平均资本成本是固定不变的，因此，企业的市场价值也不会因为其财务杠杆的变化而变化。该理论的假设条件是企业加权平均成本及负债融资成本固定不变，负债融资的增加将增加企业的经营风险，从而使股东要求得到更多的权益资本收益。因此，权益资本成本会随财务杠杆的提高而增加，同时负债融资的财务杠杆作用也变大，这样加权平均总成本仍保持不变，企业价值也不会受财务杠杆变动的影响。该理论假设负债利率也是固定的，但投资者对企业负债的态度却发生了变化，投资者将以一个固定的加权资本成本来估计企业的息税前利润。

(3) 折中理论

折中理论是以上两种理论的折中，该理论介于上述两种理论之间。折中理论认为，企业的债务成本、权益成本和加权平均总成本不是固定不变的，企业在一定限度内的债务比例是必要和合理的，负债比率低于100%的某种资本结构可以使企业价值最大。因为财务杠杆虽然会导致权益资本成本上升，但只要没有超过一定限度，权益资本成本的上升就能被债务的低成本所抵消，因此财务杠杆不会带来明显的风险增长，由于$K_d<K_e$（$K_d$表示债务成本，$K_e$表示权益成本），$K_W$（加权平均总成本）则会随着负债$B$的增加而逐渐下降，从而使企业的市场价值上升，并且可能在此限度内达到最高点。折中理论认为，确实存在一个可以使企业市场价值达到最大化的最佳资本结构，这个资本结构可以通过财务杠杆的运用来获得。正是在最佳资本结构上，负债的实际边际成本与权益资本的边际成本才相同。

**2. 现代资本结构理论**

(1) MM定理以及修正模型

MM定理主要由以下三个命题组成：

命题1　企业的价值只与企业所有资产的预期收益和企业所对应的资本化率有关，而与企业的资本结构无关。这一命题说明企业的价值是其全部预期收益的资本化，资本化率可以适用于处于同样风险下的纯股权资本企业。

命题2　股权的预期报酬会随着企业资本负债率的提高而增加。由于企业的加权平均资本成本与其负债水平无关，因此在资本结构中引入债务资本后，股权成本也会随之增加，同时抵消低成本的债权资本会起到降低加权平均资本的作用。

命题3　在任何情况下，企业的投资决策完全不受融资工具类型的影响，与股权资本化率是无关的。

从这三个命题可以看出，MM定理认为在完美的市场中，任何试图通过改变资本结构来影响企业市场价值的努力都是徒劳的，这说明了企业的价值决定于企业的资源配置方式，而与其资本结构无关。一个追求价值最大化的企业应该在现代财务管理的要求下寻求有效的资源配置方式，而不是改变资本结构。

"MM定理"虽然在理论界引起了巨大的影响，但是却没有通过实践的检验。它与当时一些流行的观点相悖，因而受到了众多经济学家的批评。1963年，莫迪里亚尼和米勒在其发表的论文《公司所得税及资本成本：一个纠正》中对“MM定理”进行了修正，他们引入了公司所得税的影响。修正后的MM理论认为，企业的债务利息可以在税前扣除，所以负债可以起到税收挡板的作用。企业负债越多，其资本成本就越小，企业价值也就越大。由此可以认为，对于企业来说，其最好的选择是100%的负债。从结论来看，修正后的MM定理的结论和传统资本结构理论中的净收益理论的结论是相同的，但二者研究的出发点不同，假设前提也不同，因此不能相提并论。应该说，修正后的MM定理在理论界的影响更大。但是，从实际情况来看，引进了企业所得税的MM理论仍然不符合事实。

(2) 米勒模型

鉴于MM定理的上述局限性，1977年米勒在发表的《负债和税收》中提出了米勒模型，该模型对MM定理进行了修正和完善。米勒模型不仅在MM定理中引进了企业所得税，而且还考虑了个人所得税的影响，在此基础上，米勒重新研究了公司提高负债比例、追求税盾收益的制约因素。这样，米勒解释了企业负债不能无限增加的原因，证明了个人所得税会在一定程度上抵消负债的税收收益，并且认为在债券市场均衡的条件下，单个公司的负债率和市场价值都被宏观因素决定了，公司资本结构的变化与价值是无关的，这一论述使MM定理更加符合实际。但是，在米勒模型中，除了增加了个人所得税和企业所得税因素外，对MM定理的其他假设条件都进行了保留。

(3) 权衡理论

经过修改后的MM定理还有一定的局限性，因为其忽略了负债经营的风险和额外的成本。但在现实经济中，企业对负债的提高会增加企业的财务风险。因此，为了对上述资本结构理论上的局限性进行弥补，资本结构理论领域中出现了税差学派和破产成本学派。这两个学派分别从两类税收和财务杠杆所导致的破产成本出发对企业的资本结构进行了研究，主要的代表人物有Robichek(1967)、Kraus(1973)、Rubinmstein(1973)以及Myers(1984)。随后Myers将以上两个学派的观点综合在了一起，形成了权衡理论，这一理论主要集中于其在1984年在《财务杂志》上发表的《资本结构之谜》一文。Mayers在MM定理的基础上放松了假设条件，将税收、破产成本和企业资本结构综合在一起进行研究。

权衡理论认为，如果保持企业的资产和投资计划不变，企业的最优负债率可以看作是由负债的成本和收益之间的替代所决定的。企业的资本结构会在利息的税收挡板价值与各种财务困境成本之间取得均衡。企业被假定为用负债代替权益或者用权益代替负债，直至企业的价值最大化。

权衡理论的发展可以分为两个阶段，即前期权衡理论和后期权衡理论。前期的权衡理论主要在负债的预期边际税收利益与负债的预期边际成本之间进行权衡，在此主要引入了财务危机成本的概念。而后期的权衡理论在前期权衡理论的基础上引入了代理成本的研究成果以及非负债税盾的概念。

## 6.2 资本成本及计算

### 6.2.1 资本成本的概念

企业从事生产经营活动必须要用资金，在市场经济条件下又不可能无偿使用资金，因此，企业除了必须节约使用资金外，还必须分析把握各种来源资金的使用代价。

资本成本，又称资金成本，它是企业为筹集和使用长期资金而付出的代价。资本成本包括资金筹集费和资金占用费两部分。

**1. 资金筹集费**

资金筹集费是指企业为筹集资金而付出的代价，如向银行支付的借款手续费，向证券承销商支付的发行股票、债券的发行费等。筹资费用通常是在筹措资金时一次支付的，在用资过程中不再发生，可视为筹资总额的一项扣除。

**2. 资金占用费**

资金占用费主要包括资金时间价值和投资者要考虑的投资风险报酬两部分，如向银行借款所支付的利息、发放股票的股利等。资金占用费与筹资金额的大小、资金占用时间的长短有直接联系。

资本成本是在商品经济条件下，资金所有权与资金使用权分离的产物。资本成本是资金使用者对资金所有者转让资金使用权利的价值补偿，有时也可以如下思维方式考虑问题:投资者的期望报酬就是受资者的资本成本。

资本成本与资金时间价值既有联系，又有区别。联系在于两者考察的对象都是资金，区别在于资本成本既包括资金时间价值，又包括投资风险价值。

资本成本是企业选择筹资来源和方式、拟定筹资方案的依据，也是评价投资项目可行性的衡量标准。

资本成本可以用绝对数表示，也可以用相对数表示。资本成本用绝对数表示即资本总成本，它是筹资费用和用资费用之和。由于它不能反映用资多少，所以较少使用。资本成本用相对数表示即资本成本，它是资金占用费与筹资净额的比率，一般来讲，资本成本多指资本成本。其计算公式为

$$\text{资本成本}=\frac{\text{资金占用费}}{\text{筹资总额}-\text{资金筹集费}}$$

由于资金筹集费一般以筹资总额的某一百分比计算，因此，上述计算公式也可表现为

$$\text{资本成本}=\frac{\text{资金占用费}}{\text{筹资总额}\times(1-\text{筹资费率})}$$

企业以不同方式筹集的资金所付出的代价一般是不同的。企业总的资本成本是由各项个别资本成本及资金比重所决定的。因此，对资本成本的计算必须从个别资本成本

开始。

### 6.2.2 个别资本成本

个别资本成本是指各种筹资方式所筹资金的成本，主要包括银行借款成本、债券成本、优先股成本、普通股成本和留存收益成本。

**1. 银行借款资本成本**

银行借款资本成本的计算公式为

$$K_1=\frac{I_1(1-t)}{P_1(1-f_1)}=\frac{i_1(1-t)}{1-f_1}$$

式中：$K_1$ 表示银行借款资本成本；$I_1$ 表示银行借款年利息；$P_1$ 表示银行借款筹资总额；$t$ 表示所得税税率；$f_1$ 表示银行借款筹资费率；$i_1$ 表示银行借款年利息率。

**2. 债券资本成本**

债券资本成本的计算公式为

$$K_2=\frac{I_2(1-t)}{P_2(1-f_2)}=\frac{B\cdot i_2(1-t)}{P_2(1-f_2)}$$

式中：$K_2$ 表示债券资本成本；$I_2$ 表示债券年利息；$P_2$ 表示债券筹资总额；$t$ 表示所得税税率；$f_2$ 表示债券筹资费率；$B$ 表示债券面值总额；$i_2$ 表示债券年利息率。

**【例 6-1】** 某企业发行债券 1 000 万元，筹资费率为 2%，债券利息率为 10%，所得税税率为 30%。

要求：计算该债券资本成本。

**解** 债券资本成本

$$K_2=\frac{10\%\times(1-30\%)}{1-2\%}\approx 7.14\%$$

**【例 6-2】** 某企业发行债券 1 000 万元，面额 1 000 元，按溢价 1 050 元发行，票面利率为 10%，所得税税率为 30%，发行筹资费率为 1%。

要求：计算该债券资本成本。

**解** 债券资本成本

$$K_2=\frac{1\,000\times 10\%\times(1-30\%)}{1\,050\times(1-1\%)}\approx 6.73\%$$

**3. 优先股资本成本**

优先股资本成本的计算公式为

$$K_3=\frac{D}{P_3(1-f_3)}$$

式中：$K_3$ 表示优先股资本成本；$D$ 表示优先股年股利额；$P_3$ 表示优先股筹资总额；$f_3$ 表示优先股筹资费率。

**【例 6-3】** 某公司发行优先股，每股 10 元，年支付股利 1 元，发行费率为 3%。

要求：计算该优先股资本成本。

**解** 优先股资本成本

$$K_3=\frac{1}{10\times(1-3\%)}\approx 10.31\%$$

**4. 普通股资本成本**

普通股资本成本的计算公式为

$$K_4=\frac{D_1}{P_4(1-f_4)}+G$$

式中：$K_4$ 表示普通股资本成本；$D_1$ 表示预期第一年普通股股利；$P_4$ 表示普通股筹资总额；$f_4$ 表示普通股筹资费率；$G$ 表示普通股年股利增长率。

**【例 6-4】** 某公司发行普通股，每股面值 10 元，以 12 元溢价发行，筹资费率为 4%，第一年末预计股利率 10%，以后每年增长 2%。

要求：计算该普通股资本成本。

**解** 普通股资本成本

$$K_4=\frac{10\times 10\%}{12\times(1-4\%)}+2\%\approx 10.68\%$$

**5. 留存收益资本成本**

一般企业都不会把盈利以股利形式全部分给股东，且在宏观政策上也不允许这样做，因此，企业只要有盈利，总会有留存收益。留存收益是企业的可用资金，它属于普通股股东所有，其实质是普通股股东对企业的追加投资。留存收益资本成本可以参照市场利率，也可以参照机会成本，更多的是参照普通股股东的期望收益，即普通股资本成本，但它不会发生筹资费用。其计算公式为

$$K_5=\frac{D_1}{P_4}+G$$

式中：$K_5$ 表示留存收益资本成本，其余同普通股。

**【例 6-5】** 某公司留用利润 50 万元，其余条件与例 6-4 相同。

要求：计算该留存收益资本成本。

**解** 留存收益资本成本

$$K_5=\frac{10\times 10\%}{12}+2\%\approx 10.33\%$$

## 6.2.3 综合资本成本

在实际工作中，企业筹措资金往往同时采用几种不同的方式。综合资本成本就是指一个企业各种不同筹资方式总的平均资本成本，它是以各种资本所占的比重为权数，对各种资本成本进行加权平均计算出来的，所以又称加权平均资本成本。其计算公式为

$$K_W=\sum_{j=1}^{n}K_jW_j$$

式中：$K_W$ 表示综合资本成本（加权平均资本成本）；$K_j$ 表示第 $j$ 种资金的资本成本；$W_j$ 表示第 $j$ 种资金占全部资金的比重。

**【例 6-6】** 某企业共有资金 1 000 万元，其中银行借款占 50 万元，长期债券占 250 万

元，普通股占 500 万元，优先股占 150 万元，留存收益占 50 万元，各种来源资金的资本成本分别为 7%，8%，11%，9%，10%。

要求：计算综合资本成本。

**解** 综合资本成本

$$K_W = \frac{50\times7\%+250\times8\%+500\times11\%+150\times9\%+50\times10\%}{1\ 000}$$

$$=9.7\%$$

上述综合资本成本的计算中所用权数是按账面价值确定的。使用账面价值权数容易从资产负债表上取得数据，但当债券和股票的市价与账面值相差过多时，计算得到的综合资本成本显得不客观。

计算综合资本成本也可选择采用市场价值权数和目标价值权数。市场价值权数是指债券、股票等以当前市场价格来确定的权数，这样做比较能反映当前实际情况，但因市场价格变化不定而难以确定。目标价值权数是指债券、股票等以未来预计的目标市场价值确定的权数，但未来市场价值只能是估计的。概括地说，以上三种权数分别有利于了解过去、反映现在、预知未来。在计算综合资本成本时，如无特殊说明，则要求采用账面价值权数。

### 6.2.4 边际资本成本

边际资本成本是指资金每增加一个单位而增加的成本。当企业需要追加筹措资金时应考虑边际资本成本的高低。企业追加筹资，可以只采用某一种筹资方式，但这对保持或优化资本结构不利。当筹资数额较大，而资本结构又有既定目标时，应通过边际资本成本的计算，确定最优的筹资方式的组合。

下面举例说明边际资本成本的计算和应用。

华东公司现有资金 1 000 万元，其中长期借款 100 万元，长期债券 200 万元，普通股 700 万元。公司考虑扩大经营规模，拟筹集新的资金。经分析，认为目前的资本结构是最优的，希望筹集新资金后能保持目前的资本结构。经测算，随筹资额的增加，各种资本成本的变动情况如表 6-1 所示。

**表 6-1 华东公司筹资资料**

| 资金种类 | 目标资本结构(%) | 新筹资的数量范围(元) | 资本成本(%) |
|---|---|---|---|
| 长期借款 | 10 | 0～50 000 | 6 |
| | | >50 000 | 7 |
| 长期债券 | 20 | 0～140 000 | 8 |
| | | >140 000 | 9 |
| 普通股 | 70 | 0～210 000 | 10 |
| | | 210 000～630 000 | 11 |
| | | >630 000 | 12 |

**1. 计算筹资总额的分界点(突破点)**

根据目标资本结构和各种个别资本成本变化的分界点(突破点),计算筹资总额的分界点(突破点)。其计算公式为

$$BP_j = \frac{TF_j}{W_j}$$

式中:$BP_j$ 表示筹资总额的分界点;$TF_j$ 表示第 $j$ 种个别资本成本的分界点;$W_j$ 表示目标资本结构中第 $j$ 种资金的比重。

华东公司的筹资总额分界点如表 6-2 所示。

**表 6-2　筹资总额分界点计算表**

| 资金种类 | 资本结构(%) | 资本成本(%) | 新筹资的数量范围(元) | 新筹资总额分界点(元) |
|---|---|---|---|---|
| 长期借款 | 10 | 6 | 0～50 000 | 0～500 000 |
| | | 7 | >50 000 | >500 000 |
| 长期债券 | 20 | 8 | 0～140 000 | 0～700 000 |
| | | 9 | >140 000 | >700 000 |
| 普通股 | 70 | 10 | 0～210 000 | 0～300 000 |
| | | 11 | 210 000～630 000 | 300 000～900 000 |
| | | 12 | >630 000 | >900 000 |

在表 6-2 中,新筹资总额分界点是指引起某资金种类资本成本变化的分界点。例如长期借款,筹资总额不超过 50 万元,资本成本为 6%;筹资总额超过 50 万元,资本成本就要增加到 7%。那么当筹资总额在 50 万元左右时,尽量不要超过 50 万元。然而要维持原有资本结构,必然要多种资金按比例同时筹集,单考虑某个别资本成本是不成立的,必须考虑综合的边际资本成本。

**2. 计算各筹资总额范围的边际资本成本**

根据表 6-2 的计算结果可知,共有 4 个分界点,应有 5 个筹资范围。计算 5 个筹资范围的边际资本成本,结果如表 6-3 所示。

**表 6-3　边际资本成本计算表**

| 序号 | 筹资总额范围(元) | 资金种类 | 资本结构(%) | 资本成本(%) | 边际资本成本(%) |
|---|---|---|---|---|---|
| 1 | 0～300 000 | 长期借款 | 10 | 6 | 0.6 |
| | | 长期债券 | 20 | 8 | 1.6 |
| | | 普通股 | 70 | 10 | 7.0 |
| 2 | 300 000～500 000 | 长期借款 | 10 | 6 | 0.6 |
| | | 长期债券 | 20 | 8 | 1.6 |
| | | 普通股 | 70 | 11 | 7.7 |
| 3 | 500 000～700 000 | 长期借款 | 10 | 7 | 0.7 |
| | | 长期债券 | 20 | 8 | 1.6 |
| | | 普通股 | 70 | 11 | 7.7 |

续表

| 序号 | 筹资总额范围(元) | 资金种类 | 资本结构(%) | 资本成本(%) | 边际资本成本(%) |
|---|---|---|---|---|---|
| 4 | 700 000～900 000 | 长期借款<br>长期债券<br>普通股 | 10<br>20<br>70 | 7<br>9<br>11 | 0.7<br>1.8<br>7.7 |
| 5 | 900 000 以上 | 长期借款<br>长期债券<br>普通股 | 10<br>20<br>70 | 7<br>9<br>12 | 0.7<br>1.8<br>8.4 |

① 第 1 个筹资范围的边际资本成本＝0.6%＋1.6%＋7.0%＝9.2%

② 第 2 个筹资范围的边际资本成本＝0.6%＋1.6%＋7.7%＝9.9%

③ 第 3 个筹资范围的边际资本成本＝0.7%＋1.6%＋7.7%＝10.0%

④ 第 4 个筹资范围的边际资本成本＝0.7%＋1.8%＋7.7%＝10.2%

⑤ 第 5 个筹资范围的边际资本成本＝0.7%＋1.8%＋8.4%＝10.9%

华东公司可以按照表 6-3 的结果规划追加筹资,尽量不要由一段范围突破到另一段范围。

## 6.3 杠杆原理

杠杆原理是物理学中的概念,财务管理中用杠杆原理来描述一个量的变动会引起另一个量的更大变动。财务管理中的杠杆有经营杠杆、财务杠杆和综合杠杆。

### 6.3.1 经营杠杆

**1. 经营杠杆效应**

企业在生产经营中会有这么一种现象:在单价和成本水平不变的条件下,销售量的增长会引起息税前利润以更大的幅度增长,这就是经营杠杆效应。经营杠杆效应产生的原因是不变的固定成本,当销售量增加时,变动成本将同比增加,销售收入也同比增加,但固定成本总额不变,单位固定成本以反比例降低,这就导致单位产品成本降低,每单位产品利润增加,于是利润比销量增加得更快。

考察东明集团连续 3 年的销量、利润资料,如表 6-4 所示。

**表 6-4 东明集团盈利情况资料**　　元

| 项目 | 第一年 | 第二年 | 第三年 |
|---|---|---|---|
| 单价 | 150 | 150 | 150 |
| 单位变动成本 | 100 | 100 | 100 |
| 单位边际贡献 | 50 | 50 | 50 |
| 销售量 | 10 000 | 20 000 | 30 000 |

续表

| 项目 | 第一年 | 第二年 | 第三年 |
|---|---|---|---|
| 边际贡献 | 500 000 | 1 000 000 | 1 500 000 |
| 固定成本 | 200 000 | 200 000 | 200 000 |
| 息税前利润(EBIT) | 300 000 | 800 000 | 1 300 000 |

由表 6-4 可知，从第一年到第二年，销售量增加了 100%，息税前利润增加了 166.67%；从第二年到第三年，销售量增加了 50%，息税前利润增加了 62.5%。利用经营杠杆效应，企业在可能的情况下适当增加产销会取得更多的盈利，这就是经营杠杆利益。但我们也必须认识到，当企业遇到不利而销售量下降时，息税前利润会以更大的幅度下降，即经营杠杆效应也会带来经营风险。

**2. 经营杠杆系数及其计算**

经营杠杆系数，也称经营杠杆率( Degree of Operational Leverage，DOL)，是指息税前利润的变动率相对于销售量变动率的倍数。其定义公式为

$$经营杠杆系数(DOL)=\frac{息税前利润变动率}{销售量变动率}=\frac{\frac{\Delta EBIT}{EBIT_0}}{\frac{\Delta x}{x_0}}$$

按表 6-4 的资料，可以算得第二年经营杠杆系数为 1.666 7，第三年经营杠杆系数为 1.250 0。利用上述 DOL 的定义公式计算经营杠杆系数必须掌握利润变动率与销售量变动率，但这是事后反映，不便于利用 DOL 进行预测。为此，我们设法推导出一个只需用基期数据计算经营杠杆系数的公式。

以下标“0”表示基期数据，下标“1”表示预测期数据，推导如下：

$$DOL=\frac{\frac{\Delta EBIT}{EBIT_0}}{\frac{\Delta x}{x_0}}=\frac{EBIT_1-EBIT_0}{EBIT_0}\times\frac{x_0}{x_1-x_0}$$

$$=\frac{cm\cdot(x_1-x_0)}{EBIT_0}\times\frac{x_0}{x_1-x_0}=\frac{Tcm_0}{EBIT_0}=\frac{基期边际贡献}{基期息税前利润}$$

式中：$cm$ 表示单位边际贡献；$Tcm$ 表示边际贡献；下标 0 表示基期。

用 $DOL$ 计算公式不仅可以算出第二、第三年的经营杠杆系数，而且第四年的经营杠杆系数也可算出，根据表 6-4 的资料，第四年的经营杠杆系数 $DOL=\frac{1\ 500\ 000}{1\ 300\ 000}=1.153\ 8$。

### 6.3.2 财务杠杆

**1. 财务杠杆效应**

企业在核算普通股每股利润时会有这么一种现象：在资金构成不变的情况下，息税前利润的增长会引起普通股每股利润以更大的幅度增长，这就是财务杠杆效应。财务杠杆效应产生的原因是当息税前利润增长时，债务利息不变，优先股股利不变，这就导致普通股每股利润比息税前利润增加得更快。

假设东明集团年债务利息 100 000 元，所得税税率为 30%，普通股 100 000 股，连续 3 年普通股每股利润资料如表 6-5 所示。

**表 6-5 东明集团普通股每股利润资料** 元

| 项目 | 第一年 | 第二年 | 第三年 |
|---|---|---|---|
| 息税前利润(EBIT) | 300 000 | 800 000 | 1 300 000 |
| 债务利息 | 100 000 | 100 000 | 100 000 |
| 税前利润 | 200 000 | 700 000 | 120 000 |
| 所得税 | 60 000 | 210 000 | 360 000 |
| 税后利润 | 140 000 | 490 000 | 840 000 |
| 普通股每股利润(EPS) | 1.4 | 4.9 | 8.4 |

由表 6-5 可见，从第一年到第二年，EBIT 增加了 166.67%，EPS 增加了 250%；从第二年到第三年，EBIT 增加了 62.5%，EPS 增加了 71.43%。利用财务杠杆效应，企业适度负债经营，在盈利条件下可能给普通股股东带来更多的得益，这就是财务杠杆利益。但我们也必须认识到，当企业遇到不利而盈利下降时，普通股股东的得益会以更大的幅度减少，即财务杠杆效应也会带来财务风险。

**2. 财务杠杆系数及其计算**

财务杠杆系数，也称财务杠杆率(Degree of Financial Leverage, DFL)，是指普通股每股利润的变动率相对于息税前利润变动率的倍数。其定义公式为

$$\text{财务杠杆系数}(DFL)=\frac{\text{普通股每股利润变动率}}{\text{息税前利润变动率}}=\frac{\Delta EPS/EPS_0}{\Delta EBIT/EBIT_0}$$

按表 6-5 的资料，可以算得第二年财务杠杆系数为 1.500 0，第三年财务杠杆系数为 1.142 9。利用上述 DFL 的定义公式计算财务杠杆系数必须掌握普通股每股利润变动率与息税前利润变动率，但这是事后反映，不便于利用 DFL 进行预测。为此，我们设法推导出一个只需用基期数据计算财务杠杆系数的公式。推导如下：

$$\begin{aligned}
DFL &=\frac{\Delta EPS/EPS_0}{\Delta EBIT/EBIT_0}\\
&=\frac{\dfrac{(EBIT_1-I)\times(1-t)-E}{n}-\dfrac{(EBIT_0-I)\times(1-t)-E}{n}}{\dfrac{(EBIT_0-I)\times(1-t)-E}{n}}\div\frac{EBIT_1-EBIT_0}{EBIT_0}\\
&=\frac{(EBIT_1-EBIT_0)\times(1-t)}{(EBIT_0-I)\times(1-t)-E}\times\frac{EBIT_0}{EBIT_1-EBIT_0}\\
&=\frac{EBIT_0}{EBIT_0-I-\dfrac{D}{1-t}}\\
&=\frac{\text{基期息税前利润}}{\text{基期息税前利润}-\text{债务利息}-\dfrac{\text{优先股股利}}{1-\text{所得税税率}}}
\end{aligned}$$

式中：$I$ 表示债务利息；$t$ 表示所得税税率；$E$ 表示优先股股利；$n$ 表示普通股股数。

对于无优先股的股份制企业或非股份制企业，上述财务杠杆系数的计算公式可简化为

$$DFL=\frac{EBIT_0}{EBIT_0-I}=\frac{\text{基期息税前利润}}{\text{基期税前利润}}$$

用 DFL 计算公式不仅可以算出东明集团第二、第三年的财务杠杆系数，而且第四年的财务杠杆系数也可算出。根据表 6-5 资料，第四年的财务杠杆系数 $DFL=\frac{1\ 300\ 000}{1\ 300\ 000-100\ 000}=1.083\ 3$。

### 6.3.3 综合杠杆

**1. 综合杠杆效应**

由于存在固定的生产经营成本，会产生经营杠杆效应，即销售量的增长会引起息税前利润以更大的幅度增长。由于存在固定的财务成本(债务利息和优先股股利)，会产生财务杠杆效应，即息税前利润的增长会引起普通股每股利润以更大的幅度增长。如果一个企业同时存在固定的生产经营成本和固定的财务成本，那么两种杠杆效应会共同发生，从而产生连锁作用，形成销售量的变动使普通股每股利润以更大的幅度变动。综合杠杆效应就是经营杠杆和财务杠杆的综合效应。

**2. 综合杠杆系数及其计算**

综合杠杆系数，也称复合杠杆系数，又称总杠杆系数(Degree of Total Leverage，DTL)，是指普通股每股利润的变动率相对于销售量变动率的倍数。其定义公式为

$$\text{综合杠杆系数}(DTL)=\frac{\text{普通股每股利润变动率}}{\text{销售量变动率}}=\frac{\frac{\Delta EPS}{EPS_0}}{\frac{\Delta x}{x_0}}$$

以上计算公式可以继续推导如下：

$$\begin{aligned}DTL&=\frac{\Delta EPS/EPS_0}{\Delta x/x_0}\\&=\frac{\Delta EBIT/EBIT_0}{\Delta x/x_0}\times\frac{\Delta EPS/EPS_0}{\Delta EBIT/EBIT_0}\\&=DOL\times DFL\\&=\frac{Tcm_0}{EBIT_0}\times\frac{EBIT_0}{EBIT_0-I-\frac{D}{1-t}}\\&=\frac{Tcm_0}{EBIT_0-I-\frac{D}{1-t}}\end{aligned}$$

可见，综合杠杆系数可以由经营杠杆系数与财务杠杆系数相乘得到，也可以由基期数据直接计算得到。考察东明集团表 6-4、表 6-5 资料，计算各年 DTL 如下：

第二年 $DTL=1.666\ 7\times1.5=2.500\ 0$

或

$$DTL=\frac{500\ 000}{300\ 000-100\ 000}=2.500\ 0$$

第三年 $$DTL=1.25\times1.142\,9=1.428\,6$$

或

$$DTL=\frac{1\,000\,000}{800\,000-100\,000}=1.428\,6$$

第四年 $$DTL=1.153\,8\times1.083\,3=1.250\,0$$

或

$$DTL=\frac{1\,500\,000}{1\,300\,000-100\,000}=1.250\,0$$

## 6.4 资本结构及其优化

### 6.4.1 资本结构的概念

资本结构是指企业各种来源的长期资金的构成及其比例关系。资本结构是否合理会影响企业资本成本的高低、财务风险的大小以及投资者的得益，它是企业筹资决策的核心问题。企业资金来源多种多样，但总的来说可分成权益资金和债务资金两类，资本结构问题主要是负债比率问题，适度增加债务可能会降低企业资本成本，获取财务杠杆利益，同时也会给企业带来财务风险。

### 6.4.2 资本结构的优化

资本结构的优化意在寻求最优资本结构，使企业综合资本成本最低、企业风险最小、企业价值最大。下面介绍三种常用的优化资本结构的方法。

**1. 比较综合资本成本**

当企业对不同筹资方案做选择时，可以采用比较综合资本成本的方法选定一个资本结构较优的方案。

**【例 6-7】** 某企业计划年初的资本结构如下。

资金来源金额：普通股 6 万股（筹资费率为 2%），共 600 万元；长期债券年利率为 10%（筹资费率为 2%），共 400 万元；长期借款年利率为 9%（无筹资费用），共 200 万元。资金总额合计 1 200 万元。

普通股每股面额 100 元，今年期望股息为 10 元，预计以后每年股利率将增加 3%。该企业所得税税率为 40%。

该企业现拟增资 300 万元，有以下两个方案可供选择：

甲方案　发行长期债券 300 万元，年利率为 11%，筹资费率为 2%。普通股每股股息增加到 12 元，以后每年需增加 4%。

乙方案　发行长期债券 150 万元，年利率为 11%，筹资费率为 2%，另以每股 150 元发行股票 150 万元，筹资费率为 2%，普通股每股股息增加到 12 元，以后每年仍增加 3%。

要求：① 计算年初综合资本成本；

② 试做出增资决策。

**解** ① 计算年初综合资本。

$$\text{普通股资本成本}=\frac{10}{100\times(1-2\%)}+3\%\approx 13.20\%$$

$$\text{长期债券资本成本}=\frac{10\%\times(1-40\%)}{1-2\%}\approx 6.12\%$$

$$\text{长期借款资本成本}=9\%\times(1-40\%)=5.40\%$$

$$\text{综合资本成本}=13.20\%\times\frac{600}{1\ 200}+6.12\%\times\frac{400}{1\ 200}+5.4\%\times\frac{200}{1\ 200}=9.54\%$$

② 比较两个方案，做出增资决策。

甲方案：

$$\text{普通股资本成本}=\frac{12}{100\times(1-2\%)}+4\%\approx 16.24\%$$

$$\text{旧债券资本成本}\approx 6.12\%$$

$$\text{长期借款资本成本}=5.40\%$$

$$\text{新债券资本成本}=\frac{11\%\times(1-40\%)}{1-2\%}\approx 6.73\%$$

$$\begin{aligned}\text{综合资本成本}&=16.24\%\times\frac{600}{1\ 500}+6.12\%\times\frac{400}{1\ 500}+5.4\%\times\frac{200}{1\ 500}+6.73\%\times\frac{300}{1\ 500}\\&\approx 10.19\%\end{aligned}$$

乙方案：

$$\text{旧普通股资本成本}=\frac{12}{100\times(1-2\%)}+3\%\approx 15.24\%$$

$$\text{旧债券资本成本}\approx 6.12\%$$

$$\text{长期借款资本成本}=5.40\%$$

$$\text{新债券资本成本}=\frac{11\%\times(1-40\%)}{1-2\%}\approx 6.73\%$$

$$\text{新普通股资本成本}=\frac{12}{150\times(1-2\%)}+3\%\approx 11.16\%$$

$$\begin{aligned}\text{综合资本成本}&=15.24\%\times\frac{600}{1\ 500}+6.12\%\times\frac{400}{1\ 500}+5.4\%\times\frac{200}{1\ 500}+\\&\quad 6.73\%\times\frac{150}{1\ 500}+11.16\%\times\frac{150}{1\ 500}\\&=10.24\%\end{aligned}$$

由以上计算结果可知，甲方案的综合资本成本低于乙方案，应采用甲方案增资。

**2. 比较普通股每股利润**

从普通股股东的得益这一角度考虑资本结构的优化，可以采用比较普通股每股利润的方法。

**【例 6-8】** 某企业现有权益资金 500 万元（普通股 50 万股，每股面值 10 元）。企业拟再筹资 500 万元，现有三个方案可供选择。A 方案：发行年利率为 9%的长期债券；B 方案：发行年股息率为 8%的优先股；C 方案：增发普通股 50 万股。预计当年可实现息税前盈利 100 万元，所得税率 30%。

要求：选择最优资本结构。

**解** 各方案的每股利润分别为

$$EPS_A=\frac{(100-500\times9\%)\times(1-30\%)}{50}=0.77(\text{元})$$

$$EPS_B=\frac{100\times(1-30\%)-500\times8\%}{50}=0.60(\text{元})$$

$$EPS_C=\frac{100\times(1-30\%)}{50+50}=0.70(\text{元})$$

由以上计算结果可知，A 方案的每股利润最大，应采用 A 方案筹资。

**3. 无差别点分析**

无差别点分析是对不同资本结构的获利能力做分析。无差别点是指使不同资本结构的每股利润相等的息税前利润点，这一点是两种资本结构优劣的分界点。无差别点分析又可称 EBIT-EPS 分析。

**【例 6-9】** 某企业现有资本结构全部为普通股，共 100 万元，每股 10 元，折合 10 万股。现拟增资 20 万元，有甲、乙两种筹资方案可供选择。甲方案：发行普通股 2 万股，每股 10 元。乙方案：发行普通股 1 万股，每股 10 元；另发行债券 10 万元，债券年利率为 10%。该企业所得税税率为 40%。

要求：做 EBIT-EPS 分析。

**解** 设 $x$ 为该企业的息税前利润，则

$$EPS_{\text{甲}}=\frac{x\times(1-40\%)}{10+2}$$

$$EPS_{\text{乙}}=\frac{(x-10\times10\%)\times(1-40\%)}{10+1}$$

令 $EPS_{\text{甲}}=EPS_{\text{乙}}$，得

$$\frac{x\times0.6}{12}=\frac{(x-1)\times0.6}{11}$$

$$x=12(\text{万元})$$

此时

$$EPS_{\text{甲}}=EPS_{\text{乙}}=0.6(\text{元})$$

则当企业息税前利润小于 12 万元时选择甲方案增资，大于 12 万元时选择乙方案增资。

上述三种优化资本结构的方法都有一定的局限性。首先，它们都仅对有限个方案选出最优方案，因此只能是“较优”，不可能是“最优”。其次，它们与财务管理的总目标——股东财富最大化不可能完全一致，在第一种方法下，综合资本成本低，并不能保证股东财富最大；在第二、三种方法下，假定普通股每股利润越大，则普通股股价越高，从而使股东财富越大，但事实上普通股股价并不仅取决于每股利润，而受很多因素的影响。

上述三种优化资本结构的方法适用于不同的情况。比较综合资本成本适用于各个别资本成本已知或可计算的情况；比较普通股每股利润适用于息税前利润可明确预见的情况；无差别点分析适用于息税前利润不能明确预见，但可估测大致范围的情况。

## 知识拓展

### 类金融模式

什么是“类金融”模式？通俗地讲，就是和金融融资相近的一种办法，可从消费者手中拿到钱并且不支付利息，而将其用于本企业经营扩张的一种金融模式。这种“类金融”的预付模式，不仅在美容美发业普遍存在，而且商业、餐饮、洗车、洗浴等服务行业也对该模式情有独钟。可以说，预付卡在方便消费者的同时，也变成了商家的“变相融资”渠道。每张卡的金额从几百元到数千元、甚至上万元，卖卡成了商家“圈钱”的新途径。

商业终端连锁企业利用自己的销售网络和渠道价值，倒逼上游的供应商先供货、后收款或者采取收进场费等方式，长期占用供应商资金。占用的资金用于开设分店，进一步扩大分销渠道，提高渠道价值，从而形成“分销规模和渠道价值—占用供应商资金—规模扩张和渠道价值提高—占用更多供应商资金”的循环。当连锁企业的网点达到相当规模，提供的产品和服务达到相当水准，企业品牌效应获得消费者的信任时，通过产品定价和促销等方式，还可以吸纳众多下游消费者的预付款，同样通过滚动的方式供自己长期使用。

类金融模式使得连锁企业可以像银行吸储一样，并以滚动的方式长期廉价使用外部资金。这样，连锁企业就具备了主干金融机构——银行经营货币的类似功能。实践中，类金融模式也在房产中介、高尔夫球会、美容院、洗衣店等很多行业中蔓延，其功能一般通过收取会员费、保证金等方式来实现。

截至2011年底，我国预付消费规模已经超过1.4万亿元，其中单用途商业预付卡发卡规模超过6 000亿元。有业内估算称，我国预付消费正在以每年近20%的速度增长。

单用途预付卡由于预消费周期较长，涉及金额较大，等于消费者给企业送去一张超大金额的“信用卡”，但消费者无法拥有像银行那样的监管和处罚权。同时，企业有可能把这笔钱拿去进行经营扩张，一旦资金链条运行不顺畅时，就会因经营不善而倒闭。此外，还有少数商家恶意卷款潜逃，这就会给消费者带来无法挽回的巨大经济损失。

国家工商总局曾发布消息承认，消费者在这一领域“面临权益受侵害的风险”。近年来，预付卡消费陷阱已经成为消费者投诉最多的问题之一。

2012年9月21日，中华人民共和国商务部令第9号公布《单用途商业预付卡管理办法(试行)》，分总则、备案、发行与服务、资金管理、监督管理、法律责任、附则7章42条，自2012年11月1日起实施。其中规定，因发卡企业单方变更经营服务主体、经营内容或范围、营业地址等，影响持卡人利益的，发卡企业应提前30天公示，并向持卡人提供赎回服务。

## 案例分析

### 华宇药业资本结构优化

我国医药行业自1978年以来以年均16.6%的速度增长，因此医药行业的竞争相当激烈，而且在部分市场还存在不正当竞争。所以，在这样的市场环境中，企业只有合理安排资金，培育自己的核心竞争力，才能在竞争中不被淘汰。

华宇药业股份有限公司(以下简称华宇公司)成立于2009年，其注册资本为1 000万元，经营范围主要是化学原料药、化学制剂药、抗生素、生化制品、物流配送及相关咨询服务。公司自成立以来虽无亏损现象发生，但经营业绩一般，与同行业比较，盈利能力较低。因此，为了在激烈的竞争中不致被淘汰，公司必须不断挖掘自身的潜力，扩大市场份额，提高企业价值。

华宇公司自建立以来一直无长期债务，其资金全部由普通股资本组成，股票账面价值为1 000万元。2010年公司息税前盈余为300万元，目前适用的企业所得税税率为25%，无风险报酬率为8%，平均风险股票必要报酬率为15%，股票系数为1。

但随着公司的发展，财务总监认为公司目前的资本结构不合理，于是向总经理提出改善公司目前的资本结构的建议，并提出可通过发行债券购回部分股票，寻找加权平均资本成本最低的最佳资本结构。但总经理不同意，他认为目前公司的资本结构没有什么不妥之处。

**讨论题：**

确定最优资本结构的意义何在？应按照什么样的思路来确定最优资本结构？

## 思考题

1. 解释下列名词术语：资本成本、筹资总额分界点、边际贡献、经营杠杆、复合杠杆、资本结构、筹资无差别点。

2. 简述资本成本的内容和财务意义。

3. 经营杠杆和经营风险有何关系？

4. 财务杠杆和财务风险有何关系？

5. 经营杠杆和财务杠杆是如何发挥综合作用的？

6. 谈谈你对负债经营的认识。

7. 筹资无差别有哪两种表达方式？它说明了什么问题？

## 习 题

1. 某企业发行面值为500元，票面利率为10%，偿还期为5年的长期债券。该债券的筹资费率为2%，所得税税率为30%。

要求：计算此债券的资本成本。

2. 某企业发行面值为50元，年股利率为15%的优先股股票，发行该优先股股票的筹资费率为4%。

要求：计算优先股的资本成本。

3. 某企业发行普通股股票，每股发行价格为10元，筹资费率为5%，预计第一年末股利为1元，年股利增长率为2%。

要求：计算普通股的资本成本。

4. 某企业留用利润500万元，预计普通股下一期股利率为15%，以后每年股利增长率为1%。该普通股每股面值5元，发行价8元。

要求：计算留存收益的资本成本。

5. 某企业共有资金2 000万元，其中银行借款100万元，长期债券500万元，普通股1 000万元，留存收益400万元。以上四种资金的资本成本依次为5%，6%，12%，11%。

要求：计算该企业的综合资本成本。

6. 某企业目前拥有长期资金160万元，其中长期借款20万元，长期债券60万元，普通股80万元。经分析，企业目前的资本结构是最佳的，并认为筹集新资金后仍应保持这一结构。企业拟考虑筹集新资金，扩大经营，各个别资本成本随筹资额增加而变动的情况如下表所示。

| 资金来源 | 新筹资的数量范围(万元) | 资本成本(%) |
|---|---|---|
| 长期借款 | <5 | 5 |
| | >5 | 6 |
| 长期债券 | <7.5 | 7 |
| | >7.5 | 8 |
| 普通股 | <15 | 10 |
| | >15 | 12 |

要求:计算该企业新筹资总额的分界点,编制边际资本成本规划表。

7. 已知某公司 2002 年产销 A 产品 10 万件,单价 100 元,单位变动成本 80 元,固定成本总额 100 万元,公司负债总额 1 000 万元,年利率为 5%,所得税税率为 40%。

要求:

① 计算边际贡献。

② 计算息税前利润。

③ 计算经营杠杆系数。

④ 计算财务杠杆系数。

⑤ 计算综合杠杆系数。

8. 某企业年初的资本结构如下表所示:

| 资金来源 | 金额(万元) |
|---|---|
| 长期债券(年利率 6%) | 500 |
| 优先股(年股息率 10%) | 100 |
| 普通股(8 万股) | 400 |
| 合计 | 1 000 |

普通股每股面值 50 元,今年期望每股股息 5 元,预计以后每年股息率将增加 2%,发行各种证券的筹资费率均为 1%,该企业所得税率为 30%。

该企业拟增资 500 万元,有两个备选方案可供选择。方案一:发行长期债券 500 万元,年利率为 8%,此时企业原普通股每股股息将增加到 6 元,以后每年的股息率仍可增加 2%。方案二:发行长期债券 200 万元,年利率为 7%,同时以每股 60 元发行普通股 300 万元,普通股每股股息将增加到 5.5 元,以后每年的股息率仍将增长 2%。

要求:

① 计算该企业年初综合资本成本。

② 分别计算方案一、方案二的综合资本成本并做出决策。

9. 3M 公司拟筹资 1 000 万元开发新品,现有 A,B 两个备选方案。有关资料如下表所示：

| 筹资方式 | A方案 | | B方案 | |
|---|---|---|---|---|
| | 投资额(万元) | 资本成本(%) | 投资额(万元) | 资本成本(%) |
| 长期投资 | 200 | 6 | 150 | 5 |
| 债券 | 300 | 8 | 250 | 7 |
| 普通股 | 500 | 10 | 600 | 12 |
| 合计 | 1 000 | | 1 000 | |

要求：

① 分别计算A、B方案的综合资本成本。

② 设开发该项新品的投资报酬率为9.5%，3M公司应选择哪一方案筹资？

10. 某企业计划年初的资本结构如下表所示：

| 资金来源 | 金额（万元） |
|---|---|
| 长期借款(年利率10%) | 200 |
| 长期债券(年利率12%) | 300 |
| 普通股(5万股，面值100元) | 500 |
| 合计 | 1 000 |

本年度该企业拟考虑增资200万元，有两种筹资方案。甲方案：发行普通股2万股，面值100元。乙方案：发行长期债券200万元，年利率13%。增资后预计计划年度息税前利润可达到120万元，所得税税率40%。

要求：

① 该企业应采用哪一方案筹资？

② 分别采用比较每股利润及无差别点分析两种筹资方案。

# 7 资本预算

**学习目标**

1. 了解投资项目的分类。
2. 理解资本预算相关的概念及程序。
3. 掌握投资项目现金流量的构成及计算，理解税负与折旧对现金流量的影响。
4. 掌握资本预算决策方法和决策规则。
5. 掌握固定资产更新决策分析方法。
6. 了解多个投资方案组合的决策方法。
7. 掌握风险投资决策方法。

## 卡尔伐公司资本预算

卡尔伐公司(The Culver Company)五金分部是一个盈利的、多种经营的制造公司。该公司5年前以7 500美元的价格购买了一台机器。这台机器在购买时预期寿命为15年，在第15年末预计残值为0。采用直线折旧法，现在这台机器的账面价值为5 000美元。分部经理报告可用12 000美元(包括安装费)购置一台寿命期为10年的新机器，这样其销售额将从每年10 000美元扩大到11 000美元。此外，它将减少劳动和原材料消耗量，足以使经营成本从7 000美元减少到5 000美元。这台新机器预计第10年末的残值为2 000美元。旧机器的当前市场价值为1 000美元，税率为40%，按季支付，公司的资本成本为10%。卡尔伐公司应不应该购买这台新机器呢？

## 7.1 资本预算概述

### 7.1.1 企业投资的意义

企业投资是指公司对现在所持有资金的一种运用，如投入经营资产或购买金融资产，或者是取得这些资产的权利，其目的是在未来一定时期内获得与风险相匹配的报酬。在市场经济条件下，公司能否把筹集到的资金投放到报酬高、回收快、风险小的项目上去，对企业的生存和发展十分重要。

(1) 企业投资是实现财务管理目标的基本前提。企业财务管理的目标是不断提高企业价值，为股东创造财富。因此要采取各种措施增加利润，降低风险。企业要想获得利润，就必须进行投资，在投资中获得效益。

(2) 企业投资是公司发展生产的必要手段。在科学技术、社会经济迅速发展的今天，企业无论是维持简单再生产还是实现扩大再生产，都必须进行一定的投资。要维持简单再生产的顺利进行，就必须及时对所使用的机器设备进行更新，对产品和生产工艺进行改造，不断提高职工的科学技术水平等；要实现扩大再生产，就必须新建、扩建厂房，增添机器设备，增加职工人数，提高员工素质等。企业只有通过一系列的投资活动，才能创造增强实力、广开财源不可缺少的条件。

(3) 企业投资是公司降低经营风险的重要方法。公司把资金投向生产经营的关键环节或薄弱环节，可以使各种生产经营能力配套、平衡，形成更大的综合生产能力。例如，把资金投向多个行业，实行多元化经营，则更能增加公司销售和盈余的稳定性，因此这些都是降低公司经营风险的重要方法。

### 7.1.2 投资项目类型

根据不同的划分标准，企业投资可做如下分类。

**1. 直接投资与间接投资**

根据投资与企业生产经营的关系，企业投资可分为直接投资和间接投资两类。直接投资是指投资主体将资金投入到生产经营领域，以便获取利润的投资活动，如购买原材料、购置设备、建设厂房等。直接投资扩大了生产能力，增加了实物资产存量，能为最终产品生产和提供劳务创造物质基础，是经济增长的重要条件。间接投资又称证券投资，是指把资金投入证券等金融资产，以取得利息、股利或资本利得收入的投资。在非金融性企业中，直接投资所占比重很大。随着我国金融市场的完善和多渠道筹资的形成，企业间接投资将越来越广泛。

**2. 短期投资与长期投资**

根据投资回收时间的长短，企业投资可分为短期投资和长期投资两类。短期投资又称流动资产投资，是指能够并且也准备在1年以内收回的投资，主要是指对现金、应收账款、存货、短期有价证券等的投资。长期投资则是指 1 年以上才能收回的投资,主要是指对厂房、机器设备等固定资产的投资,也包括对无形资产和长期有价证券的投资。由于长期投资中固定资产所占的比重较大,因此,长期投资有时专指固定资产投资。

**3. 对内投资和对外投资**

根据投资的方向,企业投资可分为对内投资和对外投资两类。对内投资是指把资金投向公司内部,购置各种生产经营用资产的投资。对外投资是指公司以现金、实物、无形资产等方式或者以购买股票、债券等有价证券方式向其他单位的投资。对内投资都是直接投资,对外投资主要是间接投资,也可以是直接投资。

**4. 初创投资和后续投资**

根据投资在生产过程中的作用,企业投资可分为初创投资和后续投资。初创投资是在建立新企业时所进行的各种投资。它的特点是投入的资金通过建设形成企业的原始资产,为企业的生产、经营创造必要的条件。后续投资则是指为巩固和发展企业再生产所进行的各种投资,主要包括为维持企业简单再生产所进行的更新性投资,为实现扩大再生产所进行的追加性投资,为调整生产经营方向所进行的转移性投资,等等。

**5. 独立投资、互斥投资和互补投资**

根据投资项目之间的相互关系,投资可以分为独立投资、互斥投资和互补投资。独立投资也称非相关性投资,是不会因其他投资的采纳或放弃而受到影响的投资。例如,购置机器和建造厂房是各自独立投资的项目,它们之间存在着相互依赖关系,但不能相互取代。此时,只要独立投资项目本身可行,即可以接受。

互斥投资也称互不相容投资,是指采纳或放弃某一项投资,就会显著地影响其他投资,或者其他投资的采纳或放弃会使某一项投资受到显著的影响。例如,某公司正在考虑投资于两个计算机系统中的一个,那么选择其中一个系统就意味着放弃另外一个系统。因此,互斥投资有取必有舍,不能同时并存。

互补投资是指可同时进行、相互配套的投资,如港口和码头、油田和油管都属于互相补充的投资。

这种投资分类与投资决策密切相关,对于独立投资无须考虑其他投资的影响,对于互斥投资必须在多种投资方案中做出选择,对于互补投资必须考虑各种投资方案的相互配套。就这三种投资类型的风险、收益来说,独立投资的风险、收益是独立的,互斥投资的风险、收益不仅是独立的,而且取决于投资项目的正确选择,互补投资的风险、收益与各配套项目是否能有效互相补充相联系。

### 7.1.3 资本预算的概念及特点

资本预算(Capital Budgeting)又称长期投资决策,是对长期投资项目未来各期的现金流入与现金流出进行详细分析,并对投资项目是否可行做出判断的过程。资本预算是一种必要的管理工具,在企业财务管理过程中占有非常重要的地位,它所涉及的项目通常要支出大量资金,对企业会产生较长时间的影响。一项资本预算的失误,会给企业带来重大损失,影响企业的财务状况和现金流量,甚至造成企业的破产。所以,新创企业必须综合考虑资金的时间价值、投资的风险价值、资本成本以及现金流量等问题，并采取适当的指标来评价投资项目的预期效益。

资本预算具有如下特点：

(1) 影响时间长。长期投资项目发挥作用的时间比较长，投入的资金需要几年、十几年，甚至几十年才能收回。因此，长期投资对企业今后长期的经济效益，甚至对企业的命运有着决定性的影响。

(2) 投资数额大。企业投资所需资金数额多少不等，但就企业内部长期投资而言，所需资金一般较多。因此，长期投资对企业的现金流量和财务状况有很大的影响。

(3) 发生频率低。与短期投资相比，长期投资的发生次数不太频繁，特别是大规模的长期投资，这就使财务人员有比较充足的时间对长期投资进行可行性研究。

(4) 变现能力差。长期投资一旦完成，要想改变是相当困难的，也不是无法实现，但是代价太大，这是因为厂房和机器设备等固定资产以及其他长期资产的变现能力较差，用途也不易改变。

鉴于资本预算的上述特点，创业企业在进行投资之前，应首先对投资项目进行分析评价，从财务的角度分析投资项目的可行性，以便做出合理的决策。

### 7.1.4 资本预算的程序

作为一个完整的决策过程，资本预算必须包括项目投资的各个阶段，即事前决策、事中实施和事后监督与评价。一般来说，资本预算过程包括七个步骤。

**1. 寻找并确定投资机会**

在企业中，各个部门、各个级别的管理人员(包括工人)都会提出相应的资本性支出建议。例如，新产品开发建议通常是由营销部门提出的，而固定资产更新建议通常是由生产部门提出的。无论投资建议是哪个部门提出的，都需要有高效的管理信息系统以保证投资信息的传递。并且，各种投资建议都必须与企业的战略相一致，以避免对那些与公司战略相矛盾的投资项目做不必要的分析。例如，处于竞争环境中的高科技企业，可能不会愿意降低研究与开发支出以实现短期的高利润。

**2. 估测各个投资项目的收益、成本和风险**

企业在确定可行的投资机会之后，下一步就是分析、估测各个投资机会的成本与收益，并考虑与此相关的风险，为选择投资项目提供财务数据。企业必须充分认识到，准确地估测投资项目的成本与收益是非常消耗时间的过程，而且可能是资本预算决策过程中最困难的一个部分，因为所有的估测都建立在假设基础之上，与现实可能会有很大的出入。

**3. 选择投资项目**

在获取各个投资项目的收益、成本和风险资料之后，企业就可以采取一定的财务评价指标，对各个投资项目的风险与报酬做出评估，从而选择最有利的投资项目。这里，选择投资项目的基本原则仍然是要使投资项目的投资报酬率大于或等于企业资金的边际资本成本。

估测投资方案的风险、收益和选择投资方案，是资本预算决策过程中最主要的两个步骤，也是本章介绍的重点。

**4. 制订资本预算计划**

企业在选定投资方案以后，就要以文本的方式，将最终决策变成可实行的投资计划（或资本预算）。制订资本预算计划时通常需要说明的内容有以下几个方面：

(1) 投资的必要性及其对企业经营的影响。

(2) 投资项目的技术可行性评价。

(3) 项目投资的各个阶段及所需要经历的时间。

(4) 各阶段投资的金额估计。

(5) 各阶段投资金额筹集的方式和渠道以及资本成本的测算。

(6) 投资项目的收益估计。

(7) 投资项目的财务可行性评价。

**5. 实施项目投资**

项目投资的实施，首先是要筹集资金。企业应当根据资本预算(投资计划)中制定的筹资方案，及时足额地筹集资金，以顺利实施投资方案。

**6. 进行项目监测**

对投资项目进行监测，可以评价企业在选择投资方案过程中，对各种投资机会的收益、成本与风险的估测是否准确，是否要根据现实情况对投资计划加以修订和调整。例如，在筹资过程中，如果资本市场发生剧烈变化，使得资金筹措困难或资本成本大幅度上升，从而使原先有利可图的投资方案变得无利可图，乃至亏损，那么，企业就有必要调整其投资计划；在项目建设过程中，如果产品市场发生重大变化，原先预计的收益会大幅度减少，那么，企业也必须考虑修订投资计划。

**7. 实施事后审计**

资本预算的事后审计是对投资项目的最终结果与预测结果进行比较。要实施有效的事后审计，通常需要一定的时间，如 2～3 年。事后审计的重要性在于它可以对投资方案确定阶段所采取的政策做出必要的修订，并提供能够更加准确估计投资方案的收益、成本和风险的步骤。

## 7.2 投资项目现金流量的估计

在资本预算决策中，评价项目盈利的财务指标不再是利润，而是现金流量。估计投资项目的预期现金流量是资本预算的首要环节，实际上也是分析投资方案时最重要、最困难的一个步骤。

### 7.2.1 现金流量的概念与构成

**1. 现金流量的概念**

所谓现金流量，在资本预算中是指一个项目所引起的在未来一定期间内所发生的现金支出和现金收入的增加额。这里的“现金”是广义的现金，它不仅包括各种货币资金，而且还包括与项目相关的非货币资源的变现价值(或重置成本)。例如，一个项目需要使用原有的厂房、设备和材料等，则相关的现金流量是指它们的变现价值，而不是它们的账面价值。

现金流量是一个统称，其具体包括现金流出量、现金流入量和现金净流量三个概念。其中，现金流出量是指由于实施某一投资项目而引起的企业现金支出的增加量，如购建机器设备的现金支出、垫支的流动资金等；现金流入量是指特定投资项目实施所引起的企业现金收入的增加量，如新增的税后利润、折旧等；而现金净流量则是指相应的一定期间内现金流入量与现金流出量的差额。现金净流量可以按一年计，也可以按整个项目存续的有效期计。当现金流入量大于现金流出量时，现金净流量为正数；反之，现金净流量为负数。

**2. 现金流量的构成**

投资项目的现金流量一般由初始现金流量、营业现金流量和终结现金流量三个部分构成。

1) 初始现金流量

初始现金流量是指项目开始投资时发生的现金流量，是项目的投资支出，故也称初始投资。其具体包括以下几个方面：

(1) 固定资产投资，主要包括厂房、设备等固定资产的购入或建造成本、运输成本和安装、调试成本等。

(2) 垫支的营运资本，是指项目投产前后分次或一次投放于原材料、在产品、产成品等流动资产的投资增加额。这些资金一经投入，便在整个投资期限内围绕着企业的生产经营活动进行周而复始的循环周转，直至项目终结时才退出收回，并转作他用。

(3) 其他投资费用，是指与投资项目运转相关的各项费用支出，如人员培训费、谈判费、注册费等。

(4) 原有固定资产的变价收入，主要是指在固定资产更新改造时，对原有固定资产变卖所得的现金净收入。

(5) 所得税效应，即出售旧设备变价收入的税赋损益。按规定，出售资产(如旧设备)时，如果出售价高于原价或账面净值，就应缴纳所得税，多缴的所得税构成项目现金流出量；如果出售价低于原价或账面净值，形成损失，则可抵减应纳税所得额，少交所得税，形成项目现金流入量。

2) 营业现金流量

营业现金流量，即经营期现金净流量，指项目投产后，在其有效年限内由于正常的生产经营活动所引起的现金流量。这种现金流量通常以年为单位进行计算，一般包括以下几个方面：

(1) 营业现金收入，是指项目投产后生产产品或提供劳务而使企业每年增加的现金销售收入。这是经营期最主要的现金流入项目。

(2) 经营成本，又称为付现成本，是指用现金支出的各种成本和费用，如材料费用、人工费用、设备修理费用等。这是经营期最主要的现金流出项目。企业每年支付的总成本中，一部分是付现成本，另一部分是非付现成本。非付现成本包括固定资产折旧费、无形资产摊销费等，而无形资产摊销费往往数额不大或是不经常发生，为简化起见通常忽略不计。因此，付现成本可以用当年的营业成本减固定资产折旧后得到。

(3) 交纳的各项税款，是指项目投资后依法缴纳的、单独列示的各项税款，主要是所得税。

因此，企业每年营业现金净流量可用以下公式计算：

年营业现金净流量＝营业收入－付现成本－所得税
＝营业收入－(营业成本－折旧)－所得税
＝营业收入－营业成本－所得税＋折旧
＝税后净利＋折旧

3) 终结现金流量

终结现金流量，是指项目终结时所发生的现金流量，主要包括固定资产的残值或变价收入、回收原垫支的营运资本、停止使用的土地变价收入等。

### 7.2.2 估算现金流量的一般原则

投资项目所需要的资本支出以及该投资项目每期产生的净现金流量涉及许多变量，因此需要企业组织相关部门(如销售部门、产品开发部门、技术部门、生产部门、成本管理部门和财务会计部门)共同参与，配合完成。

在确定投资方案的现金流量时，应遵循的基本原则是：只有增量的现金流量才是与投资项目相关的现金流量。所谓增量现金流量，是指接受或拒绝某个投资方案后，企业总现金流量因此发生的变动。只有实施某个投资项目引起的现金流入增加额，才是该项目的现金流入量；只有实施某个投资项目引起的现金流出量增加额，才是该项目的现金流出量。

为正确计算投资方案的增量现金流量，需要正确判断哪些支出会引起企业总现金流量的变动，哪些支出不会引起企业总现金流量的变动。在进行判断时，要注意以下几个问题。

**1. 区分相关成本和非相关成本**

相关成本是指与特定决策有关的、在分析评价时必须加以考虑的成本，如差额成本、未来成本、重置成本和机会成本等都属于相关成本。与之相反，与特定决策无关的、在分析评价时不需加以考虑的成本则是非相关成本，如沉没成本、过去成本、账面成本等就往往属于非相关成本。如果不加区分，将非相关成本也纳入投资项目的总成本，则一个有利的项目可能因此变得不利，一个较好的项目可能因此变为一个较差的项目，从而造成决策的失误。

例如，某企业2010年拟建一个车间，经专家论证共需投资500万元，并请一家管理咨询公司做过可行性研究，支付咨询费10万元。后来因为公司有了更好的投资机会，该项目被搁置下来，且该笔咨询费作为费用已在当年入账处理。两年后该项目拟重新上马，在进行投资分析时，这10万元是否仍是相关成本呢？当然不是。这10万元支出已经发生，属于沉没成本，不管企业是否新建这个车间，它都无法收回，与企业未来的总现金流出量无关。

**2. 不要忽视机会成本**

在投资方案的选择中，如果选择了某一个投资方案作为最优方案，就必然要放弃其他的方案。这种由于放弃其他方案而丧失的潜在利益就是被选用的最优方案的机会成本。机会成本尽管并不构成实际的现金流出，但它减少了获得收益的机会，因此也是项目的相关成本。

例如，上述企业新建车间的投资方案，需要使用企业拥有的一块土地。在进行投资分析时，必须考虑这块土地的其他用途所能获得的收益，即利用该块土地建车间的机会成本。假设这块土地出售可得100万元，则新建车间的机会成本就是100万元。

值得注意的是，无论这块土地当时是以20万元还是30万元购得的，都应以现行市场价格作为该块土地的机会成本。机会成本不是一种支出或费用，而是失去的收益。这种收益不是实际发生的，而是潜在的。机会成本在决策中的意义在于，它有助于全面考虑可能采取的各种方案，以便寻求最为有利的方案。

**3. 考虑对公司其他部门或产品的影响**

当公司采纳一个新的项目后，该项目可能对公司的其他部门或产品造成有利或不利的影响。例如，新建生产线生产的新产品上市后，原有其他产品的销量可能减少，而且整个公司的销售额也许不增加甚至下降。因此，公司在判断和估算现金流量时，就不应直接将新产品的销售收入作为增量收入来处理，而应扣除其他部门因此而减少的销售收入，以两者之差作为新建项目的现金流量。当然，也可能发生相反的情况，新产品上市后将促进其他部门的销售增长。具体情形怎样，则要看新项目与原有部门是竞争关系还是互补关系。

诸如此类的交互影响，事实上很难准确计量。但决策者在进行投资决策分析时仍要将其考虑在内。

**4. 考虑对净营运资本的影响**

净营运资本是指增加的流动资产与增加的流动负债之间的差额。在一般情况下，公司因项目投资导致现金流量增加时，它对货币资金、应收账款、存货等流动资金的需求也会随之增加，公司必须筹措新的资金以满足这种额外的需求。但是，公司的扩张也会导致应付账款与一些应付费用等流动负债同时增加，从而降低公司流动资金的实际需要。

当投资方案的寿命周期快要结束时，公司将与项目有关的存货出售，应收账款变为现金，应付账款和应付费用也随之偿付，营运资本恢复到原有水平。通常，在进行投资分析时,假定开始投资时筹措的营运资本在项目结束时收回。

### 7.2.3 现金流量与会计利润

在会计核算中,企业按照权责发生制计量收入和费用,并以收入减去费用后得到的利润来评价企业的经济效益。但在资本预算决策中一般不是以利润作为评价项目经济效益高低的基础,而是以现金流入作为项目的收入、以现金流出作为项目的支出、以现金净流量作为项目的净收益来进行评价。其主要原因介绍如下。

**1. 采用现金流量有利于科学地考虑时间价值因素**

资本预算具有长期性,要实现科学的决策必须考虑资金的时间价值,将不同时点的现金收入或支出调整到同一时点进行汇总和比较,这就要求决策时弄清每笔预期收入款项和支出款项的具体时间。而利润的计量遵循权责发生制原则,其收入与费用的确认不考虑现金实际收到和支出的时间。

利润与现金流量的差异具体表现在以下几个方面:① 购置固定资产付出大量现金时不计入成本;② 将固定资产的价值以折旧或折耗的形式逐期计入成本时,却又不需要付出现金;③ 计算利润时不考虑垫支的流动资产的数量和回收的时间;④ 只要销售行为已经确定,就计算为当期的销售收入,尽管其中有一部分并未于当期收到现金;⑤ 项目寿命终了时,以现金的形式回收的固定资产残值和垫支的流动资产在计算利润时也得不到反映。

可见,要在资本预算中考虑时间价值的因素,就不能利用利润来衡量项目的优劣,而必须采用现金流量。

**2. 采用现金流量使投资决策更符合客观实际**

在资本预算中,应用现金流量能更科学、更客观地评价投资方案的优劣,而利润则明显地存在不科学、不客观的成分。这是因为:① 利润的计算没有一个统一的标准,在一定程度上要受存货估价、费用摊配和不同折旧计提方法的影响。因而,净利的计算比现金流量的计算有更大的主观随意性,作为决策的主要依据不太可靠。② 利润反映的是某一会计期间"应计"的现金流量,而不是实际的现金流量。若以未实际收到现金的收入作为收益,具有较大风险,容易高估投资项目的经济效益,存在不科学、不合理的成分。

**3. 现金流动状况比盈亏状况更重要**

在资本预算中,对项目效益的评价是以假设其收回的资本再投资为前提的。利润反映项目的盈亏状况,但有利润的年份不一定能产生多余的现金用来进行其他项目的再投资。一个项目能否维持下去,不取决于一定期间是否盈利,而取决于有没有现金用于各种支付。

### 7.2.4 所得税和折旧对现金流量的影响

现在我们进一步讨论所得税对投资决策的影响。由于所得税是企业的一种现金流出,它的大小取决于利润大小和税率高低,而利润大小受折旧方法的影响,因此讨论所得税问题必然会涉及折旧问题。在前面部分未讨论所得税问题,在那种情况下折旧与现金流量无关,自然也不可能讨论折旧问题。折旧对投资决策产生影响,实际是所得税存在引起的。因此，这两个问题要放在一起讨论。

**1. 税后成本和税后收入**

对企业来说，绝大部分费用项目都可以抵减所得税，所以支付的各项费用应以税后的基础来观察。凡是可以减免税负的项目，其实际支付的数额并不是企业真正的成本，而应将因此减少的所得税考虑进去。这种扣除了所得税影响以后的费用净额，称为税后成本。税后成本的一般公式为

税后成本＝支出金额×(1－税率)

式中：支出金额为按税法规定可以抵免税负的成本费用，不包括购置固定资产支付的价款。

**【例 7-1】** 某公司目前的损益状况如表 7-1 所示。该公司正在考虑一项广告计划，每月需支付费用 3 000 元，公司适用所得税税率为 25%，问该项广告的税后成本是多少？

**表 7-1　公司损益状况表**　　元

| 项目 | 不做广告 | 做广告 |
| --- | --- | --- |
| 销售收入 | 20 000 | 20 000 |
| 成本和费用 | 6 000 | 6 000 |
| 新增广告 | | 3 000 |
| 税前利润 | 14 000 | 11 000 |
| 所得税费用(25%) | 3 500 | 2 750 |
| 税后净利 | 10 500 | 8 250 |
| 新增广告税后成本 | 2 250 | |

从表 7-1 可以看出，该项广告的税后成本为每月 2 250 元。这一结论是正确无误的，两个方案(不做广告与做广告)的唯一差别是广告费 3 000 元，对净利润的影响为 2 250 元。

与税后成本相对应的概念是税后收入。由于税的作用，企业营业收入的金额有一部分会流出企业，企业实际得到的现金流入是税后收入，即

税后收入＝收入金额×(1－税率)

式中：收入金额为根据税法规定需要纳税的收入，不包括项目结束时收回垫支资本等现金流入。

**2. 折旧的抵税作用**

大家都知道，成本增加会减少利润，从而使所得税减少。如果不计提折旧，企业的所得税将会增加许多。因此，折旧可以起到减少税负的作用，这种作用被称为“折旧抵税”或“税收挡板”。

**【例 7-2】** 假设有甲公司和乙公司，全年销售收入、付现费用均相同，所得税税率为 25%。两者的区别是甲公司有一项可计提折旧的资产，每年折旧额相同。两家公司的现金流量如表 7-2 所示。

表 7-2 折旧对税负的影响 元

| 项目 | 甲公司 | 乙公司 |
|---|---|---|
| 销售收入 | 20 000 | 20 000 |
| 费用: | | |
| 付现营业费用 | 10 000 | 10 000 |
| 折旧 | 3 000 | 0 |
| 合计 | 13 000 | 10 000 |
| 税前利润 | 7 000 | 10 000 |
| 所得税费用(25%) | 1 750 | 2 500 |
| 税后净利 | 5 250 | 7 500 |
| 营业现金流入: | | |
| 税后净利 | 5 250 | 7 500 |
| 折旧 | 3 000 | 0 |
| 合计 | 8 250 | 7 500 |

甲公司利润虽然比乙公司少 2 250 元,但现金净流入却多出 750 元,其原因在于有 3 000 元的折旧计入成本,使应税所得减少 3 000 元,从而少纳税 750 元(3 000×25%)。这笔现金保留在企业里,不必缴出。从增量分析的观点来看,由于增加了一笔 3 000 元折旧费,企业获得 750 元的现金流入。

折旧对税负的影响可按下式计算:

税负减少额=折旧额×税率

### 3. 税后现金流量

在加入了所得税因素以后,营业净现金流量的计算就有三种方法。

(1) 根据直接法计算

根据现金流量的定义,所得税费用是一项现金流出量,应当作为每年营业现金净流量的一个扣减项。因此,其计算公式为

营业现金净流量=营业收入-付现成本-所得税

(2) 根据间接法计算

企业每年的现金增加主要来自两个方面:一是当年增加的净利;二是计提的折旧,以现金形式从销售收入中扣回,留在企业里。因此,现金流量的计算公式应为

营业现金净流量=税后净利+折旧

这一计算公式与上式是一致的,完全可以由上式直接推导出来,即

营业现金净流量=营业收入-付现成本-所得税
=营业收入-(营业成本-折旧)-所得税
=营业利润+折旧-所得税
=税后净利+折旧

(3) 根据所得税对收入和折旧的影响计算

如前所述，由于所得税的影响，现金流量并不等于项目实际的收支金额，因此，现金流量应当按下式计算：

营业现金净流量＝税后收入－税后成本＋折旧抵税

＝营业收入×(1－税率)－付现成本×(1－税率)＋折旧×税率

这一公式也可以由上述公式直接推导出来，即

营业现金净流量＝税后净利＋折旧

＝(营业收入－营业成本)×(1－税率)＋折旧

＝[营业收入－(付现成本＋折旧)]×(1－税率)＋折旧

＝营业收入×(1－税率)－付现成本×(1－税率)－折旧×(1－税率)＋折旧

＝营业收入×(1－税率)－付现成本×(1－税率)＋折旧×税率

上述三个公式，最常用的是第三个，因为企业的所得税是根据企业总利润计算的。在决定某个项目是否投资时，往往使用差额分析法确定现金流量，并不知道整个企业的利润及与此有关的所得税，这就妨碍了前两个公式的使用；而第三个公式并不需要知道企业的利润是多少，所以使用起来比较方便。尤其是有关固定资产更新的决策，通常不知道或没有办法直接计量某项资产给企业带来的收入和利润，以至于根本无法使用前两个公式。

**【例 7-3】** 甲公司准备购入一台设备以提高生产能力，现有 A、B 两个方案可供选择。A 方案需投资 10 000 元，使用寿命 5 年，采用直线法计提折旧，5 年后设备无残值；5 年中每年新增营业销售收入 6 000 元，付现成本 2 000 元。B 方案需投资 12 000 元，采用直线法计提折旧，使用寿命也是 5 年，5 年后有残值收入 2 000 元；5 年中每年新增营业收入 8 000 元，付现成本第一年为 3 000 元，以后随着设备陈旧将逐年增加修理费 400 元，另需垫支营运资本 2 000 元。假设公司适用所得税税率为 25%，试计算两个方案的现金流量。

**解** 为便于计算现金流量，必须先计算两个方案的折旧额：

A 方案每年的折旧额＝10 000/5＝2 000(元)

B 方案每年的折旧额＝(12 000－2 000)/5＝2 000(元)

然后，再计算两个方案的营业现金流量，并结合初始现金流量和终结现金流量编制两个方案的全部现金流量计算表，如表 7-3 和表 7-4 所示。

**表 7-3 投资项目的营业现金流量** 元

| 年份 | 1 | 2 | 3 | 4 | 5 |
|---|---|---|---|---|---|
| A 方案： | | | | | |
| 营业收入(1) | 6 000 | 6 000 | 6 000 | 6 000 | 6 000 |
| 付现成本(2) | 2 000 | 2 000 | 2 000 | 2 000 | 2 000 |
| 折旧(3) | 2 000 | 2 000 | 2 000 | 2 000 | 2 000 |
| 税前利润(4)＝(1)－(2)－(3) | 2 000 | 2 000 | 2 000 | 2 000 | 2 000 |
| 所得税(5)＝(4)×25％ | 500 | 500 | 500 | 500 | 500 |
| 税后利润(6)＝(4)－(5) | 1 500 | 1 500 | 1 500 | 1 500 | 1 500 |
| 营业现金净流量(7)＝(6)＋(3) | 3 500 | 3 500 | 3 500 | 3 500 | 3 500 |
| B 方案： | | | | | |
| 营业收入(1) | 8 000 | 8 000 | 8 000 | 8 000 | 8 000 |
| 付现成本(2) | 3 000 | 3 400 | 3 800 | 4 200 | 4 600 |
| 折旧(3) | 2 000 | 2 000 | 2 000 | 2 000 | 2 000 |
| 税前利润(4)＝(1)－(2)－(3) | 3 000 | 2 600 | 2 200 | 1 800 | 1 400 |
| 所得税(5)＝(4)×25％ | 750 | 650 | 550 | 450 | 350 |
| 税后利润(6)＝(4)－(5) | 2 250 | 1 950 | 1 650 | 1 350 | 1 050 |
| 营业现金净流量(7)＝(6)＋(3) | 4 250 | 3 950 | 3 650 | 3 350 | 3 050 |

**表 7-4 投资项目的现金流量** 元

| 年份 | 0 | 1 | 2 | 3 | 4 | 5 |
|---|---|---|---|---|---|---|
| A 方案： | | | | | | |
| 固定资产投资 | －10 000 | | | | | |
| 营业现金净流量 | | 3 500 | 3 500 | 3 500 | 3 500 | 3 500 |
| 现金流量合计 | －10 000 | 3 500 | 3 500 | 3 500 | 3 500 | 3 500 |
| B 方案： | | | | | | |
| 固定资产投资 | －12 000 | | | | | |
| 垫支营运资本 | －2 000 | | | | | |
| 营业现金净流量 | | 4 250 | 3 950 | 3 650 | 3 350 | 3 050 |
| 收回垫支营运资本 | | | | | | 2 000 |
| 残值收入 | | | | | | 2 000 |
| 现金流量合计 | －14 000 | 4 250 | 3 950 | 3 650 | 3 350 | 7 050 |

在表 7-3 和表 7-4 中，年份 0 表示第一年年初，年份 1 表示第一年年末，年份 2 表示第二年年末，依此类推。另外，在现金流量的计算中，为了简化计算，一般假设各年的投

资都是在年初一次性投入的，每年的营业现金流量都是在各年年末一次性取得的，而终结现金流量也是在最后一年的年末一次性发生的。

## 7.3 资本预算方法

对项目投资的评价，通常使用两类指标：① 非贴现指标，即没有考虑货币时间价值因素的指标，主要包括投资回收期、会计收益率等；② 贴现指标，即考虑了货币时间价值因素的指标，主要包括净现值、现值指数、内含报酬率等。根据分析评价指标的类别，项目投资决策的方法也相应的分为非贴现的静态分析法和贴现的动态分析法两种。

### 7.3.1 静态分析法

**1. 投资回收期法**

投资回收期是指以投资项目营业净现金流量抵偿原始总投资所需要的时间，即回收初始投资所需要的时间，通常以年来表示，记作 PP(Payback Period)。其计算方法分以下两种情况：

(1) 如果投资项目每年的营业现金净流量相等，则投资回收期可按以下公式计算：

$$投资回收期=\frac{原始投资额}{年营业现金净流量}$$

(2) 如果每年的营业现金净流量不相等或项目初始投资是分期投入的，则需逐年累计各年的现金净流量，直至等于项目初始投资额，其所经历的时间就是投资回收期。用公式表示即为

$$投资回收期=\left(\begin{matrix}累计现金净流量开始\\出现正值的年份数\end{matrix}-1\right)+\frac{年初尚未回收的投资额}{当年现金净流量}$$

**【例 7-4】** 根据例 7-3 资料，计算 A、B 两个方案的投资回收期。

A 方案每年的现金净流量相等，故

$$PP_A=\frac{10\ 000}{3\ 500}=2.857(年)$$

B 方案每年的现金净流量不等，所以应先计算其各年尚未回收的投资额，见表 7-5。

$$PP_B=(4-1)+\frac{2\ 150}{3\ 350}=3.642(年)$$

**表 7-5 现金净流量累计表** 元

| 年度 | 每年现金净流量 | 年末尚未回收的投资额 |
|---|---|---|
| 1 | 4 250 | 9 750 |
| 2 | 3 950 | 5 800 |
| 3 | 3 650 | 2 150 |

续表

| 年度 | 每年现金净流量 | 年末尚未回收的投资额 |
|---|---|---|
| 4 | 3 350 | 0 |
| 5 | 7 050 | |

应用投资回收期法评估投资项目时,公司必须事先确定一个标准或期望的回收期(称为基准回收期),并进行比较,其决策规则如下:如果计算所得的投资回收期小于基准回收期,则项目可行;如果计算所得的投资回收期大于基准回收期,则项目不可行;如果是多个项目的互斥决策,则选择其中回收期最短的项目。

例 7-4 中,若甲公司确定的基准回收期为 4 年,则 A、B 两方案均是可行的,但 A 方案的回收期更短,因此该公司应选择实施 A 方案。

投资回收期法的优点:计算简便;反映直观,易于理解;可以用于衡量投资项目的相对风险。一般来说,投资回收期越短,说明该项投资未来的风险越小;反之,说明未来的风险越大。

投资回收期法的缺点:没有考虑货币的时间价值;没有考虑回收期以后的现金流量,不能反映项目的盈利能力。事实上,具有战略意义的投资项目通常早期收益较低,后期收益较高。投资回收期法容易导致决策者的急功近利。表 7-6 所示案例清楚地说明了这一点。

**【例 7-5】** 假设有两个方案的预计现金流量如表 7-6 所示,试计算投资回收期,并比较优劣。

**表 7-6 两个方案的预计现金流量** 元

| 项目 | 0 | 1 | 2 | 3 | 4 |
|---|---|---|---|---|---|
| 甲方案现金流量 | −10 000 | 3 000 | 7 000 | 7 000 | 7 000 |
| 乙方案现金流量 | −10 000 | 3 000 | 7 000 | 9 000 | 10 000 |

两个方案的投资回收期相同,都是 2 年,如果用回收期法进行评价,两个方案一样,但实际上乙方案明显优于甲方案。

**2. 会计收益率法**

会计收益率(Accounting Rate of Return,ARR)是指投资项目的年平均净收益与项目原始投资额的比率,计算公式为

$$会计收益率=\frac{年平均净收益}{原始投资额}\times 100\%$$

该指标反映单位投资额每年能给企业所创造的净收益。一般而言,会计收益率越高,说明投资效益越好,反之,则说明投资效益越差。其决策规则如下:如果会计收益率大于必要报酬率(通常由公司事先自行确定或根据行业标准确定),则项目可行;如果会计收益率小于必要报酬率,则项目不可行;如果是多个项目的互斥决策,则选择会计收益率最高的项目。

根据例 7-3 资料，A、B 两个方案的会计收益率计算如下：

$$ARR_A = \frac{1\ 500}{10\ 000} \times 100\% = 15\%$$

$$ARR_B = \frac{(2\ 250 + 1\ 950 + 1\ 650 + 1\ 350 + 1\ 050) \div 5}{14\ 000} \times 100\% = 11.78\%$$

若甲公司确定的必要报酬率为 10%，则 A、B 两方案均是可行的，但 A 方案的会计收益率更高，因此该公司应选择实施 A 方案。

会计收益率法的优点是简单、明了、易于掌握，且该指标不受投资方式、回收额状况及净现金流量大小等条件的影响，能够说明各投资方案的收益水平。其主要缺点是没有考虑资金时间价值，忽略了现金流动的时间分布，以净收益为基础，而不是以现金流量为计算基础，难以正确反映投资项目的真实效益。

### 7.3.2 动态分析法

**1. 净现值法**

净现值是指投资项目未来现金流入的现值与未来现金流出的现值之间的差额，记作 NPV(Net Present Value)。其计算公式为

$$NPV = \sum_{t=0}^{n} \frac{I_t}{(1+i)^t} - \sum_{t=0}^{n} \frac{O_t}{(1+i)^t}$$

式中：$n$ 表示投资的年限；$I_t$ 表示第 $t$ 年的现金流入量；$O_t$ 表示第 $t$ 年的现金流出量；$i$ 表示预定的贴现率。

净现值法的决策规则为接受净现值不为负数的资本预算项目。如净现值大于 0，即贴现后现金流入大于贴现后现金流出，说明该投资项目的报酬率大于预定的贴现率，该项目可行；如净现值小于 0，即贴现后现金流入小于贴现后现金流出，说明该投资项目的报酬率小于预定的贴现率，该项目不可行；在有多个备选方案的互斥选择决策中，应选用净现值正值的最大者。

根据例 7-3 资料，假设贴现率为 10%，A、B 两个方案的净现值计算如下：

A 方案每年的现金净流量相等，净现值为

$$\begin{aligned} NPV_A &= 3\ 500 \times (P/A, 10\%, 5) - 10\ 000 \\ &= 3\ 500 \times 3.791 - 10\ 000 \\ &= 3\ 268.5(\text{元}) \end{aligned}$$

B 方案每年的现金净流量不等，净现值为

$$\begin{aligned} NPV_B &= \frac{4\ 250}{(1+10\%)^1} + \frac{3\ 950}{(1+10\%)^2} + \frac{3\ 650}{(1+10\%)^3} + \frac{3\ 350}{(1+10\%)^4} + \frac{7\ 050}{(1+10\%)^5} - 14\ 000 \\ &= 2\ 533.2(\text{元}) \end{aligned}$$

A，B 两方案的净现值均大于 0，则 A、B 两方案均是可行的，但 A 方案的净现值更高，因此该公司应选择实施 A 方案。

净现值法的优点主要体现在：① 把未来各期的净现金流量进行了折现，考虑了货币的时间价值；② 通常以项目所要求的最低报酬率或资本成本作为折现率，考虑并强调了

项目的机会成本;③ 考虑了项目的风险因素,因为折现率的大小与风险大小有关,风险越大,折现率就越高。

净现值法也存在一些缺点,主要表现在:① 计算净现值时所采用的折现率没有明确的标准,具有一定的主观性;② 不能反映投资项目的实际报酬率水平,当各项目投资额不等时,仅用净现值无法确定投资方案的优劣。

**2. 内部收益率法**

内部收益率(Internal Rate of Return,IRR)是指使净现值等于0时的折现率,又称为内部报酬率或内含报酬率等。一个投资项目的内部收益率意味着在考虑货币时间价值的基础上,到项目终结时,各期净现金流量的现值恰好收回初始投资,此时净现值为0,这个使净现值等于0的折现率,就是该投资方案实际可能达到的报酬率,即预期收益率。其计算公式为

$$\sum_{t=0}^{n}\frac{I_t}{(1+IRR)^t}-\sum_{t=0}^{n}\frac{O_t}{(1+IRR)^t}=0$$

内部收益率的计算,因各年现金净流量是否相等而有所不同。

如果各年的现金净流量相等,则先计算年金现值系数;然后查年金系数表,在相同的期数内,找出与上述年金现值系数相邻近的较大和较小的两个贴现率;最后,采用插值法计算出项目的内部收益率。

例7-3中,A方案属于这种情况,内部收益率的计算过程如下:

$$\text{年金现值系数}=\frac{\text{原始投资额}}{\text{每年的现金净流量}}$$

$$=10\,000/3\,500=2.857$$

查年金现值系数表,A方案的内部收益率应该在20%~25%之间,用插值法计算如下:

$$\begin{array}{ll}\text{折现率} & \text{年金现值系数}\\ \left.\begin{array}{l}\left.\begin{array}{l}20\%\\ ?\end{array}\right\}x\\ 25\%\end{array}\right\}5\% & \left.\begin{array}{l}\left.\begin{array}{l}2.991\\ 2.857\end{array}\right\}0.134\\ 2.689\end{array}\right\}0.302\end{array}$$

$$\frac{x}{5\%}=\frac{0.134}{0.302}$$

$$x=2.22\%$$

则

$$IRR_{\mathrm{A}}=20\%+2.22\%=22.22\%$$

如果各年的现金净流量不相等,则需要采用"逐步测试法"计算内部收益率。首先估计一个贴现率,用它来计算方案的净现值。如果净现值为正数,说明方案本身的收益率超过估计的贴现率,应提高贴现进一步测试;如果净现值为负数,说明方案本身的收益率低于估计的贴现率,应降低贴现进一步测试。经过多次测试,寻找出使净现值接近于0的贴现率,即为方案本身的内含收益率。

例7-3中,B方案的内部收益率测试过程如下:

设 $i=15\%$，

$$NPV=\frac{4\ 250}{(1+15\%)^1}+\frac{3\ 950}{(1+15\%)^2}+\frac{3\ 650}{(1+15\%)^3}+\frac{3\ 350}{(1+15\%)^4}+\frac{7\ 050}{(1+15\%)^5}-14\ 000=505.45(\text{元})$$

设 $i=18\%$，

$$NPV=\frac{4\ 250}{(1+18\%)^1}+\frac{3\ 950}{(1+18\%)^2}+\frac{3\ 650}{(1+18\%)^3}+\frac{3\ 350}{(1+18\%)^4}+\frac{7\ 050}{(1+18\%)^5}-14\ 000=-531.85(\text{元})$$

$$IRR_B=15\%+\frac{505.45}{505.45+531.85}\times(18\%-15\%)=16.46\%$$

内部收益率法的决策规则为接受内部收益率超过投资者要求收益率的项目。在只有一个方案采纳与否的决策中，内部收益率大于或等于企业的资本成本或必要报酬率时就采纳，反之，则拒绝；在有多个备选方案的互斥选择决策中，应选用内部收益率超过资本成本或必要报酬率最多的投资项目。

例 7-3 中，如甲公司要求的收益率是 10%，则 A、B 两方案均是可行的，但 A 方案的内部收益率更高，因此该公司应选择实施 A 方案。

内部收益率法考虑了资金的时间价值，能从动态的角度直接反映投资项目的实际收益率，且不受行业基准收益率高低的影响，比较客观，概念也易于理解。但这种方法的计算过程比较复杂，特别是每期现金流入量不相等的投资项目，一般要经过多次测算才能求得。此外，当投资支出和投资收入交叉发生时，可能导致多个内部收益率的出现，会给决策带来困难，甚至做出错误结论。

**3. 现值指数法**

现值指数(Profitability Index，PI)，是指投资项目未来现金流入量现值与现金流出量现值的比率，是反映项目投资回收或获利能力的一个相对指标，亦称获利指数、现值比率。其计算公式为

$$PI=\sum_{t=0}^{n}\frac{I_t}{(1+i)^t}\Bigg/\sum_{t=0}^{n}\frac{O_t}{(1+i)^t}$$

根据例 7-3 的资料，假设贴现率为 10%，A、B 两个方案的现值指数计算如下：

$$PI_A=\frac{13\ 269}{10\ 000}=1.33$$

$$PI_B=\frac{16\ 533}{14\ 000}=1.18$$

现值指数法是根据项目的现值指数是否大于 1 来评价投资项目的，其决策规则如下：如果计算所得的现值指数大于等于 1($PI\geqslant1$)，则表明投资项目贴现后的收益高于投

资支出,项目可行;如果计算所得的现值指数小于 1($PI<1$),则表明投资项目贴现后的收益不能抵补投资支出,项目不可行;如果是多个项目的互斥决策,则现值指数越大,投资效益越好。

例 7-3 中,A、B 两个方案的现值指数均大于 1,都是可行的,但由于 A 方案的现值指数更大,则应当选择 A 方案。

现值指数法的优点是考虑了货币的时间价值,能够真实地反映投资项目的盈亏程度,并且由于采用了相对数形式,从而克服了不同投资规模的项目间的净现值缺乏可比性的问题;缺点是仍然无法反映投资项目本身可能达到的实际报酬水平,并且概念含糊不清,不便于理解。

## 7.4 项目投资决策

### 7.4.1 固定资产更新决策

固定资产更新是指对技术上或经济上不宜继续使用的旧固定资产,用新的固定资产更换,或用先进的技术对原有设备进行局部改造。固定资产更新决策就是对这种投资进行分析并做出决策。

**1. 新旧设备使用寿命相同的情况**

在新旧设备尚可使用年限相同的情况下,可以采用差量分析法来计算一个方案比另一个方案增减的现金流量,这种计算方法比较简单。

假设有两个不同投资期的方案 A 和方案 B,差量分析法的基本步骤如下(Δ 表示增减量):

① 将两个方案的现金流量进行对比,求出 Δ 现金流量=方案 $A$ 的现金流量-方案 $B$ 的现金流量;

② 根据各期的 Δ 现金流量,计算两个方案的 Δ 净现值;

③ 根据 Δ 净现值做出判断,如果 Δ 净现值≥0,则选择方案 A;否则,选择方案 B。

**【例 7-6】** 某公司考虑用一台新的效率更高的设备来代替旧设备,以减少成本,增加收益。新旧设备均采用直线法折旧,公司的所得税税率为 25%,资金成本为 10%,不考虑营业税影响,其他情况如表 7-7 所示。试做出该公司是继续使用旧设备还是对其进行更新的决策。

**表 7-7　设备更新的相关数据**　　元

| 项目 | 旧设备 | 新设备 |
|---|---|---|
| 原价 | 50 000 | 80 000 |
| 可用年限 | 10 | 4 |
| 已用年限 | 6 | 0 |
| 尚可使用年限 | 4 | 4 |
| 税法规定残值 | 0 | 8 000 |
| 目前变现价值 | 20 000 | 80 000 |
| 每年可获得的收入 | 40 000 | 60 000 |
| 每年付现成本 | 20 000 | 18 000 |
| 每年折旧额 | 5 000 | 18 000 |

**解**　① 计算初始投资的差量。

$$\Delta\text{初始投资}=80\ 000-20\ 000=60\ 000(\text{元})$$

② 计算各年营业现金流量的差量(如表 7-8 所示)。

**表 7-8　各年营业现金流量差量**　　元

| 项目 | 第 1 年 | 第 2 年 | 第 3 年 | 第 4 年 |
|---|---|---|---|---|
| Δ销售收入(1) | 20 000 | 20 000 | 20 000 | 20 000 |
| Δ付现成本(2) | −2 000 | −2 000 | −2 000 | −2 000 |
| Δ折旧额(3) | 13 000 | 13 000 | 13 000 | 13 000 |
| Δ税前利润(4)=(1)−(2)−(3) | 9 000 | 9 000 | 9 000 | 9 000 |
| Δ所得税(5)=(4)×25% | 2 250 | 2 250 | 2 250 | 2 250 |
| Δ税后净利(6)=(4)−(5) | 6 750 | 6 750 | 6 750 | 6 750 |
| Δ营业现金净流量(7)=(6)+(3) | 19 750 | 19 750 | 19 750 | 19 750 |

③ 计算两方案现金流量的差量,如表 7-9 所示。

**表 7-9　两个方案现金流量差量**　　元

| 项目 | 第 0 年 | 第 1 年 | 第 2 年 | 第 3 年 | 第 4 年 |
|---|---|---|---|---|---|
| Δ初始投资 | −60 000 | | | | |
| Δ营业现金净流量 | | 19 750 | 19 750 | 19 750 | 19 750 |
| Δ终结现金流量 | | | | | 8 000 |
| Δ现金流量 | −60 000 | 19 750 | 19 750 | 19 750 | 27 750 |

④ 计算净现值的差量。

$$\Delta NPV=19\ 750\times(P/A,10\%,3)+27\ 750\times(P/F,10\%,4)-60\ 000$$

$=19\ 750\times 2.486\ 9+27\ 750\times 0.683\ 0-60\ 000$

$=8\ 069.53$(元)

因为固定资产更新后，将增加净现值 8 069.53 元，故应进行更新。

**【例 7-7】** 某公司有一台设备，购于 3 年前，现在考虑是否需要更新。该公司所得税税率为 25%，其他有关资料如表 7-10 所示。

**表 7-10 某公司设备情况**

美元

| 项目 | 旧设备 | 新设备 |
| --- | --- | --- |
| 原价 | 60 000 | 50 000 |
| 税法规定残值(10%) | 6 000 | 5 000 |
| 税法规定使用年限(年) | 6 | 4 |
| 已用年限 | 3 | 0 |
| 尚可使用年限 | 4 | 4 |
| 每年操作成本 | 8 600 | 5 000 |
| 两年末大修支出 | 28 000 | |
| 最终报废残值 | 7 000 | 10 000 |
| 目前变现价值 | 10 000 | |
| 每年折旧额： | 直线法 | 年数总和法 |
| 第 1 年 | 9 000 | 18 000 |
| 第 2 年 | 9 000 | 13 500 |
| 第 3 年 | 9 000 | 9 000 |
| 第 4 年 | 0 | 4 500 |

假设两台设备的生产能力相同，并且未来可使用年限相同，则可通过比较其现金流出的总现值，判断方案优劣(见表 7-11)。更换新设备的现金流出总现值为 46 574.88 元，比继续使用旧设备的现金流出总现值 43 336.50 元要多出 3 238.38 元。因此，继续使用旧设备较好。如果未来的尚可使用年限不同，则需要将总现值转换成平均年成本，然后进行比较。

**表 7-11 某公司设备现金流量**

元

| 项目 | 现金流量 | 时间 | 系数(10%) | 现值 |
| --- | --- | --- | --- | --- |
| 继续用旧设备： | | | | |
| 旧设备变现价值 | −10 000 | 0 | 1 | −10 000 |
| 旧设备变现损失减税 | (10 000−33 000)×0.25= −5 750 | 0 | 1 | −5 750 |
| 每年付现操作成本 | −8 600×(1−0.25)= −6 450 | 1～4 | 3.170 | −20 446.50 |
| 每年折旧抵税 | 9 000×0.25=2 250 | 1～3 | 2.487 | 5 595.75 |

续表

| 项目 | 现金流量 | 时间 | 系数(10%) | 现值 |
| --- | --- | --- | --- | --- |
| 两年末大修支出 | −28 000×(1−0.25)= −21 000 | 2 | 0.826 | −17 346 |
| 残值变现收入 | 7 000 | 4 | 0.683 | 4 781 |
| 残值变现收入纳税 | −(7 000−6 000) ×0.25= −250 | 4 | 0.683 | −170.75 |
| 合计 | | | | −43 336.50 |
| 更换新设备: | | | | |
| 设备投资 | −50 000 | 0 | 1 | −50 000 |
| 每年付现操作成本 | −5 000×(1−0.25)= −3 750 | 1～4 | 3.170 | −11 887.5 |
| 每年折旧抵税: | | | | |
| 第 1 年 | 18 000×0.25=4 500 | 1 | 0.909 | 4 090.50 |
| 第 2 年 | 13 500×0.25=3 375 | 2 | 0.826 | 2 787.75 |
| 第 3 年 | 9 000×0.25=2 250 | 3 | 0.751 | 1 689.75 |
| 第 4 年 | 4 500×0.25=1 125 | 4 | 0.683 | 768.38 |
| 残值收入 | 10 000 | 4 | 0.683 | 6 830 |
| 残值净收入纳税 | −(10 000−5 000) ×0.25= −1 250 | 4 | 0.683 | −853.75 |
| 合计 | | | | −46 574.88 |

**2. 新旧设备使用寿命不同的情况**

在例 7-7 中,新旧设备尚可使用的年限相同。而多数情况下,新设备的使用年限要长于旧设备,此时的固定资产更新问题就演变成两个或两个以上寿命不同的投资项目的选择问题。

对于寿命不同的项目,不能对它们的净现值、内部报酬率及获利指数进行直接比较。为了使投资项目的各项指标具有可比性,应使其在相同的寿命期内进行比较,此时可采用年均净现值法。

**【例 7-8】** 例 7-6 中,假设新设备的使用年限为 8 年,每年可获销售收入 45 000 元,仍采用直线法折旧,期末无残值,其他条件不变。试做出该公司是继续使用旧设备还是对其进行更新的决策。

**解** ① 计算新旧设备的营业现金净流量,如表 7-12 所示。

**表 7-12 新旧设备的营业现金净流量** 元

| 项目 | 旧设备(第 1～4 年) | 新设备(第 1～8 年) |
| --- | --- | --- |
| 销售收入(1) | 40 000 | 45 000 |
| 付现成本(2) | 20 000 | 18 000 |
| 折旧额(3) | 5 000 | 10 000 |
| 税前利润(4)=(1)−(2)−(3) | 15 000 | 17 000 |

续表

| 项目 | 旧设备(第1～4年) | 新设备(第1～8年) |
| --- | --- | --- |
| 所得税(5)=(4)×25% | 3 750 | 4 250 |
| 税后净利(6)=(4)-(5) | 11 250 | 12 750 |
| 营业现金净流量(7)=(6)+(3) | 16 250 | 22 750 |

② 计算新旧设备的现金流量,如表7-13所示。

**表7-13 新旧设备的现金流量** 元

| 项目 | 旧设备 | | 新设备 | |
| --- | --- | --- | --- | --- |
| | 第0年 | 第1～4年 | 第0年 | 第1～8年 |
| 初始投资 | -20 000 | | -80 000 | |
| 营业现金净流量 | | 16 250 | | 22 750 |
| 终结现金流量 | | 0 | | 0 |
| 现金流量 | -20 000 | 16 250 | -80 000 | 22 750 |

③ 计算新旧设备的净现值。

$$NPV_{旧}=-20\ 000+16\ 250\times(P/A,10\%,4)=-20\ 000+16\ 250\times3.170$$
$$=31\ 512.50(元)$$

$$NPV_{新}=-80\ 000+22\ 750\times(P/A,10\%,4)=-80\ 000+22\ 750\times5.335$$
$$=41\ 371.25(元)$$

从以上计算中很容易得出应更新设备的结论,但这个结论是错误的。因为新旧设备的使用寿命不同,不能进行直接比较。可使用年均净现值法将两个方案放到同一个寿命期内进行比较,使各种指标具有可比性。

年均净现值法是把投资项目在寿命期内总的净现值转化为每年的平均净现值,并进行比较分析的方法。

年均净现值法的计算公式为

$$ANPV=\frac{NPV}{(P/A,i,n)}$$

式中:$ANPV$ 表示项目年均净现值。

根据年均净现值的计算公式,可得上例中两种方案的年均净现值为

$$ANPV_{旧}=\frac{31\ 512.50}{3.17}=9\ 942(元)$$

$$ANPV_{新}=\frac{41\ 371.25}{5.335}=7\ 755(元)$$

从计算结果可以看出,继续使用旧设备的年均净现值比使用新设备的年均净现值高,所以应该继续使用旧设备。

由年均净现值法的原理还可以推导出年均成本法。当使用新旧设备的未来收益相同,但准确数字不好估计时,可以比较年均成本,并选取年均成本最小的项目。年均成本

是把项目的总现金流出转化为每年的平均现金流出值，其计算公式为

$$AC=\frac{C}{(P/A,i,n)}$$

式中：$AC$ 表示年均成本；$C$ 表示项目总成本的现值。

### 7.4.2 资本限额决策

资本限额是指企业可以用于投资的资金总量有限，不能投资于所有可接受的项目。这种情况在很多公司都存在，尤其是那些以内部融资为经营策略或外部融资受到限制的公司。

在有资本限额的情况下，为了使企业获得最大利益，应该选择那些能使净现值最大的投资组合，可以采用的方法有获利指数法和净现值法。

**1. 采用获利指数法的步骤**

第一步，计算所有项目的获利指数，并列出每个项目的初始投资额。

第二步，接受所有 $PI\geqslant 1$ 的项目。如果资本限额能够满足所有可接受的项目，则决策过程完成。

第三步，如果资本限额不能满足所有 $PI\geqslant 1$ 的项目，那么就要对第二步进行修正。修正的过程是，对所有项目在资本限额内进行各种可能的组合，然后计算出各种可能组合的加权平均获利指数。

第四步，接受加权平均获利指数最大的投资组合。

**2. 采用净现值法的步骤**

第一步，计算所有项目的净现值，并列出每个项目的初始投资额。

第二步，接受所有 $NPV\geqslant 0$ 的项目。如果资本限额能够满足所有可接受的项目，则决策过程完成。

第三步，如果资本限额不能满足所有 $NPV\geqslant 0$ 的项目，那么就要对第二步进行修正。修正的过程是，对所有项目在资本限额内进行各种可能的组合，然后计算出各种可能组合的净现值合计数。

第四步，接受净现值合计数最大的投资组合。

**【例 7-9】** 某公司有 5 个可供选择的项目 A、B、C、D、E，5 个项目彼此独立，公司的初始投资限额为 400 000 元。详细情况如表 7-14 所示。

**表 7-14 某公司的 5 个投资项目**

| 投资项目 | 初始投资(元) | 获利指数 $PI$ | 净现值 $NPV$(元) |
|---|---|---|---|
| A | 120 000 | 1.56 | 67 000 |
| B | 150 000 | 1.53 | 79 500 |
| C | 300 000 | 1.37 | 111 000 |
| D | 125 000 | 1.17 | 21 000 |
| E | 100 000 | 1.18 | 18 000 |

为选出最优的项目组合，可列出 5 个项目的所有投资组合（$n$ 个相互独立的投资项目的可能组合共有 $2^n-1$ 种），在其中寻找满足资本限额要求的各种组合，并计算它们的加权平均获利指数和净现值合计，从中选择最优方案。

以上 5 个项目的所有投资组合共有 31 种，其中满足初始投资限额为 400 000 元条件的有 16 种，将这 16 种组合列于表 7-15 中，并分别计算它们的加权平均获利指数和净现值合计。

**表 7-15　某公司的 16 种投资组合**

| 序号 | 项目组合 | 初始投资（元） | 加权平均获利指数 | 净现值合计（元） | 优先级排序 |
|---|---|---|---|---|---|
| 1 | A | 120 000 | 1.168 | 67 000 | 13 |
| 2 | AB | 270 000 | 1.367 | 146 500 | 3 |
| 3 | AD | 245 000 | 1.221 | 88 000 | 10 |
| 4 | AE | 220 000 | 1.213 | 85 000 | 11 |
| 5 | ABD | 395 000 | 1.420 | 167 500 | 1 |
| 6 | ABE | 370 000 | 1.412 | 164 500 | 2 |
| 7 | ADE | 345 000 | 1.266 | 106 000 | 7 |
| 8 | B | 150 000 | 1.199 | 79 500 | 12 |
| 9 | BD | 275 000 | 1.252 | 100 500 | 8 |
| 10 | BE | 250 000 | 1.240 | 97 500 | 9 |
| 11 | BDE | 375 000 | 1.297 | 118 500 | 5 |
| 12 | C | 300 000 | 1.278 | 111 000 | 6 |
| 13 | CE | 400 000 | 1.323 | 129 000 | 4 |
| 14 | D | 125 000 | 1.053 | 21 000 | 15 |
| 15 | DE | 225 000 | 1.098 | 39 000 | 14 |
| 16 | E | 100 000 | 1.045 | 18 000 | 16 |

在表 7-15 中，投资组合 ABE 有 30 000 元资金没有用完，在计算加权平均获利指数时，可以假设这些剩余资金不再进行投资而作为现金持有，即将这部分剩余资金的获利指数看作 1（其余项目组合也如此），则组合 ABE 的加权平均获利指数可按以下方法计算：

$$PI_{\text{ABE}}=\frac{120\ 000}{400\ 000}\times 1.56+\frac{150\ 000}{400\ 000}\times 1.53+\frac{100\ 000}{400\ 000}\times 1.18+\frac{30\ 000}{400\ 000}\times 1$$
$$=1.412$$

从表 7-15 可以看出，项目组合 ABD 的加权平均获利指数和净现值合计均为最大，因此，用获利指数法和净现值法得到的结论一致：项目 ABD 是最优投资组合。

### 7.4.3　风险投资决策

前面讨论投资评价及决策时，假定现金流量是确定的，即可以确知现金收支的金额及发生时间。实际上，客观世界充满了不确定性，每一投资项目都有一定的风险。由于投资决策涉及的时间比较长，投资支出、每年的现金流量、最低的投资收益率等都是预测和估算的，任何预测都有实现和不实现两种情况，即带有某种程度的不确定性和一定的风险性。如果决策面临的不确定性和风险较小，可以忽略它们的影响，把决策仍视为确定情况下的决策；如果决策面临的不确定性和风险比较大且足以影响方案的选择，则在决策过程中，必须对它们充分考虑并进行计量，以保证决策的科学性和客观性。

在进行基于风险的投资项目决策时，常用的方法是净现值法。影响净现值法的因素是现金流量和折现率。只有现金流量和折现率相匹配时，才能进行正确的决策。在对项目进行风险调整时，可将有风险的现金流量调整为无风险的现金流量，使其与无风险的折现率匹配；或者是保留有风险的现金流量，而将无风险的折现率调整为有风险的折现率，使之相匹配。这就形成了基于风险的投资项目分析的两种常用方法：风险调整贴现率法和调整现金流量法。前者是根据项目的风险程度调整净现值模型的分母，后者是根据项目的风险程度调整净现值模型的分子。

**1. 风险调整贴现率法**

风险调整贴现率法是将与特定投资项目有关的风险报酬加入到资本成本或企业要求达到的报酬率中，构成按风险调整的折现率，并据以进行投资决策分析的方法。该方法是投资风险决策中最常用的方法。其基本思路是，对高风险的投资项目采用较高的折现率计算净现值；对低风险的投资项目采用较低的折现率计算净现值。

按风险调整折现法的关键在于风险调整折现率的确定，通常有以下两种方法。

(1) 按风险报酬率模型来调整折现率

前已指出，一项投资的总报酬可分为无风险报酬率和风险报酬率两部分，即

$$R=R_F+b\times CV$$

因此，特定项目按风险调整的折现率可按下式计算：

$$K_i=R_F+b_i\times CV_i$$

式中：$K_i$ 表示项目 $i$ 按风险调整的折现率；$R_F$ 表示无风险报酬率；$b_i$ 表示项目 $i$ 的风险报酬系数；$CV_i$ 表示项目 $i$ 的离散系数。

**【例 7-10】** 假定国库券的年利率为 6%，某投资项目的离散系数为 3%，其风险报酬系数为 0.8，则该投资项目考虑风险因素后的预期报酬率为

$$K_i=R_F+b_i\times CV_i=6\%+0.8\times 3\%=8.4\%$$

(2) 按资本资产定价模型来调整折现率

资本资产定价模型确定的折现率公式为

$$R_i=R_F+\beta_i(R_M-R_F)$$

式中：$\beta_i$ 表示项目 $i$ 不可分散风险的 $\beta$ 系数；$R_M$ 表示所有项目平均的折现率或必要的报酬率。

资本资产定价模型是在有效的证券市场中建立的，虽然实物资本市场不可能像证券市场那样有效，但其基本逻辑关系是一样的。我们可以借助这个模型将项目要求的收益

率按项目风险的大小确定下来。

【例 7-11】 假定国库券的年利率为 6%，市场平均报酬率为 14%，甲项目的 $\beta$ 系数为 2，乙项目的 $\beta$ 系数为 1.5，则

甲项目的风险调整折现率＝6%＋2×(14%－6%)＝22%

乙项目的风险调整折现率＝6%＋1.5×(14%－6%)＝18%

按风险调整的折现率确定下来后，便可以结合具体投资项目预期的带有不确定性的现金流量，通过计算相应指标对投资项目做出评价。

按风险调整的折现率调整以后，具体的评价方法与无风险的情况基本相同。这种方法对风险高的项目采用较高的折现率，对风险低的项目采用较低的折现率，简单明了，便于理解，因此被广泛采用。但这种方法把时间价值和风险报酬混在一起，并据此对现金流量进行折现，意味着风险随着时间推移而加大，这种“风险一年比一年大”的人为假定，是不合理的。

**2. 调整现金流量法**

这种方法的基本思路是由于不确定性或风险的客观存在，使得投资项目各年的现金流量变得不确定，这时可以按照一定方法将有风险情况下的现金流量调整为无风险情况下的现金流量，然后根据无风险折现率进行折现，计算有关的评价指标，进行财务评价。按风险调整现金流量中，最常用的方法是肯定当量法。即先按风险程度调整投资项目的预期现金流量，然后用一个系数(约当系数)把有风险的现金流量调整为无风险的现金流量，最后利用无风险折现率来评价不确定性投资项目。其计算公式为

$$\text{风险调整后的净现值} = \sum_{t=0}^{n} \frac{\alpha_t \times \text{现金流量期望值}}{(1+\text{无风险报酬率})^t}$$

式中：$\alpha_t$ 表示第 $t$ 年现金流量的约当系数，在 0～1 之间。

约当系数是肯定的现金流量和与之相当的、不肯定的期望现金流量的比值。在进行项目评价时，可根据各年现金流量风险的大小选用不同的约当系数。当现金流量确定时，可取 $\alpha_t=1.00$；当现金流量的风险很小时，可取 $1.00>\alpha_t\geqslant 0.80$；当现金流量风险一般时，可取 $0.80>\alpha_t\geqslant 0.40$；当现金流量风险很大时，可取 $0.40>\alpha_t>0$。

一般根据离散系数来确定约当系数，因为离散系数较好地衡量了风险大小。约当系数的选用因人而异，敢于冒险的投资者会选用较高的约当系数，而不愿冒险的投资者可能会选用较低的约当系数。离散系数与约当系数的经验对照关系如表 7-16 所示。

**表 7-16 离散系数与约当系数的经验对照关系**

| 离散系数 | 约当系数 |
|---|---|
| 0.01～0.07 | 1 |
| 0.08～0.15 | 0.9 |
| 0.16～0.23 | 0.8 |
| 0.24～0.32 | 0.7 |

续表

| 离散系数 | 约当系数 |
|---|---|
| 0.33～0.42 | 0.6 |
| 0.43～0.54 | 0.5 |
| 0.55～0.70 | 0.4 |
| ⋮ | ⋮ |

当约当系数确定后，就可根据经计算取得的投资项目未来各年现金流量的离散系数资料，将各年的不肯定的现金流量转化成肯定的现金流量，然后根据前面介绍的分析方法进行评价分析。

**【例 7-12】** 假设某公司准备进行一项投资，其各年的现金流量和分析人员确定的约当系数如表 7-17 所示，无风险折现率为 10%，试判断此项目是否可行。

**表 7-17 投资项目资料表**

| 时间 | 第 0 年 | 第 1 年 | 第 2 年 | 第 3 年 | 第 4 年 |
|---|---|---|---|---|---|
| 现金净流量(元) | −20 000 | 6 000 | 8 000 | 10 000 | 8 000 |
| 约当系数 | 1.0 | 0.95 | 0.9 | 0.85 | 0.8 |

根据以上资料，用净现值法进行评价。

$$NPV = 0.95\times 6\,000\times(P/F,10\%,1) + 0.9\times 8\,000\times(P/F,10\%,2) + 0.85\times 10\,000\times(P/F,10\%,3) + 0.8\times 8\,000\times(P/F,10\%,4) - 20\,000 = 1\,889.2(\text{元})$$

在按风险程度对现金流量进行调整后，计算出的净现值大于 0，故该投资可行。

采用肯定当量法对现金流量进行调整，克服了调整折现率法夸大远期风险的缺点。但如何合理地确定肯定当量系数却是一个十分困难的问题，因为离散系数与约当系数之间的对照关系，并没有公认的客观标准。

## 知识拓展

### 如何选择投资创业项目？

80%的投资创业者在创业前期都感到确定创业项目“十分头疼”或“很难抉择”；在创业失败的案例中，有 60%的人觉得是“创业项目不对头”或“创业项目选择失误”，而在成功创业人群中，70%的人都认为是“良好的创业项目成就事业”。专家说，投资创业如同婚姻，只有合适的项目，没有最好的项目。那么，当我们拥有着爱情一般的投资创业冲动时，究竟该如何选择投资创业项目呢？

在人类进入互联网时代之后，创业信息传播渠道也多了起来，互联网上的创业信息是海量的。面对如此庞大的信息，创业者不要“见一个爱一个”。

一个良好的投资创业项目，能让创业者少走很多弯路，大大增加创业成功的机率。也就是说，选择一个良好的创业项目，就能成就一个美好的未来。选择好的创业项目的确能很有效地减少投资的不确定因素，能很好地增加投资创业成功的筹码。

## 一、选择创业项目的关键

### 1. 创业项目的风险性

创业者要正确看待创业过程中存在的各种风险，要有抗拒风险的心理承受能力。

### 2. 创业项目的真实性

创业者在选择创业项目时要寻求那些可信度高，权威性高的创业项目提供单位。

### 3. 创业项目的提供方

一方面，创业者要对自己的创业实力有一个正确的认识，选择与自身实力相当的创业项目；另一方面，对创业项目的提供方的实力也要有很好的了解。

### 4. 信息渠道的畅通性

创业信息的有效沟通和交流能让创业者很好地了解外部市场动向，能更有效的降低风险，走向成功。

## 二、选择创业项目的方向

### 1. 选择具有独特资源优势的项目

俗话说：靠山吃山，靠水吃水。创业者如果能独具慧眼，发掘自己身边特有的资源进行投资开发，往往容易成功，因为在这种情况下，你没有竞争对手。因此应尽量选择与自己的专业、经验、兴趣、特长能挂得上钩的项目。

### 2. 选择目标市场非常明确的项目

针对某个特定消费群体进行市场调研，知其所好，投其所好，乘“需”而入，推出新产品或服务项目，往往能领先一步占领市场。

### 3. 选择有良好发展前景的项目

产品的市场支持力、市场容量及自身接受能力对创业者来说至关重要，要多考察当地市场，看看所选项目是否在当地有一定需求及靠自己的能力是否可以进入市场等。对于创业者来说，选择有良好发展前景的项目，才能保证创业成功。

## 三、选择创业项目的准则

### 1. 选对投资项目

首先，所选行业必须经得起市场的考验。这是一个最简单的标准，即企业发展连锁经营体系至少已经有两年以上。其次，要选择大众化、普及性高的商品，这样不太会有流行热潮一过就成为泡沫的问题。此外，商圈的普遍性也很重要。

**2. 评估自己的实力**

所谓实力，不只指经济实力，也包括经商实力。看过、读过、学习过很多创业方面的资讯、信息，并不代表你就可以去创业了。在创业之前，要重新评估一下自己，总结一下自身的优缺点，要对自己有一个正确的评价，在创业的路途上既不要看轻自己，也不要抬高自己。总而言之，就是要对自己正确定位！

**3. 越挑剔总部越好**

找具有丰富开店经验，且连锁店数达一定规模或发展至少两年以上的总部，比较有经营保障。有些新兴体系，本身在市场上发展的时间就不够长，还没有通过市场的考验，顾客的消费习惯尚未养成，容易造成暂时生意兴隆的假象。此外，连锁品牌的竞争力也是成败的关键，连锁经营的未来必然从单店的竞争迈向品牌之争，也就是连锁体系之间的竞争，"有财团背景的连锁体系，在财力与开发团队能力较强的情况下，一定会占优势"。因此，选择弱势品牌的企业，虽然可以少缴费用与保证金，但相比之下，所能享有的总部的资源和帮助也较少，许多事情都要靠自己打理，竞争力自然也就较弱。

**4. 亲自去总部考察**

很多投资者只看到总部的一些书面或说明资料，就草率地签约，等到有纠纷时到总部一看，才发现总部比自己的店面还小，根本没有解决门店问题的经验和能力。因此，亲自走一趟总部与其店面，搜集第一手现场资料是必要的。

## 四、选择创业项目的注意事项

**1. 不要扎堆投资**

小本经营者，求稳心理较重，往往随帮轰，抱着别人做啥我做啥，走一条无风险、稳赚钱的经营之路的心理。然而，此路是走不通的。趁热投资的小本经营者不是去面对一个同行业的市场巨人，就是去收拾人家已无油水的残羹冷炙。也许，这正是不少人看到人家赚钱，而自己却赚不到钱的问题所在。

**2. 巧占市场盲点**

经济愈发达，社会愈进步，人们的需求就愈细化。因此，小额投资者应该独辟蹊径，致力于经营人无我有的商品和服务，巧占市场盲点。

**3. 船小掉头快**

经营环境常常是瞬息万变的，市场行情此一时彼一时。小本经营者"船小掉头快"，只要时刻保持清醒的头脑，及时对市场变化做出快速灵敏的反应，抢先抓住稍纵即逝的机遇，一定能够实现本小利大的目标。

**4. 主动灵活经商**

资本雄厚的大企业经营者重“守”,小本经营者重“走”。流动摊铺的商品一般是日常生活用品,每家每天都要用,因此,容易与顾客建立稳定的联系,稳稳当当地赚钱;而送上门的服务都能迎合急着要办又不用出门的需求,一拍即合。

**5. 薄利多销不压货**

俗话说得好:“三分毛利吃饱饭,七分毛利饿死人。”降低价格,在竞争中以价格优势招揽顾客,实现“薄利—多销—赚钱”的目标。小本经营者资本相当有限,最怕造成商品积压,资金周转不了,成为死钱,包袱越背越重,影响下一步的经营,形成恶性循环。

**6. 赚钱心不要太急切**

赚大钱是许多人的梦想,但大多数人终其一生却难以梦想成真,这是什么原因呢?是因为他们赚钱的心太急切,小钱不想赚,大钱挣不来。曾有位百万富翁说过:“小钱是大钱的祖宗。”生活中不少腰缠万贯的人当初就是靠赚不起眼儿的小钱白手起家的。

总而言之,在投资创业之前,创业者一定要明确一个观点,那就是创业项目没有最好的,只有最合适的。

**案例分析**

## 伟达相机项目投资决策

伟达相机制造厂是生产相机的中型企业,该厂生产的相机质量优良,价格合理,长期以来供不应求。为扩大生产能力,该厂准备新建一条生产线。负责这项投资决策工作的总会计师经过调查研究后,得到如下有关资料:

(1) 该生产线的原始投资为12.5万元,分两年投入。第一年初投入10万元,第二年初投入2.5万元。第二年末项目完工可正式投产使用,投产后每年可生产相机1 000部,每部销售价格为300元,每年可获销售收入30万元,投资项目可使用5年,5年后残值可忽略不计。在投资项目经营期初要垫支流动资金2.5万元,这笔资金在项目结束时可全部收回。

(2) 该项目生产的产品总成本构成如下:材料费用20万元,制造费用2万元,人工费用3万元,折旧费用2万元。总会计师通过对各种资金来源进行分析,得出该厂加权平均资本成本为10%,所得税税率为25%。

(3) 厂部中层干部意见:① 经营副总经理认为,在项目投资和使用期间,通货膨胀率约为10%,将对投资项目各有关方面产生影响;② 基建处长认为,由于受物价变动的影响,初始投资将增长10%,投资项目终结后,设备残值也将增加到37 500元;③ 生产处长认为,由于物价变动的影响,材料费用每年将增加14%,人工费用每年也将增加10%;④ 财务处长认为,扣除折旧后的制造费用,每年将增加4%,折旧费用每年仍为20 000元;⑤ 销售处长认为,产品销售价格预计每年可增加10%。

**讨论题:**

1. 分析确定影响伟达相机投资项目决策的各因素。

2. 根据影响伟达相机投资项目决策的各因素,计算投资项目的净现金流量、净现值等。

3. 根据分析计算结果,确定伟达相机项目投资决策。

## 思考题

1. 在进行投资项目的现金流量估计时,需要考虑哪些因素?

2. 税负和折旧对现金流量有什么影响?

3. 什么是现金流量? 如何估算一个投资项目的现金流量?

4. 为什么在资本预算中要以现金流量作为评价基础?

5. 什么是资本预算的静态分析法? 基本的指标有哪些? 其决策规则是什么?

6. 什么是资本预算的动态分析方法? 基本的指标有哪些? 其决策规则是什么?

7. 什么是按风险调整折现率法? 其基本思路是什么? 有何不足?

8. 什么是肯定当量法? 其基本思路是什么? 有何长处?

## 习　题

1. 你正在分析一项价值250万元,残值50万元的资产购入后从其折旧中可以得到的税后收益。该资产折旧期为5年。

(1) 假设所得税税率为25%,估计每年从该资产折旧中可得到的税收收益。

(2) 假设资本成本率为10%,估计这些税收收益的现值。

2. 甲企业拟建造一项生产设备,预计建设期为1年,所需原始投资100万元于建设起点一次性投入。该设备预计使用寿命为4年,使用期满报废清理时残值为5万元。该设备采用双倍余额递减法折旧。设备投产后每年增加净利润30万元。假定适用的行业基准折现率为10%。

要求：

(1) 计算项目计算期内各年的净现金流量。

(2) 计算该项目的净现值及获利指数。

(3) 利用净现值指标评价该投资项目的财务可行性。

3. 明茂公司现正进行某一项目的投资可行性分析。该项目的初始固定资产投资额为500万元，假设建设期为零，固定资产建成后，为了使之能够运转，需垫付流动资金100万元。该项目建成后能够有效使用6年，按直线法计提折旧，期满残值为40万元。项目建成投入使用后，每年可增加销售收入360万元，同时付现成本增加200万元，企业所得税税率为25%。初始垫付的流动资金在项目终结时全部收回。企业项目投资的必要收益率为10%。

要求：通过计算说明明茂公司是否应投资该项目。

4. 盛大公司原有设备一套，购置成本为300万元，预计使用10年，已使用5年，残值率为10%，公司用直线法计提折旧。现盛大公司拟购买新设备替换原设备，以提高生产率，降低成本。新设备购置成本为400万元，使用年限为5年，同样用直线法计提折旧，预计残值为购置成本的10%。使用新设备后公司每年的销售额可以从1 000万元上升到1 200万元，每年付现成本将从800万元上升到900万元。公司如购置新设备，旧设备出售可得收入95万元。假设该企业的所得税税率为25%，资金成本率为10%。

要求：通过计算说明该设备是否应该更新。

5. A、B两个互斥项目，建设期均为零。A项目投资40 000元，经营期限6年，每年末产生的净现金流量依次为13 000元、8 000元、14 000元、12 000元、11 000元和15 000元。B项目投资20 000元，经营期限3年，每年末净现金流量依次为7 000元、13 000元和12 000元。折现率为15%。

要求：比较A、B两个投资项目的优劣。

6. 假设某公司准备进行一项投资，其各年的现金净流量和分析人员确定的约当系数如下表所示，公司的资本成本率为10%，分析该项目是否可行。

| 项目 | 第0年 | 第1年 | 第2年 | 第3年 | 第4年 |
| --- | --- | --- | --- | --- | --- |
| 现金净流量(元) | −30 000 | 7 000 | 9 000 | 12 000 | 15 000 |
| 约当系数 | 1.0 | 0.95 | 0.9 | 0.85 | 0.80 |

# 8 短期资产管理

**学习目标**

1. 理解营运资本的概念、特点，了解营运资本的管理要求和管理方法。

2. 理解持有现金的动机，掌握最佳现金持有量决策的基本方法，熟悉现金的日常管理。

3. 理解应收账款的功能与成本，掌握应收账款信用政策的确定，熟悉应收账款的收账方法。

4. 理解存货的功能与成本，掌握存货决策的基本模型及其扩展，熟悉存货控制方法。

## 四川长虹怎么了

20 世纪末以来，国内家电行业生产能力过剩，需求下降，迫使许多家电企业把目光转向海外市场。中国最大的彩电生产商四川长虹急于开拓海外市场，与名不见经传的美国 APEX(Apex Digital)公司开始合作。从 2002 年起，美国 APEX 公司将四川长虹电视机运入了美国市场。2002 年，四川长虹以全球销售 1 129 万台和出口 398 万台彩电夺得销量和出口两项第一。四川长虹在 2001 年的彩电出口量仅为 12 万台，一年内增长了 33 倍多。四川长虹 2002 年的出口额达 7.6 亿美元，其中依靠美国 APEX 公司实现的出口近 7 亿美元。2003 年，四川长虹出口额达 8 亿美元左右，其中美国 APEX 公司占 6 亿美元。

但是，一车车运出去的彩电却没能为四川长虹带来大把的美元，美国 APEX 公司总是以质量或货未收到为借口，拒付或拖欠货款。

四川长虹 2003 年年报披露，截至 2003 年年末，公司应收账款为 49.85 亿元人民币，其中来自美国 APEX 公司的应收账款为 44.46 亿元人民币。

四川长虹 2004 年年报显示，公司自上市以来首次亏损，公司全年亏损 36.81 亿元人民币，报告期内大额计提资产减值准备是四川长虹巨亏的主要原因。公司对美国 APEX 公司所欠货款按个别认定法计提坏账准备金额折合人民币 25.97 亿元，该项估计对 2004 年的利润总额影响约 22.36 亿元人民币。

2004 年 12 月 14 日，四川长虹在美国洛杉矶高等法院起诉美国 APEX 公司。一场被舆论界认为是近年来中国企业在国外涉案金额最大的应收账款官司正式上演。

**思考** 为什么应收账款的管理对企业非常关键？对于如此巨额的海外应收账款，四川长虹理应如何建立信用管理与风险防范制度？从四川长虹的这场灾难中可以吸取什么教训？

## 8.1 营运资本管理

企业财务活动是筹集资金、运用资金和分配资金的活动，同时也是企业资金运动的全过程。企业资金运动的全过程实质是用价值形式反映的生产经营的全过程，工业企业经营就是“购买原材料—生产产品—销售产品”的过程，商业企业经营就是“进货—销售”的过程。无论是工业企业还是商业企业，其经营最终目的都是为了实现资金的增值，而资金只有在有效配置与运用的过程中才能实现增值。因此，如何配置和运用企业有限的资金发挥最大作用，提高企业生产经营效益，是创业企业面临的重要挑战。

### 8.1.1 营运资本的概念

营运资本有广义和狭义之分。广义的营运资本是指总营运资本，简单来说就是一个企业流动资产的总额；狭义的营运资本则是指净营运资本，是流动资产减去流动负债的差额，营运资本的管理既包括流动资产的管理，也包括流动负债的管理。

**1. 流动资产**

流动资产是指可以在一年以内或超过一年的一个营业周期内变现或运用的资产。流动资产具有占用时间短、周转快、易变现等特点。企业拥有较多的流动资产，可以在一定程度上降低财务风险。流动资产按实物形态可分为以下几类：

(1) 现金，是指可以立即用来购买物品、支付各项费用或用来偿还债务的交换媒介或支付手段，主要包括库存现金和银行活期存款，有时也把即期或到期的票据看作现金。现金是流动资产中流动性最强的资产，可直接支用，也可以立即投入流通。拥有大量现金的企业具有较强的偿债能力和承担风险的能力。但因为现金不会带来报酬或只有较低的报酬，所以，在财务管理比较健全的企业，都不会保留过多的现金。

(2) 短期投资，是指各种能随时变现或转卖的有价证券以及不超过一年的其他投资，主要是指有价证券投资。企业进行有价证券投资，一方面能带来比较好的收益，另一方面又能增强企业资产的流动性,降低企业的财务风险。因此。适当持有有价证券是一种较好的财务策略。

(3) 应收及预付款项,是指企业在生产经营过程中所形成的应收而未收的或预先支付的款项,包括应收账款、应收票据、其他应收款和预付货款。在商品经济条件下,为了增强市场竞争能力,企业拥有一定数量的应收及预付款项是不可避免的,企业应力求加速账款的回收,减少坏账损失。

(4) 存货,是指企业在生产经营过程中为销售或者耗用而储存的各种资产,包括商品、产成品、半成品、在产品、原材料、辅助材料、低值易耗品、包装物等。存货在流动资产中占的比重比较大,加强存货的管理与控制,使存货保持在最优水平上,便成为财务管理的一项重要内容。

**2. 流动负债**

流动负债是指需要在一年或者超过一年的一个营业周期内偿还的债务。流动负债又称短期融资,具有成本低、偿还期短的特点,必须认真进行管理。流动负债按不同标准可做不同分类,现说明其最常见的分类方式。

(1) 以应付金额是否确定为标准,可把流动负债分成应付金额确定的流动负债和应付金额不确定的流动负债。

应付金额确定的流动负债是指那些根据合同或法律规定,到期必须偿付,并有确定金额的流动负债,如短期借款、应付票据、应付账款、应付短期融资券等。

应付金额不确定的流动负债是指那些要根据企业生产经营状况,到一定时期才能确定的流动负债或应付金额需要估计的流动负债,如应交税金、应付利润、应付工资、应付产品质量担保债务等。

(2) 以流动负债的形成情况为标准,可以分为自然性流动负债和自发性流动负债。

自然性流动负债是指不需要正式安排,由于结算程序的原因而自然形成的那部分流动负债。在企业生产经营过程中,由于法定结算程序的原因,使一部分应付账款的支付时间晚于形成时间,这部分已形成但尚未支付的款项便成为企业的流动负债。因为它不需要做正规安排,是自然形成的,所以称之为自然性流动负债。

自发性流动负债是指由财务人员根据企业对短期资金的需求情况,通过人为安排所形成的流动负债,如银行短期借款、应付短期融资券等。

### 8.1.2 营运资本的特点

为了有效地管理企业的营运资本,必须了解营运资本的特点,以便有针对性地进行管理,营运资本一般具有如下一些特点。

**1. 周转具有短期性**

企业占用在流动资产上的资金周转一次所需时间较短,通常会在一年或一个生产经营周期内收回,对企业影响的时间比较短。根据这一特点,营运资金可以用商业信用、银行短期借款等短期筹资方式来加以解决。

**2. 实物形态具有易变现性**

短期投资、应收账款、存货等流动资产一般具有较强的变现能力。如果遇到意外情况,企业出现资金周转不灵、现金短缺时,便可迅速变卖这些资产,以获取现金,这对财务上应付临时性资金需求具有重要意义。

**3. 数量具有波动性**

流动资产的数量会随着企业内外条件的变化而变化,时高时低,波动很大。季节性企业如此,非季节性企业也是如此。随着流动资产数量的变动,流动负债的数量也会相应发生变动。

**4. 占用形态具有变动性**

企业营运资本的实物形态是经常变化的,一般在现金、材料、在产品、产成品、应收账款、现金之间按顺序变化。企业筹集资金后,一般都以现金的形式存在于企业中,为了保证生产经营正常进行,必须拿出一部分现金去采购材料,这样就有一部分现金转化为材料,材料投入生产后,在产品尚未最后完工脱离加工过程以前,便形成在产品和自制半成品,当产品进一步加工完成后,就成为准备出售的产成品。产成品经过出售,有的可直接获得现金,有的则因赊销而形成应收账款。经过一定时期后,应收账款通过收现转化为现金。总之,流动资金每次循环都要经过采购、生产、销售过程,并表现为现金、材料、在产品、产成品、应收账款等具体形态。为此,在进行流动资产管理时,必须在营运资本的各种占用形态上,合理配置资金数额,以促进资金周转的顺利进行。

**5. 来源具有灵活多样性**

企业筹集长期资本的方式一般比较少,只有吸收直接投资、发行股票、发行债券、进行银行长期借款等方式。而企业筹集营运资本的方式则灵活多样,通常有银行短期借款、短期融资券、商业信用、应交税金、应交利润、应付工资、应付费用、预收货款、保留盈余、票据贴现等。

### 8.1.3 营运资本的管理要求

营运资本的管理就是对企业流动资产和流动负债的管理。它既要保证有足够的资金满足生产经营的需要,又要保证能按时按量偿还各种到期债务。企业营运资本管理的基本要求如下。

**1. 合理确定并控制流动资金的需要量**

企业流动资金的需要量取决于企业经营规模和流动资金的周转速度,同时也受市场及供、产、销情况的影响。企业应综合考虑各种因素,合理确定流动资金的需要量,既要保证企业经营的需要,又不能因安排过量而浪费。平时也应控制流动资金的占用,使其纳入计划预算的良性范围内。

**2. 合理确定流动资金的来源构成**

企业应选择合适的筹资渠道及方式,力求以最小的代价谋取最大的经济利益,并使筹资与日后的偿债能力等合理配合。

**3. 加快资金周转,提高资金效益**

当企业的经营规模一定时,流动资产周转的速度与流动资金需要量成反方向变化。企业应加强内部责任管理,适度加速存货周期,缩短应收账款的收款周期,延长应付账款的付款周期,以提高资金的利用效率。

### 8.1.4 营运资本的管理方法

加强营运资本管理就是加强对流动资产和流动负债的管理,主要是加快现金、存货和应收账款的周转速度,尽量减少资金的过分占用,降低资金占用成本;利用商业信用,解决资金短期周转困难,同时在适当的时候向银行借款,利用财务杠杆,提高权益资本报酬率。企业营运资金的管理方法如下。

**1. 规避风险**

有些创业企业为了实现利润、销售更多的产品,经常采用赊销形式,片面追求销售业绩,可能会忽视对应收账款的管理而造成管理效率低下。例如,对赊销的现金流动情况及信用状况缺乏控制,未能及时催收货款,容易出现货款被拖欠从而造成账面利润高于实际资金的现象。对此,企业财务部门应加强对赊销和预购业务的控制,制定相应的应收账款、预付货款控制制度,加强对应收账款的管理,及时收回应收账款,减少风险,从而提高企业资金的使用效率。

**2. 增加价值**

会计利润是当期收入和费用成本配比的结果。在任何收入水平下,企业都要做好对内部成本、费用的控制,并做好预算,加强管理力度,减少不必要的支出,这样才能提高利润,增加企业价值。

**3. 提高效率**

财务管理应站在企业全局的角度,构建科学的预测体系,进行科学预算。预算包括销售预算、采购预算、投资预算、人工预算、费用预算等。这些预算使企业能预测风险,及时得到资金的各种信息,及时采取措施防范风险,提高效益。同时这些预算可以协调企业各部门的工作,提高内部协作的效率。而且销售部门在销售、费用等预算指导下,还可事先对市场有一定了解,把握市场变化,减少存货的市场风险。

**4. 完善制度**

(1) 明确内部管理责任制

很多企业认为催收货款是财务部门的事,与销售部门无关,其实这是一种错误的观点。事实上,销售人员应对催收应收账款负主要责任。如果销售人员在提供赊销商品时,还要承担收回应收账款的责任,那么,他就会谨慎对待每一项应收账款。

(2) 建立客户信用档案

企业应在财务部门中设置风险管理员,通过风险管理员对供应商、客户的信用情况进行深入调查和建档,并进行信用等级设置,对处于不同等级的客户实行不同的信用政策,减少购货和赊销风险。风险管理员对客户可根据以下方面的信息进行信用等级评定:① 企业的注册资本;② 偿还账款的信用情况;③ 有无拖欠税款而被罚款的记录;

④ 有无拖欠供货企业货款的情况;⑤ 其他企业的综合评价。

(3) 实施审批制度

对不同信用规模、信用对象实施不同的审批级别。一般可设置三级审批制度,由销售经理、财务经理和风险管理员、总经理三级审核。销售部门如采用赊销方式时,应先由财务部门根据赊销带来的经济利益与产生的成本风险进行衡量,可行时再交总经理审核。这样可以提高决策的效率,降低企业经营的风险。

(4) 加强补救措施

一旦发生货款拖欠现象,财务部门应要求销售人员加紧催收货款,同时风险管理员要降低该企业的信用等级;拖欠严重的,销售部门应责令销售人员与该企业取消购销业务。

(5) 建立企业内部控制制度

建立主要包括存货、应收账款、现金、固定资产、管理费用等一系列的内部控制制度。对违反控制制度的,要给予相关责任人惩罚。

(6) 严格控制开支

对各种开支采用计划成本核算,对各种容易产生浪费的开支要采取严格的控制措施。例如,很多企业业务招待费在管理费用中占据很大比例,导致部分招待费在计征所得税时无法全额税前扣除。对此,企业应该要求销售人员控制招待费支出,并由财务部门按月销售收入核定适当的招待费标准。

总之,营运资本管理在企业销售及采购业务中处于重要地位,对企业利润目标的实现会产生重大影响。营运资本管理应是对销售工作的控制而不是限制,它的宗旨是促进销售部门减少销售风险,提高利润水平。所以,企业领导人应重视企业的资本营运管理工作。

## 8.2 现金和有价证券

现金是可以立即投入流动的交换媒介。它的首要特点是普遍的可接受性,即可以有效地立即用来购买商品、货物、劳务或偿还债务。因此,现金是企业中流动性最强的资产。属于现金内容的项目,包括企业的库存现金、各种形式的银行存款和银行本票、银行汇票。

有价证券是企业现金的一种转换形式。有价证券变现能力强,可以随时兑换成现金。企业有多余现金时,常将现金兑换成有价证券,现金流出量大于流入量需要补充现金时,再出让有价证券换回现金。在这种情况下,有价证券就成了现金的替代品。获取收益是持有有价证券的原因。这里讨论有价证券是将其视为现金的替代品,是“现金”的一部分。

现金持有不足常会导致企业经营风险增加，影响企业健康发展，而现金持有量过多，将会降低现金作为一项资产的收益率水平。如何在现金的流动性与收益性之间做出合理的选择是现金管理的基本目标。因此，企业必须合理确定现金持有量，使现金数量平衡，尽量避免资金短缺造成的损失以及现金闲置，提高资金收益率。

### 8.2.1 持有现金的动机

在确定现金持有量时，首先需要了解企业为什么要持有一定数额的现金。一般而言，企业持有现金的动机包括以下三个方面。

**1. 交易性动机**

交易性动机是指满足日常业务的现金支付需要。企业经常得到收入，也经常发生支出，两者不可能同步同量。收入多于支出，形成现金置存；收入少于支出，需要借入现金。企业必须维持适当的现金余额，才能使业务活动正常地进行下去。

**2. 预防性动机**

预防性动机是指持有现金以防发生意外的支付。企业有时会出现意想不到的开支，现金流量的不确定性越大，预防性现金的数额也就应越大；反之，企业现金流量的可预测性强，预防性现金数额则可小些。此外，预防性现金数额还与企业的借款能力有关，如果企业能够很容易地随时借到短期资金，也可以减少预防性现金的数额；若非如此，则应增加预防性现金数额。

**3. 投机性动机**

投机性动机是指持有现金用于不寻常的购买机会。例如，遇有廉价原材料或其他资产供应的机会，便可用手头现金大量购入；再如，在适当时机购入价格有利的股票和其他有价证券等。一般地讲，除了金融和投资公司外，其他企业专为投机性动机而特殊持有现金的不多，遇到不寻常的购买机会，也常设法临时筹集资金。但拥有相当数额的现金，确实为突然的大批采购提供了方便。

### 8.2.2 现金的日常管理

**1. 现金管理的有关规定**

(1) 不得超出现金的适用范围。这里的现金是指人民币现钞，企业用现金从事交易，只能在一定范围内进行。该范围包括：支付职工工资、津贴；支付个人劳务报酬；根据国家规定颁发给个人的科学艺术、文化艺术、体育等各种奖金；支付各种劳保、福利费用以及国家规定的对个人的其他支出；向个人收购农副产品和其他物资的价款；出差人员必须随身携带的差旅费；结算起点(1 000 元)以下的零星支出；中国人民银行规定需要支付现金的其他支出。

(2) 库存现金限额。企业的库存现金，由其开户银行根据企业的实际需要核定限额，一般以 3～5 天的零星开支额为限。

(3) 不得坐支现金。即企业不得从本单位的人民币现金收入中直接支付交易款。现金收入应于当日终了时送存开户银行。

(4) 不得出租、出借银行账户。

(5) 不得签发空头支票和远期支票。

(6) 不得套用银行信用。

(7) 不得保管账外公款,包括不得将公款以个人名义存入银行和保存银行账外现金等各种形式的账外公款。

**2. 加强现金收支预算管理**

现金收支管理的目的在于及时平衡现金收支,经常保持与生产经营活动相适应的合理的现金流量,提高现金使用效率。为达到这一目的,应当注意做好以下几方面工作:

(1) 力争现金流量同步。如果企业能尽量使它的现金流入与现金流出发生的时间趋于一致,就可以使其所持有的交易性现金余额降到最低水平,这就是所谓的"现金流量同步"。

(2) 使用现金浮游量。从企业开出支票,收票人收到支票并存入银行,至银行将款项划出企业账户,中间需要一段时间,现金在这段时间的占用称为现金浮游量。在这段时间里,尽管企业已开出了支票,却仍可动用在活期存款账户上的这笔资金。不过,在使用现金浮游量时,一定要控制好使用的时间,否则会发生银行存款的透支。

(3) 加速收款。这主要指缩短应收账款的时间。发生应收账款会增加企业资金的占用,但这又是必要的,因为它可以扩大销售规模,增加销售收入。因此,问题的关键在于如何既利用应收账款吸引顾客,又缩短收款时间。这就需要在两者之间找到适当的平衡点,并实施妥善的收账策略。

(4) 推迟应付账款的支付。推迟应付账款的支付,是指企业在不影响自己信誉的前提下,尽可能地推迟应付款的支付期,充分运用供货方所提供的信用优惠。如遇企业急需现金,甚至可以放弃供货方的折扣优惠,在信用期的最后一天支付款项。

### 8.2.3 最佳现金持有量

现金的管理除了做好日常收支,加速现金流转速度外,还需控制好现金持有规模,即确定适当的现金持有量。下面是几种确定最佳现金持有量的方法。

**1. 成本分析模式**

成本分析模式是通过分析持有现金的成本,寻找持有成本最低的现金持有量。企业持有的现金,将会产生三种成本。

(1) 机会成本

现金作为企业的一项资金占用,是有代价的,这种代价就是它的机会成本。现金资产的流动性极佳,但营利性极差。持有现金则不能将其投入生产经营活动,失去因此而获得的收益。企业为了经营业务,有必要持有一定的现金,以应付意外的现金需要。但现金拥有量过多,机会成本代价大幅度上升,就不合算了。

(2) 管理成本

企业拥有现金会发生管理费用,如管理人员工资、安全措施费等,这些费用就是现金的管理成本。管理成本是一种固定成本,与现金持有量之间无明显的比例关系。

(3) 短缺成本

现金的短缺成本,是因缺乏必要的现金,不能应付业务开支所需,而使企业蒙受损失或为此付出的代价。现金的短缺成本随现金持有量的增加而下降,随现金持有量的减少而上升。

上述三项成本之和最小的现金持有量,就是最佳现金持有量。如果把以上三种成本线放在一张图上(如图 8-1 所示),就能表现出持有现金的总成本(总代价),找出最佳现金持有量的点:机会成本线向右上方倾斜,短缺成本线向右下方倾斜,管理成本线为平行于横轴的平行线,总成本线便是一条抛物线,该抛物线的最低点即为持有现金的最低总成本。在这点之后,机会成本上升的代价又会大于短缺成本下降的好处;在这一点之前,短缺成本上升的代价又会大于机会成本下降的好处。这一点对应横轴上的量,即是最佳现金持有量。

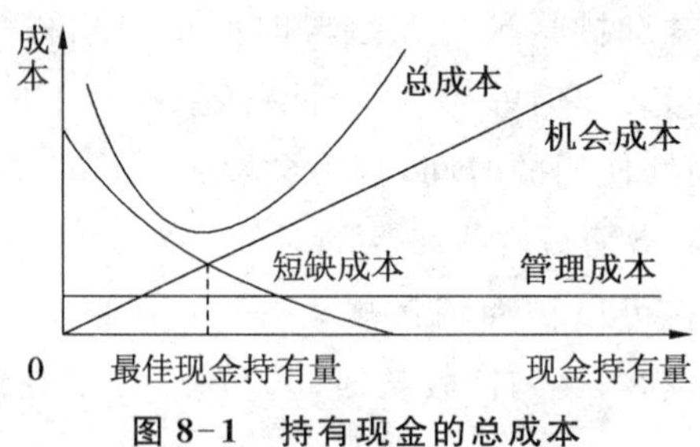


图 8-1 持有现金的总成本

具体计算最佳现金持有量时,可以先分别计算出各种方案的机会成本、管理成本、短缺成本之和,再从中选出总成本之和最低的现金持有量,即为最佳现金持有量。

**【例 8-1】** 某企业有四种现金持有方案,它们各自的机会成本、管理成本、短缺成本如表 8-1 所示。

**表 8-1 现金持有方案** 元

| 方案 | 甲 | 乙 | 丙 | 丁 |
|---|---|---|---|---|
| 现金平均持有量 | 25 000 | 50 000 | 75 000 | 100 000 |
| 机会成本 | 3 000 | 6 000 | 9 000 | 12 000 |
| 管理成本 | 20 000 | 20 000 | 20 000 | 20 000 |
| 短缺成本 | 12 000 | 6 750 | 2 500 | 0 |

注:机会成本率即该企业的资本收益率为 12%。

**解** 这四种方案的总成本计算结果如表 8-2 所示。

**表 8-2 现金持有总成本** 元

| 方案 | 甲 | 乙 | 丙 | 丁 |
|---|---|---|---|---|
| 机会成本 | 3 000 | 6 000 | 9 000 | 12 000 |
| 管理成本 | 20 000 | 20 000 | 20 000 | 20 000 |

续表

| 方案 | 甲 | 乙 | 丙 | 丁 |
|---|---|---|---|---|
| 短缺成本 | 12 000 | 6 750 | 2 500 | 0 |
| 总成本 | 35 000 | 32 750 | 31 500 | 32 000 |

将以上各方案的总成本加以比较可知，丙方案的总成本最低，也就是说当企业平均持有 75 000 元现金时，各方面的总代价最低，对企业而言最合算，故 75 000 元是该企业的最佳现金持有量。

**2. 存货模式**

从上面的分析中我们已经知道，企业平时持有较多的现金，会降低现金的短缺成本，但也会增加现金占用的机会成本；而平时持有较少的现金，则会增加现金的短缺成本，却能减少现金占用的机会成本。如果企业平时只持有较少的现金，在有现金需要时（如手头的现金用尽），通过出售有价证券换回现金（或从银行借入现金），就既能满足现金的需要，避免短缺成本，又能减少机会成本。因此，适当的现金与有价证券之间的转换，是企业提高资金使用效率的有效途径。这与企业奉行的营运资本政策有关：采用宽松的投资政策，保留较多的现金则转换次数少；但经常进行大量的有价证券与现金的转换，则会加大转换交易成本。因此如何确定有价证券与现金的每次转换量，是一个需要研究的问题。这可以应用现金持有量的存货模式解决。

现金持有量的存货模式又称鲍曼模型，是威廉·鲍曼（William Baumol）提出的用以确定目标现金持有量的模型。

企业每次以有价证券转换回现金是需要付出代价的（如支付经纪费用），这被称为现金的交易成本。现金的交易成本与现金转换次数、每次的转换量有关。假定现金每次的交易成本是固定的，在企业一定时期现金使用量确定的前提下，每次以有价证券转换回现金的金额越大，企业平时持有的现金量便越高，转换的次数便越少，现金的交易成本就越低；反之，每次转换回现金的金额越低，企业平时持有的现金量便越低，转换的次数会越多，现金的交易成本就越高，即现金交易成本与持有量成反比。在现金成本构成的图上，可以将现金的交易成本与现金的短缺成本合并为同一条曲线，反映与现金持有量相关的总成本。这样，现金的成本构成可重新表现，如图 8-2 所示。

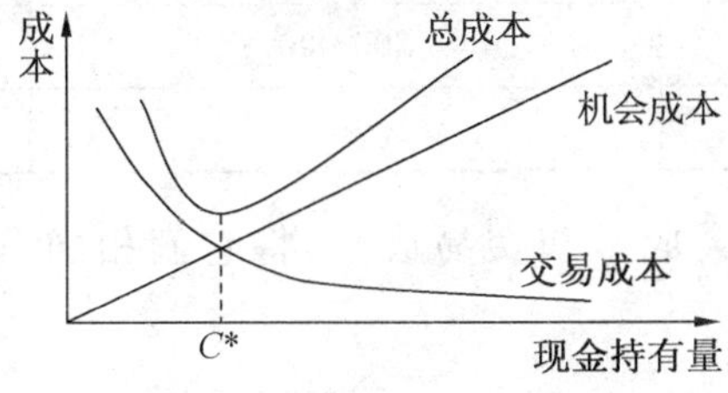


**图 8-2　现金的成本构成**

在图 8-2 中，现金的机会成本和交易成本是两条随现金持有量呈不同方向发展的曲线，两条曲线交叉点对应的现金持有量，即是总成本最低的现金持有量，它可以运用现金持有量存货模式求出。以下通过举例，说明现金持有量存货模式的应用。

假设某企业的现金使用量是均衡的，以 $C$ 代表初始现金持有量，以 $C/2$ 代表各期的现金平均持有量。于是，企业需要合理地确定 $C$，以使现金的相关总成本最低。解决这一问题首先要明确三点：

(1) 一定期间内的现金需求量，用 $T$ 表示。

(2) 每次出售有价证券以补充现金所需的交易成本，用 $F$ 表示。一定时期内出售有价证券的总交易成本为

$$交易成本=\frac{T}{C}\times F$$

(3) 持有现金的机会成本率，用 $K$ 表示。一定时期内持有现金的总机会成本为

$$机会成本=\frac{C}{2}\times K$$

**【例 8-2】** 某企业一年的现金需求量为 5 200 000 元。该企业有几种确定 $C$ 的方案，每种方案对应的机会成本和交易成本如表 8-3、表 8-4 所示。

要求：确定最佳现金持有量。

**表 8-3　现金持有的机会成本**　　元

| 初始现金持有量 $C$ | 平均现金持有量 $C/2$ | 机会成本 $=C/2\times K(K=0.1)$ |
|---|---|---|
| 600 000 | 300 000 | 30 000 |
| 400 000 | 200 000 | 20 000 |
| 300 000 | 150 000 | 15 000 |
| 200 000 | 100 000 | 10 000 |
| 100 000 | 50 000 | 5 000 |

**表 8-4　现金持有的交易成本**　　元

| 现金总需求 $T$ | 初始现金持有量 $C$ | 交易成本 $=T/C\times F(F=1\ 000)$ |
|---|---|---|
| 5 200 000 | 600 000 | 8 667 |
| 5 200 000 | 400 000 | 13 000 |
| 5 200 000 | 300 000 | 17 333 |
| 5 200 000 | 200 000 | 26 000 |
| 5 200 000 | 100 000 | 52 000 |

计算出各种方案的机会成本和交易成本，将它们相加，就可以得到各种方案的总成本：

$$总成本=机会成本+交易成本=\frac{C}{2}\times K+\frac{T}{C}\times F$$

该企业各种初始现金持有量方案的总成本如表 8-5 所示。

表 8-5 现金持有的总成本 元

| 初始现金持有量 | 机会成本 | 交易成本 | 总成本 |
|---|---|---|---|
| 600 000 | 30 000 | 8 667 | 38 667 |
| 400 000 | 20 000 | 13 000 | 33 000 |
| 300 000 | 15 000 | 17 333 | 32 333 |
| 200 000 | 10 000 | 26 000 | 36 000 |
| 100 000 | 5 000 | 52 000 | 57 000 |

表 8-5 显示，当企业的初始现金持有量为 300 000 元时，现金总成本最低。

以上结论是通过对各种初始现金持有量方案的逐次成本计算得出的。此外，也可以利用公式求出成本最低的现金持有量，这一现金持有量称为最佳现金持有量，以 $C^*$ 表示。

从图 8-2 中可知，最佳现金持有量 $C^*$ 是机会成本线与交易成本线交叉点所对应的现金持有量，因此 $C^*$ 应当满足机会成本＝交易成本，即

$$\frac{C^*}{2}\times K=\frac{T}{C^*}\times F$$

整理后，可得出

$$C^{*2}=\frac{2T\times F}{K}$$

等式两边分别取平方根，有

$$C^*=\sqrt{\frac{2T\times F}{K}}$$

本例中，$T=5\ 200\ 000$ 元，$F=1\ 000$ 元，$K=0.1$，利用上述公式即可计算出最佳现金持有量为

$$C^*=\sqrt{2\times 5\ 200\ 000\times 1\ 000\div 0.1}=322\ 490(\text{元})$$

为了验证这一结果的正确性，可以计算出比 322 490 元略高和略低的几种现金持有量的成本，比较它们的高低，如表 8-6 所示。

表 8-6 现金持有的总成本 元

| 初始现金持有量 | 机会成本 | 交易成本 | 总成本 |
|---|---|---|---|
| 335 000 | 16 750 | 15 522 | 32 272 |
| 330 000 | 16 500 | 15 758 | 32 258 |
| 322 490 | 16 125 | 16 125 | 32 250 |
| 310 000 | 15 500 | 16 774 | 32 274 |
| 305 000 | 15 250 | 17 049 | 32 299 |

表 8-6 说明，不论初始现金持有量高于还是低于 322 490 元，总成本都会升高，所以

322 490 元是最佳的现金持有量。

现金持有量的存货模式是一种简单、直观的确定最佳现金持有量的方法；但它也有缺点，主要是假定现金的流出量稳定不变，实际上这种情况很少有。相比而言，那些适用于现金流量不确定的控制最佳现金持有量的方法，就显得更具普遍应用性。

## 8.3 应收账款

应收账款是指因对外销售产品或材料、提供劳务及其他原因，应向购货单位或接受劳务的单位及其他单位收取的款项，包括应收销售款、其他应收款、应收票据等。

### 8.3.1 应收账款的功能与成本

**1. 应收账款的功能**

(1) 促进销售。企业销售产品时可以采用两种基本的方式，即现销与赊销。显然，现销对企业有利，赊销对客户有利。在竞争激烈的市场经济条件下，促销已经成为企业的一项重要的工作内容。企业促销的手段虽然多种多样，但在银根紧缩、市场疲软、资金匮乏的情况下，赊销的促销作用是十分明显的，特别是在企业销售新产品、开拓新市场时，赊销就更加具有重要的意义。一方面，购货方可以在不付款的情况下得到自己需要的商品，降低了在商品质量、性能等方面存在问题的风险；另一方面，购货方可以在一定时期内减少自己的资金占用。

(2) 减少存货。由于赊销具有促销功能，可以加速产品的销售，从而可降低存货中产成品的数额，这有利于缩短产成品的库存时间，降低产成品存货的管理费用、仓储费用和保险费用等各方面的支出。因此，当企业产成品存货过多时，就可以考虑采用较为优惠的信用条件进行赊销，以减少存货，节约各项支出。

**2. 应收账款的成本**

企业持有应收账款，也要付出一定的代价，这种代价即为应收账款的成本。其内容包括机会成本、管理成本和坏账成本。

(1)机会成本。应收账款的机会成本是指将资金投资于应收账款而不能进行其他投资所丧失的投资利益。这一成本的大小通常与企业维持赊销业务所需要的资金数量、资金成本率有关。其计算公式为

应收账款机会成本＝维持赊销业务所需要的资金×资金成本率

维持赊销业务所需要的资金＝应收账款平均余额×(变动成本/销售收入)

＝应收账款平均余额×变动成本率

应收账款平均余额＝赊销收入净额/360×平均收账天数

＝平均每日赊销额×平均收账天数



(2) 管理成本。应收账款的管理成本是指对应收账款进行日常管理的各项开支，主

要包括对顾客信用状况进行调查的费用、收集各种信息的费用、账簿的记录费用、收账费用以及其他费用。

(3) 坏账成本。坏账成本是指因应收账款无法收回而给企业带来的损失。坏账成本一般与应收账款数量呈正方向变化,即应收账款越多,坏账成本越多。基于此,为规避坏账成本给企业生产经营活动的稳定性带来的不利影响,企业应合理提取坏账准备。其用公式表示为

坏账成本=赊销额×预计坏账损失率

### 8.3.2 应收账款信用政策的确定

应收账款赊销的效果好坏,依赖于企业的信用政策。信用政策包括信用标准、信用条件和收账政策等方面。

**1. 信用标准**

信用标准是指顾客获得企业的交易信用所应具备的最低条件,通常以预期的坏账损失率表示。对预计坏账损失率低的客户,给予较宽松的标准;对预计坏账损失率高的客户,给予较严格的标准。

企业在设定某一顾客的信用标准时,往往先要评估其赖账的可能性。这可以通过"5C"系统来进行。所谓"5C"系统,是评估顾客信用品质的五个方面,即品质(Character)、能力(Capacity)、资本(Capital)、抵押(Collateral)和条件(Conditions)。

(1) 品质。品质指顾客的信誉,即履行偿债义务的可能性。企业必须设法了解顾客过去的付款记录,看其是否有按期如数付款的一贯做法,及与其他供货企业的关系是否良好。这一点经常被视为评价顾客信用的首要因素。

(2) 能力。能力指顾客的偿债能力,即其流动资产的数量和质量以及与流动负债的比例。顾客的流动资产越多,其转换为现金支付款项的能力越强。同时,还应注意顾客流动资产的质量,看是否有存货过多、过时或质量下降,影响其变现能力和支付能力的情况。

(3) 资本。资本指顾客的财务实力和财务状况,表明顾客可能偿还债务的背景。

(4) 抵押。抵押指顾客拒付款项或无力支付款项时能用作抵押的资产。这对于不知底细或信用状况有争议的顾客尤为重要。一旦收不到这些顾客的款项,便以抵押品抵补。如果这些顾客提供足够的抵押,就可以考虑向他们提供相应的信用。

(5) 条件。条件指可能影响顾客付款能力的经济环境。比如,万一出现经济不景气,会对顾客的付款产生什么影响,顾客会如何做等,这需要了解顾客在过去困难时期的付款历史。

**2. 信用条件**

信用条件是指企业对客户支付货款所提出的付款要求和条件,主要包括信用期限、折扣期限及现金折扣等。信用条件的基本表现方式一般是赊销时在信用订单上加以注明,如"2/10,$N$/30"就是一项信用条件,它表明:若客户能够在发票开出后10天内付款可以享受2%的现金折扣;如果放弃折扣优惠,则全部款项必须在30天内付清。在此,30

天为信用期限,10 天为折扣期限,2%为现金折扣率。

企业提供比较优惠的信用条件往往能增加销售量,但同时也会增加现金折扣成本、收账成本和应收账款机会成本及管理成本。在进行信用条件决策时,要综合考虑上述因素,先计算增加的收益,再计算增加的成本,最后根据两者的比较,选择最大可能增加企业利润的信用条件。

(1) 收益的增加(信用成本前收益)

信用成本前收益=赊销净额-变动成本-有变化的固定成本

赊销净额=赊销额-销售折扣、折让

(2) 信用成本

应收账款机会成本= 维持赊销业务占用资金×资金成本率

维持赊销业务所需要的资金=应收账款平均余额×变动成本率

应收账款平均余额=年赊销额/360×平均收账天数

坏账成本=赊销额×预计坏账损失率

另外,收账费用通常是已知的。

信用成本后收益=信用成本前收益-信用成本

所以,信用政策的决策原则是选择信用成本后收益最大的方案。

**【例 8-3】** A 公司预测的年度赊销额为 3 000 万元,其信用条件是"*N*/30",变动成本率为 60%,资本成本率为 20%。假设企业收账政策不变,固定成本总额不变。该企业设有两个信用条件的备选方案:甲方案维持"*N*/30"的信用条件,预计的坏账损失率为 2%,收账费用为 30 万元;乙方案将信用条件放宽到"*N*/60",预计年赊销额可达到 3 300 万元,坏账损失率为 4%,收账费用为 37 万元。

各方有关数据如表 8-7 所示。

**表 8-7 信用条件备选方案** 万元

| 项目 | 甲方案(*N*/30) | 乙方案(*N*/60) |
|---|---|---|
| 年赊销额 | 3 000 | 3 300 |
| 应收账款平均余额 | 250 | 550 |
| 维持赊销业务占用资金 | 250×60% = 150 | 550×60% = 330 |
| 预计坏账损失率(%) | 2 | 4 |
| 坏账损失 | 3 000×2% = 60 | 3 300×4% = 132 |
| 收账费用 | 30 | 37 |

要求:比较分析甲、乙方案。

**解** 信用成本计算如表 8-8 所示。

表 8-8 信用成本计算 万元

| 项目 | 甲方案（$N/30$） | 乙方案（$N/60$） |
|---|---|---|
| 年赊销额 | 3 000 | 3 300 |
| 减：变动成本 | 3 000×60% = 1 800 | 3 300×60% = 1 980 |
| 信用成本前收益 | 1 200 | 1 320 |
| 信用成本 | | |
| 减：应收账款机会成本 | 150×20% = 30 | 330×20% = 66 |
| 坏账损失 | 60 | 132 |
| 收账费用 | 30 | 37 |
| 小计 | 120 | 235 |
| 信用成本后收益 | 1 080 | 1 085 |

下面进一步讨论现金折扣与折扣期限决策评价的有关问题。

**【例 8-4】** 根据例 8-3 的资料，如果企业选择了乙方案，但为了加速应收账款的回收，决定将信用条件改为"2/10，1/20，$N/60$"（丙方案）。假设有 60%的客户（按赊销额计算）利用 2%的折扣，15%的客户利用 1%的折扣，其余客户放弃折扣于信用期限届满时付款。坏账损失占赊销额比例降为 2%，收账费用降为 30 万元。

要求：编制决策分析评价表。

**解** 根据上述资料计算有关指标如下：

$$应收账款周转天数=60\%\times10+15\%\times20+25\%\times60=24（天）$$

$$应收账款平均余额=3\ 300/360\times24=220（元）$$

$$维持赊销业务所占用资金=220\times60\%=132（万元）$$

$$应收账款机会成本=132\times20\%=26.40（万元）$$

$$坏账损失=3\ 300\times2\% = 66（万元）$$

$$收账费用=30（万元）$$

$$现金折扣成本 = 3\ 300\times(2\%\times60\%+1\%\times15\%)=44.55（万元）$$

根据以上资料编制决策分析评价表如表 8-9 所示。

表 8-9 决策分析评价表 万元

| 项目 | 乙方案（$N/60$） | 丙方案（2/10，1/20，$N/60$） |
|---|---|---|
| 年赊销额 | 3 300 | 3 300 |
| 减：变动成本 | 1 980 | 1 980 |
| 信用成本前收益 | 1 320 | 1 320 |
| 减：现金折扣 | — | 44.55 |
| 应收账款机会成本 | 66 | 26.40 |
| 坏账损失 | 132 | 66 |

续表

| 项目 | 乙方案(N/60) | 丙方案(2/10,1/20,N/60) |
| --- | --- | --- |
| 收账费用 | 37 | 30 |
| 信用成本后收益 | 1 085 | 1 153.05 |

计算结果表明,采用丙方案虽然增加了现金折扣,但由于应收账款机会成本、坏账损失、收账费用均有较大降低,使企业的收益增加了 68.05(1 153.05 − 1 085)万元,因此,应选择丙方案。

**3. 收账政策**

收账政策是企业对客户违反信用条件,拖欠甚至拒付账款所采取的策略和措施,是客户未按事先约定在信用期内付款时企业所采取的事后补救方法。一般情况下,客户会在企业规定的信用期到来之前支付货款,只有当客户的付款期超过了信用期限,企业才需要采取行动催收。因此,收账政策有时仅指企业催收逾期应收账款的程序。

一般来讲,拖欠时间越长,款项收回的可能性越小,形成坏账的可能性越大。对此,企业应实施严密的监督,随时掌握回收情况。实施对应收账款回收情况的监督,这可以通过编制账龄分析表进行。账龄分析表是一张能显示应收账款在外天数(账龄)长短的报告,其格式如表 8-10 所示。

**表 8-10　应收账款账龄分析表**

| 应收账款账龄 | 账户数量 | 金额(万元) | 百分率(%) |
| --- | --- | --- | --- |
| 信用期内 | 200 | 8 | 40 |
| 超过信用期 1～20 天 | 100 | 4 | 20 |
| 超过信用期 21～40 天 | 50 | 2 | 10 |
| 超过信用期 41～60 天 | 30 | 2 | 10 |
| 超过信用期 61～80 天 | 20 | 2 | 10 |
| 超过信用期 81～100 天 | 15 | 1 | 5 |
| 超过信用期 100 天以上 | 5 | 1 | 5 |
| 合计 | 420 | 20 | 100 |

表 8-10 显示,有价值 120 000 元的应收账款已超过了信用期,占全部应收账款的 60%。不过,其中拖欠时间较短的(20 天内)有 40 000 元,占全部应收账款的 20%,这部分欠款收回的可能性很大;拖欠时间较长的(21～100 天)有 70 000 元,占全部应收账款的 35%,这部分欠款的回收有一定难度;拖欠时间很长的(100 天以上)有 10 000 元,占全部应收账款的 5%,这部分欠款有可能成为坏账。对不同拖欠时间的欠款,企业应采取不同的收账方法,制定出经济、可行的收账政策。

企业在选取收账政策时,应视逾期时间长短、欠缴金额大小、不同的客户、不同的产品,参考信用条件灵活运用。对于逾期时间较短的客户,可通过信函、电话等方式催收;

对于情形较严重者,可派人面谈,必要时还可提请有关部门仲裁或提请诉讼等。

企业催收货款必然会发生一些收账费用,通常情况下收账费用越大,收账措施越有利,收回的款项就越多,坏账损失的比例就越小,但是收账费用的支出和坏账损失的减少并不一定成比例。一般情况是,开始花费一些收账费用,应收账款和坏账损失有小部分降低;收账费用继续增加,应收账款和坏账损失明显减少;当收账费用达到某一限度后,应收账款和坏账损失的减少就不再明显了。因此,制定收账政策需要在增加收账费用与减少坏账损失机会成本之间进行权衡,若前者小于后者,则说明制定的收账政策可取。

**【例 8-5】** B公司现采用的收账政策和拟改变的收账政策有关的数据资料如表 8-11 所示。

**表 8-11 收账政策数据资料**

| 项目 | 现采用收账政策 | 拟改变收账政策 |
| --- | --- | --- |
| 年收账费用(万元) | 8 | 12 |
| 平均收账期(天) | 72 | 45 |
| 坏账损失占赊销额(%) | 3 | 2 |
| 赊销额(万元) | 560 | 560 |
| 变动成本率(%) | 60 | 60 |

要求:假设有价证券的利率(机会成本率)为 20%,根据表 8-11 中的资料,计算两种方案的收账总成本,并进行对比分析。

**解** 收账政策分析评价表如表 8-12 所示。

**表 8-12 收账政策分析评价表**

| 项目 | 现采用收账政策 | 拟改变收账政策 |
| --- | --- | --- |
| 赊销额(万元) | 560 | 560 |
| 应收账款周转率(次) | 360/72 = 5 | 360/45 = 8 |
| 应收账款平均余额(万元) | 560/5 = 112 | 560/8 = 70 |
| 维持赊销业务占用资金(万元) | 112×60% = 67.2 | 70×60% = 42 |
| 应收账款机会成本(万元) | 67.2×20% = 13.44 | 42×20% = 8.4 |
| 坏账损失(万元) | 560×3% = 16.8 | 560×2% = 11.2 |
| 收账费用(万元) | 8 | 12 |
| 收账总成本(万元) | 38.24 | 31.6 |

计算结果表明,拟改变的收账政策发生的收账总成本较现采用的收账政策的收账总成本降低了 6.64(38.24−31.6)万元,因此,应改变收账政策。

## 8.4 存　货

存货是指企业在生产经营过程中为销售或者耗用而储备的物资,包括材料、燃料、低值易耗品、在产品、半成品、产成品、协作件、商品等。企业存货占流动资产的比重较大,一般为40%～60%。存货利用的好坏,对企业财务状况的影响极大。因此,加强存货的规划与控制,使存货保持在最优水平,便成为财务管理的一项重要内容。

### 8.4.1　存货的功能与成本

**1. 存货的功能**

如果工业企业能在生产投料时随时购入所需的原材料,或者商业企业能在销售时随时购入该项商品,就不需要存货。但实际上,企业总有储存存货的需要,并因此占用或多或少的资金。这种存货的需要出自以下两方面原因:

第一,保证生产或销售的经营需要。实际上,企业很少能做到随时购入生产或销售所需的各种物资,即使是市场供应量充足的物资也是如此。这不仅因为不时会出现某种材料的市场断档,还因为企业距供货点较远而需要必要的途中运输及可能出现的运输故障。一旦生产或销售所需物资短缺,生产经营将被迫停顿,造成损失。为了避免或减少出现停工待料、停业待货等事故,企业需要储存存货。

第二,出自价格的考虑。零购物资的价格往往较高,而整批购买在价格上常有优惠。

但是,过多的存货要占用较多的资金,并且会增加包括仓储费、保险费、维护费、管理人员工资在内的各项开支。存货占用资金是有成本的,占用过多会使利息支出增加并导致利润的损失;各项开支的增加更直接使成本上升。进行存货管理,就要尽力在各种存货成本与存货效益之间做出权衡,达到两者的最佳结合。这也就是存货管理的目标。

**2. 存货的成本**

要持有一定数量的存货,必定会有一定的成本支出。存货成本主要包括以下三种:

(1) 采购成本。采购成本由买价、运杂费等构成。采购成本一般与采购数量成正比例变化。为降低采购成本,企业应研究材料的供应情况,货比三家,价比三家,争取采购质量好、价格低的材料物资。

(2) 订货成本。订货成本是指为订购材料、商品而发生的成本。订货成本一般与订货的数量无关,而与订货的次数有关。企业想要降低订货成本,需要大批量采购,以减少订货次数。

(3) 储存成本。储存成本是指物资储存过程中发生的仓储费、搬运费、保险费、占用资金支付的利息费等。一定时期内的储存成本总额,等于该时期内平均存货量与单位储存成本之积。企业要想降低储存成本,则需要小批量采购,以减少储存数量。

此外,企业还应考虑由于物资储存过多、时间过长而发生的变质与毁损的损失,以及由于物资储存过少不能满足生产和销售的需要而造成的损失。

## 8.4.2 存货决策

存货决策涉及四项内容：决定进货项目、选择供应单位、决定进货时间和进货批量。决定进货项目和选择供应单位是销售部门、采购部门和生产部门的职责。财务部门要做的是决定进货时间和进货批量。按照存货管理的目的，需要通过合理的进货批量和进货时间，使存货的总成本最低，这个批量称为经济批量。有了经济批量，可以很容易找出最适宜的进货时间。

**1. 经济批量**

经济批量(Economic Order Quantity，EOQ)又称经济订货量，是指一定时期储存成本和订货成本总和最低的采购批量。

从前述存货成本的构成可以发现，储存成本和订货成本与订货量之间具有相反的关系。订购数量越大，企业储存的存货就越多，这会使存货储存成本上升；与此同时，由于订货次数减少，总订货成本将会降低。反之，降低订购批量能降低储存成本，但由于订货次数增加，订货成本将会上升。图 8-3 对两种成本与订货量之间的关系进行了描述。可见，随着订购批量的变化，这两种成本此消彼长。确定经济批量的目的，就是要寻找使这两种成本之和最小的订购批量，也即图 8-3 中的 $Q^*$ 点。

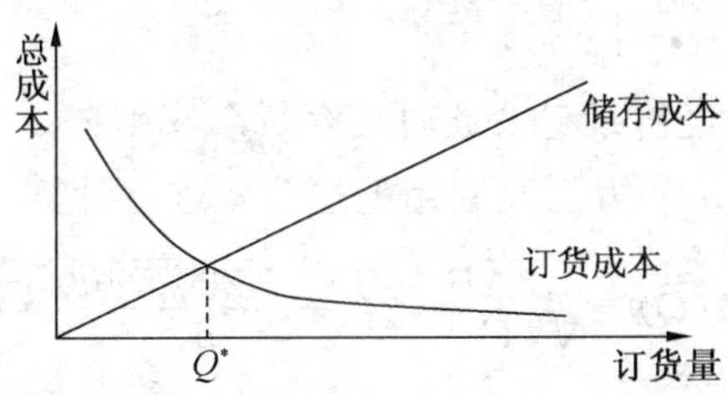


**图 8-3 存货成本与订货量之间的关系**

1) 基本经济批量模型

基本经济批量模型需要设立的假设条件如下：

(1) 企业能够及时补充存货，即需要订货时便可立即取得足够存货。

(2) 能集中到货，而不是陆续入库。

(3) 不允许缺货，即无缺货成本，这是因为良好的存货管理本来就不应该出现缺货成本。

(4) 没有固定订货成本和固定储存成本。

(5) 需求量稳定，并且能预测。

(6) 存货供应稳定且单价不变。

(7) 企业现金充足，不会因现金短缺而影响进货。

在上述假设的基础上，假设 $A$ 表示全年需求量，$Q$ 表示每批订货量，$F$ 表示每批订货成本，$C$ 表示每件存货的年储存成本。则有

$$订购批数=\frac{A}{Q}$$

$$平均库存量=\frac{Q}{2}$$

$$订货成本=F\times\frac{A}{Q}$$

$$储存成本=C\times\frac{Q}{2}$$

$$存货总成本(T)=F\times\frac{A}{Q}+C\times\frac{Q}{2}$$

令上式的一阶导数等于 0,即

$$T'=\left(F\times\frac{A}{Q}+C\times\frac{Q}{2}\right)'=\frac{C}{2}-\frac{AF}{Q^2}=0$$

可得

$$经济批量(Q)=\sqrt{\frac{2AF}{C}}$$

$$经济批数\left(\frac{A}{Q}\right)=\sqrt{\frac{AC}{2F}}$$

$$存货总成本(T)=\sqrt{2AFC}$$

**【例 8-6】** 华宇公司全年需要甲零件 1 200 件,每次订货的成本为 400 元,每件存货的年储存成本为 6 元。

要求:计算华宇公司的经济批量及此时的存货总成本。

**解** ① 公式法。最常用的方法是利用上述公式进行计算。

$$经济批量(Q)=\sqrt{\frac{2AF}{C}}=\sqrt{\frac{2\times1\ 200\times400}{6}}=400(件)$$

$$经济批数\left(\frac{A}{Q}\right)=\sqrt{\frac{AC}{2F}}=\sqrt{\frac{1\ 200\times6}{2\times400}}=3(批)$$

$$存货总成本(T)=\sqrt{2AFC}=\sqrt{2\times1\ 200\times400\times6}=2400(元)$$

② 逐批测试法。当存货数量少、业务较为简单时,可以分别采用不同的订货量逐批测试,由此确定总成本最小的订购批量,如表 8-13 所示。

**表 8-13 经济批量逐批测试表**

| 项目 | 各种批量 | | | | | |
|---|---|---|---|---|---|---|
| 订购批数(批) | 1 | 2 | 3 | 4 | 5 | 6 |
| 订购批量(件) | 1 200 | 600 | 400 | 300 | 240 | 200 |
| 年储存成本(元) | 3 600 | 1 800 | 1 200 | 900 | 720 | 600 |
| 年订货成本(元) | 400 | 800 | 1 200 | 1 600 | 2 000 | 2 400 |
| 年存货总成本(元) | 4 000 | 2 600 | 2 400 | 2 500 | 2 720 | 3 000 |

从表 8-13 中可见,当每批订货为 400 件,一年订货 3 次时,全年存货总成本最低,为 2 400 元。因此,华宇公司每次订货 400 件最佳。

③ 图示法。将不同批量的成本信息以曲线的形式描绘在直角坐标系中，这是更为直观的做法。

现根据例 8-6 的资料，将华宇公司的有关数据描绘在直角坐标系中，如图 8-4 所示。

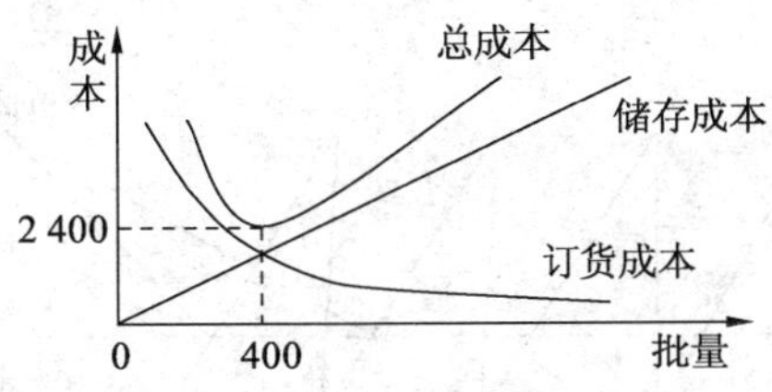


**图 8-4　经济批量的图示法**

从图 8-4 中可以看出，经济批量也就是总成本曲线的最低点对应的订货量，而总成本曲线最低点正好是订货成本线和储存成本线相交处，即经济批量应为 400 件，此时总成本最低，为 2 400 元。

2）有数量折扣的经济批量模型

基本经济批量模型假设存货采购单价不随批量而变动。但事实上，许多企业在销售时都有数量折扣，即对大批量采购在价格上给予一定的优惠。在这种情况下，除考虑订货成本和储存成本外，还应考虑采购成本。

**【例 8-7】** 根据例 8-6 的资料，假设所需零件的每件价格为 10 元，但如果一次订购超过 600 件，可给予 2%的批量折扣，请问应以多少批量订货？

**解**　此时如果确定最优订货批量，就要按以下两种情况分别计算三种成本的合计数。

① 按经济批量采购，不取得数量折扣。在不取得数量折扣，按经济批量采购时的存货总成本合计应为

$$\begin{aligned}\text{存货总成本} &= \text{订货成本}+\text{储存成本}+\text{采购成本}\\ &= \frac{1\,200}{400}\times 400+\frac{400}{2}\times 6+12\,000\\ &= 14\,400(\text{元})\end{aligned}$$

② 不按经济批量采购，取得数量折扣。如果想取得数量折扣，每批至少应当采购 600 件，此时三种成本的合计为

$$\begin{aligned}\text{存货总成本} &= \text{订货成本}+\text{储存成本}+\text{采购成本}\\ &= \frac{1\,200}{600}\times 400+\frac{600}{2}\times 6+1\,200\times 10\times(1-2\%)\\ &= 14\,360(\text{元})\end{aligned}$$

将以上两种情况进行对比可知，订购量为 600 件时总成本最低。

**2. 再订货点**

为了保证生产和销售的正常进行，工业企业必须在材料用完之前订货，商品流通企业在商品售完之前订货。那么，究竟在上一批购入的存货还有多少时，订购下一批货物

呢？这就是再订货点的控制问题。

再订货点，就是订购下一批存货时本批存货的储存量。图 8-5 对再订货点的操作进行了直观反映。

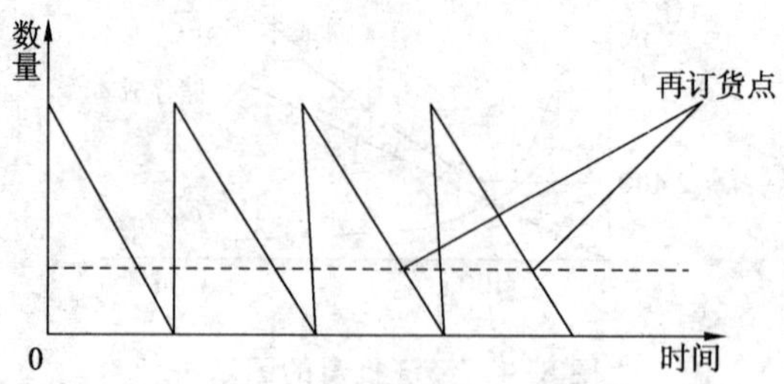


**图 8-5　再订货点**

要确定再订货点，必须考虑如下因素：① 平均每天的耗用量，以 $n$ 表示；② 从发出订单到货物验收完毕所用的时间，以 $t$ 来表示。

再订货点 $R$ 可用下式计算：

$$R=nt$$

**【例 8-8】** 光明公司每天正常耗用乙零件 10 件，订货的提前期为 20 天。

要求：计算其再订货点。

**解**　　$R=nt=10\times20=200$(件)

因此，在光明公司的存货储存量降到 200 件时，应当开始进行存货采购。

**3. 保险储备**

保险储备(Safety Stock)又称安全储备，是指为防止存货使用量突然增加或者交货期延误等不确定情况所持有的存货储备，用 $S$ 来表示。保险储备的作用和意义可以用图 8-6 来说明。

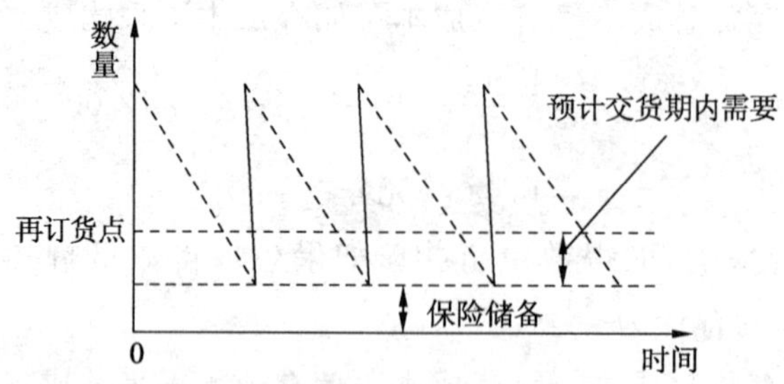


**图 8-6　保险储备**

保险储备的水平由企业预计的最大日消耗量和最长收货时间确定，可能的日消耗量越大、收货时间越长，企业应当持有的保险储备水平也就越大。保险储备 $S$ 的计算公式为

$$S=\frac{1}{2}(mr-nt)$$

式中：$m$ 表示预计的最大日消耗量；$r$ 表示预计的最长收货时间。

保险储备的存在不会影响经济订货批量的计算，但会影响再订货点的确定。考虑保险储备情况下的再订货点的计算公式为

$$\begin{aligned} R &= nt+S \\ &= nt+\frac{1}{2}(mr-nt)=\frac{1}{2}(mr+nt) \end{aligned}$$

**【例 8-9】** 根据例 8-8 资料，预计光明公司的最大日消耗量为 12 件，预计最长收货时间为 25 天。

要求：计算光明公司的保险储备和再订货点。

**解**

$$\begin{aligned} \text{保险储备 } S &= \frac{1}{2}(mr-nt) \\ &= \frac{1}{2}\times(12\times25-10\times20) \\ &= 50(\text{件}) \end{aligned}$$

$$\begin{aligned} \text{再订货点 } R &= nt+S=\frac{1}{2}(mr+nt) \\ &= 10\times20+50 \\ &= \frac{1}{2}\times(12\times25+10\times20) \\ &= 250(\text{件}) \end{aligned}$$

### 8.4.3 存货控制

存货控制是指在日常生产经营过程中，按照存货计划的要求，对存货的使用和周转、调节和监督。存货控制的方法主要有如下几种，创业人员可根据实际情况选择运用。

**1. 存货的归口分级控制**

存货的归口分级控制是加强存货日常管理的一种重要方法。这一管理方法包括三项内容。

(1) 在企业管理层领导下，财务部门对存货资金实行统一管理。企业必须加强对存货资金的集中、统一管理，促进供、产、销互相协调，实现资金使用的综合平衡，加快资金周转的速度。财务部门的统一管理主要包括如下几方面的工作：① 根据国家财务制度和企业具体情况，制定企业资金管理的各种制度；② 认真测算各种资金占用数额，汇总编制存货资金计划；③ 把有关计划指标进行分解，落实到有关单位和个人；④ 对各单位的资金使用情况进行检查和分析，统一考核资金的使用情况。

(2) 实行资金的归口管理。根据使用资金和管理资金相结合、物资管理和资金管理相结合的原则，每项资金由哪个部门使用，就归哪个部门管理。各项资金归口管理的分工如下：① 原材料、燃料、包装物等资金归供应部门管理；② 在产品和自制半成品占用的资金归生产部门管理；③ 产成品资金归销售部门管理；④ 工具、用具占用的资金归工具部门管理；⑤ 修理用备件占用的资金归设备动力部门管理。

(3) 实行资金的分级管理。各归口的管理部门要根据具体情况将资金计划指标进行分解，分配给所属单位或个人，层层落实，实行分级管理。具体分解过程如下：① 原材料

资金计划指标可分配给供应计划、材料采购、仓库保管、整理准备各业务组管理;② 在产品资金计划指标可分配给各车间、半成品库管理;③ 成品资金计划指标可分配给销售、仓库保管、成品发运各业务组管理。

**2. ABC 分类控制**

存货 ABC 分类控制是意大利经济学家巴雷特于 19 世纪首创的,是一种实际应用较多的方法。经过不断发展和完善,ABC 法已经广泛用于存货管理、成本管理和生产管理。

ABC 分类控制是指按照一定的标准,将企业存货划分为 A、B、C 三类,分别采用分品种重点管理、分类别一般控制和按总额灵活掌握的存货管理方法。存货分类的标准主要有两个:金额标准和品种数量标准,其中金额标准是基本的,品种数量标准仅供参考。划分时按照企业确定的标准,通过列表、计算、排序等具体步骤确定各种物品所属类别。通过对存货进行这样的分类,可以使企业分清主次,采取相应的对策进行经济有效的管理和控制。

运用 ABC 分类控制法一般分为以下四个步骤:

第一步,根据每一种存货在一定期间内(一般为一年)耗用量乘以价格计算出该种存货的资金耗用总额。

第二步,计算每一种存货资金耗用总额占全部存货资金耗用总额的百分比,并按大小顺序排列,编成表格。

第三步,根据事先制定好的标准,把最重要的存货划为 A 类,把一般存货划为 B 类,把不重要的存货划为 C 类。一般而言,当金额百分比累加到 70%以上的存货为 A 类,金额百分比在 10%~30%的存货为 B 类,其余为 C 类。

第四步,对 A 类存货实施重点控制,对 B 类存货实施次重点控制,对 C 类存货实施一般性的控制。

**【例 8-10】** 甲公司共有 21 种材料,总金额为 1 200 000 元,按金额多少的顺序排列并按上述原则将其划分成 A、B、C 三类,列在表 8-14 中。

**表 8-14 甲公司 21 种材料分类**

| 材料名称 | 年耗用量(千克) | 单价(元) | 年耗用金额(元) | 各类存货金额(元) | 各类存货比重(%) | 分类 |
| --- | --- | --- | --- | --- | --- | --- |
| #1 | 12 000 | 40 | 480 000 | 840 000 | 70 | A |
| #2 | 12 000 | 30 | 360 000 | | | |
| #3 | 5 000 | 18 | 90 000 | 240 000 | 20 | B |
| #4 | 4 000 | 18 | 72 000 | | | |
| #5 | 4 000 | 12 | 48 000 | | | |
| #6 | 2 000 | 15 | 30 000 | | | |

续表

| 材料名称 | 年耗用量（千克） | 单价（元） | 年耗用金额（元） | 各类存货金额（元） | 各类存货比重（%） | 分类 |
| --- | --- | --- | --- | --- | --- | --- |
| #7 | 2 000 | 9 | 18 000 | 120 000 | 10 | C |
| #8 | 2 000 | 6.5 | 13 000 | | | |
| #9 | 2 000 | 6.2 | 12 400 | | | |
| #10 | 2 000 | 6.1 | 12 200 | | | |
| #11 | 2 000 | 6 | 12 000 | | | |
| #12 | 2 000 | 5.4 | 10 800 | | | |
| #13 | 2 000 | 4.05 | 8 100 | | | |
| #14 | 2 000 | 3.9 | 7 800 | | | |
| #15 | 3 000 | 2.1 | 6 300 | | | |
| #16 | 2 000 | 2.1 | 4 200 | | | |
| #17 | 2 000 | 1.8 | 3 600 | | | |
| #18 | 2 000 | 1.6 | 3 200 | | | |
| #19 | 2 000 | 1.65 | 3 300 | | | |
| #20 | 2 000 | 1.35 | 2 700 | | | |
| #21 | 2 000 | 1.2 | 2 400 | | | |
| 合计 | | | 1 200 000 | 1 200 000 | 100 | |

## 知识拓展

### 创业期企业的现金管理

现金是创业期企业的命脉，加强现金流的预算与管理对创业期企业的财务管理至关重要。创业期企业应采取以下措施进行有效的现金管理。

**1. 编制现金预算**

定期编制现金预算，合理安排现金收支，及时反映现金的盈缺情况，是现金管理内容的重要组成部分。现金预算的编制在整个现金管理中具有龙头作用，对企业整个财务管理也有根本性的意义，是企业现金管理的方向。

企业应根据流动资金状况和资本支出状况按月编制现金的滚动预算，虽然创业期企业的现金流量极不均衡，也具有较大的不确定性，但是预算还是应该尽量做好，它是财务管理工作中特别重要的一环。准确的现金流量预算，可以为企业提供预警信号，从而能够及早采取措施。创业者可以根据财务预测的结果，进行现金流量预算的编制。为能准确编制现金流量预算，企业应该将各具体目标加以汇总，并将预期未来收益、现金流量、财务状况及投资计划等以数量化形式加以表达，建立企业全面预算，预测未来现金收支的状况，以周、月、季、半年及一年为期，建立滚动式现金流量预算。

创业期企业供产销预算的困难，降低了创业期企业通过预算管理现金的实际可行性。为克服以上困难，创业期企业可以采取一些主动措施：为提高销售的预算准确性，创业期企业应在经济条件允许的情况下，进行详细的市场调查或是进行小范围的试销、请人代销，考查其在市场上的表现；在试生产或生产的初始阶段，进行仔细的成本和费用核算，为以后进行预算做好准备；建立存货管理策略，寻找最优存货水平，使得采购成本、储存成本和短缺成本之和最小，并与销售量建立直接的联系，以根据销量预测的不断变化及时调整存货水平。通过以上措施，创业期企业就可以有效地编制现金预算了。

**2. 编制营运资金分析表**

营运资金管理是现金管理中的重要一环。按月编制营运资金分析表可以有效地控制营运资金。企业根据资金获得量－资金占用量＝营运资金不足量，采取相应的措施来弥补不足，并检查较上月改善的程度。先用应收账款周转期限除应收账款余额得出平均应收账款余额，在此基础上测算出存货、应付账款、净利润的周转期限，进行资金分析。

**3. 进行收益质量的分析和管理**

收益质量分析也就是对会计利润和净现金流量的差异进行分析，找出差异产生的原因并加以改进，以提高收益质量，降低财务风险。由于企业理财的对象是现金及其流动，就短期而言，企业能否维持下去，并不完全取决于是否盈利，而取决于是否有足够现金用于各种支出。预警的前提是企业有利润，对于经营稳定的企业，由于其应收、应付账款及存货等一般保持稳定，因此经营活动产生的现金流量净额一般应大于净利润。通过分析收益质量，创业者就能掌握收益所带来的现金流情况，进行有效的管理。

**4. 努力提高资金的运用效率**

使资金运用产生最佳效果，是企业财务管理所追求的基本目标，这一点对于现金紧缺的创业期企业而言尤为重要。为此，首先要使资金来源和资金运用得到有效配合，如绝不能用短期借款来购买固定资产，这样会造成借款到期而投入资金还未收回，势必要从另外渠道筹资来偿还短期借款，导致资金周转困难。其次要合理地进行资金分配，只有流动资金与固定资金有效配合，才能产生最佳经营效果。最后要充分预测资金收回和支付的时间，如应收账款什么时间可收回，什么时间应进货等，都要做到心中有数，否则就容易造成收支失衡、资金拮据。企业应考虑资本、劳力、技术等要素之间的协同作用和替代弹性，增加其他要素的投入，以减少资金需求或现金流量。

**5. 保证资金的流动性**

企业资金的流动性是指企业随时满足当时现金需要的能力，企业财务经营的变化首先都是从现金流量开始的。在市场经济环境下，大至整个企业的兴衰，小至一个投资性经营目标的成败，都取决于能否产生足够的现金流量用于各种支付，而并非在一定期间内是否盈利。为此，创业期企业在日常生产经营中必须做到以下几个方面：① 有充沛的现金余额；② 保持适度从紧的信用证策；③ 加强存货管理，保持最佳占用量；④ 采取措施加快资金的回收；⑤ 合理延迟付款；⑥ 考虑不同的财务支出方式；⑦ 控制薪金水平。

## 案例分析

### 创业型企业融资与成长

上海某包缝机有限公司是一家典型的新创企业，产品主要销往日本，生产规模不断扩大，需要大量资金，但因企业规模小，尤其是难以找到担保人，很难从银行取得贷款，常因无法及时获得资金而失去商业良机。

该公司总经理深刻体会到融资的难处。即便银行答应贷款，但经过一番审查、审核、贷款下来时，所谓的良机早已逝去，而且受自身资金数量的限制，公司获得的贷款数量一般都不多，难以满足发展的需要。但自从该公司与上海某银行合作后，票据融资多次给公司带来发展机会，同时该银行对企业进行理念方面的熏陶，也为企业以后的融资指明了方向。

通过票据融资，该公司在财务管理水平上不断获得改善，这是融资之外带给企业的最大收获，而这又是通过资本市场获得融资所不具备的优点。仅 2005 年上半年，该公司累计贴现 1 330 万元，且均在两个工作日内筹集到资金，企业不再因流动资金紧张而失去发展机会，从而扩大了生产，推动了企业的发展。

**讨论题：**

在该案例中，融资是如何影响企业成长的？

## 思考题

1. 什么是营运资本？营运资本的特点和内容是什么？

2. 营运资本管理需要注意哪些问题？

3. 企业为什么要持有现金？现金的日常管理包括哪些内容？

4. 应收账款的管理目标有哪些？应收账款信用政策包括哪些主要内容？

5. 储备存货的原因和相关成本有哪些？说说存货决策需要考虑的主要问题。

## 习 题

1. 某企业预计全年需要现金 6 000 万元，现金与有价证券的转换成本为每次 100 元，有价证券的利息率为 30%。问：最佳现金余额是多少？

2. 某企业预测的年度赊销收入净额为 4 800 万元，其信用条件是 $N/30$，变动成本率为 65%，机会成本率为 20%。假设企业的收账政策不变，固定成本不变，该企业备有 A、B、C 三个备选方案。A 方案信用条件为 $N/30$，B 方案将信用条件放宽至 $N/60$，C 方案将信用条件放宽至 $N/90$，三个方案赊销额分别为 4 800 万元、5 000 万元和 5 600 万元，坏账损失率分别为 1.5%、3%和 5%，收账费用分别为 26 万元、36 万元和 59 万元。

要求：

(1) 选择最佳方案。

(2) 如果将最佳方案的信用条件改为 2/10，1/20，$N/50$（$D$ 方案），估计约有 50%的客户利用 2%的折扣，20%的客户利用 1%的折扣，其余客户放弃折扣于信用期限届满时付款。坏账损失率降为 1.2%，收账费用降为 26 万元，其他不变。试比较后选择最佳方案。

3. 某企业全年需要某种零件 5 000 件，每次订货成本为 300 元，每件年储存成本为 3 元，最佳经济批量是多少？如果每件价格 35 元，一次订购超过 1 200 件可得到 2%的折扣，则企业应选择以多大批量订货？

4. 假设某企业原材料的保险储备量为 100 件，交货期为 10 天，原材料的日耗用量为 5 件，试确定企业的再订货点。

# 9 短期筹资管理

## 学习目标

1. 理解营运资本筹资政策的概念、种类及短期筹资的特点。

2. 理解商业信用筹资的特点与具体形式，掌握应付账款的成本计算和利用现金折扣的决策方法，了解应付票据和预收账款的特点。

3. 了解短期借款筹资的种类、特点、取得程序及企业对银行的选择，熟悉短期借款的信用条件、利率及其支付方法。

### 短期筹资渠道单一的风险

2008 年太子奶集团陷入了前所未有的资金链断裂、企业流动性资金短缺的困境。太子奶集团是国内知名的发酵奶生产商，其在经营模式上一直采取“先打款，后发货”的模式，凭借品牌影响，并吸收供应商的货款来购买原材料，组织生产，然后发货，如此往复。

作为一家知名的民营企业，太子奶号称年销售额达到 30 亿元人民币，并在 2007 年宣称，得到了摩根士丹利、高盛等外资投行的支持，资产总额达到了 10 亿元左右。为了抓住奶制品不断升温的黄金时期，提高其生产能力，太子奶在湖南株洲、北京密云、湖北黄冈、江苏昆山、四川成都、河南许昌等地先后新建了生产基地。但实际上，湖南株洲总部直到 2008 年才搬入新址，而成都基地几乎没有生产能力。这意味着，虽然从 2002 年起太子奶就开始兴建基地，但直至 2008 年还没能把基建这个无底洞填满。太子奶这种长期利用商业信用进行短期资金融通的模式，多年来一直未变。其特点是筹资方便，筹资成本较低；但这种资金期限短，数量有限，造成了很大的不稳定性。一旦公司经营环境发生变化，对公司的影响则是致命的。

进入 2008 年，雪灾、地震、金融动荡、国家宏观调控以及三鹿奶粉事件这一系列变化，导致一部分经营商从 7 月开始停止向太子奶打款。太子奶集团长期以来依靠的资金链断裂，企业流动性资金短缺，生产难以为继。

**思考** 从太子奶的事件中我们可以吸取什么教训？太子奶集团应该如何增加短期资金的筹资渠道，规避风险？

## 9.1 营运资本筹资政策

企业的营运资金一般可以分为临时性(波动性)营运资金和永久性(长期性)营运资金。临时性营运资金是指季节性或临时性需求以及循环型波动而占用在流动资产上的资金，如销售旺季增加的应收账款和存货；永久性营运资金是指满足企业长期稳定需求(最低需求)而占用在流动资产上的资金，它是为维持日常生产经营而持有的，这部分流动资产具有一定的稳定性，如保险储备中的存货和现金等。永久性营运资金与固定资产相似，其所占用的资金是长期的，并且随着时间的推移而增加。永久性流动资产和固定资产，统称为永久性资产。

因此，企业的资金需求也分为临时性资金需求和永久性资金需求两部分。前者一般是通过短期负债筹资来满足企业临时性流动资产需要；后者一般是通过长期负债和权益资本以满足企业永久性流动资产和固定资产的需要。

从营运资金与长、短期资金来源的关系来看，有以下三种营运资本筹资政策：配合型营运资本筹资政策、激进型营运资本筹资政策和保守型营运资本筹资政策。

### 9.1.1 配合型筹资政策

配合型营运资本筹资政策的特点：正常情况下，筹资组合遵循的是短期资产由短期资金来融通，长期资产由长期资金来融通的原则。即每一项资产将同一种与其到期日大致相同的融资工具相对应，对于临时性流动资产，运用临时性流动负债筹集资金满足其需求；对于永久性流动资产，运用长期性负债、自发性负债和权益资本筹资满足其需要，如图 9-1 所示。

企业在短期资金需求处于波谷时，不介入任何流动负债，即除自发性负债以外没有其他流动负债；企业在短期资金需求处于波峰时，举借各种临时性负债进行短期筹资。这种政策要求企业融资计划严密，使现金流动与预期一致。

这种政策的基本思想是将资产与负债的期间相匹配，以降低企业不能偿还到期债务的风险，并尽可能降低债务的资本成本。但是事实上，由于资产使用寿命的不确定性以及企业外部环境的诸多不可控因素，往往做不到资产与负债的完全配合。比如，一旦生产经营高峰期内的销售没有达到预期的结果或者未能及时取得销售现金收入，便会发生偿还临时性负债的困难。因此，配合型营运资本筹资政策是一种理想的营运资本筹资政策，对企业资金使用有着较高的要求。如果企业能够驾驭资金的使用，采用收益和风险配合的政策是有利的。

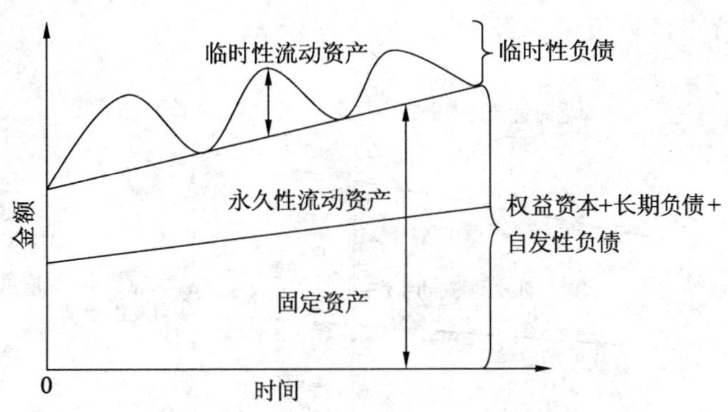


图 9-1 配合型筹资政策

### 9.1.2 激进型筹资政策

激进型营运资本筹资政策的特点：临时性负债不但融通临时性资产的资金需要，还解决部分永久性资产的资金需要，如图 9-2 所示。

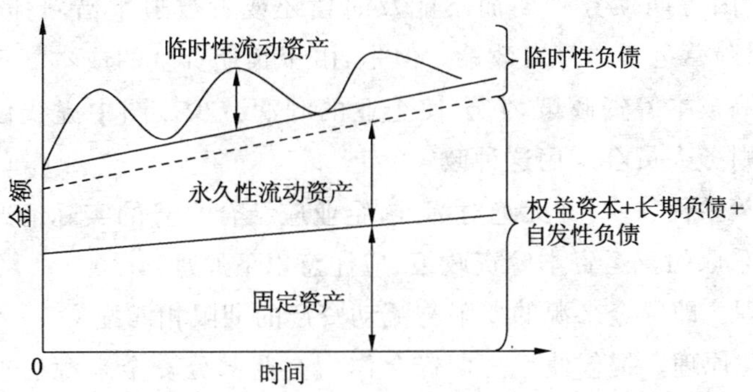


图 9-2 激进型筹资政策

这是一种高风险、低成本、高盈利的政策。图中虚线越低，所冒风险越大。激进型筹资政策的主要目的是追求高利润，但采取这种政策，一方面降低了企业的流动资产比率，加大了偿债风险；另一方面，由于短期负债利率的多变性增加了盈利的不确定性。这种策略适用于长期资金来源不足或短期负债成本较低的企业。

一方面，由于临时性负债的资金成本一般低于长期负债和权益资本的成本，所以，临时性负债在企业全部资金来源中所占比重较大的激进型政策下的企业资本成本较低。另一方面，为了满足永久性资产的长期资金需要，企业必然要在临时性负债到期后举债或申请债务展期，这样企业会更为经常地举债和还债，因此加大了筹资困难和风险，还可能面临由于短期负债利率的变动而增加企业资金成本的风险。因此，该政策是一种收益性和风险性均较高的营运资本筹资政策，喜欢冒险的财务人员在融资时会采用这种政策。

## 9.1.3 保守型筹资政策

保守型营运资本筹资政策的特点：企业主要利用长期资金来满足永久性流动资产、固定资产和一部分甚至全部的临时性流动资金需求的政策，即临时性负债只融通部分临时性流动资产的资金需要，另一部分临时性流动资产和永久性资产则由长期性负债、自发性负债和权益资本作为资金来源，如图 9-3 所示。

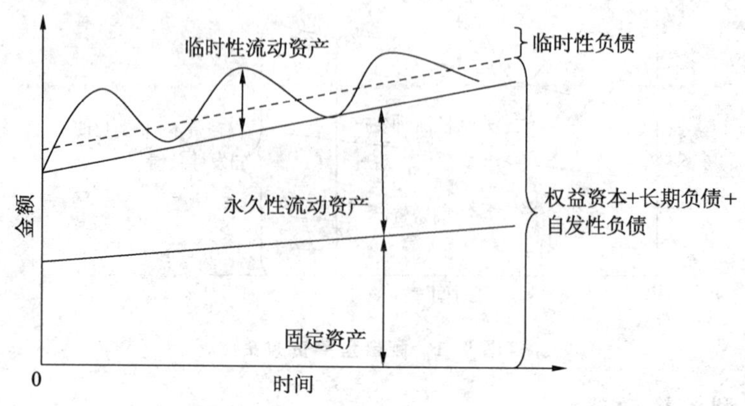


**图 9-3 保守型筹资政策**

保守型营运资本筹资政策的显著优点是，企业利用长期资金将不受市场短期利率波动的影响，也不会因短期债务到期而不能及时偿还或者被迫举借新债来偿还旧债。因此，这是一种低风险营运资本筹资政策。但是，由于长期资金的成本高于短期资金成本，所以这也是一种高成本筹资政策，它会使企业的利润减少。图中虚线位置越高，就越保守。较为保守的财务人员会采用这种政策。

上述各种政策孰优孰劣，并无绝对标准，企业应结合自身的实际情况，灵活运用各种策略。对于企业采取的营运资本筹资政策，应注意以下原理：

(1) 匹配原理。即资金来源的期限与流动资产的期限相匹配。

(2) 风险收益原理。提倡使用短期资金作为企业部分资金来源的理由是，短期资金的期望成本低于长期资金的期望成本。

(3) 过剩变现力原理。企业应避免承担过大的财务风险，这要求资产应有较好的变现能力。因为企业的资金需求是很难准确预测的，因此，选择保留一定过剩的变现能力有助于防备最坏的情况发生。当然这种过剩的变现能力会增加企业的资本成本，因而也要加以控制。

# 9.2 短期筹资

## 9.2.1 短期负债筹资的特点

短期负债筹资所筹集资金的可使用时间较短，一般不超过1年。短期负债筹资具有如下一些特点：

(1) 筹资速度快，容易取得。长期负债的债权人为了保护自身利益，往往要对债务人进行全面的财务调查，因而筹资所需时间一般较长且不易取得。短期负债在较短时间内即可归还，故债权人顾虑较少，容易取得。

(2) 筹资富有弹性。举借长期负债，债权人或有关方面经常会向债务人提出很多限制性条件或管理规定，而短期负债的限制则相对宽松些，使筹资企业的资金使用较为灵活、富有弹性。

(3) 筹资成本低。一般地讲，短期负债的利率低于长期负债，短期负债筹资的成本也就较低。

(4) 筹资风险高。短期负债筹资需在短期内偿还，因而要求筹资企业在短期内拿出足够的资金偿还债务，若企业届时资金安排不当，就会陷入财务危机。此外，短期负债利率的波动比较大，一时高于长期负债的水平也是可能的。

## 9.2.2 商业信用

商业信用是指在商品交易中由于延期付款或预收货款所形成的企业间的借贷关系。商业信用产生于商品交换之中，是所谓的“自发性筹资”。虽然按照惯例，经常把它们归入自发性负债，但严格说来它是企业主动选择的一种筹资行为，并非完全不可控的自发行为。商业信用运用广泛，在短期负债筹资中占有相当大的比重。

商业信用筹资最大的优越性在于容易取得。首先，对于多数企业来说，商业信用是一种持续性的信贷形式，且无须正式办理筹资手续。其次，如果没有现金折扣或使用不带息票据，商业信用筹资不负担成本。其缺点在于放弃现金折扣时所付出的成本较高。

商业信用的具体形式有应付账款、应付票据、预收账款等。

**1. 应付账款**

应付账款是企业购买货物暂未付款而欠对方的账项，即卖方允许买方在购货后一定时期内支付货款的一种形式。卖方利用这种方式促销，而对买方来说，延期付款则等于向卖方借用资金购进商品，可以满足短期的资金需要。

与应收账款相对应，应付账款也有付款期、折扣等信用条件。应付账款可以分为免费信用，即买方企业在规定的折扣期内享受折扣而获得的信用；有代价信用，即买方企业放弃折扣付出代价而获得的信用；展期信用，即买方企业超过规定的信用期推迟付款而强制获得的信用。

(1) 应付账款的成本

倘若买方企业购买货物后在卖方规定的折扣期内付款，便可以享受免费信用，这种情况下企业没有因为享受信用而付出代价。

**【例 9-1】** 某企业按 2/10，$N$/30 的条件购入货物 10 万元。

要求：分析企业选择不同信用条件后的成本。

如果该企业在 10 天内付款，便享受了 10 天的免费信用期，并获得折扣 0.2(10×2%)万元，免费信用额为 9.8(10－0.2)万元。

倘若买方企业放弃折扣，在 10 天后(不超过 30 天)付款，该企业便要承受因放弃折扣而造成的隐含利息成本。一般而言，放弃现金折扣的成本可由下式求得

$$\text{放弃现金折扣总成本}=\frac{\text{折扣百分比}}{1-\text{折扣百分比}}\times\frac{360}{\text{信用期}-\text{折扣期}}$$

运用上式，该企业放弃折扣所负担的成本为

$$\text{放弃折扣总成本}=\frac{2\%}{1-2\%}\times\frac{360}{30-10}=36.7\%$$

以上公式表明，放弃现金折扣的成本与折扣百分比的大小、折扣期的长短同方向变化，与信用期的长短反方向变化。可见，如果买方企业放弃折扣而获得信用，其代价是较高的。然而，企业在放弃折扣的情况下，推迟付款的时间越长，其成本便会越小。例如，如果企业延至 50 天付款，其成本则为

$$\frac{2\%}{1-2\%}\times\frac{360}{50-10}=18.4\%$$

(2) 利用现金折扣的决策

在附有信用条件的情况下，因为获得不同信用要负担不同的代价，所以买方企业便要在利用哪种信用之间做出决策。

一般说来，如果能以低于放弃折扣的隐含利息成本(实质是一种机会成本)的利率借入资金，便应在现金折扣期内用借入的资金支付货款，享受现金折扣。例如例 9-1 中，如果同期的银行短期借款年利率为 12%，则买方企业应利用更便宜的银行借款在折扣期内偿还应付账款；反之，企业应放弃折扣。

如果在折扣期内将应付账款用于短期投资，所得的投资收益率高于放弃折扣的隐含利息成本，则应放弃折扣而去追求更高的收益。当然，假使企业放弃折扣优惠，也应将付款日推迟至信用期内的最后一天(如例 9-1 的第 30 天)，以降低放弃折扣的成本。

如果企业因缺乏资金而欲展延付款期(如例 9-1 中将付款日推迟到第 50 天)，则需在降低了的放弃折扣成本与展延付款带来的损失之间做出选择。展延付款带来的损失主要是指因企业信誉恶化而丧失供应商乃至其他贷款人的信用或日后招致苛刻的信用条件。

如果面对两家以上提供不同信用条件的卖方，应通过衡量放弃折扣成本的大小，选择信用成本最小(或所获利益最大)的一家。比如，例 9-1 中另有一家供应商提出 1/20，$N$/30 的信用条件，其放弃折扣的成本为

$$\text{放弃折扣成本}=\frac{1\%}{1-1\%}\times\frac{360}{30-20}=36.4\%$$

与例 9-1 中 2/10,N/30 信用条件的情况相比,后者的成本较低。

**2. 应付票据**

应付票据是企业进行延期付款商品交易时开具的反映债权债务关系的票据。根据承兑人的不同,应付票据分为商业承兑汇票和银行承兑汇票两种,支付期最长不超过 6 个月。应付票据可以带息,也可以不带息。应付票据的利率一般比银行借款的利率低,且不用保持相应的补偿余额和支付协议费,所以应付票据的筹资成本低于银行借款成本。但是应付票据到期必须归还,如若延期便要交付罚金,因而风险较大。

**3. 预收账款**

预收账款是卖方企业在交付货物之前向买方预先收取部分或全部货款的信用形式。对于卖方来讲,预收账款相当于向买方借用资金后用货物抵偿。预收账款一般用于生产周期长、资金需要量大的货物销售。

此外,企业往往还存在一些在非商品交易中产生、但亦为自发性筹资的应付费用,如应付职工薪酬、应交税费、其他应付款等。应付费用使企业受益在前、费用支付在后,相当于享用了收款方的借款,一定程度上缓解了企业的资金需要。应付费用的期限具有强制性,不能由企业自由斟酌使用,但通常不需付出代价。

### 9.2.3 短期借款

短期借款是指企业向银行和其他非银行金融机构借入的期限在 1 年以内的借款。在短期负债筹资中,短期借款的重要性仅次于商业信用。短期借款可以随企业的需要安排,便于灵活使用,且取得亦较简便。但其突出的缺点是短期内要归还,特别是在带有诸多附加条件的情况下,更使风险加剧。

**1. 短期借款的种类**

我国目前的短期借款按目的和用途分为若干种,主要有生产周转借款、临时借款、结算借款等。按照国际通行做法,短期借款还可依偿还方式的不同,分为一次性偿还借款和分期偿还借款;依利息支付方法的不同,分为收款法借款、贴现法借款和加息法借款;依有无担保,分为抵押借款和信用借款等。

企业在申请借款时,应根据各种借款的条件和需要加以选择。

**2. 借款的取得**

企业举借短期借款,首先必须提出申请,经审查同意后,借贷双方签订借款合同,注明借款的用途、金额、利率、期限、还款方式、违约责任等;然后企业根据借款合同办理借款手续;借款手续办理完毕,企业便可取得借款。

**3. 借款的信用条件**

按照国际通行做法,银行发放短期借款往往带有一些信用条件。

(1) 信贷限额

信贷限额是银行对借款人规定的无担保贷款的最高额。信贷限额的有效期限通常为 1 年,但根据情况也可延期 1 年。一般来讲,企业在批准的信贷限额内,可随时使用银行借款。但是,银行并不承担必须提供全部信贷限额的义务。如果企业信誉恶化,即使银行曾同意过按信贷限额提供贷款，企业也可能得不到借款。这时，银行不会承担法律责任。

(2) 周转信贷协定

周转信贷协定是银行具有法律义务地承诺提供不超过某一最高限额的贷款协定。在协定的有效期内，只要企业的借款总额未超过最高限额，银行就必须满足企业任何时候提出的借款要求。企业享用周转信贷协定，通常要就贷款限额的未使用部分付给银行一笔承诺费(Commitment Fee)。

例如，某周转信贷额为1 000万元，承诺费率为0.5%，借款企业年度内使用了600万元，余额400万元，借款企业该年度就要向银行支付承诺费为(400×0.5%)万元。这是银行向企业提供此项贷款的一种附加条件。

周转信贷协定的有效期通常超过1年，但实际上贷款每个月发放一次，所以这种信贷具有短期和长期借款的双重特点。

(3) 补偿性余额

补偿性余额是银行要求借款企业在银行中保持按贷款限额或实际借用额一定百分比(一般为10%～20%)的最低存款余额。从银行的角度讲，补偿性余额可降低贷款风险，补偿遭受的贷款损失。对于借款企业来讲，补偿性余额则提高了借款的有效年利率。

例如，某企业按年利率8%向银行借款10万元，银行要求维持贷款限额15%的补偿性余额，那么企业实际可用的借款只有8.5万元，该项借款的有效年利率计算如下：

$$\text{有效年利率}=\frac{10\times 8\%}{8.5}=9.4\%$$

(4) 借款抵押

银行向财务风险较大的企业或对其信誉不甚有把握的企业发放贷款，有时需要有抵押品担保，以降低自己蒙受损失的风险。借款的抵押品经常是借款企业的股票、债券和房屋等。银行接受抵押品后，将根据抵押品的面值决定贷款金额，一般为抵押品面值的30%～90%。这一比例的高低，取决于抵押品的变现能力和银行的风险偏好。抵押借款的成本通常高于非抵押借款，这是因为银行主要向信誉好的客户提供非抵押贷款，而将抵押贷款看成是一种风险投资，故而收取较高的利率；同时银行管理抵押贷款要比管理非抵押贷款困难，为此往往另外收取手续费。

企业向贷款人提供抵押品，会限制其财产的使用和将来的借款能力。

(5) 偿还条件

贷款的偿还有一次偿还和在贷款期内定期(每月、季)等额偿还两种方式。一般来讲，企业不希望采用后一种偿还方式，因为这会提高借款的有效年利率；而银行不希望采用前一种偿还方式，因为这会加重企业的财务负担，增加企业的拒付风险，同时会降低实际贷款利率。

(6) 其他承诺

银行有时还要求企业为取得贷款而做出其他承诺，如及时提供财务报表、保持适当的财务水平(如特定的流动比率)等。如企业违背所做出的承诺,银行可要求企业立即偿还全部贷款。

**4. 短期借款利率及其支付方法**

短期借款的利率多种多样,利息支付方法也不一,银行将根据借款企业的情况选用。

1) 借款利率

借款利率分为以下三种:

(1) 优惠利率。优惠利率是银行向财力雄厚、经营状况良好的企业贷款时采用的利率,为贷款利率的最低限。

(2) 浮动优惠利率。这是一种随其他短期利率的变动而浮动的优惠利率,即随市场条件的变化而随时调整的优惠利率。

(3) 非优惠利率。银行贷款给一般企业时收取的高于优惠利率的利率。这种利率经常在优惠利率的基础上加一定的百分比。例如,银行按高于优惠利率1%的利率向某企业贷款,若当时的最优利率为8%,向该企业贷款收取的利率即为9%;若当时的最优利率为7.5%,向该企业贷款收取的利率即为8.5%。非优惠利率与优惠利率之间差距的大小,由借款企业的信誉、与银行的往来关系及当时的信贷状况所决定。

2) 借款利息的支付方法

一般来讲,借款企业可以用三种方法支付银行贷款利息。

(1) 收款法。收款法是在借款到期时向银行支付利息的方法。银行向工商企业发放的贷款大都采用这种方法收息。

(2) 贴现法。贴现法是银行向企业发放贷款时,先从本金中扣除利息部分,而到期时借款企业则要偿还贷款全部本金的一种计息方法。采用这种方法,企业可利用的贷款额只有减去利息部分后的差额,因此贷款的有效年利率高于报价利率。

例如,某企业从银行取得借款10 000元,期限1年,年利率(即报价利率)为8%,利息额800(10 000×8%)元。按照贴现法付息,企业实际可利用的贷款为9 200(10 000－800)元,该项贷款的有效年利率计算如下:

$$\text{有效年利率}=\frac{800}{10\ 000-800}=8.7\%$$

(3) 加息法。加息法是银行发放分期等额偿还贷款时采用的利息收取方法。在分期等额偿还贷款的情况下,银行要将根据报价利率计算的利息加到贷款本金上,计算出贷款的本息和,要求企业在贷款期内分期偿还本息之和的金额。由于贷款分期均衡偿还,借款企业实际上只平均使用了贷款本金的半数,却支付全额利息。这样,企业所负担的有效年利率便高出报价利率约1倍。

例如,某企业借入(名义)年利率为12%的贷款20 000元,分12个月等额偿还本息。该项借款的有效年利率为

$$\text{有效年利率}=\frac{20\ 000\times 12\%}{\frac{20\ 000}{2}}\times 100\%=24\%$$

**5. 企业对银行的选择**

随着金融信贷业的发展,可向企业提供贷款的银行和非银行金融机构增多,企业有可能在各贷款机构之间做出选择,以对自己最为有利。

选择银行时,重要的是要选择适宜的借款种类、借款成本和借款条件,此外还应考虑下列有关因素。

(1) 银行对贷款风险的政策

通常银行对其贷款风险有着不同的政策,有的倾向于保守,只愿承担较小的贷款风险;有的富有开拓精神,敢于承担较大的贷款风险。

(2) 银行对企业的态度

不同银行对企业的态度各不一样。有的银行愿意积极地为企业提供建议,帮助分析企业潜在的财务问题,有着良好的服务,乐于为具有发展潜力的企业发放大量贷款,在企业遇到困难时帮助其渡过难关;也有的银行很少提供咨询服务,在企业遇到困难时一味地为清偿贷款而施加压力。

(3) 贷款的专业化程度

一些大银行设有不同的专业部门,分别处理不同类型、不同行业的贷款。企业与这些拥有丰富专业化贷款经验的银行合作,会更多地受益。

(4) 银行的稳定性

稳定的银行可以保证企业的借款不致中途发生变故。银行的稳定性取决于它的资本规模、存款水平波动程度和存款结构。一般来讲,资本雄厚、存款水平波动小、定期存款比重大的银行稳定性好,反之则稳定性差。

**知识拓展**

## 创业期企业筹资风险防范和控制

在市场经济条件下,筹资活动是一个企业生产经营活动的起点,管理措施不当会使筹集资金的使用效益具有很大的不确定性,由此产生筹资风险。这对创业期企业来说尤其重要,因为创业期企业筹资能力差,生存压力大,从而使筹资风险加大。一般说来,对筹资风险的评估包括以下几个方面的内容。

**1. 分析企业的盈利能力是否具有稳定性**

盈利能力是衡量企业经营成果的主要指标,是企业生存和发展的基础。分析一个企业的盈利能力仅看一至两个会计年度的盈利情况是远远不够的,因为它只反映了企业的短期经营成果,要客观地判断企业是否具有持续稳定的获利能力,只有将其若干年度的盈利情况进行比较分析才能得出正确的结论。但是,由于创业期企业的盈利能力没有历史数据可以借鉴，所以只能依据对未来的预测。创业期企业的盈利能力预测主要依赖于项目投资收益的预测，然后根据这种预测进行与盈利能力相匹配的筹资决策。

**2. 分析企业的偿债能力是否具有可靠性**

创业期企业由于自有资金不足，经常要靠举借债务筹集其所需的资金，如果企业的生产经营活动正常进行，能够及时归还其债务的本金和利息，就不至于造成财务风险，而且企业还可能从举债经营中获得盈利；但是如果缺乏按时偿还债务的准备和能力，企业便会陷入"举债—再举债—债上加债"的恶性循环，以致危及企业的生存。这就要求创业期企业必须合理预测项目的未来现金流量，并结合偿债能力进行筹资。

**3. 分析企业投入资本构成是否具有合理性**

企业要进行正常的生产经营活动必须拥有一定的资本金，并通过最初资本金的运用获得盈利和积累，以扩大和增强企业的实力。企业资本金不仅要有稳定的来源，同时要有合理的构成，且符合国家有关方针、政策和法律法规的规定，满足企业生产经营的需要，符合企业发展方向，以能增强企业的生产能力和降低风险为目标；反之，如果企业资金来源及构成混乱，企业的内部功能便会减弱，各种风险便会滋生、蔓延，不利于企业有效地利用非常宝贵的现金资源。例如，一个企业接受的投资多数为小轿车、室内装修、高级办公用品等非生产性资产，这种方式虽然增强了企业的实力，扩大了企业固定资产比重，但是企业实际生产能力并没有提高，反而降低了企业的资金利用率，企业还得使用现金进行固定资产投资，进而增加其财务风险。

**4. 分析企业资金的运用是否具有充分有效性**

企业经营资金总是分布在生产经营过程的各个环节中，企业经营的好坏并不完全取决于其筹资能力，更重要的是其能否将筹集的资金合理地运用到生产经营的各个环节，使资金得到最充分、最有效的利用。使资金运用产生最佳效果，是企业财务管理所追求的基本目标，这一点对于现金紧缺的创业期企业而言尤为重要。也就是说，加快企业资金的周转速度，以最少的资金量获得最大的收益，使企业增强抗击风险的能力。一旦企业的资金在某个环节出现问题，就会引起企业整体的经营状况发生恶化，进而引发财务风险。为此，首先，要使资金来源和资金运用得到有效配合，如决不能用短期借款来购买固定资产，这样会造成借款到期而投入资金还未收回，必须从另外渠道筹资来偿还短期借款，导致资金周转困难。其次，要合理地进行资金分配，对流动资金与固定资金进行有效的配合，这样才能产生最佳的经营效果。最后，要充分预测资金收回和支付的时间，如对应收账款什么时间可收回，什么时间应进货等都要做到心中有数，否则，就容易造成收支失衡、资金拮据。企业应考虑资本、劳力、技术等要素之间的协同作用和替代弹性，增加其他要素的投入，以减少资金需求。

**5. 分析企业成长能力及其持续性**

成长能力是指企业生产经营发展后劲和持续力，包括企业生产经营的安全性、营利性、应变性和竞争力及抗风险能力。对企业成长能力的分析往往是对其综合能力的分析，有企业市场开发和占有率、生产经营管理组织、技术进步状况、企业管理人员和职工的综合素质、企业产品及其优势等分析方法。一般来说，成长性好的企业抗风险能力强，在激烈竞争中容易生存，可以采用比较大的筹资比例。

**6. 要注意"焦油陷阱"**

即避免过度负债而造成的短期高投资收益率(ROI)假象。创业期企业的过度杠杆融资比成熟企业的过度杠杆融资更危险，因为创业期企业对市场因素的变化具有更强的敏感性。从根本上来说，负债融资形成的资本结构不具有容错性，投资收益率短期可能增加，但是一旦市场因素变化如商机变化、市场识别失误等，债务危机将毫不留情地淘汰一个看似发展良好的高负债创业企业。

## 案例分析

### 某医药公司的信用政策

某医药公司是一家经销药材的批发商，它的主要业务是把药材分销到各地药房。由于该公司的大多数客户面临着资产变现难的问题，他们经常在规定的信用期后付款，所以该公司一直有一个相对长的平均收账期。另外，由于大多数药房面临财务困境，有可能倒闭，因此该医药公司的坏账损失节节升高。为了避免此类问题继续出现，该公司正在考虑制定一个更为严格的信用标准，以保持平均收账期，并把坏账损失控制在可容忍的范围以内。该公司总经理召集财务、销售有关人员，研究修改现行的信用政策和收账政策。财务部门设计了甲、乙两个信用政策的备选方案，并提供有关数据如下表所示。

**信用政策的备选方案表**

| 项目 | 现行信用政策 | 甲方案 | 乙方案 |
|---|---|---|---|
| 年销售额(万元) | 2 700 | 2 600 | 2 400 |
| 收账费用(万元) | 10 | 20 | 40 |
| 平均收账天数(天) | 120 | 90 | 60 |
| 坏账损失率(%) | 3 | 2.5 | 2 |

表中坏账损失率是指预计年度坏账占销售额的百分比。已知该医药公司的销售毛利率为20%，应收账款投资要求的最低报酬率为15%。假设不考虑所得税的影响。

**讨论题：**

甲、乙两个方案哪个更优？

## 思考题

1. 营运资本筹资政策的主要类型包括哪些？其各自特点是什么？
2. 商业信用筹资包括哪些具体形式？应付账款筹资应当考虑哪些成本？
3. 简述短期借款筹资的种类。
4. 在选择贷款银行时，企业应考虑的因素有哪些？
5. 试对短期借款和商业信用进行优缺点对比分析。

## 习　题

1. 某公司按“2/20，N/40”的信用条件购入价值30 000元的原材料，并在第40天支付货款，请计算该公司的商业信用资本成本率。

2. 某公司以贴现方式借入1年期贷款15万元，名义利率为10%，这笔贷款的有效年利率是多少？如果公司以分期付款方式借入这笔贷款，分12个月等额偿还，那么有效年利率又是多少？

# 10　利润分配

**学习目标**

1. 掌握利润分配的顺序。
2. 掌握常见的股利政策。
3. 理解股利理论的主要内容。
4. 了解股票分割与股票股利的区别。
5. 了解股票回购的动机与方式。

## 汪某的苦恼

现实困扰着参与投资某有限责任公司的汪某，公司注册资金80万元，汪某投资15万元，其他三位股东共投资65万元。公司主要经营电子产品的销售，汪某对电子产品不了解，也就不参与公司的具体经营。公司成立五年了，没有给汪某分过一次红利。汪某询问起来的时候，主持工作的张某总称公司没有盈利，没有红利给股东分配。汪某在股东会上提出分配红利，但其他股东认为现在经济困难，公司要发展，不能分配红利。汪某了解到公司其实一直在盈利，他查看了公司2013年的财务报表，2013年度实现利润总额200万元，缴纳所得税50万元，税后净利150万元，提取法定盈余公积金15万元，可供投资者分配的利润135万元。年末资产负债表中的货币资金为70万元，另有20万元的应收票据将于2014年4月份到期。于是汪某再次提出分配红利，否则将依法要求公司收购其股权，其中包括其股份的价值和应该分配给他的红利。张某却声称："企业下一年打算筹建新项目，需要50万元资金，我们创业不能只顾眼前利益，如果只求一味地分红，这个公司就只能永远是家不起眼的小公司。"汪某斩钉截铁地说道："5年连续盈利，却一直没有给我分配过红利，这严重侵害了我的权益。依据《公司法》的有关规定，我请求公司按照合理的价格收购我的股权!”

**思考** 利润分配搞不好,企业就会丧失经营活力,甚至最终导致合伙人分道扬镳。该公司面临的一方面是股东之间发生的利益冲突和情感对抗,另一方面是公司的存活发展。请你站在公司的立场考虑一下,该企业 2013 年是否应该发放股利?应该发放多少?以何种形式发放?选择何时发放?

要回答这一系列的问题,就必须对企业的股利政策进行研究。

# 10.1 利润分配概述

利润分配是企业将一定时期内所创造的经营成果合理地在企业内、外部各利益相关者之间进行有效分配的过程。企业的收益分配有广义和狭义两种概念。

广义的收益分配是指对企业的收入和净利润进行分配,包含两个层次的内容:第一层次是对企业收入的分配;第二层次是对企业净利润的分配。企业通过经营活动取得收入后,要按照补偿成本、缴纳所得税、提取公积金、向投资者分配利润等顺序进行收益分配,这一过程集中体现了企业所有者、经营者与职工之间的利益关系。

狭义的收益分配则仅仅是指对企业净利润的分配。本章所指的利润分配采用狭义的收益分配概念,即对企业净利润的分配。

企业应按照国家有关法律、法规以及企业章程的规定,在兼顾股东与债权人及其他利益相关者的利益关系基础上,将实现的净利润在企业与企业所有者之间、企业内部的有关项目之间、企业所有者之间进行分配。利润分配决策是股东当前利益与企业未来发展之间权衡的结果,将引起企业的资金存量与股东权益规模及结构的变化,也将对企业内部的筹资活动和投资活动产生影响。

## 10.1.1 利润分配的原则

利润分配是企业的一项重要工作,它关系到企业、投资者等有关各方的利益,涉及企业的生存与发展。因此,在利润分配的过程中,应遵循以下四个原则。

**1. 依法分配原则**

企业利润分配的对象是企业缴纳所得税后的净利润,这些利润是企业的权益,企业有权自主分配。为了规范企业的利润分配行为,维护各利益相关者的合法权益,国家颁布了相关法规。这些法规规定了企业收益分配的基本要求、一般程序和重要比例,企业的利润分配必须依法进行。

**2. 分配与积累并重原则**

企业的利润分配必须坚持积累与分配并重的原则。企业通过经营活动赚取收益,既要保证企业简单再生产的持续进行，又要不断积累企业扩大再生产的财力基础。恰当处理分配与积累之间的关系，留存一部分净收益以供未来分配之需，能够增强企业抵抗风险的能力，同时，也可以提高企业经营的稳定性与安全性。

**3. 兼顾各方利益原则**

企业的利润分配必须兼顾各方面的利益。企业是经济社会的基本单元，企业的利润分配涉及国家、企业股东、债权人、职工等多方面的利益。正确处理他们之间的关系，协调其矛盾，对企业的生存、发展是至关重要的。企业在进行利润分配时，应当统筹兼顾，维护各利益相关者的合法权益。

**4. 投资与收益对等原则**

企业进行利润分配应当体现谁投资谁受益、收益大小与投资比例相对等的原则。这是正确处理投资者利益关系的关键。企业在向投资者分配利润时，应本着平等一致的原则，按照投资者投资额的比例进行分配，不允许任何一方随意多分多占，以从根本上实现利润分配中的公开、公平和公正，保护投资者的利益。

### 10.1.2 利润分配的项目

按照我国《公司法》的规定，公司利润分配的项目包括以下两部分。

**1. 法定公积金**

法定公积金从净利润中提取形成，用于弥补公司亏损、扩大公司生产经营或者转为增加公司资本。公司分配当年税后利润时应当按照10%的比例提取法定公积金，当法定公积金累计额达到公司注册资本的50%时，可不再继续提取。任意公积金的提取由股东会根据需要决定。

**2. 股利(向投资者分配的利润)**

公司向股东(投资者)支付股利(分配利润)，要在提取公积金之后。股利(利润)的分配应以各股东(投资者)持有股份(投资额)的数额为依据，每一股东(投资者)取得的股利(分得的利润)与其持有的股份数(投资额)成正比。股份有限公司原则上应从累计盈利中分派股利，无盈利不得支付股利，即所谓“无利不分”的原则。但若公司用公积金抵补亏损以后，为维护其股票信誉，经股东大会特别决议，也可用公积金支付股利。

### 10.1.3 利润分配的顺序

根据我国《公司法》及相关法律制度的规定，公司净利润的分配应按照下列顺序进行。

**1. 弥补以前年度亏损**

企业在提取法定公积金之前，应先用当年利润弥补亏损。企业年度亏损可以用下一年度的税前利润弥补，下一年度不足弥补的，可以在五年之内用税前利润连续弥补，连续五年未弥补的亏损则用税后利润弥补。其中，税后利润弥补亏损可以用当年实现的净利润，也可以用盈余公积金转入。

**2. 提取法定盈余公积金**

根据《公司法》的规定，法定盈余公积金的提取比例为当年税后利润(弥补亏损后)的

10%。当法定盈余公积金的累积额已达注册资本的50%时,可以不再提取。法定盈余公积金提取后,根据企业的需要,可用于弥补亏损或转增资本,但企业用盈余公积金转增资本后,法定盈余公积金的余额不得低于转增前公司注册资本的25%。提取法定盈余公积金的目的是为了增加企业内部积累,以利于企业扩大再生产。

**3. 提取任意盈余公积金**

根据《公司法》的规定,公司从税后利润中提取法定公积金后,经股东会或股东大会决议,还可以从税后利润中提取任意盈余公积金。这是为了满足企业经营管理的需要,控制向投资者分配利润的水平以及调整各年度利润分配的波动。

**4. 向股东(投资者)分配股利(利润)**

根据《公司法》的规定,公司弥补亏损和提取公积金后所余税后利润,可以向股东(投资者)分配股利(利润)。其中,有限责任公司股东按照实缴的出资比例分取红利,全体股东约定不按照出资比例分取红利的除外;股份有限公司按照股东持有的股份比例分配,但股份有限公司章程规定不按照持股比例分配的除外。

需要强调的是,如果公司违反上述利润分配顺序,在抵补亏损和提取法定公积金之前向股东分配利润的,必须将违反规定发放的利润退还公司。

## 10.2 股利理论与股利分配政策

### 10.2.1 股利理论

股利分配的核心问题是如何权衡公司股利支付决策与未来长期增长之间的关系,以实现公司价值最大化的财务管理目标。围绕着公司股利政策是否影响公司价值这一问题,主要有两类不同的股利理论:股利无关论和股利相关论。

**1. 股利无关论**

股利无关论认为股利分配对公司的市场价值(或股票价格)不会产生影响。这一理论是米勒(Merton Miller)与莫迪格利安尼(Franco Modigliani)于1961年在下面列举的一些假设之上提出的:① 公司的投资政策已确定并且已经为投资者所理解;② 不存在股票的发行和交易费用;③ 不存在个人或公司所得税;④ 不存在信息不对称;⑤ 经理与外部投资者之间不存在代理成本。上述假设描述的是一种完美的资本市场,因而股利无关论又被称为完全市场理论。股利无关论认为:

(1) 投资者并不关心公司股利的分配。若公司留存较多的利润用于再投资,会导致公司股票价格上升,此时尽管股利较低,但需用现金的投资者可以出售股票换取现金。若公司发放较多的股利,投资者又可以用现金再买入一些股票以扩大投资。也就是说,投资者对股利和资本利得并无偏好。

(2) 股利的支付比率不影响公司的价值。既然投资者不关心股利的分配,公司的价值就完全由其投资政策及获利能力决定，公司的盈余在股利和保留盈余之间的分配并不影响公司的价值，既不会使公司价值增加，也不会使公司价值降低（即使公司有理想的投资机会而又支付了高额股利，也可以募集新股，新投资者会认可公司的投资机会）。

**2. 股利相关论**

股利无关理论是在完美资本市场的一系列假设下提出的，如果放宽这些假设条件，股利政策就会显现出其对公司价值（或股票价格）产生的影响。股利相关理论认为，企业的股利政策会影响股票价格和公司价值，主要观点有以下几种：

(1)“在手之鸟”理论。该理论认为，用留存收益再投资给投资者带来的收益具有较大的不确定性，并且投资的风险随着时间的推移会进一步加大，因此，厌恶风险的投资者会更喜欢现金股利，而不愿将收益留存在公司内部，去承担未来的投资风险。该理论认为公司的股利政策与公司的股票价格是密切相关的，即当公司支付较高的股利时，公司的股票价格会随之上升，公司价值将得到提高。

(2) 信号传递理论。该理论认为，在信息不对称的情况下，公司可以通过股利政策向市场传递有关公司未来获利能力的信息，从而影响公司的股价。一般来讲，预期未来获利能力强的公司，往往愿意通过相对较高的股利支付水平吸引更多的投资者。对于市场上的投资者来讲，股利政策的差异或许是反映公司预期获利能力的有价值的信号。如果公司连续保持较为稳定的股利支付水平，那么投资者会对公司未来的盈利能力与现金流量抱有乐观的预期。如果公司的股利支付水平突然发生变动，那么股票市价也会对这种变动做出反应。

(3) 所得税差异理论。该理论认为，由于普遍存在的税率和纳税时间的差异，资本利得收入比股利收入更有助于实现收益最大化目标，公司应当采用低股利政策。首先，对资本利得收入征收的税率一般低于对股利收入征收的税率；其次，即使两者没有税率上的差异，由于投资者对资本利得收入的纳税时间选择更具有弹性，投资者仍可以享受延迟纳税带来的收益差异。

(4) 代理理论。该理论认为，股利政策有助于减缓管理者与股东之间的代理冲突，即股利政策是协调股东与管理者之间代理关系的一种约束机制。同时该理论认为，股利的支付能够有效地降低代理成本。首先，股利的支付减少了管理者对自由现金流量的支配权，这在一定程度上可以抑制公司管理者的过度投资或在职消费行为，因而保护外部投资者的利益；其次，较多的现金股利发放，减少了内部融资，导致公司进入资本市场寻求外部融资，因而公司将接受资本市场上更多的、更严格的监督，这样便通过资本市场的监督减少了代理成本。因此，高水平的股利政策降低了企业的代理成本，但同时增加了外部融资成本，理想的股利政策应当使两种成本之和最小。

### 10.2.2 制定股利分配政策应考虑的因素

企业的利润分配涉及企业相关各方的切身利益，在现实生活中，企业的股利分配是在种种制约因素下进行的，采取何种股利政策虽然是由管理层决定的，但是实际上在其决策过程中会受到诸多主观与客观因素的影响。在确定分配政策时，应当考虑各种相关因素的影响，主要包括法律、公司、股东及其他因素。

**1. 法律因素**

为了保护债权人和股东的利益，法律就公司的利润分配做出如下规定：

(1) 资本保全约束。规定公司不能用资本(包括实收资本或股本和资本公积)发放股利，目的在于维持企业资本的完整性，保护企业完整的产权基础，防止企业减少资本结构中的所有者权益的比例，以保障债权人的利益。

(2) 资本积累约束。规定公司必须按照一定的比例和基数提取各种公积金，股利只能从企业的可供分配利润中支付。此处可供分配利润包含公司当期的净利润按照规定提取各种公积金后的余额和以前累积的未分配利润。另外，在进行利润分配时，一般应当贯彻“无利不分”的原则，即当企业出现年度亏损时，一般不进行利润分配。

(3) 超额累积利润约束。由于股东接受股利缴纳的所得税高于其进行股票交易的资本利得税，于是许多国家规定公司不得超额累积利润，如果公司为了避税而使得盈余的保留超过了法律认可的水平，将被加征额外税额。

(4) 偿债能力约束。现金股利是企业现金的支出，而大量的现金支出必然会影响公司的偿债能力。因此，公司在确定股利分配数量时，一定要考虑现金股利分配对偿债能力的影响，确定在分配后仍能保持较强的偿债能力，以维持公司的信誉和借贷能力，从而保证公司的正常资金周转。

**2. 公司因素**

公司基于短期经营和长期发展的考虑，在确定利润分配政策时，需要关注以下因素：

(1) 现金流量。由于会计规范的要求和核算方法的选择，公司盈余与现金流量并非完全同步，净收益的增加不一定意味着可供分配的现金流量的增加。公司在进行利润分配时，要保证正常的经营活动对现金的需求，以维持资金的正常周转，使生产经营得以有序进行。

(2) 资产的流动性。企业现金股利的支付会减少其现金持有量，降低资产的流动性，而保持一定的资产流动性是企业正常运转的必备条件。

(3) 盈余的稳定性。一般来讲，公司的盈余越稳定，其股利支付水平也就越高。

(4) 投资机会。如果公司的投资机会多，对资金的需求量大，那么它就很可能倾向于采用低股利支付水平的分配政策；相反，如果公司的投资机会少，对资金的需求量小，那么它就很可能倾向于采用较高的股利支付水平的分配政策。

(5) 筹资因素。如果公司具有较强的筹资能力，随时能筹集到所需资金，那么它就具有较强的股利支付能力。另外，留存收益是企业内部筹资的一种重要方式，它同发行新股或举债相比，不需花费筹资费用，同时增加了公司权益资本的比重，降低了财务风险，便于低成本取得债务资本。

(6) 其他因素。由于股利的信号传递作用，公司不宜经常改变其利润分配政策，应保持一定的连续性和稳定性。此外，利润分配政策还会受到其他公司的影响，比如不同发展阶段、不同行业的公司股利支付比例会有差异，这就要求公司在进行政策选择时考虑发展阶段以及所处行业状况。

**3. 股东因素**

股东在控制权、收入和税赋方面的考虑也会对公司的利润分配政策产生影响。

(1) 控制权的稀释。企业支付较高的股利,就会导致留存收益的减少,当企业为有利可图的投资机会筹集所需资金时,发行新股的可能性增大,新股东的加入必然稀释公司的控制权。所以,公司拥有控制权的股东会倾向于较低的股利支付水平。

(2) 稳定的收入。如果股东以现金股利来维持生活,他们往往要求企业能够支付稳定的股利,而反对过多的留存。

(3) 避税。由于股利收入的税率要高于资本利得的税率,一些高股利收入的股东出于避税的考虑而往往倾向于较低的股利支付水平。

**4. 其他因素**

(1) 债务契约。一般来说,股利支付水平越高,留存收益越少,企业的破产风险越大,就越有可能损害到债权人的利益。因此,为了保证自己的利益不受侵害,债权人通常都会在债务契约、租赁合同中加入关于借款企业股利政策的限制条款。

(2) 通货膨胀。通货膨胀会使货币购买力水平下降,导致固定资产重置资金不足,此时,企业往往不得不考虑留用一定的利润,以便弥补由于购买力下降而造成的固定资产重置资金缺口。因此,在通货膨胀时期,企业一般会采取偏紧的利润分配政策。

### 10.2.3 股利分配政策

股利政策由企业在不违反国家有关法律、法规的前提下,根据本企业具体情况制定。股利政策既要保持相对稳定,又要符合公司财务目标和发展目标。在实际工作中,通常有以下几种股利政策可供选择。

**1. 剩余股利政策**

剩余股利政策是指公司在有良好的投资机会时,根据目标资本结构,测算出投资所需的权益资本额,先从盈余中留用,然后将剩余的盈余作为股利来分配,即净利润首先满足公司的资金需求,如果还有剩余,就派发股利,如果没有剩余,就不派发股利。

采用剩余股利政策时,应遵循以下四个步骤:

(1) 设定目标资本结构,即确定权益资本与债务资本的比例,在此资本结构下,加权平均资本成本将达到最低水平。

(2) 确定目标资本结构下投资所需的股东权益数额。

(3) 最大限度地使用保留盈余来满足投资方案所需的权益资本数额。

(4) 投资方案所需权益资本已经满足后,若有剩余盈余,再将其作为股利发放给股东。

**【例 10-1】** A 公司 20×1 年的税后净利润为 800 万元,由于公司尚处于初创期,产品市场前景看好,产业优势明显,确定的目标资本结构为权益资本 70%,负债资本 30%。如果 20×2 年该公司有较好的投资项目,需要投资 600 万元,且该公司采用剩余股利政策,则公司应当如何融资和分配股利?

**解** 首先,确定按目标资本结构需要筹集的权益资本为

$$600 \times 70\% = 420(\text{万元})$$

其次,确定应分配的股利总额为

$$800 - 420 = 380(\text{万元})$$

因此,A公司还应当筹集负债资金

$$600 - 420 = 180(\text{万元})$$

剩余股利政策的优点是,留存收益优先保证再投资的需要,有助于降低再投资的资金成本,保持最佳的资本结构,实现企业价值的长期最大化。

剩余股利政策的缺点是,若完全遵照执行剩余股利政策,股利发放额就会每年随着投资机会和盈利水平的波动而波动。在盈利水平不变的前提下,股利发放额与投资机会的多寡呈反方向变动;而在投资机会维持不变的情况下,股利发放额将与公司盈利呈同方向波动。剩余股利政策不利于投资者安排收入与支出,也不利于公司树立良好的形象,一般适用于公司初创阶段。

**2. 固定或稳定增长的股利政策**

固定或稳定增长的股利政策是指公司将每年派发的股利额固定在某一特定水平或是在此基础上维持某一固定比率逐年稳定增长。公司只有在确信未来的盈利增长不会发生逆转时,才会宣布实施固定或稳定增长的股利政策。在这一政策下,应首先确定股利分配额,而且该分配额一般不随资金需求的波动而波动。

固定或稳定增长的股利政策的优点:① 由于股利政策本身的信息含量,稳定的股利向市场传递着公司正常发展的信息,有利于树立公司的良好形象,增强投资者对公司的信心,稳定股票的价格;② 稳定的股利额有助于投资者安排股利收入和支出,有利于吸引那些打算进行长期投资并对股利有很强依赖性的股东。

固定或稳定增长的股利政策的缺点:股利的支付与企业的盈利脱节,即不论公司盈利多少,均要支付固定的或按固定比率增长的股利,这可能会导致企业资金紧缺,财务状况恶化。此外,在企业无利可分的情况下,若依然实施固定或稳定增长的股利政策,也是违反《公司法》的行为。

因此,采用固定或稳定增长的股利政策,要求公司对未来的盈利和支付能力能做出准确的判断。一般来说,公司确定的固定股利额不宜太高,以免陷入无力支付的被动局面。固定或稳定增长的股利政策通常适用于经营比较稳定或正处于成长期的企业,且很难被长期采用。

**3. 固定股利支付率政策**

固定股利支付率政策是指公司将每年净利润的某一固定百分比作为股利分派给股东。这一百分比通常称为股利支付率,股利支付率一经确定,一般不得随意变更。在这一股利政策下,只要公司的税后利润一经计算确定,所派发的股利也就相应确定了。固定股利支付率越高,公司留存的净利润越少。

固定股利支付率的优点:① 采用固定股利支付率政策,股利与公司盈余紧密地配合,

体现了“多盈多分、少盈少分、无盈不分”的股利分配原则；② 由于公司的获利能力在年度间是经常变动的，因此，每年的股利也应当随着公司收益的变动而变动。采用固定股利支付率政策，公司每年按固定的比例从税后利润中支付现金股利，从企业支付能力的角度看，这是一种稳定的股利政策。

固定股利支付率的缺点：① 大多数公司每年的收益很难保持稳定不变，导致年度间的股利额波动较大，由于股利的信号传递作用，波动的股利很容易给投资者带来经营状况不稳定、投资风险较大的不良印象；② 容易使公司面临较大的财务压力，这是因为公司实现的盈利多，并不能代表公司有足够的现金流用来支付较多的股利额；③ 合适的固定股利支付率的确定难度比较大。

由于公司每年面临的投资机会、筹资渠道都不同，而这些都可以影响到公司的股利分派，所以，一成不变地奉行固定股利支付率政策的公司在实际中并不多见，固定股利支付率政策只是比较适用于那些处于稳定发展期且财务状况也较稳定的公司。

**【例 10-2】** 某公司长期以来用固定股利支付率政策进行股利分配，确定的股利支付率为 40%。20×4 年税后净利润为 1 000 万元，如果仍然继续执行固定股利支付率政策，公司本年度将要支付的股利为

$$1\ 000 \times 40\% = 400(\text{万元})$$

但公司下一年度有较大的投资需求，因此，准备本年度采用剩余股利政策。如果公司下一年度的投资预算为 1 200 万元，目标资本结构为权益资本占 60%。按照目标资本结构的要求，公司投资方案所需的权益资本额为

$$1\ 200 \times 60\% = 720(\text{万元})$$

公司 20×4 年度可以发放的股利为

$$1\ 000 - 720 = 280(\text{万元})$$

**4. 低正常股利加额外股利政策**

低正常股利加额外股利政策，是指公司事先设定一个较低的正常股利额，每年除了按正常股利额向股东发放股利外，还在公司盈余较多、资金较为充裕的年份向股东发放额外股利。但是，额外股利并不固定化，不意味着公司永久地提高了股利支付率。

低正常股利加额外股利政策的优点：① 这种股利政策使公司具有较大的灵活性。当公司盈余较少或投资需用较多资金时，可维持设定的较低但正常的股利，股东不会有股利跌落感，而当盈余有较大幅度增加时，则可适度增发股利，把经济繁荣的部分利益分配给股东，使他们增强对公司的信心，这有利于稳定股票的价格；② 这种股利政策可使那些依靠股利度日的股东每年至少得到虽然较低但比较稳定的股利收入，从而吸引住这部分股东。

低正常股利加额外股利政策的缺点：① 由于年份之间公司盈利的波动使得额外股利不断变化，造成分派的股利不同，容易给投资者收益不稳定的感觉；② 当公司在较长时间持续发放额外股利后，可能会被股东误认为是“正常股利”，一旦取消，传递出的信号可能会使股东认为这是公司财务状况恶化的表现，进而导致股价下跌。

相对来说，对那些盈利随着经济周期波动较大的公司或者盈利与现金流量很不稳定时，低正常股利加额外股利政策也许是一种不错的选择。

以上各种股利政策各有所长，公司在分配股利时应借鉴其基本决策思想，制定适合自身具体实际情况的股利政策。

## 10.3 股利的发放

### 10.3.1 选择股利政策

股利政策不仅会影响股东的利益，也会影响公司的正常运营以及未来的发展，因此，制定恰当的股利政策就显得尤为重要。由于各种股利政策各有利弊，所以公司在进行股利政策决策时，要综合考虑公司面临的各种具体影响因素，适当遵循收益分配的各项原则，以保证不偏离公司目标。

另外，每家公司都有自己的发展历程，就规模和盈利来讲，都会有初创阶段、增长阶段、稳定阶段、成熟阶段和衰退阶段等。在不同的发展阶段，公司所面临的财务、经营等问题都会有所不同，所以公司在制定股利政策时还要与其所处的发展阶段相适应。

公司在不同成长与发展阶段所采用的股利政策可用表10-1来描述。

**表10-1 公司在不同发展阶段股利政策的选择**

| 公司发展阶段 | 特点 | 适应的股利政策 |
|---|---|---|
| 初创阶段 | 经营风险高，有投资需求且融资能力差 | 剩余股利政策 |
| 快速发展阶段 | 快速发展，投资需求大 | 低正常加额外股利政策 |
| 稳定增长阶段 | 业务稳定增长，投资需求减少，净现金流入量增加，每股收益呈上升趋势 | 固定或稳定增长股利政策 |
| 成熟阶段 | 盈利水平稳定，通常已积累了一定的留存收益和资金 | 固定股利支付率政策 |
| 衰退阶段 | 业务锐减，获利能力和现金获得能力下降 | 剩余股利政策 |

### 10.3.2 确定股利支付水平

股利支付水平通常用股利支付率来衡量。股利支付率是当年发放股利与当年净利润之比或每股股利除以每股收益。

一般来说，公司发放股利越多，股利的分配率越高，因而对股东和潜在投资者的吸引力越大，也就越有利于建立良好的公司信誉。一方面，由于投资者对公司的信任，会使公司股票供不应求，从而使公司股票市价上升。公司股票的市价越高，对公司吸引投资、再融资越有利。另一方面，过高的股利分配率政策，会使公司的留存收益减少，给企业资金周转带来影响，加重公司财务负担。

股利支付率是股利政策的核心。确定股利支付率，首先要弄清公司在满足未来发展所需的资本支出需求和营运资本需求的基础上，有多少现金可用于发放股利，然后考察公司所能获得的投资项目的效益如何。如果现金充裕，投资项目的效益又很好，则应少发或不发股利；如果现金充裕但投资项目效益较差，则应多发股利。

### 10.3.3 股利的支付形式

股利支付形式有多种，以现金股利和股票股利为主。

**1. 现金股利**

现金股利是以现金支付的股利，它是股利支付的最常见的方式。公司选择发放现金股利，除了要有足够的留存收益外，还要有足够的现金，而现金充足与否往往会成为公司发放现金股利的主要制约因素。

**2. 股票股利**

股票股利是指企业以股票形式发放的股利，即按股东股份的比例发放股票作为股利的一种形式。可以用于发放股票股利的，除了当年可供分配的利润外，还有公司的盈余公积金和资本公积金。它不会引起公司资产的流出或负债的增加，不影响公司的资产、负债及所有者权益总额的变化，不直接增加股东的财富，而只涉及股东权益内部结构的调整，即将未分配利润转为股本(面值)或资本公积(超面值溢价)。它不改变公司股东权益总额，只是改变股东权益的构成。但是股票股利会增加市场上流通的股票数量，从而使股票价格相应下降。

对于企业来说，分配股票股利不会增加其现金流出量，因此如果企业现金紧张或者需要大量的资金进行投资，可以考虑采用股票股利形式。但应当注意的是，一直实行稳定的股利政策的企业，因发放股票股利而扩张了股本，如果以后继续维持原有的股利水平，势必会增加未来的股利支付，这实际上向投资者暗示本企业的经营业绩在今后将大幅度增长，从而会导致股价上扬。但如果以后业绩不能大幅增长，每股利润因股本扩张而被摊薄，这样就可能导致股价下跌。

1) 股票股利发放的意义

发放股票股利虽不直接增加股东的财富，也不增加公司的价值，但对股东和公司都有特殊意义。

对股东来讲，股票股利的优点主要有以下两方面：

(1) 派发股票股利后，理论上每股市价会成比例下降，但实务中这并非必然结果。因为市场和投资者普遍认为，发放股票股利往往预示着公司会有较大的发展和成长，这样的信息传递会稳定股价或使股价下降比例减少甚至不降反升，股东便可以获得股票价值相对上升的好处。

(2) 由于股利收入和资本利得税率的差异，如果股东把股票股利出售，还会给他带来资本利得纳税上的好处。

对公司来讲，股票股利的优点主要有以下三方面：

(1) 发放股票股利不需要向股东支付现金，在再投资机会较多的情况下，公司就可以为再投资提供成本较低的资金，从而有助于公司的发展。

(2) 发放股票股利可以降低公司股票的市场价格，有利于促进股票的交易和流通，吸引更多的投资者。

(3) 股票股利的发放可以传递公司未来发展前景良好的信息，从而增强投资者的信心，在一定程度上稳定股票价格。

2) 发放股票股利对每股收益和每股市价的影响

发放股票股利后，如果盈利总额和市盈率不变，则会由于普通股股数增加而引起每股收益和每股市价的下降。发放股票股利对每股收益和每股市价的影响，可以通过对每股收益、每股市价的调整直接算出。

$$\text{发放股票股利后的每股收益}=\frac{\text{发放股票股利前的每股收益}}{1+\text{股票股利发放率}}$$

$$\text{发放股票股利后的每股市价}=\frac{\text{股利分配权转移日的每股市价}}{1+\text{股票股利发放率}}$$

我国上市公司在实施利润分配方案时，可以采用单独实施发放现金股利或股票股利的分配方案，也可以采用现金股利与股票股利组合的方案，或者同时伴随着从资本公积转增股本的方案。由于股票股利与转增都会增加股本数量，但每个股东持有股份的比例并未改变，结果导致每股价值被稀释，从而使股票交易价格下降。

在除权(除息)日，上市公司发放现金股利与股票股利股票的除权参考价为

$$\text{除权参考价}=\frac{\text{股权登记日记收盘价}-\text{每股现金股利}}{1+\text{送股率}+\text{转增率}}$$

**【例 10-3】** A 公司于 2014 年 4 月 15 日公告 2013 年年度权益分派方案：以公司现有总股本 60 000 万股为基数，向全体股东每 10 股送红股 3.5 股，派发现金红利 0.65 元(含税)，同时，以资本公积金向全体股东每 10 股转增 5.5 股。分红前该公司的总股本为 60 000 万股，面额 1 元，股本为 60 000 万元。权益分派股权登记日为 2014 年 4 月 21 日，除权(除息)日为 2014 年 4 月 22 日。已知公司 2014 年 4 月 21 日股票收盘价为 53.65 元，2014 年 4 月 22 日的开盘价为 28.21 元。

从该上市公司的利润分配及资本公积转增股本实施公告披露的信息得知，该公司的股利分配包括现金股利分配和股票股利分配。而转增股本则是将资本公积转为股本，对企业而言属于所有者权益内项目之间的调整，对股东而言可以按照其所持有股份的比例获得相应的转增股份。从股东持有的股份数量看，公司发放股票股利与从资本公积转增股本都会使股东具有相同的股份增持效果。股票股利与转增不同的是派发的股票股利来自未分配利润，股东需要缴纳所得税。

该公司每股送 0.35 股，派发现金红利 0.065 元(含税，送股和现金红利均按 10%代扣代缴个人所得税)，转增 0.55 股。

① 每 10 股派发现金红利 0.65 元，发放现金股利总额＝60 000×0.065＝3 900(万元)。发放现金股利 3 900 万元，使公司的现金和未分配利润同时减少 3 900 万元，从而使现金流出企业，并减少了公司所有者权益，但不影响股本总额。

② 每 10 股派送 3.5 股股票股利，则发放股票股利增加的股本＝60 000×0.35＝

21 000(万元)。

我国上市公司是按照股票面值从未分配利润转入股本的,即减少未分配利润 21 000 万元,同时增加股本 21 000 万元,只改变了所有者权益内部结构,不影响公司所有者权益总额。

③ 每 10 股转增 5.5 股,资本公积转增的股本=60 000×0.55=33 000(万元)。

资本公积转增股本,减少资本公积 33 000 万元,同时增加股本 33 000 万元,只是改变了所有者权益的内部结构,不影响所有者权益总额。

④ 对股东而言,全体股东实际收到的现金股利=60 000 × [0.065-(0.065+0.35) × 10%]=60 000 × 0.023 5=1 410 万元,缴纳的现金股利所得税为 390 万元;全体股东在收到 21 000 万元股票股利的同时,缴纳的股票股利所得税为 2 100 万元。

该公司股权登记日(2014 年 4 月 21 日)收盘价为 53.65 元,则除权参考价=(53.65-0.065)/(1+0.35+0.55)=28.203 元,而事实上,该公司除息日(2014 年 4 月 22 日)的开盘价为 28.21 元,公司股票的市场价格降低了 25.44 元(53.65-28.21),这有利于促进股票的交易和流通。

### 10.3.4 股利支付程序

公司股利的发放必须遵守相关的要求,按照日程安排来进行。一般情况下,先由董事会提出分配预案,然后提交股东大会决议通过才能进行分配。股东大会决议通过分配预案后,要向股东宣布发放股利的方案,并确定股权登记日、除息日和股利发放日。

(1) 股利宣告日,即公司董事会将股东大会通过本年度利润分配方案的情况以及股利支付情况予以公告的日期。公告中将宣布每股派发股利、股权登记日、除息日、股利支付日以及派发对象等事项。

(2) 股权登记日,即有权领取本期股利的股东资格登记截止日期。凡是在此指定日期收盘之前取得公司股票,成为公司在册股东的投资者都可以作为股东享受公司分派的股利。在这一天之后取得股票的股东则无权领取本次分派的股利。

(3) 除息日,也称除权日,即领取股利的权利与股票分离的日期。在除息日之前购买的股票才能领取本次股利,而在除息日当天或是以后购买的股票,则不能领取本次股利。由于失去了“付息”的权利,除息日的股票价格会下跌。我国上市公司的除息日通常是在登记日的下一个交易日。

(4) 股利支付日,即公司按照公布的分红方案向股权登记日在册的股东实际支付股利的日期。

## 10.4 股票分割与股票回购

### 10.4.1 股票分割

股票分割又称拆股,即将一股股票拆分成多股股票的行为。股票分割一般只会增加发行在外的股票总数,但不会对公司的资本结构产生任何影响。股票分割与股票股利非常相似,都在不增加股东权益的情况下增加了股份的数量。所不同的是,股票股利虽不会引起股东权益总额的改变,但股东权益的内部结构会发生变化;而股票分割之后,股东权益总额及其内部结构都不会发生任何变化,变化的只是股票面值。

股票分割的作用如下:

(1) 降低股票价格。股票分割会使每股市价降低,买卖该股票所需资金量减少,从而可以促进股票的流通和交易。流通性的提高和股东数量的增加,会在一定程度上加大对公司股票恶意收购的难度。此外,降低股票价格还可以为公司发行新股做准备,因为股价太高会使许多潜在投资者力不从心而不敢轻易对公司股票进行投资。

(2) 向市场和投资者传递"公司发展前景良好"的信号,有助于提高投资者对公司的信心。

与股票分割相反,如果公司认为其股票价格过低,不利于其在市场上的声誉和未来的再筹资时,为提高股票的价格,会采取反分割措施。反分割又称股票合并或逆向分割,是指将多股股票合并为一股股票的行为。反分割显然会降低股票的流通性,提高公司股票投资的门槛。

**【例 10-4】** 某上市公司 20×8 年年末资产负债表上的股东权益账户情况如表 10-2 所示。

**表 10-2 资产负债表上的股东权益账户** 万元

| 项目 | 金额 |
| --- | --- |
| 普通股(面值 10 元,发行在外 100 万股) | 1 000 |
| 资本公积 | 6 000 |
| 盈余公积 | 5 000 |
| 未分配利润 | 4 000 |
| 股东权益合计 | 16 000 |

① 假设股票市价为 15 元,该公司宣布发放 10% 的股票股利,即现有股东每持有 10 股即可获赠 1 股普通股。发放股票股利后,股东权益有何变化?每股净资产是多少?

② 假设该公司按照 1∶2 的比例进行股票分割。股票分割后,股东权益有何变化?每股净资产是多少?

**解** 根据上述资料,分析计算如下。

① 发放股票股利后股东权益情况如表 10-3 所示。

**表 10-3 发放股票股利后股东权益情况** 万元

| 项目 | 金额 |
| --- | --- |
| 普通股(面值 10 元,发行在外 110 万股) | 1 100 |
| 资本公积 | 6 050 |
| 盈余公积 | 5 000 |
| 未分配利润 | 3 850 |
| 股东权益合计 | 16 000 |

在美国等西方国家发放股票股利通常是以发放前的股票市价为基础，将股票股利从留存收益项目转出，其中按照股票面额部分转至股本项目，股票市价与面值差额的部分转入资本公积项目。

该股票当时市价15元，随着股票股利的发放，按照股票市值需从留存收益划转出的资金为15×100×10％ =150(万元)。

派发10万股的股票股利后，按照股票面额(10元)，股本账户增加了100万元(即10万股×10元/股)，其余的50万元(即150－100)应作为股票溢价转至资本公积账户，使得资本公积增加50万元。

每股净资产为16 000 ÷(100＋10)＝ 145.45(元/股)。

需要说明的是，本例中股票股利以市价计算价格的做法是很多西方国家所通行的，但在我国，股票股利价格则是按照股票面值来计算的，即按照股票面值从未分配利润转入股本。

② 股票分割后股东权益情况如表10-4所示。

**表10-4　股票分割后股东权益情况**　　万元

| 项目 | 金额 |
|---|---|
| 普通股(面值5元，发行在外200万股) | 1 000 |
| 资本公积 | 6 000 |
| 盈余公积 | 5 000 |
| 未分配利润 | 4 000 |
| 股东权益合计 | 16 000 |

每股净资产为16 000÷(100×2) ＝ 80(元/股)。

## 10.4.2　股票回购

### 1. 股票回购的含义

股票回购是指股份公司出资将其发行在外的普通股以一定价格购买回来予以注销或作为库藏股的一种资本运作方式。

公司出资购回自身发行在外的股票，使流通在外的股份减少，每股股利增加，从而使股价上升，股东能因此获得资本利得，这相当于公司支付给股东现金股利。所以，可以将股票回购看作是一种现金股利的替代方式。

我国《公司法》规定，公司只有在以下四种情形下才能回购本公司的股份：① 减少公司注册资本；② 与持有本公司股份的其他公司合并；③ 将股份奖励给本公司职工；④ 股东因对股东大会做出的合并、分立决议持异议，要求公司收购其股份。

公司因第①种情况收购本公司股份的，应当在收购之日起10日内注销；属于第②、第④种情况的，应当在6个月内转让或者注销。公司因奖励职工回购股份的，不得超过本公司已发行股份总额的5％，且用于回购的资金应当从公司的税后利润中支出，所收购的股份应当在1年内转让给职工。可见我国法规并不允许公司拥有西方实务中常见的库藏股。

**2. 股票回购的动机**

在证券市场上，股票回购的动机多种多样，主要有以下几点：

(1) 现金股利的替代。现金股利政策会对公司产生未来的派现压力，而股票回购不会。当公司有富余资金时，通过回购股东所持股票将现金分配给股东，这样，股东就可以根据自己的需要选择继续持有股票或出售获得现金。

(2) 改变公司的资本结构。无论是现金回购还是举债回购股份，都会提高公司的财务杠杆水平，改变公司的资本结构。公司认为权益资本在资本结构中所占比例较大时，为了调整资本结构而进行股票回购，可以在一定程度上降低整体资金成本。

(3) 传递公司信息。由于信息不对称和预期差异，证券市场上的公司股票价格可能被低估，而过低的股价将会对公司产生负面影响。一般情况下，投资者会认为股票回购是公司认为其股票价值被低估而采取的应对措施。

(4) 基于控制权的考虑。控股股东为了保证其控制权，往往采取直接或间接的方式回购股票，从而巩固既有的控制权。另外，股票回购使流通在外的股份数变少，股价上升，从而可以有效地防止敌意收购。

**3. 股票回购对公司的影响**

股票回购对上市公司的影响主要表现在以下几个方面：

(1) 股票回购需要大量资金支付回购的成本，容易造成资金紧张，降低资产流动性，影响公司的后续发展。

(2) 股票回购无异于股东退股和公司资本的减少，不仅在一定程度上削弱了对债权人利益的保护，而且可能使公司的发起人股东忽视公司长远的发展，损害公司的根本利益。

(3) 股票回购容易导致公司操纵股价。公司回购自己的股票，容易导致其利用内幕消息进行炒作，加剧公司行为的非规范化，损害投资者的利益。

**4. 股票回购的方式**

(1) 公开市场回购

公开市场回购是指上市公司在证券市场上按照股票市场价格回购本公司的股票。通常公司回购股票时都会有一个最高限价，对回购股票的数量也有明确的限定。通过公开市场回购的方式回购股票，很容易导致股票价格上涨，从而增加回购成本。

(2) 要约回购

要约回购是指公司通过公开向股东发出回购股票的要约来实现股票回购计划。要约回购价格一般高于市场价格。在公司公告要约回购之后的限定期限内，股东可自愿决定是否按要约价格将持有的股票出售给公司。如果股东愿意出售的股数多于公司计划回购的股数，公司可以自行决定购买部分或全部股票。通常，在公司回购股票的数量较大时，可采用要约回购方式。

(3) 协议回购

协议回购是指公司与特定的股东私下签订购买协议回购其持有的股票。协议回购方式通常作为公开市场回购方式的补充。采用这种方式,公司必须公开披露股票回购的目的、数量等信息,并保证回购价格公平,以避免公司向特定股东进行利益输送,侵害其他股东利益。协议回购方式回购股票的价格通常低于当前市场价格,并且一次回购股票的数量较大,作为大宗交易在场外进行。

(4) 转换回购

转换回购是指公司用债券或者优先股代替现金回购普通股的股票回购方式。采取转换回购方式,公司不必支付大量的现金,对于现金流量并不充足的公司而言,这是一种可选的回购方式,而且采用这种回购方式还可以起到调整资本结构的作用。但是,由于债券或优先股的流动性比普通股要差,因而采用转换回购方式时,可能需要支付一定的溢价,因而提高了股票回购成本。

## 知识拓展

### 初创企业应该如何设计和执行股权激励

在创业的圈子里,尤其是在早期创业阶段,最珍贵的资源就是"团队",对"团队"的激励机制,制定得好,就能鼓舞士气,增强斗志;制定得不好,会使士气衰弱,甚至散伙。由于激励机制问题造成的散伙事件在创业圈子里不胜枚举,也让很多人扼腕叹息。投资人看待激励制度时,往往较为严谨,大部分投资人会要求创始人在经验丰富的律师指导下,完成公司激励机制的设计和执行。

**1. 激励机制的内涵**

激励机制是促使团队稳定的利益分配方式,公司股东(也可以是创始人自己)将自己持有的部分股权放入期权池,按照职位的重要程度不同,分批分期分给关键员工,使员工除了拿固定薪水之外,还有机会拿到额外的高额回报,以此将公司的成长与员工自己的工作紧密联系。

**2. 限售股和期权**

有些创始人在公司初创期,会直接许诺员工1%~3%不等的股权,如果此股权附有一定的条件,则将其称之为限售股。限售股一般是用来分配给联合创始人的,如果条件没有成熟时,联合创始人离职,那么限售股需要被回购,以保持公司股权结构的稳定。

创始人在公司成立初期会将自己的一部分股权拿出来投入期权池,期权池一般占公司股权的15%左右。期权一般是分配给关键员工的,当然也可以分配给联合创始人。期权是预期获得股权的权利,比如创始人想发给A员工1%的期权,期权分4年期成熟,那么A员工至少需要在公司干满4年,才有机会完全行权，拿到全部1%的公司股权。

**3. 期权分期成熟**

期权是促使关键员工持续为公司服务的良好方式，公司发展得越好，估值越高，员工手里的期权将越值钱，员工越舍不得离开公司，因为一旦离开，机会成本将大幅增加。因此，期权要分期成熟，一般来说分4年成熟，每年成熟25%。例如公司给A员工1%的期权，A员工在第二年离职，那么A员工只能获得已经成熟的0.25%的公司股权，剩下的0.75%依然存在于公司期权池中。

**4. 期权与投票权**

在中国，公司股权投票权与控制权息息相关，创始人将自己的股权放入到期权池中，员工期权成熟行权后，会不会使创始人失去部分投票权呢？为防止出现这类问题，在创始人发放期权时，最好约定使用股权代持的形式，使得股权所有权和股权投票权分离，以确保公司控制权的稳定。

**5. 期权与融资**

如果A轮投资人进入公司占20%的股权，那么创始人股权比例和期权池股权比例会同时被稀释，假设原来期权池股权比例为15%，那么A轮投资人进入后，期权池股权比例变为12%，创始人股权比例变为68%。如果，B轮投资人进入公司占20%的股权，A轮投资人、创始人和期权池的股权比例会同时被稀释，这样下去期权池的股权比例将持续下降，不利于对员工长期的激励。因此，创始人可以建议投资人提供一部分股权放入期权池，以保证期权池的股权比例。

## 案例分析

### 九成企业因利润分配不当夭折—— 创业蛋糕如何分配

省城几日阴雨连绵，不过，风雨又怎能挡住创业者的激情！2012年8月5日，创业者沙龙活动准时开场，50多位创业俱乐部成员汇集在位于经二纬六路的英和茶庄。其中有从淄博来的大学生，有来自济宁的老板，更有从广州远道而来的创业者。本次创业者沙龙活动主题是“创业蛋糕如何分配”。这是很多人已经经历和正在面临的难题，特邀嘉宾“赢在中国”第二季亚军获得者窦大海(山东财经大学工商管理学院教师)为大家剖析了蛋糕分配不当的弊端，并建议，“丑话说在前面，创业之前就应把蛋糕如何分与合作人达成共识”。

现场，济南市创促会工作人员李志强带来了一组数据：90%的企业在创业初期因利润分配不当走向了关门倒闭的路。“这些倒闭的企业不是没有挣到钱,相反而是挣到了钱,因为利润分配产生分歧,最终分道扬镳。”

对于这组数据,窦大海表示了认同。“如果一个企业在创业之初没有把利润分配讲明,那么就会出现公司运转良好,为了利润大家都来掺和;公司运转不好,所有的人跑得比老板快。”窦大海说,“利润这块蛋糕诱惑着很多人,它是企业成长的一把双刃剑,对于怎么分配利润,合伙人要把丑话说在前面,提前制定好规章制度以及利润分配表,并严格执行,一旦发生纠纷有据可依,规避纠纷。”

**1. 两个小故事透出“丑话”的重要性**

沙龙中,窦大海讲了两个有关利润分配的故事,引起了在场会员的深思。

有一个英语培训班,三个人合伙开办(这里以甲、乙、丙代替三位合伙人姓名)。他们每人负责一个班,但第一个月,只有甲招到了学员,辛苦一个月下来,甲挣了1 000元钱,在利润分配时,甲提出乙、丙两人各拿400元,自己只拿200元,并约定,以后不管甲挣多挣少,乙、丙二人都按400元提取利润分红,当时乙、丙二人没有提出异议。第二个月,依然只有甲招到了学员,这一次的收益是10 000元,当甲拿出400元分别分给乙、丙二人时,遭到了两人的拒绝,不过甲拿出了第一次分红时三人签署的有关甲个人所得利润分配方案时,乙、丙哑口无言。

“丑话说在前面”可以很好地实现多劳多得的理想利润分配模式。当然,“丑话”既然说在了前面,那么就必须按照丑话来执行,否则将产生负面效果,接下来窦大海又给大家分享了一个真实的故事。

一个企业的销售部迟迟无法拉动公司的销售额,于是老板想出了一个激励员工的点子,并公布了下去:如果有人在规定时间内,业务额能够超过2 000万,公司就按照两个百分点给他提成。按照当时这家公司的运转情况,2 000万的业务额是天方夜谭,是根本不可能完成的任务,老板当然清楚这一点,这种做法不过是为激励员工而开的一张空头支票而已。不过,国际经济形势突然发生了转变,有一位员工在规定的时间内业务额达到了2亿多,按照老板当初的承诺计算,光提成就要拿400多万元。面对这个巨额的提成,老板犹豫了,最终没有兑现承诺,而是解聘了这位创下业务奇迹的员工。

其实,没有兑现承诺的老板是怕400多万的提成会引起其他员工的不服及不满,但是他却忽略了一点,还有人会相信他的话吗?还有人会为这种空头支票努力吗?保住了一时的利润,却丧失了员工的信任,公司所面临的结果可想而知。

**2. 分配利润先想到大家**

活动中,很多创业者关于“创业蛋糕如何分配”提出了自己的疑问。

丁为英(英和茶庄总经理):我想把公司做大,把茶叶当自己一辈子的事业做下去,更希望员工跟着我一起走下去,股份制也好,利润最大化分配也好,我都考虑过,哪种方法更为可行,更能留住人呢?

刘红强(凤美影视广告公司):从创业到现在,我从来没有推迟过工资发放,并且在发工资的前一天都会给员工打电话。目前公司按照业务、策划、制作三大部门来分配利润,采取"底薪+提成"的方式,月底有奖励,并且年底员工还能拿到3%的股份分红,这种利润模式自我感觉比较成熟,不知道还有没有漏洞?

王宇(企业研究机构):目前公司利润分配模式主要参照同行同职务的薪酬,基本概括为"三成用于回报董事会,两成用于员工扶持培训,一成用于核心人员各项支出费用等",已经为公司红利分配做好了准备,这次来沙龙想听听专家的意见。

窦大海:举个简单的例子,一个公司有销售部、财务部、生产部,面对销售部呈递上来的100万销售额,公司该如何进行利润分配?如果创业初期没有一个详细的利润分配协议,老板将变得很被动。这里有人会说,所有的人平分是最简单和直接的方案,其实平分往往是最糟糕的利润分配方案。这里,销售部是第一个反对者,因为产品是他们卖出去的。

如果老板考虑到了销售部的功劳,把蛋糕多切一块给他们,生产部又会跳出来反对了,因为产品是他们生产的。因为缺乏参考的协议,这块蛋糕最后无论如何切分,都会引起各个部门的不满。

所以说,已经做出利润分配方案的公司迈出了正确的一步,不过还需要注意一点,创业初期公司利润分配时,一定要先想到大家,把能看到的蛋糕超过50%切给干活的人,这样他们会带来更大的利润。

(资料来源　和讯网、《山东商报》)

**讨论题:**

1. 利润分配是企业的一项重要工作,它关系到企业、投资者等有关各方的利益,涉及企业的生存与发展。那么在利润分配的过程中,应当遵循哪些原则呢?

2. 根据剩余股利政策,留存收益优先保证再投资的需要,净利润首先满足公司的资金需求,如果还有剩余,才派发股利。而现实生活中,企业进行利润分配时,必须考虑成员的收益,否则就不能产生激励。企业分配给成员的利润比例,对成员的努力程度有很大的影响。企业要快速发展,必须留存更多的收益,但这势必会减少创业成员的个人收益。假如你是创业公司的领导层,在公司初创阶段利润分配中,如何解决企业发展与成员收益之间的矛盾?

3. 创业企业中关于创业团队的利润分配，领导层要事先与成员就合理的利润分配模式达成协议，以便更好地调动成员的积极性。合作过程中，一方面，领导层应该根据成员的重要性，给予成员合理的利润分成，即成员越重要，其利润分配的比例就应该越大；另一方面，所得利润份额越多者，其承担的风险就应该越大，因此，在商定利润分配比例时，应当考虑各自所承担的风险的大小。假设你和几名同学合伙创建一家公司，通过同学之间分组讨论，起草一份利润分配协议。

（注意：本案例所指的利润分配采用广义的收益分配概念，即包括对企业收入的分配和对企业净利润的分配。企业取得收入后，要按照补偿成本、缴纳所得税、提取公积金、向投资者分配利润等顺序进行收益分配。）

## 思考题

1. 利润分配应遵循哪些基本原则？

2. 利润分配应按怎样的顺序进行？

3. 利润分配的方式有哪些？公司发放股票股利有何优点？

4. 几种股利理论的基本观点是什么？

5. 企业在确定利润分配政策时要考虑的主要因素有哪些？

6. 什么是股利政策？简述几种股利政策的含义、优缺点。

7. 什么是股票分割？有何作用？对公司和股东会产生何种影响？

8. 什么是股票回购？我国对股票回购有哪些法律规定？股票回购的方式有哪些？

## 习　题

1. 某公司 2006 年实现的税后净利为 1 000 万元，若 2007 年的投资计划所需资金 800 万元，公司的目标资金结构为自有资金占 60%。

（1）若公司采用剩余股利政策，则 2006 年年末可发放多少股利？

（2）若公司发行在外的普通股股数为 1 000 万股，计算每股利润及每股股利。

（3）若 2007 年公司决定将公司的股利政策改为逐年稳定增长的股利政策，设股利的逐年增长率为 2%，投资者要求的必要报酬率为 12%，计算该股票的价值。

2. 某公司年终利润分配前的股东权益项目资料如下：

万元

| 股本—普通股(每股面值 4 元,300 万股) | 1 200 |
|---|---|
| 资本公积金 | 340 |
| 未分配利润 | 1 460 |
| 所有者权益合计 | 3 000 |

公司股票的每股现行市价为 36 元。

要求:求解以下 3 个互不关联的问题。

(1) 计划按每 10 股送 1 股的方案发放股票股利,并按发放股票股利后的股数派发每股现金股利 0.1 元,股票股利的金额按现行市价计算。计算完成这一分配方案后的股东权益各项目数额。

(2) 如若按 1 股换 2 股的比例进行股票分割,计算股东权益各项目数额、普通股股数。

(3) 假设利润分配不改变市净率,公司按每 10 股送 1 股的方案发放股票股利,股票股利按现行市价计算,并按新股数发放现金股利,且希望普通股市价达到每股 32.4 元,计算每股现金股利。

3. ABC 公司 20×1 年全年实现净利润 1 000 万元,年末在分配股利前的股东权益账户余额如下:

| 股本(面值 1 元) | 1 000 万元 |
|---|---|
| 盈余公积 | 500 万元 |
| 资本公积 | 4 000 万元 |
| 未分配利润 | 1 500 万元 |
| 合计 | 7 000 万元 |

若公司决定发放 10%的股票股利,股票股利按当前市价计算,并按发放股票股利后的股数支付现金股利,每股 0.1 元,该公司股票目前市价为每股 10 元。

要求:求解以下互不相关的问题。

(1) 20×1 年发放股利后该公司权益结构有何变化?若市价不变,此时市净率为多少?

(2) 若预计 20×2 年净利润将增长 5%,若保持 10%的股票股利比率与稳定的股利支付率,则 20×2 年每股现金股利是多少?

(3) 若预计 20×2 年净利润将增长 60%,且预计年内将要投资一个大型项目,该项目需资金 2 500 万元,若要保持 20×2 年与上年的目标资金结构一致即负债比率为 40%,且不准备从外部筹集权益资金,20×2 年内能否发放股利?如能,应发多少?

4. A 公司于 2014 年 6 月 24 日公告 2013 年年度权益分派方案:以公司现

有总股本48 320 000股为基数，向全体股东每10股送红股4.5股，派1.13元人民币现金，同时，以资本公积金向全体股东每10股转增3.5股。分红前该公司总股本为48 320 000股，分红后总股本增至86 976 000股。公司股本为4 200万元。权益分派股权登记日为2014年6月30日，除权(除息)日为2014年7月1日。本次所送(转)股于2014年7月1日直接记入股东证券账户。公司此次委托中国结算深圳分公司代派的现金红利将于2014年7月1日通过股东托管证券公司(或其他托管机构)直接划入其资金账户。

已知:2014年6月30日股票收盘价为59.65元,2014年7月1日的开盘价为33.08元。

要求:

(1) 分别指出股利宣告日、股权登记日、除息日、股利支付日。

(2) 计算除息日该公司发放现金股利与股票股利的除权参考价。

(3) 计算发放现金股利的总额。

(4) 分别计算发放股票股利增加的股本和资本公积转增的股本。

# 11 创业企业公司治理与激励专题

**学习目标**

1. 理解创业企业公司治理的理论基础。
2. 理解创业企业公司治理的含义。
3. 掌握创业企业公司治理结构的内容。
4. 理解创业企业激励的含义。
5. 掌握创业企业的层级激励。
6. 掌握创业企业的产权激励。

## 航兴科技公司的僵局

中央电视台《经济与法》栏目曾经播放过这样一个案例。有着特殊关系的航兴科技公司的三个股东——林迎十、孙毅和高斌怀，既是同学，也是西安一家国有企业的同事。2000 年，他们停薪留职后，一起创办了航兴科技公司，主要从事计算机网络的安装业务，林迎十任执行董事兼总经理，孙毅负责具体的线路安装工程，高斌怀主要负责对外承揽业务。三人出资额分别为 25.8 万元、17.1 万元和 17.1 万元，即林迎十持股占 43%，孙毅和高斌怀持股共占 57%。依据公司章程，每 10 万元享有 1 个表决权，除林迎十享有 2 个表决权外，其余 2 人都只享有 1 个表决权。公司章程还规定，选举执行董事需要 2/3 以上股东同意。创业之初，大家患难与共，公司亦得到快速发展。后来，令人意想不到的事发生了，孙毅提出要林迎十让位，由高斌怀出任执行董事兼总经理，这让林迎十异常气愤。但是，第一次表决形成 2∶2 的局面，无法形成决议。随后，孙毅又提出转让自己的股份 13.5 万元给高斌怀，对此大家均表示同意。

2001 年 10 月 12 日，孙毅以办理股权转让为由，借走公司公章，始终未还，这让林迎十隐隐约约感到两位股东在背着他有所行动。心里一直不踏实的林迎十前往工商局，意外地发现他们正在办理法定代表人的变更，醒悟的林迎十马上请求工商局的工作人员制止了这种行为。经工商局提议，三人再次就执行董事进行表决，但是依据持股比例任何一方都达不到2/3，于是就形成了公司重大事项无法形成决议的尴尬局面。此后，大家更是互不信任、各自为政，最终致使公司陷入关门歇业的僵局。

**思考** 航兴科技公司最终失败的原因是什么？

## 11.1 创业企业公司治理

### 11.1.1 创业企业公司治理的含义

公司治理，英文原文为“Corporate Governance”，它不同于企业管理，主要解决管理层的选择与激励问题，并实现公司的科学化决策。这是一个多角度、多层次的概念，很难用简单、统一的术语来表达。许多经济学家和管理学家都从不同的角度和深度对公司治理的含义进行了界定。

国际经济合作与发展组织OECD(1999)给出这样的定义：“公司治理是一种据以对工商公司进行管理和控制的体系。”公司治理明确规定了公司的各个参与者的责任和权利分布，诸如董事会、经理层、股东和其他利益相关者，并且清楚地说明了决策公司事务时所应遵循的规则和程序。同时，它不仅提供了一种结构，使之用以设置公司目标，还提供了达到这些目标和监控运营的手段。

在我国，理论界对公司治理具有代表性的定义有吴敬琏、林毅夫、李维安和张维迎的观点。

吴敬琏(1994)认为，公司治理结构是指由所有者、董事会和高级执行人员即高级经理人员三者组成的一种组织结构。要完善公司治理结构，就要明确划分股东、董事会、经理人员各自权力、责任和利益，从而形成三者之间的关系。

林毅夫(1997)是在论述市场环境的重要性时论及这一问题的。他认为，“所谓的公司治理，是指所有者对一个企业的经营管理和业绩进行监督和控制的一整套制度安排”，并随后引用了米勒(1995)的定义作为佐证，他还指出，人们通常所关注或定义的公司治理，实际指的是公司的内部治理。

李维安和张维迎都认为公司治理(或公司治理结构)有广义和狭义之分。张维迎(1999)的观点是，狭义的公司治理是指有关公司董事会的功能与结构、股东的权力等方面的制度安排；广义的公司治理是指有关公司控制权和剩余索取权分配的一整套法律、文化和制度性安排，这些安排决定公司的目标、谁在什么状态下实施控制、如何控制、风险和收益如何在不同企业成员之间分配这样一些问题，并认为广义的公司治理是企业所有权安排的具体化。李维安(2000)认为，狭义的公司治理是指所有者(主要是股东)对经营者的一种监督与制衡机制，其主要特点是通过股东大会、董事会、监事会及管理层所构成的公司治理结构的内部治理；广义的公司治理则是通过一套包括正式或非正式的内部或外部的制度或机制来协调公司与所有利益相关者(股东、债权人、供应者、雇员、政府、社区)之间的利益关系。

综上所述，结合创业企业的自身特点，本书对创业企业公司治理的定义可概括如下：创业企业公司治理是创业投资者对创业经营者的监督，其目标是保证股东利益的最大化，防止创业经营者对创业投资者利益的背离，主要通过股东大会、董事会、经理层所构成的公司治理结构进行内部管理。

### 11.1.2 创业企业公司治理的理论基础

**1. 代理理论**

代理理论最初是由简森和梅克林于 1976 年提出的。根据代理理论，向高层管理者分配控制权与公司所有者的激励目标是一致的。代理理论在对创业企业公司治理的研究中有广泛的应用。奥瑞兹等认为，在战略创业的情境中研究代理理论具有特殊的意义。并且，如果从公司内部个体层面来分析战略创业的理论结构，代理理论可应用于战略创业的发展和进步等方面的研究。马尔克曼、巴尔金等运用代理理论提出，有效的治理系统能够帮助创业家和投资者在双方的利益关系上达到最好的平衡，并且建立了一个融合公司治理和创新的框架。

**2. 社会网络理论**

社会网络理论是由美国社会学家伯特在格兰诺维特等研究的基础上提出来的。社会网络理论指出，创业企业可通过网络关系从外部获取企业所需的关键资源。目前，基于社会网络理论的研究特别关注现有的各种网络关系如何影响企业行为。格兰诺维特认为，个人的社会网络或个人所处的各种社会关系将会限制其行为。克莱瑞斯等应用社会网络理论提出，创业企业董事会成员更可能从现有的社会网络中聘用，而不是单纯从一个人是否拥有对企业起补充作用的人力或者社会资本来判断。

**3. 资源依赖理论**

资源依赖理论萌芽于 20 世纪 40 年代，在 20 世纪 70 年代以后被广泛应用到组织关系的研究中。资源依赖理论将组织视为一个开放的系统，强调组织的生存需要从周围环境中吸取资源，应与周围环境相互依存、相互作用。韦本嘉认为，复杂的控制系统更有效地利用风险投资提供的资源，使企业在创业期能够更快地成长和扩张。风险投资的服务活动不但对创业企业复杂控制系统产生影响，而且还调节了这些系统对创业企业财务业绩的影响。

### 11.1.3 创业企业公司治理结构

公司治理结构在创业企业成长过程中是不断演变的，创业企业在不同的生命周期具有不同的使命与任务。公司治理结构在创业企业的发展中不是固定不变的，作为企业目标的一种实现手段，它应随创业企业生命周期的不同而改变。

由于创业企业成熟期的公司管理趋于正规化，因而本书将对成熟期的创业企业公司治理结构内容进行简单介绍。成熟期的创业企业公司治理结构由股东大会、董事会和管理层组成，决定公司内部决策过程和利益相关者参与公司治理，其主要作用在于协调公司内部不同产权主体之间的经济利益矛盾，克服或减少代理成本。

**1. 股东、股东大会和股权结构**

1) 股东

公司的成立取决于股东的出资。股东是公司的出资人，是公司中持有股份的人，他们因出资、继承、接受赠与而取得公司股份，并对公司享有权利和承担义务。股东是公司存在的基础，是公司的核心要素，没有股东，就不可能有公司。股东在公司治理中具有十分重要的作用。

2) 股东大会

股东大会由全体股东组成，是公司的最高权力机构，股东治理的作用也主要通过年度股东大会或股东特别会议来加以实现。在这些会议上，股东们对公司经营决策、投资计划、债务发行、兼并等重大决策进行表决，同时，股东们也参与董事会的选举，并有权检查和审批董事会做出的年度报告、红利政策和下年度预算等。从实际情况和各国公司法规定的情况来看，股东大会一般包括以下几种类型。

(1) 法定大会

凡是公开招股的股份公司，从它开始营业之日算起，一般规定在最短不少于1个月，最长不超过3个月的时间内举行一次公司全体股东大会。会议主要任务是审查公司董事在开会之前14天向公司各股东提出的法定报告，目的在于让所有股东了解和掌握公司的全部概况以及进行重要业务是否具有牢固的基础。

(2) 年度大会

股东大会定期会议又称为股东大会年会，一般每年召开一次，通常是在每一会计年度终结的6个月内召开。由于定期召开年度股东大会大都为法律所强制，所以世界各国一般不对该会议的召集条件做出具体规定。年度大会内容包括选举董事、变更公司章程、宣布股息、讨论增加或者减少公司资本、审查董事会提出的营业报告，等等。

(3) 临时大会

股东大会临时会议通常是由于发生了涉及公司及股东利益的重大事项，无法等到股东大会年会召开而临时召集的股东会议。我国《公司法》第101条规定了临时股东大会的召开条件：董事人数不足本法规定的人数或者公司章程所定人数的2/3时；公司未弥补的亏损达股本总额的1/3时；持有公司股份10%以上的股东请求时；董事会认为必要时；监事会提议召开时；公司章程规定的其他情形。

除了上述三种大会外，还有特别股东会议。这种会议一般是因为章程的变更而有损于特别优先股股东的权益才予以召开的。

3) 股权结构

股权结构是指股份公司总股本中,不同性质的股份所占的比例及其相互关系。股权结构是公司治理结构的基础,公司治理结构则是股权结构的具体运行形式。不同的股权结构决定了不同的企业组织结构,从而决定了不同的企业治理结构,最终决定了企业的行为和业绩。

一般而言,创业企业初期的股权分配比较明确,结构比较单一,几个投资人按照出资多少分得相应的股权。但是,随着企业的发展,股东人数有增有减,在分配上会产生种种利益冲突。在处理各种利益矛盾时,股东维护自身利益的重要依据就是自己所占的股权比例。就股权集中度而言,股权结构有以下三种类型。

(1) 股权高度集中

企业中存在绝对控股股东,对公司拥有绝对控制权,一般拥有公司股份的50%以上。这种类型的股权结构有利于快速决策,提高企业的反应速度,但容易产生一股独大,不能真正做到集思广益,容易侵犯中小股东的利益。

(2) 股权高度分散

公司中没有大股东,所有权与经营权基本完全分离,单个股东所持股份的比例在10%以下。这种类型的股权结构有利于产生权力制衡,有利于民主决策,能够在一定程度上保护小股东的利益,但企业反应速度慢,股东普遍存在“搭便车”的动机,在重大事项决策时可能会做出错误的选择。

(3) 存在相对控股股东

企业拥有较大的相对控股股东,同时还拥有其他大股东,所持股份比例在10%~50%。从现有研究成果来看,这种类型的股权结构比较适合我国的实际情况,原因如下:一方面可以提高公司治理效率,另一方面可以有效监督控股股东对中小股东权益的侵害。

4) 创业企业的股权结构

创业企业在发展过程中会引入天使投资、风险投资(VC)来融资,而且还可能多次引入风险投资。此外,创业企业还需要为管理团队设置期权池。因此,创始人的股权会不断被稀释。天使投资和风险投资通常以股票上市或并购的方式退出,但无论以何种方式退出,其股权的退出价值都会受到很多不可预计的因素影响,从而影响创始人的股权价值。但是,创始人的股权比例却可以在一定程度上进行预测,如还需要几轮融资、每轮融资会稀释多少股份等。创始人要做的,就是尽量让自己的股权被稀释的少一些。

根据我国有关法律法规的规定,当股东拥有50%以上的股份时,其对公司拥有绝对控制权;当股东拥有公司1/3以上的股份时,其对公司拥有重大事项的否决权。例如,《公司法》规定,股东大会做出修改公司章程、增加或者减少注册资本的决议,以及公司合并、分立、解散或者变更公司形式的决议,必须经代表2/3以上表决权的股东通过。

因此,创始人对股权比例的第一目标是尽可能拥有绝对控制权,在不能拥有绝对控制权时,就要尽可能地取得对公司重大事项的否决权。对此,创始人可以制作一个

Excel 表格，对公司每轮融资时的股权变化进行预测，估计自己股权可能被稀释的程度。

**2. 董事、董事会和独立董事**

1) 董事

董事是指由公司股东大会选举产生的具有实际权力和权威的管理公司事务的人员，是公司内部治理的主要力量，对内管理公司事务，对外代表公司进行经济活动。自然人和法人都可以担任董事职务，不过法人充当公司董事时，即一家公司作为另一家公司的董事时，应指定一名有行为能力的自然人作为代理人。

股份有限公司的董事由股东大会选举产生，可以由股东或非股东担任，通常分为执行董事（常务董事）和非执行董事两种。一般来说，执行董事是那些全职负责公司管理的人，如总经理、常务副总经理等。董事会成员中至少有一人担任执行董事，负有积极地履行董事会职能的责任或指定的职能责任。非执行董事，亦称外聘董事，是那些从外部引进的有丰富经验的专家、学者等，他们使公司的决策基于更加客观的视角。

董事的任期一般都是在公司章程中给予规定，有定期和不定期两种。定期是指把董事的任期限制在一定的时间内，但每届任期不得超过 3 年。不定期是指从任期那天算起，满 3 年改选，但可连选连任。董事被解聘的原因有任期届满而未能连任，违反股东大会决议，股份转让，本人辞职，其他如因解散或董事死亡、公司破产、董事丧失行为能力等。

2) 董事会

董事会是依照有关法律、行政法规和政策规定，按公司或企业章程设立并由全体董事组成的业务执行机关，其代表者称为董事长或董事会主席。董事会具有如下特征：董事会是股东会或企业职工股东大会这一权力机关的业务执行机关，负责公司或企业和业务经营活动的指挥与管理，对公司股东会或企业职工股东大会负责并报告工作。股东会或职工股东大会所做的关于公司或企业重大事项的决定，董事会必须执行。

我国法律分别对有限责任公司和股份有限公司的董事人数做出了规定。《公司法》第 45 条规定，有限责任公司设董事会，其成员为 3～13 人。《公司法》第 51 条规定，有限责任公司股东人数较少或规模较小的，可以设一名执行董事，不设董事会。《公司法》第 109 条规定，股份有限公司应一律设立董事会，其成员为 5～19 人。也就是说，设立董事会的有限责任公司至少要有 3 名董事，而股份有限公司至少要有 5 名董事，但这并不是世界范围内通行的版本。在开曼群岛、英属维尔京群岛以及美国的许多州（如特拉华州），其法律允许公司只设 1 名董事。

3) 独立董事

独立董事是指独立于公司股东且不在公司内部任职，与公司或公司经营管理者没有重要的业务联系或专业联系，对公司事务做出独立判断的董事。

独立董事最根本的特征是独立性和专业性。其中，独立性是独立董事的灵魂，是独立董事的价值所在。独立董事对上市公司及全体股东负有诚信与勤勉义务。独立董事应当按照相关法律法规、证监会的《关于在上市公司建立独立董事制度的指导意见》和公司章程的要求，认真履行职责，保护公司整体利益，尤其要关注小股东和其他公司利害关系人的合法权益不受侵害。独立董事应当独立履行职责，不受上市公司主要股东、实际控制人或者其他与上市公司存在利害关系的单位或个人的影响。

独立董事原则上最多在 5 家上市公司兼任独立董事，并确保有充裕的时间和精力有效地履行独立董事的职责。独立董事每届任期与该公司其他董事任期相同，任期届满，连选可以连任，但是连任时间不得超过 6 年。

4) 创业企业董事会

在创业天堂——美国硅谷流行着这样一句话：好的董事会不一定能成就好公司，但一个糟糕的董事会一定能毁掉公司。创业者在引入天使投资和风险投资等外部投资者时必须关注董事会条款，并不是说通过董事会就能创造出伟大的公司，但一定要防止组建一个糟糕的董事会，使创始人失去对公司运营的控制权。一个合理的董事会应该保持创始人、投资人（创始人以外的外部投资人）以及外部独立董事之间合理的权力制衡，为公司所有股东创造财富。

创业企业董事会席位对 A 轮（即首轮）融资的公司来说，应考虑到董事会的效率以及后续融资会带来的董事会的扩容，理想的董事会人数为 3～5 人。通常在 A 轮融资完成以后，创始人还拥有公司的绝大部分所有权，因此，创始人（普通股股东）应该占有大部分的董事会席位。

假设在 A 轮融资完成以后，创始人股东持有公司大约 60％的股份，如果 A 轮有两个投资人，那么董事会的构成就应该是

3 个创始人股东＋2 个投资人＝5 个董事会成员

如果 A 轮只有 1 个投资人，那么董事会的构成应该就是

2 个创始人股东＋1 个投资人＝3 个董事会成员

不管是以上哪一种情况，创始人股东都应该按简单多数的方式选举出他们的董事。

在融资谈判中，创始人需要明确和坚持以下两点：① 公司董事会的组成方式应该根据公司的所有权来决定；② 投资人的利益由投资协议书中的“保护性条款”来保障。董事会应保障公司全体股东的利益，既包括优先股股东也包括创始人股东。

具体而言，单一创始人的董事会构成为 1 个创始人席位、1 个 A 轮投资人席位、1 个由创始人提名且董事会一致同意并批准的独立董事。多个创始人的董事会构成为 1 个创始人席位、1 个 CEO 席位、1 个 A 轮投资人席位、1 个由 CEO 提名且董事会一致同意并批准的独立董事。

5) 创业企业设立独立董事的情况

如果创业企业的条件很好，在 A 轮融资时，投资人会认可上述董事会安排。但是如果投资人不同意这种董事会结构，而创业者又希望得到他们的投资，就可以采用设立一个独立董事的方式构建偏向投资人的方案：

2 个创始人股东＋2 个投资人＋1 个独立董事＝5 个董事会成员

或

1个创始人股东+1个投资人+1个独立董事=3个董事会成员

此时,偏向投资人方案的董事会给予不同类型股份的股东相同的董事会席位,而不管他们的股份数量和股权比例。

如果最终签署的条款是以上方案,那么创业者要让投资人同意:在任何时候,增加1个新投资人席位(如B轮投资人),也要相应增加1个创始人席位。这样是为了防止在B轮融资后,投资人接管董事会。

投资人可能会推荐一个有头有脸的大人物做独立董事,而创业者通常是无法拒绝的。但是这个大人物跟VC的交往和业务关系通常会比创始人多,当然他更倾向于维护投资人的利益。这样,创始人股东在董事会上就将失去主导地位。解决这个困境的最简单的办法就是在融资之前就设立独立董事,至少也要选择一个创始人信任的、有信誉的人来做独立董事。如果融资之前,公司无法或没有设立独立董事,谈判时则要争取以下权利:①独立董事的选择要由董事会一致同意;②由创始人股东推荐独立董事。

如果公司有一个天使投资人,那么他会直接进入董事会;如果公司有几个天使投资人,那么投资额最大的天使投资人才能进入董事会。但是在这些情况下,公司的大部分股权还控制在创始人手上,创始人也应该占据董事会中的多数席位。此时,创业者可能比VC投资后有更多的余地来引入外部专业人士,从而给董事会带来一些专业知识、对外联络或者其他方面的增值业务。

实践证明,最佳的创业企业独立董事,应该是那些还不能称之为行业精英的人。这些人愿意做创业企业的董事,通常是因为他们年纪大了或比创业者拥有更多的经验,并且愿意指导创业者;或者是他们有眼光、相信业务的前景;或者是有其他的原因让他们愿意关注创业者并且付出时间和精力去帮助创业者。那些真正能够提供帮助的人才是创业者希望得到的,这就需要创业者用智慧去挑选合适的独立董事。

**3. 设立CEO**

首席执行官(简称CEO)是在一个企业中负责日常事务的最高行政官员,又称行政总裁、总经理或最高执行长。在国外,CEO是在公司法人治理结构已建立并运转成熟的基础上出现的。20世纪80年代以来,随着跨国公司全球业务的拓展,企业内部的信息交流日渐繁忙。由于决策层和执行层之间存在的信息传递阻滞和沟通障碍,影响了经理层对企业重大决策的快速反应和执行能力,一些企业开始对传统的“董事会—董事长—总经理”式的公司治理结构进行变革,CEO就是这种变革的产物之一,它的出现在某种意义上代表着原来董事会手中的一些决策权过渡到原有经营层手中。

CEO向公司的董事会负责,而且往往就是董事会的成员之一,在公司或组织内部拥有最终的执行权力。在比较小的企业中,CEO可能同时又是董事会主席和公司的总裁;但在大企业中,这些职务往往是由不同的人担任的,这样既可以避免个人在企业中扮演过大的角色、拥有过多的权力,同时也可以避免公司本身与公司股东之间发生利益冲突。

创业企业的投资人通常会要求公司的CEO占据一个董事会的创始人席位;在公司融资时,创始人股东通常担任CEO。但创业者要关注投资协议书中的这项条款,因为公司一旦更换 CEO，新的 CEO 将会在董事会中占据一个普通股席位。假如这个 CEO 同投资人的利益一致，那么这种"CEO＋投资人"的联盟将会控制董事会。因为 CEO 也是一名职业经理人，通常他与 VC 合作的机会远比与创业企业合作的机会多。VC 通常会向有前景的公司推荐 CEO，还会让这名 CEO 共同参与公司的投资。"CEO＋投资人"联盟可能会给公司、公司创始人和员工带来伤害。例如，某公司需要募集 B 轮（即第二轮）融资，但在投资人的授意下，CEO 并不积极全力运作，导致公司无法从其他渠道融资，而只能从当前的投资人那里以很低的价格获得 B 轮融资。这样做的结果是，投资人在公司估值较低的时候注入更多资本，获得更多股份。几个月后，CEO 也按照市场行情获得了"合理数额"的股份，但创始人和员工的股份比例却被稀释了。

在融资谈判中，创始人还需要明确的是，尽管 CEO 持有的也是普通股，但新的 CEO 很可能会同投资人联盟，CEO 席位事实上对投资人更为有利。

## 11.2 创业企业激励

20 世纪 50 年代以来，在马斯洛（A. H. Maslow）、阿特金森（J. W. Atkinson）、麦克莱兰（Dayid McClelland）、赫兹伯格（F. Herzberg）、弗鲁姆（V. Vroom）、洛克（E. A. Locke）、凯利（Kelley）和魏纳（Weiner）等诸多学者的研究与发展下，管理激励理论日益丰富。在现代知识经济背景下，创业企业构建整体激励的框架显得尤为重要。

### 11.2.1 创业企业激励的含义

"激励"一词来源于心理学，心理学家认为，人的一切行动都是由某种动机引起的，动机是人类的一种精神状态，它对人的行动起激发、推动和加强的作用，因此称之为激励。心理学认为，激励就是持续激发人的行为动机的心理过程。

斯蒂芬·P. 罗宾斯（Stephen P. Robbins）认为，激励是通过高水平的努力实现组织目标的意愿，而这种努力以能够满足个体的某些需要为条件。

哈罗德·孔茨（Harold Koontz）认为，激励包括激发和约束两个方面的含义，奖励和惩罚是两种最基本的激励措施。激励的两方面含义是对立统一的，激发导致一种行为的发生，约束则是对所激发的行为加以规范，使其符合一定的方向，并限制在一定的时空范围内。

美国德州农工大学劳里·梅斯（Lowry Mays）学院和商学研究生院的管理学教授加雷斯·琼斯（Gareth Jones）指出；激励是一个基本的心理过程，它决定组织中个人行为方向、个人努力程度和个人在困难面前的毅力。

美国管理学家贝雷尔森（Berelson）和斯坦尼尔（Steiner）给激励下了如下定义："一切内心要争取的条件、希望、愿望、动力等都构成了对人的激励。……它是人类活动的一种内心状态。"

综上所述,创业企业激励可以概括为创业企业为了特定目标而去影响员工的需要并规范员工的行为,使员工自觉地为该特定目标做出行为的持续反复过程。通俗地讲,就是激发人的内在潜力,开发人的发展能力,调动人的积极性和创造性,进而实现创业企业的特定目标。

### 11.2.2 创业企业的层级激励

任何一个组织都包含若干层级,不同的层级目标任务不同,人员情况差异明显,信息占有量不同,关注的领域亦各自有别,因此采取激励的方式和手段应有所不同,才会达到较理想的激励效果。创业企业的层级激励包括对风险投资者的激励、对创业者的激励、对关键技术人员和研发人员的激励及对普通员工的激励四个层次。

**1. 对风险投资者的激励**

在风险企业中,对风险投资者的激励非常重要,因为如果风险投资激励不足,风险投资者有可能减少追加投资或者退出等。风险投资者退出机制设计是对风险投资者激励的有效途径。

退出的激励机制源于退出收益的经济激励。风险投资不同退出方法的收益有较大差别,但是良好的经营业绩是获取高额退出收益的必要条件。以2000年美国NASDAQ上市标准为例,申请上市风险企业净有形资产最低标准为600万美元,前一年税前收益应达到100万美元。由于有限合伙制的利润分享机制,风险投资的退出实现了风险投资者个人利益最大化与风险企业股东利益最大化之间的统一,对个人利益的追求激励着风险投资者追求股东利益最大化。

**2. 对创业者的激励**

对创业者的激励,目的在于使创业者保持持久的创业冲动。这种激励的动力主要来自于外部竞争企业自上而下的压力和创业团队内部自下而上的推力。激励的方式主要包括自我激励、可中断分期投资策略激励、个人股权激励、经理人市场激励等。

1) 自我激励

创业者首先要自我激励。俗话说得好:“吃得苦中苦,方为人上人。”在创业的过程中,创业者不可能一帆风顺,但是半途而废,却是一个创业者最大的忌讳。在创业的过程中,创业者需要做到以下几个方面才能更好地激励自己。

(1) 树立远景

树立远景是创业者自我激励的第一步。远景必须即刻着手建立,而不要向后拖延。创业者可以随时按自身的想法做出某些改变,但不能一刻没有远景。

(2) 离开舒适区

离开舒适区,不断寻求挑战,激励自己。创业者应提醒自己,不要躺倒在舒适区。舒适区只是避风港,不是安乐窝。对于创业者来说,它只是自己准备迎接下次挑战之前可以放松和恢复元气的地方。

(3) 慎重择友

就创业者来说,对于那些不支持其远景目标的“朋友”要敬而远之,应去结交那些希望自己快乐和成功的人，只有这样才能在人生的路上获得更多益处。因此，同乐观的人为伴能让创业者看到更多的人生希望。

(4) 正视危机

危机能激发创业者的潜能。无视危机的创业者往往会愚蠢地设计各种舒适的生活方式，使自己生活的风平浪静。当然，创业者不必坐等危机或悲剧的到来，从内心挑战自我是生命力的源泉。圣女贞德曾说过："所有战斗的胜负首先在自我的心里见分晓。"

(5) 精工细笔

创造自我，如描绘一幅巨作，不要怕精工细笔。如果创业者把自己当作一幅正在创作中的杰作，他们就会乐于从细微处做改变。总之，无论多么小的变化，对创业者来说都极为重要。

(6) 敢于犯错

人们感到自己"状态不佳"或精力不足时，往往会把必须要做的事暂时放在一边或静等灵感的降临。创业者在创业过程中却不能如此，要多给自己一点自嘲式幽默，不要怕犯错，抱着一种打趣的心情来对待自己做不好的事情，一旦做起来就一定会乐在其中。

(7) 加强排演

在创业过程中，创业者应事先"排演"一场比自身要面对的局面更复杂的战斗。这样，就可以开辟出一条成功之路。成功的真谛是"对自己越苛刻，生活对你越宽容；对自己越宽容，生活对你越苛刻"。

(8) 迎接恐惧

世上最秘而不宣的体验是，战胜恐惧后迎来的是某种安全有益的东西。在创业过程中，创业者不能一味避开恐惧，而是要努力克服，哪怕克服的是小小的恐惧，也会增强自己对于创造新生活的信心。

(9) 把握好情绪

人在开心的时候，体内就会发生奇妙的变化，从而获得新的动力和力量。但是，不要总想在自身之外寻开心，创业者应找出自身的情绪高涨期，用它来不断激励自己。

创业之路上，创业者必然会遇到许多的艰难险阻，这时，保持前进的动力是十分必要的。学会激励自己，不断给自己打气，只有这样才有前进的动力。

2) 可中断分期投资策略激励

可中断分期投资策略是对创业者的一个重要激励机制。在风险投资方可中断分期投资策略的威胁下，创业者为了从风险投资方获得生存发展所必需的后续投资，必须提高公司的运营效率，改善公司的经营管理。他们中的成功者将从风险投资方获得企业发展所必需的追加投资，从而发挥出可中断分期投资策略对创业者的激励作用，形成对创业者的激励机制。

分期投资策略在苹果电脑公司和联邦快递的案例中得到了充分体现。对苹果电脑公司的风险投资分为3期：第一期发生于1978年1月，以每股9美分的价格投入了51.8万美元；第二期发生于1978年9月，以每股28美分的价格投入了70.4万美元；第三期发生于1980年12月，以每股97美分的价格投入了233.1万美元。对联邦快递公司的风险投资也分为3期：第一期发生于1973年9月，以每股204.17美元的价格投入了1 225万美元；第二期发生于1974年3月，以每股7.34美元的价格投入了640万美元；第三期发生于1974年9月，以每股63美分的价格投入了388万美元。有趣的是在两个分期投资的案例中，投资的股票价格一个随着企业价值的增长而提高（这是符合投资规律的），另一个却随着企业的价值增长而降低（这多少令人费解）。经有关专家介绍，这主要是因为风险投资的股票定价参考股票的市场价格，在对联邦快递投资的过程中，正好遇上股票市场价格"大跳水"，所以对联邦快递投资时股票作价越来越低。

3）个人股权激励

创业者要为新创企业付出自己的努力，要在新创企业成长过程中承担风险，要经受创业过程中的磨难、痛苦或欢乐。当然，也会为新创企业的成长做出自己的贡献。因此，无论创业者是否在新创企业中投入了资金、技术或实物资源，都应在新创企业中占有一定的股权。

对于那些直接投入了资金、技术或实物资源的创业者，可以直接给予股份，而对于那些付出了管理、经营、研发努力的创业者，可以直接给予所谓的干股或期权，以期权将创业者与新创企业的成长紧紧地捆扎在一起，对新创企业的成长无疑是有利的。例如，联想集团改制过程中的做法就产生了比较好的效果。1994年底，联想集团明确了中科院代表国家持有65%的股权，联想职工只有35%的股权，其中高层管理者获得了相当的职工股，大大调动了创业者的积极性。

4）经理人市场激励

在业主制企业、合伙制企业和创业者自己担任高层经理的公司制企业中，创业者就是新创企业的经营者。如果创业者作为经理人在某个企业干砸了，他要想在经理人圈子中恢复名声或接手另一个企业，恐怕就有一定的难度了。可见，作为经理或经理阶层的一员，干好一个企业，特别是新创一个企业并使之一步步由小变大、由弱变强，对于创业者是相当难得的激励。

**3. 对关键技术人员和研发人员的激励**

企业技术创新主体的关键技术人员和研发人员（以下简称技研人员）属于典型的知识型员工，其本质特征是拥有企业发展所需要的技术创新知识和创新精神，这种技术创新知识和创新精神与创业的其他资源相结合，能够转化为具有市场价值的产品和服务，为企业带来利润和市场。创业企业必须关注技研人员的激励问题，而激励的目的则在于形成和强化新创企业技研人员的团队精神和意识。

（1）*薪酬激励*

所谓薪酬激励，就是要给技研人员适当的高额报酬，使他们获得的报酬与为创业企业成长所做的贡献相称。在薪酬激励过程中，应把思维创新及有实效的行为作为重要奖励因素，以调动技研人员的创新意识，鼓励技研人员的创新行为。技研人员的工作相关性较大，技术创新过程又不便于监督，为防止技术创新中的欺诈行为，创业企业要打破预算平衡以激励研发人员。企业通过薪酬奖励调动技研人员工作积极性时，不能把奖金与工薪放在一起。工薪由企业统一发放以维持生计；奖金由创业者对技研人员进行业绩评价后，按技术创新进展情况和个人的贡献率分配，以此加强薪酬激励的公平性。

国外有人对影响技研人员工作效率的80项激励方式进行了研究，得出以金钱作为激励手段使工作效率提高程度最大，达到30%，其他激励方式仅能提高8%～16%。在我国，目前利用薪酬激励技研人员，其效果会更显著。

(2) 期权激励

对于创业企业来说，采用期权激励的方法来实现对技研人员的持续激励是一种基本发展趋势。技研人员是人力资本，资本所获取的是它所创造的价值，期权激励真正体现了人力资本与物质资本一同参与企业剩余分配的原则。期权激励还体现了创业企业对技研人员拥有的异质性知识的承认与重视，使技研人员长期利益及其知识的市场价值与企业的长期发展紧密联系起来，因此，具有良好的自我激励效果。例如，东方博远公司创立初期，技研团队就签署了协议，明确了每个团队成员的名义股份以及按服务时间逐步释放的原则，其中技术总监名义股份为10%，这些股份应该在工作3年、发挥相应作用之后才能够得到。由于期权激励工具对激励对象利益的兑现都附带有服务期的限制，这种做法能较好地实现对技研团队成员的持续激励，对于稳定创业企业技研团队的作用也就比较明显。

(3) 情感激励

情感激励就是加强创业者与技研人员的感情沟通，尊重技研人员，使之始终保持良好的情绪和高昂的工作热情。知识型员工大都受过良好的教育，受尊重的需求相对较高，尤其对于技研人员，他们自认为对创业企业的贡献较大，更加渴望被尊重。创业者应该多与他们沟通，征求他们的意见，让他们参与企业的决策讨论，以增强他们的被认同感和对企业的依赖感。一个生日蛋糕，一件小小的礼物，带来的可能是人才的聚拢和企业的收益。

(4) 位置激励

在知识经济时代，创业者具有良好的进取精神，技研人员又通常是高级知识分子群体，他们不仅仅为追求经济利益而进行创业活动，也为了得到成就感以及权力和地位上的满足。从技研团队的生命周期来看，团队发展到追逐权力的阶段时，团队冲突会增加，矛盾会加剧，团队效率也会降低，部分核心成员可能选择离开团队，许多团队在“争权夺利”这个阶段就停止了发展。对于新创企业来说，此时的生存和发展可能会面临重大危机。如何突破这个瓶颈，实现团队自我超越，是技研团队建设应考虑的关键问题。因此，随着新创企业的发展，创业者要注重权力和地位的激励机制，将技研人员的工作成效和职业生涯发展、地位提升有效地结合起来，建立并维护好技研团队的运作原则，使团队成员之间相互尊重和信任，能够倾听彼此的意见。基于不同的工作情景和分工，技研团队成员应该可以共享领导角色，在各自的领域中发挥领导作用。

#### 4. 对普通员工的激励

创业企业启动之后，创业者的注意力应转移到创业企业的管理上，其中对普通员工进行有效激励就是重要内容。在这里，普通员工包括一般管理人员（职能部门工作人员）、销售人员、生产一线人员等。

在新创企业中，对普通员工激励的目的在于诱导所有员工形成“企业长，我也长，我与企业共存亡”的意识，汇聚成成企业的整体行动力，使所有员工都投入到创业者推动的创业活动之中，为实现创业目标而努力。创业企业对普通员工的激励应该以共同愿景为核心，从薪酬管理策略、分权策略、员工满足感等方面着手。

(1) 共同愿景

共同愿景是创业企业全体成员共同愿望的景象，指引着创业企业前进的方向。创业企业短时期内是处于落后地位的，它的发展着眼于未来，因此构建创业企业未来的愿景十分重要。首先，创业企业要立足于现状，分析企业所拥有的资源，制订切实可行的、具有战略高度的发展规划，并用其来指导企业的生产和运营。其次，创业企业要通过一定的方式将愿景准确地表述出来，使所有的员工对其有全面、深刻的认识和体会，并深入人心。最后，创业企业要采取积极的措施和行为，促进共同愿景的实现，使员工增强对创业企业未来发展的信心，进而愿意牺牲自身短期的利益。总的来说，一个美好并且可行的共同愿景能够为创业企业带来强大的凝聚力和感召力，增强员工的组织承诺度，使其为了组织未来目标的实现而“不必扬鞭自奋蹄”，从而达到显著的激励作用。当然，共同愿景只是激励体制中的核心，它还必须有以下激励措施的支撑。

(2) 薪酬管理策略

虽然现在员工的需求越来越呈现多样化和个性化，但是薪酬待遇在员工选择企业时仍然起着举足轻重的作用，特别是对于那些个人经济状况不是很好的员工。创业企业要想在薪酬管理方面激励员工，可以考虑从以下几方面做起：在短期内为员工提供水平相对较低的薪酬水平，以确保有足够的资金来维持和发展生产；同时可以实行奖金制度，奖金和员工的业绩相挂钩，增大对员工的激励，但是奖金的额度要根据创业企业的实际经营状况进行控制，并及时地进行调整。最关键的是，在薪酬管理方面要让员工和创业企业共担风险，共同分享创业企业未来的成功，比如实行股票期权制度等，虽然员工短期内的酬薪水平相对不高，但是如果努力工作帮助企业实现战略目标，就能在较长的时期内获得较高的收入。

(3) 分权策略

麦克米兰的需要理论指出，权力对于很多员工来说是一种重要的需求，即员工希望更多地支配和控制相关资源，而自身受到较少的约束。企业过度的分权容易引发组织危机，给企业的稳定带来威胁；但是适当的分权能够更好地激发员工的自主性和创造性，某些情况下也能提高工作效率，减少资源浪费。创业企业组织结构往往比较精简，员工人数不多，企业可以考虑赋予某些员工一定的权力，激励他们为企业更多地奉献。特别是那些业务能力强，在将来有可能成为企业骨干的员工，赋予一定的权力不仅可以激发其更好地完成工作，而且这也是培养领导能力和管理能力的一个重要途径，以保证创业企业在发展壮大的过程中所需要的管理人才得到满足。然而，分权的尺度要进行科学的把握，一方面要确保员工围绕着创业企业战略目标的实施行使权力，不脱离创业企业的发展规划；另一方面赋予权力时要谨慎、公正，避免引起其他员工的不公平感和失落感，从而影响整个组织的凝聚力。

(4) 员工满足感

创业企业往往没有优厚的现实条件，优势在于良好的发展前景，虽然员工难以得到很好的客观工作环境和待遇，但是创业企业仍然应该从其他方面加以考虑，增强员工在工作过程中的满足感：第一，创业企业规模较小，要营造融洽的工作氛围，让每个员工在组织中得到应有的尊重，拥有良好的人际关系。第二，创业企业要通过岗位再设计、工作轮换等手段，实现人岗匹配、人尽其才，特别是对那些有创造力的员工，要多赋予他们一些具有挑战性的工作，增强他们的工作成就感。第三，创业企业的领导和管理者要和员工进行充分的接触和沟通，多关心员工的工作和生活情况，帮助其解决一些难题，增加员工对企业的好感和信任，使员工感觉到自己在组织中受到尊重和重视，从而使自己的行为和组织的目标趋于一致，更好地发挥积极性和创造性。

### 11.2.3 创业企业的产权激励

经济学认为，产权是指消费某些资产并从这些资产中取得收入和让渡这些资产的权利或权力的总和。由于产权合约是企业合约中的最高合约，这一合约的受益人是受法律保护的企业终极所有者，在现代经济活动中，产权合约正被广泛地运用于对企业管理层和操作层的激励。因此，产权激励是最具激励效应的途径和手段，是长期激励的一种有效形式。创业企业的产权激励包括对创业者的产权激励、对创业企业家的产权激励、对关键技术人员和研发人员的产权激励和对普通员工的产权激励四个层次。

**1. 对创业者的产权激励**

创业者在企业投入了资源，自然应在企业中占有股份。在业主制下，创业者将占有100%的资产。在合伙制和公司制下，创业者将按照自己的投资比例在企业中占有股份。无论是占有100%的资产，还是占有部分股份，创业者都应拥有企业的剩余控制权和剩余索取权。

**2. 对创业企业家的产权激励**

在创业企业家不是新创企业所有者的情况下，创业企业家应该得到一定程度的剩余索取权。这里，股票期权被公认为是可行的产权安排。股票期权是与企业内部激励联系在一起的。一般而言，股票期权制度可使创业企业家在企业存续期内与企业所有者利益共享与风险共担，且会使利益共享与风险共担制度化、长期化。例如，在我国香港，部分公司高层管理者通常可以以“折让价”得到一批该公司的股份或认股权，若公司的经营状况理想，股价自然上升，持股的管理者通过抛售股份就可以得到可观的收益。

**3. 对关键技术人员和研发人员的产权激励**

在高新技术企业中，科技人员是新创企业的关键人员，对他们的技术创新成果进行产权激励十分重要。因为高新技术企业的发展在很大程度上依赖这些关键技术人员和研发人员的努力，以及因此而形成的技术创新成果。如果对关键技术人员和研发人员的技术创新成果激励不当，势必对企业产生颠覆性的打击；反之，如果对他们的技术创新成果的产权激励得当，则必然会促进企业的发展。

技术创新成果的所有者、劳动者都应当拥有技术创新成果和劳动力等生产要素的权利，只有这样才能充分调动和激发技术创新的智慧和积极性。产权规定了技术创新成果的所有关系，这自然使产权激励成为技术创新的一项重要制度。产权的明确界定及结构优化对资源配置的效率具有不可替代的重要作用，技术创新在这样一种制度氛围中会获得强大的激励，因此，产权的确定是最经济有效又持久的技术创新激励手段。换个角度来说，技术创新动力产生的最主要的原因是主体追求超额利润的动机及由此产生的行为力量。因此，技术创新激励体系中最主要的也是利益激励，而产权与利益直接挂钩，可以运用产权进行利益激励。

在市场经济条件下，技术创新产权的最终实现要依靠市场机制。从产权结构和基本属性分析，技术创新产权是和市场机制紧密联系的，因为权能的每一部分和市场机制都是相关联的，技术创新产权的基本属性也意味着技术创新产权的实现，必须依附于一定的产权市场。技术创新产权市场的形成、发展、规范，是技术创新产权得以实现的先决条件，培育产权市场才能真正实现技术创新产权。

**4. 对普通员工的产权激励——员工持股计划(ESOP)**

员工持股计划实质是一种针对普通员工的产权激励方式，是指由公司内部员工出资认购本公司的股份，委托某一法人机构(员工持股管理委员会)托管运作，集中管理，该法人机构代表员工进入董事会参与公司治理，并按股份享受公司利润分配的新型产权组织形式。

员工持股计划一般有非杠杆型的员工持股计划和杠杆型的员工持股计划两种类型。

非杠杆型的员工持股计划是指由公司每年向该计划贡献一定数额的公司股票或用于购买股票的现金。这个数额一般为参与者工资总额的15%，当这种类型的计划与现金购买退休金计划相结合时，贡献的数额比例可达到工资总额的25%。这种类型的计划要点如下：① 由公司每年向该计划提供股票或用于购买股票的现金，职工不需做任何支出；② 由员工持股信托基金会持有员工的股票，并定期向员工通报股票数额及其价值；③ 当员工退休或因故离开公司时，将根据一定年限的要求取得相应股票或现金。

杠杆型的员工持股计划主要是利用信贷杠杆来实现的。这种做法涉及职工持股计划基金会、公司、公司股东和贷款银行四个方面。首先，成立一个职工持股计划信托基金会，然后由公司担保，由该基金会出面，以实行职工持股计划为名向银行贷款购买公司股东手中的部分股票，购入的股票由信托基金会掌握，并利用因此分得的公司利润及由公司其他福利计划(如职工养老金计划等)中转来的资金归还银行贷款的利息和本金。随着贷款的归还，按事先确定的比例将股票逐步转入职工账户，贷款全部还清后，股票即全部归职工所有。这种类型的计划要点如下：① 银行贷款给公司，再由公司借款给员工持股信托基金会，或者由公司做担保，由银行直接贷款给员工持股信托基金会；② 信托基金会用借款从公司或现有的股票持有者手中购买股票;③ 公司每年向信托基金会提供一定的免税的贡献份额;④ 信托基金会每年从公司取得利润和其他资金,归还公司或银行的贷款;⑤ 当员工退休或离开公司时,按照一定条件取得股票或现金。

对创业企业来说,推行员工持股计划是极为必要的。员工持股计划,作为一种新的产权制度,自从在美国首先实行以后,迅速在世界其他国家得到广泛应用。

知识拓展

## 创业企业的期权池

### 一、期权池的含义

期权池(Option Pool)是在融资前为未来引进高级人才而预留的一部分股份,是初创企业实施股权激励计划普遍采用的形式。在欧美等国家,期权池被认为是驱动初创企业发展的关键要素之一。如果这部分股份不预留,在未来引进的高级人才要求股份时,则会稀释原来创业团队的股份。例如,如果创业企业融资前估值是600万,而风险投资(VC)400万,那么创业团队就有60%的股权,VC有40%的股权。如果VC要求期权池有20%的股份,而VC拥有投资后公司40%的股权,那么创业团队就只能拥有40%的股权。也就是说,现在的创业团队把自己20%的股权预留给了未来要引进的人才。

这里,期权与股权不同,股权代表所有权,期权代表的则是在特定的时间、以特定的价格购买特定所有权的权利,它可视作员工与公司之间关于股权买卖的一份合同。行权之后获得的股份即为普通股。

### 二、期权池的设置目的

(1) 在创业初期给不出高薪水的情况下吸引高级人才。

(2) 补偿管理层及骨干的创业风险。

(3) 给员工归属感,使员工与股东利益一致。

(4) 解决长期激励问题,留住人才。

### 三、期权池的设立额度

根据惯例,创业企业通常可以预留企业全部股份的10%～20%作为期权池,较大的期权池对员工和VC具有更强的吸引力。VC一般要求期权池在他进入前设立,并要求在他进入后达到一定比例。

通常,董事会有权在期权池规定的限额内决定期权发放的对象和数量,并决定行权价格,有时还可以由董事会直接授权给管理层来操作。由于每轮融资都会稀释期权池的股权比例，因此，在每次融资时，一般均调整（扩大）期权池，以不断吸引新的人才。

## 四、期权池的分配原则

（1）对创业企业发展越重要、投入程度越深的员工分配数额越多。

（2）越早加入创业企业的员工风险越大，行权价格越低；一般同一批入职员工的行权价格相同。

（3）以管理层和骨干员工为主，也有部分创业企业实施全员激励。

## 五、期权池合同

创业企业与员工签订期权池合同，一般应载明以下基本事项：

（1）期权对应的股份数额。

（2）行权价格。一般来说，企业A轮（即首轮）融资之前的行权价格都非常低，甚至有时是免费赠送；随着创业企业前景的不断明朗，行权价格也随之上升。定价的原则是与授予时的每股公允价值相对应，同时还要考虑对招聘人员的激励作用。

（3）期权计算的起始日，即开始授予期权的时间，一般是从员工入职当日起计算。

（4）授予的期限，即合同对应的全部期权到手的时间，一般为4年。期权通常按月授予，也就是说，每个月到手1/48（以4年为例），到手即意味着可以行权。

（5）最短生效期。一般设定只有员工在创业企业工作满一定时间，期权的承诺才开始生效，通常是1年。也就是说，如果员工在创业企业工作不满1年，离职时是不能行权的，而一旦工作满1年，则期权到手1/4，此后每个月另到手1/48，直至离职或全部期权到手。

（6）失效期限。员工离职后，必须在一定的时期内决定是否行使这个购买的权利，通常失效期限设定为180天。

期权池合同签订后，在行权时可能会出现以下两种情况：第一种是合同正常执行。此时，员工可按照合同约定的行权价格对已到手的期权行权，购买不超过到手总额的企业股权。员工只要不离职，该权利将一直有效。第二种是员工离职。若员工在达到最短生效期之后、IPO（首次公开发行股票）之前离职，则一般在期权合同中规定创业企业有权以约定价格回购该部分期权。具体可针对不同的离职原因制订不同的条款。回购价格理论上应为回购发生时的公允价值，但也可约定为其他价格，如每股净资产等。

此外，创业企业的股权如因融资、扩股、分红等原因发生变动，则应对期权的数额及行权价格做出相应调整，以使原有权利的价值不发生变化。调整的基本逻辑是期权的数量与行权价格反映的是期权被授予时而非行权时的价值。

创业企业如果被出售或控制权发生变动时，也需做好相应的约定。

## 六、期权池的中国特色

由于我国《公司法》规定，公司股权必须与其注册资本对应，无法预留股权。因此，我国创业企业的常见做法如下：

(1) 由创始人代持。设立公司时由创始人多持部分股权(对应于期权池)，公司、创始人、员工三方签订合同，行权时由创始人向员工以约定价格转让。

(2) 通过员工持股公司。员工通过持股公司持有目标公司的股份，可避免员工直接持有公司股权带来的一些不便，创业企业上市之前通常采用此法。

(3) 虚拟股票。在公司内部建立特殊的账册，员工按照在该账册上虚拟出来的股票享有相应的分红或增值权益。华为集团就采用此种做法。

### 案例分析

## 创业企业的"股份拼骨图(Captable)"

创业图的是什么？图的就是企业的"股权"。下面以创业为起点、上市为终点，把一个创业企业成长过程中的每一次股份变化都汇总起来，看看"股份拼骨图"是如何发生变化的？

假设1 一个创业企业从一个"想法"到上市要进行三次融资：

A轮 证实模式；

B轮 发展、复制模式；

C轮 形成规模，成为行业龙头，达到上市要求。

假设2 企业发展需要不断有创业精英加入，创业企业要不断拿出股份给团队成员。

假设3 每一轮VC(即风险投资，又称创业投资)的资本进来，企业股份大约要被稀释25%～40%。

假设4 企业业绩发展好，每一轮融资的估值都是在前一轮价格的基础上往上翻一番，这叫溢价，VC的术语叫作Up Round；但是创业企业在创业过程中免不了会出现坎坷，有时候企业的钱花光了，业绩还没有上来，急需有人投资，这样的企业在谈判桌上没有分量，虽然对方愿意投资，但是估值很低，甚至低于前一轮的价格，创业者别无选择，也只好认了打折价让新的投资人进来，这种情况叫作Down Round，有点"贱卖"的意思。

创业企业开张时应该发行多少股票？这是很多创业企业成立时碰到的第一

个现实问题。可是,这个问题并没有标准答案,建议初创企业先发约 10 000 000 股在这个基础上,经过三次融资以及团队的期权,到上市的时候,企业的总股数会达到 100 000 000～150 000 000 股,如果上市时每股定价为 8～10 元,这家企业的市值会有 8～15 亿,只要估值超过发行价,马上就成为人人眼红的Billion dollar 企业。

把股数定为 10 000 000 股还有一个原因,就是将来给员工发期权的时候,如果拿出 0.5%的股权,则对一家总股数是 10 000 000 股的公司来说就是 50 000 股,而对一家总股数为 100 000 股的企业来说仅仅是 500 股,哪一个更加吸引人?记住,将来给员工股份时,千万别给百分比,直接给股数!

Elm 的公司凭其优秀的团队和独特的创意,获得了 VC 的青睐。A 轮融资是以 Pre money(投资前企业价值)350 万美元的价格融到了 250 万美元,Post money(投资后企业价值)即 600 万美元,A 轮投资人要求原有股东同意发 15%的期权给管理团队,公司员工持股计划(ESOP)在 A 轮投资完成前实施。Elm 得到了 VC 的一大笔投资,团队还占将近 60%的股份。

企业的原始股权结构如表 1 所示。A 轮投资前(ESOP 执行后)创业企业的股权结构如表 2 所示。

**表 1　创业企业的原始股权结构**

| 股东名单 | 股权类型 | 股份 | 股份比例(%) |
|---|---|---|---|
| Elm(CEO) | 普通股 | 5 000 000 | 50 |
| Pine(CTO) | 普通股 | 3 000 000 | 30 |
| Oak(COO) | 普通股 | 2 000 000 | 20 |
| 合计 | | 10 000 000 | 100 |

**表 2　A 轮投资前(ESOP 执行后)创业企业的股权结构**

| 股东名单 | 股权类型 | 股份 | 股份比例(%) |
|---|---|---|---|
| Elm(CEO) | 普通股 | 5 000 000 | 42.50 |
| Pine(CTO) | 普通股 | 3 000 000 | 25.50 |
| Oak(COO) | 普通股 | 2 000 000 | 17.00 |
| 员工持股 | 普通股 | 1 764 706 | 15.00 |
| 合计 | | 11 764 706 | 100.00 |

一般来说,VC 会要求 ESOP 在 VC 投资进来之前执行,这样 VC 就可以减少稀释。不能认为这是 A 轮 VC 自私,要知道 B 轮 VC 到时候也会要求在他们进来之前再执行一次 ESOP,这时 A 轮 VC 和创始股东的股份将一起被稀释。

员工的期权比例应该留多少?这个问题也是没有标准答案的,一般来说是 5%～15%。创业公司的原始股是很珍贵的,尽管它在很多人眼里并没有什么价值。

A轮投资后(ESOP执行后)创业企业的股权结构如表3所示。

**表3　A轮投资后(ESOP执行后)创业企业的股权结构**

| 股东名单 | 股权类型 | 股份 | 股份比例(%) |
|---|---|---|---|
| Elm(CEO) | 普通股 | 5 000 000 | 24.79 |
| Pine(CTO) | 普通股 | 3 000 000 | 14.87 |
| Oak(COO) | 普通股 | 2 000 000 | 9.92 |
| 员工持股 | 普通股 | 1 764 706 | 8.75 |
| A轮投资人(领投方) | 优先股 | 5 042 017 | 25.00 |
| A轮投资人(跟投方) | 优先股 | 3 361 345 | 16.67 |
| 合计 | | 20 168 068 | 100.00 |

从表3中可以看出,A轮融资有一个领投VC和一个跟投VC。顾名思义,领投VC负责整个项目的谈判、尽职调查、法律文件等,跟投VC跟从领投VC出资,不过拉跟投VC出资有时候也是出于战略考虑的需要。即使有几个投资人同时参与这轮融资,有人是领投、有人是跟投,但是他们被视作一个整体,签署同一份法律文件,享有同样的权利和义务。

对于创业企业来说,最大的问题就是“不定性”,尤其是“证实模式”。虽然筹集了资本,但是Elm的企业在A轮融资进来之后却出现了管理和业务进展上的瓶颈,产品测试屡屡出错,没有按时投放市场,收入也没有按预期进来。不久,A轮融资的钱已经消耗殆尽,而B轮投资谈判一拖再拖,B轮VC坚持B轮的Pre money为500万美元(低于A轮的Post money),B轮VC投入300万美元,Post money为800万美元。B轮投资人还要求给未来团队留10%的期权,而A轮VC投资条款约定在B轮融资时如果股价低于A轮的Post money,A轮VC不稀释。现在企业危在旦夕,Elm和他的创业团队不得不拍板同意B轮VC的条件。

B轮投资后(ESOP执行后)创业企业的股权结构如表4所示。

**表4　B轮投资后(ESOP执行后)创业企业的股权结构**

| 股东名单 | 股权类型 | 股份 | 股份比例(%) |
|---|---|---|---|
| Elm(CEO) | 普通股 | 3 991 597 | 7.07 |
| Pine(CTO) | 普通股 | 2 394 958 | 4.24 |
| Oak(COO) | 普通股 | 1 596 639 | 2.83 |
| 员工持股 | 普通股 | 3 781 513 | 6.69 |

| 股东名单 | 股权类型 | 股份 | 股份比例(%) |
| --- | --- | --- | --- |
| A轮投资人(领投方) | 优先股(次级) | 14 117 647 | 25.00 |
| A轮投资人(跟投方) | 优先股(次级) | 9 411 765 | 16.67 |
| B轮投资人 | 优先股 | 21 176 471 | 37.50 |
| 合计 | | 56 470 590 | 100.00 |

最终,B轮VC的资金在A轮的资金被耗尽时投入了进来。按规定,最后的VC优先级别是最高的,上一轮VC是"次级"优先,再上一轮的是"次次级"优先。这些优先的级别在发生利益的时候就会生效,譬如万一企业破产,破产清算的资金分配顺序是,最优先的VC先分配,其次是"次级"优先的VC,再次是次次级优先的VC,最后才是创业者。因而,A轮投资人的优先股被注明是"次级"。还要注意的一点是,在表4中,A轮投资人的股份数比A轮投资时增加了很多,那是因为A轮有"反稀释"条款,为了维持B轮的"股份拼骨图"的百分比,要么让创业者拿出一部分自己的股份给A轮VC,要么让A轮VC以零成本再获得一部分股份,这里选用的是A轮VC以零成本增获股份的方法。

B轮融资完成之后,Elm和他的创业团队吸取前车之鉴,调整策略,谨慎使用每一笔资金,结果创业取得成功!这时候VC们看准时机,个个都愿意掏钱出来支持Elm把企业迅速做大,于是企业的董事会决定融C轮投资,这轮融资以后企业就该准备上市了。C轮融资谈判特别顺利,估值也很高,是B轮Post money的6倍,以4 800万美元的Pre money(800×6 = 4 800)融资3 000万美元。当然,C轮的投资人也提出要增强核心的上市团队,比如引进CFO、销售副总裁等,期权池又增加了5%。

C轮投资后(ESOP执行后)创业企业的股权结构如表5所示。

**表5 C轮投资后(ESOP执行后)创业企业的股权结构**

| 股东名单 | 股权类型 | 股份 | 股份比例(%) |
| --- | --- | --- | --- |
| Elm(CEO) | 普通股 | 3 991 597 | 4.13 |
| Pine(CTO) | 普通股 | 2 394 958 | 2.48 |
| Oak(COO) | 普通股 | 1 596 639 | 1.65 |
| 员工持股 | 普通股 | 6 753 649 | 6.99 |
| A轮投资人(领投人) | 优先股(次次级) | 14 117 647 | 14.62 |
| A轮投资人(跟投人) | 优先股(次次级) | 9 411 765 | 9.74 |
| B轮投资人 | 优先股(次级) | 21 176 471 | 21.92 |
| C轮投资人 | 优先股 | 37 151 703 | 38.47 |
| 合计 | | 96 594 429 | 100.00 |

经受过考验的优秀团队、明确的目标，外加充足的资本，Elm 的企业如虎添翼，IPO 上市计划提到了议事日程之中，选定了上市的地点、承销商，确定了上市的行程和策略，等等。假设这家公司拿出了 20%的股份去上市，每股价格 8 美元，C 轮投资后股东们的身价如表 6 所示。

**表 6　创业企业 IPO 时的股权结构**

| 股东名单 | 股权类型 | 股份 | 股份比例(%) |
|---|---|---|---|
| Elm(CEO) | 普通股 | 3 991 597 | 3.31 |
| Pine(CTO) | 普通股 | 2 394 958 | 1.98 |
| Oak(COO) | 普通股 | 1 596 639 | 1.32 |
| 员工持股 | 普通股 | 6 753 649 | 5.59 |
| A 轮投资人(领投方) | 普通股 | 14 117 647 | 11.69 |
| A 轮投资人(跟投方) | 普通股 | 9 411 765 | 7.80 |
| B 轮投资人 | 普通股 | 21 176 471 | 17.54 |
| C 轮投资人 | 普通股 | 37 151 703 | 30.77 |
| 上市新发行股 | 普通股 | 24 148 607 | 20.00 |
| 合计 | | 120 743 036 | 100.00 |

因为企业一旦成功上市，创业企业的股票优先级即被取消，全都变成了“普通股”，所以 VC 们想尽快套现将风险转嫁给二级市场上的股民们。

最终的结果是，创业成功后 Elm，Pine，Oak 变成了千万富翁。如果 Elm 的团队在 B 轮融资的时候不栽跟斗，他们现在的身价可能还要翻一番。

**讨论题：**

在你计算的 IPO 的 Captable 里，Elm 的身价比现在高多少？

## 思考题

1. 什么是创业企业公司治理？其构成包括哪些内容？
2. 创业企业董事会一般由哪些成员构成？
3. 如何理解创业企业激励？
4. 创业企业层级激励包含哪几个方面？
5. 什么是产权激励？创业企业产权激励有哪几个层次？
6. 什么是员工持股计划？员工持股计划有哪几种类型？

# 12 大学生创业财务专题

**学习目标**

1. 理解创业计划书的主要内容与主题思想。
2. 掌握大学生创业融资的主要渠道。
3. 掌握大学生创业贷款的相关知识。
4. 理解创业风险的规避。

## 大学生创业需要做好四项准备

小刘大学毕业后一直想自己做老板，看到邻居在小区里开了一个食品杂货店收益一直不错，颇为心动。于是，小刘租了小区内一个库房做店面，筹集了一万多元钱做启动资金，进了一些货品，开了一家食品杂货店。但是经营了两个月后，小刘的食品杂货店就撑不住了，不得不停止营业。为什么同样是食品杂货店，邻居可以干得红红火火，小刘的店就经营惨淡呢？原来，小刘为了突出自己食品杂货店的特色，没有像邻居一样进茶、米、油、盐等大众用品，而是将经营范围锁定在沙司、奶酪、芝士等一些西餐调味食品上。但是小区里的居民对她的货品需求少，加之她店面的位置在小区边缘，而且营业时间不固定，很多邻居都不愿意绕道过去，所以生意不红火。

小刘创业之初"求新求异"的心理，很多大学生都有，这是优点但也是致命的缺点。经营需要有自己的特色，但是经营更要符合市场环境的需要。小刘的食品店之所以会关门，就是因为她没有做好市场调研，这个食品店如果在一个涉外社区内也许会经营得很好，但是她选择的是一个普通居民区，再加之铺面的选址不合适，营业时间不固定，导致小刘创业以失败告终。

因此，大学生创业需要做好以下四项准备：首先，要对个人的创业条件进行分析，制订自己的职业生涯计划，同时审视自己是否具备未来的老板气质和心理素质，比如承担风险的能力、创新的能力、决策的能力和领导的能力；第二，进行市场调查和分析，准确掌握市场信息，做好市场预测，明确经营思路，设计市场进入策略；第三，要学会理财，对经营项目的投资、筹资、成本、收益等做出可信的测算，掌握常用的财务管理知识；第四，撰写创业计划书。计划书文字要简练，以说明问题为准，结构清晰，使投资人能方便查看到所关注的事项。

## 12.1 大学生创业计划书及其设计

### 12.1.1 创业计划书的一般格式

创业计划书是将有关创业的想法落实的载体。创业计划书的质量，往往会直接影响创业发起人能否找到合作伙伴，能否获得资金及其他政策的支持。如何撰写创业计划书呢？一般来说，创业计划书有三大部分：一是事业本体的部分，就是事业的主要内容；二是财务数据，如营业额、成本、利润如何，未来还需要多少资金周转等；三是补充文件，如专利证明，专业的执照或证书，意向书、推荐函等。创业计划书的具体内容需要根据目标设计，如提供给投资者的商业计划书就与提供给银行的商业计划书的重点有所不同。

**1. 创业计划书的6C规范**

撰写创业计划书首先需要6C的规范，具体如下：

(1) 概念(Concept)。也就是说，要让别人知道你要卖的是什么产品。

(2) 顾客(Customers)。顾客的范围要很明确，比如认为所有的女人都是顾客，那五十岁以上、五岁以下的女性也是你的客户吗？

(3) 竞争者(Competitors)。你的东西有人卖过吗？是否有替代品？竞争者与你的关系是直接的还是间接的？

(4) 能力(Capabilities)。要卖的东西自己懂不懂？譬如说开餐馆，如果厨师不做了，暂时又找不到人，你自己会不会炒菜？如果你没有这个能力，那么合伙人最好具备，不然最好不要开餐馆。

(5) 资本(Capital)。资本可以是现金，也可以是有形资产或无形资产。要很清楚资本在哪里、有多少，自有的部分有多少，可以借贷的部分有多少。

(6) 持续经营(Continuation)。当事业做得不错时，将来的计划是什么？

**2. 创业计划书的组成部分**

通常，一份创业计划书需要写1～2页的摘要，这十分重要。

计划摘要应列在创业计划书的最前面，因为它浓缩了创业计划书的精华。计划摘要一般涵盖了计划的要点，一目了然，便于读者在最短的时间内评审计划并做出判断。

计划摘要一般包括以下内容:公司介绍、主要产品和业务范围、市场概貌、营销策略、销售计划、生产管理计划、管理者及其组织、财务计划、资金需求状况等。

接下来是创业计划书的具体内容,一般分为以下10个部分:

(1) 事业描述。所要进入的是什么行业?卖什么产品(或服务)?谁是主要的客户?所属产业的生命周期是处于萌芽阶段、成长阶段、成熟阶段还是衰退阶段?企业要采用独资还是合伙的形态?打算何时开业?营业时间有多长?

(2) 产品(服务)介绍。你的产品(服务)到底是什么?有什么特色?你的产品与竞争者的相比,有什么特别?如果并不特别,那顾客凭什么购买?在进行投资项目评估时,投资人最关心的问题之一就是企业的产品、技术或服务能否以及能在多大程度上解决现实生活中的问题,或者企业的产品或服务能否帮助顾客节约开支、增加收入。因此,产品(服务)介绍是创业计划书中必不可少的一项内容。通常,产品介绍应包括产品的概念、产品的性能及特性、主要产品介绍、产品的市场竞争力、产品的研究和开发过程、发展新产品的计划和成本分析、产品的市场前景预测、产品的品牌和专利等内容。

(3) 市场。首先需要界定目标市场在哪里,是既有的市场、既有的客户,还是在新的市场开发新客户。不同的市场、不同的客户都有不同的营销方式,因此在确定目标市场之后,要决定怎样上市、促销、定价等,并且要做好预算。

(4) 地点。一般地点的选择对公司的影响可能不那么大,但是如果要开店,店面地点的选择就很重要。

(5) 竞争。下列三种情况下尤其要做竞争分析:① 要创业或进入一个新市场时;② 一个新竞争者进入自己所经营的市场时;③ 随时随地做竞争分析,这样最省力。竞争分析可以从五个方向去做:谁是最接近的五大竞争者?他们的业务如何?他们与本业务相似的程度如何?从他们那里可学到什么?如何做得比他们好?

(6) 管理。98%的创业失败是因为管理的缺失,其中45%是因为管理缺乏竞争力,但目前还没有明确的解决之道。有了产品之后,创业者第二步要做的就是组建一支有战斗力的管理队伍。企业管理的好坏,直接决定了企业经营风险的大小,而高素质的管理人员和良好的组织结构则是管理好企业的重要保证。因此,投资商通常会特别注重对管理队伍的评估。

此外,在这部分创业计划书中,还应对公司结构做一个简要介绍,包括公司的组织机构图、各部门的功能与责任、各部门的负责人及主要成员、公司的报酬体系、公司的股东名单、公司的董事会成员、各位董事的背景资料等。

(7) 人事。要考虑现在、半年内、未来三年的人事需求,并且具体考虑需要引进哪些专业技术人才、全职还是兼职、薪水如何计算、所需人事成本等。

(8) 财务需求与运用。考虑融资款项的运用、营运资金的周转等,并预测未来三年的利润表、资产负债表和现金流量表。

(9) 风险。经营外贸企业的风险可能是进出口汇兑风险、经营餐厅的风险可能是火灾的风险等,因此计划书应考虑到风险出现时如何应对。

(10) 成长与发展。下一步要怎么样？三年后如何？这也是创业计划书所要提及的。企业是要持续经营的,所以在规划时要做到多元化和全面化。

### 12.1.2 大学生创业计划书设计的主题思想

创业计划书是创业者所写的商业文件中最主要的一个。那么,如何设计创业计划书呢？换言之,怎样写好创业计划书并使它具有可行性呢？

那些既不能给投资者以充分的信息,又不能使投资者激动起来的创业计划书,最终结果只能是被扔进垃圾箱里。为了确保创业计划书能“击中目标”,大学生创业计划书设计的主题思想中应包含以下几点。

**1. 关注产品**

在创业计划书中,应提供所有与企业的产品或服务有关的细节,包括企业实施的所有调查。这些问题包括产品正处于什么样的发展阶段？它的独特性怎样？企业分销产品的方法是什么？谁会使用企业的产品？为什么使用企业的产品？产品的生产成本是多少？售价是多少？企业发展新的现代化产品的计划是什么？把出资者拉到企业的产品或服务中来,这样出资者就会和创业者一样对产品有兴趣。在创业计划书中,应尽量用简单的词语来描述每一件事,如商品及其属性的定义对企业家来说是非常明确的,但其他人却不一定清楚它们的含义。设计创业计划书的目的是要出资者相信企业的产品一定会成功。

**2. 敢于竞争**

在创业计划书中,创业者应深入分析竞争对手的情况。竞争对手是谁？竞争对手是如何工作的？竞争对手的产品与本企业的产品相比,有哪些相同点和不同点？竞争对手所采用的营销策略是什么？要明确每个竞争者的销售额、毛利润、收入以及市场份额,再讨论本企业相对于每个竞争者所具有的竞争优势。要向投资者展示,顾客偏爱本企业的原因是本企业的产品质量好、送货迅速、定位适中、价格合适等。创业计划书要使它的读者相信,本企业不仅是行业中有实力的竞争者,而且将来还会是确定行业标准的领先者。在创业计划书中,还应阐明竞争者给本企业带来的风险以及本企业所能采取的对策。

**3. 了解市场**

创业计划书要向投资者提供企业对目标市场的深入分析和理解,要细致分析经济、地理、职业以及心理等因素对消费者选择购买本企业产品这一行为的影响,以及各个因素所起的作用。创业计划书中还应包括一个主要的营销计划,计划中应列出本企业打算开展广告、促销以及公共关系活动的地区,明确每一项活动的预算和收益。创业计划书中还应简述一下销售战略:企业是使用外面的销售代表还是使用内部职员？企业是使用转卖商、分销商还是特许商？企业将提供何种类型的销售培训？此外,创业计划书还应特别关注一下销售中的细节问题。

**4. 表明行动计划**

企业的行动计划应该是无懈可击的。创业计划书中应该明确下列问题:企业如何把产品推向市场？如何设计生产线？如何组装产品？企业生产需要哪些原料？企业拥有哪些生产资源？还需要什么生产资源？生产和设备的成本是多少？企业是买设备还是租设备？此外，还应解释与产品组装、储存以及发送有关的固定成本和变动成本的情况。

**5. 展示你的管理队伍**

把一个想法转化为一个成功的企业，关键的因素就是要有一支强有力的管理队伍。这支队伍的成员必须有较高的专业技术知识、管理才能和丰富的工作经验。管理者的职能就是计划、组织、控制和指导公司实现目标的行动。在创业计划书中，应首先描述一下整个管理队伍及其职责，然后分别介绍每位管理人员的特殊才能、特点和造诣，细致描述每个管理者将对公司所做的贡献。创业计划书中还应明确管理目标以及组织机构图。

### 12.1.3 大学生创业计划书检查的要点

创业计划书写完之后，创业者最好再检查一遍，看一下该创业计划书是否能准确回答投资者的疑问，增强投资者对本企业的信心。通常，可以从以下几个方面对创业计划书加以检查：

(1) 创业计划书是否显示出你具有管理公司的经验。如果你缺乏管理公司的能力，那么一定要明确地说明你已经雇用了一位经营大师来管理你的公司。

(2) 创业计划书是否显示了你有能力偿还借款。要保证给预期的投资者提供一份完整的比率分析。

(3) 创业计划书是否显示出你已进行过完整的市场分析。要让投资者坚信你在创业计划书中阐明的产品需求量是真实的。

(4) 创业计划书是否容易被投资者所领会。创业计划书应该备有索引和目录，以便投资者轻松地查阅各个章节。此外，还应保证目录中的信息流是有逻辑的和现实的。

(5) 创业计划书中是否有计划摘要并放在了最前面。计划摘要相当于创业计划书的封面，投资者首先会看它。为了引起投资者的兴趣，计划摘要应能引人入胜。

(6) 创业计划书是否在文法上全部正确。如果你不能保证文法正确，那么最好请人帮你检查一下。创业计划书中的文字错误和排印错误会给投资者留下不好的印象，从而放弃投资。

(7) 创业计划书能否打消投资者对产品和服务的疑虑。如果需要，你可以准备一件产品模型。

创业计划书中的各个方面都会对筹资的成功与否产生影响。因此，如果你对所写创业计划书缺乏信心，那么最好去查阅一下创业计划书编写指南或向专门的顾问请教。

### 12.1.4 大学生创业计划书的可行性评估

寻求财富和成功是我们大家共同的追求，创业梦想的实现要以系统的创业计划为依托。那么，应该从哪些方面评估我们的创业计划是否可行呢？

你了解自己吗？你有什么爱好吗？你为将要做的事情做好准备了吗？创业的每一个细节我们都要思考，创业的每一个环节、每一个大大小小的题目我们都要认真对待。如何确定自己适合创业的行业？你可以先和一些创业成功者进行交流，然后确定你的发展方向和创业目标。

下面让我们一起来评估一下自己的创业计划是否可行。

(1) 你能写下自己的创业构想和创业计划吗?

你应该能用很少的文字将自己的想法描述出来。根据多数创业者的经验,不能将想法变成自己的语言,是一个"你还没有仔细思考"的警告。

(2) 你真正了解自己所从事的行业吗?

很多行业都要求选用从事过这一行的人,并要求其对该行业的方方面面有所了解。否则,你就得花费很多的时间和精力去调查,如价格、销售、治理程度、行业标准、竞争条件等。

(3) 你看到过别人使用这种方法吗?

一般来说,一些创业成功的大型公司的经营方法比那些特殊的想法更具有现实性。有经验的企业家中流行着这样一句名言:"还没有被实施的好主意往往可能实施不了。"

(4) 你的想法经得起时间的考验吗?

当企业家的某项计划真正得以实施时,他会感到由衷地兴奋。但过了一个星期、一个月,甚至半年之后,将是什么情况?它还那么令人兴奋吗?或者企业家已经有了完全不同的另一个想法来代替它?

(5) 你的想法是为自己还是为别人?你是否制订了长期创业计划和长期发展计划呢?你是否全身心地投入到这个计划的实施之中了呢?

(6) 你有没有一个好的网络资源?

开始创办企业的过程,实际上就是一个组织供给商、承包商、咨询专家、雇员的过程。为了找到合适的人选,你应该有一个服务于你的可靠的人际关系网络;否则,就有可能陷进不可靠的人或滥竽充数的人之中。

(7) 你明白什么是潜在的回报吗?

每个人投资创业,其最主要的目的就是赚最多的钱。可是,在尽快致富的设想中隐含的绝不仅仅是钱,你还要考虑成就感、爱、价值感等潜在的回报。假如没有意识到这一点,那就必须重新考虑你的计划。

如果能正确选择自己的发展方向,那么你创业成功的胜算就会很高。假如创业前你举棋不定,或者尽管你现在有机会创业,动机很不错,想法也很棒,但是基于市场、经济能力或家庭等因素的考虑,现在也许不是创业的最好时机,那么你最好还是选择工作这条路。总之,想要创业必须要有相当强的竞争力,而且只有自己才能决定怎么做最恰当。成事不易,创业更难。

## 12.2 大学生创业融资的主要渠道

任何创业都是需要成本的,就算是最少的启动资金,也要包含一些最基本的开支。

那么，创业初期如何筹到创业资金呢？目前，国内创业者的融资渠道较为单一，主要依靠银行等金融机构来实现。其实，大学生创业融资要多管齐下，这样才能尽快筹到所需资金。

**1. 家人自筹资金**

资金短缺是大学生创业的“拦路虎”，部分大学生创业者选择自筹资金。国内某权威大学生就业调查机构发布的调查报告显示：本科大学毕业生的创业资金 82%来自于个人和家庭。

**2. 银行贷款**

银行贷款，被誉为创业融资的“蓄水池”，在创业者中很有“群众基础”。

① 信用贷款，是指银行仅凭对借款人的信任而发放的贷款，借款人不需要向银行提供抵押物。

② 担保贷款，是指以担保人的信用为担保而发放的贷款。针对高校毕业生自主创业，各地政府都有一些扶持优惠政策。以沈阳市为例，为了鼓励高校毕业生自主创业，凡是个人创业申请小额担保贷款的，每人可申请最高不超过 5 万元的小额担保贷款。对大学生和科技人员在高新技术领域实现自主创业的，每人可申请最高不超过 10 万元的小额担保贷款。原则上，凡是国家普通高校毕业生并将户口落在沈阳市的，身体健康、诚实守信、有创业能力并办理《自主创业证》的，都属于贷款对象。

③ 贴现贷款，是指借款人在急需资金时，以未到期的票据向银行申请贴现而融通资金的贷款方式。

④ YBC 创业贷款，是由共青团中央、中华青年联合会、中华全国工商联合会共同倡导发起的一个旨在帮助青年创业的项目。该项目可为 18～35 岁的青年提供无息无抵押贷款，贷款总额为 3～5 万元。

创业者要做好打“持久战”的准备，因为申请贷款除了要与银行打交道，还要通过工商管理部门、税务部门、中介机构等，而且手续烦琐，任何一个环节都不能出问题。

**3. 风险投资**

风险投资是一种高风险、高回报的投资，风险投资家以参股的形式进入创业企业。风险投资比较青睐高科技创业企业。风险投资家更关注创业企业的盈利模式和创业者本人。

**4. 民间资本**

民间资本的投资操作程序较为简单，融资速度快，门槛也较低。

在投资的时候，双方应把所有问题摆在桌面上谈，并清清楚楚地用书面形式表达出来。此外，对民间资本进行调研，是融资前的“必修课”。

**5. 创业融资宝**

创业融资宝是指将创业者自有合法财产或在有关法规许可的情况下将他人合法财产进行质(抵)押的形式，从而为其提供创业急需的开业资金、运转资金和经营资金。该融资项目贷款期限最长为半年。

创业融资宝的融资力度不是很大，因此，解决创业资金问题一般要经过几轮融资后才能实现。

**6. 融资租赁**

融资租赁是一种以融资为直接目的的信用方式，表面上看是借物，而实质上是借资，以租金的方式分期偿还。

它的具体内容是指出租人根据承租人对租赁物件的特定要求和对供货人的选择，出资向供货人购买租赁物件，并租给承租人使用，承租人则分期向出租人支付租金，在租赁期内租赁物件的所有权归出租人所有，承租人拥有租赁物件的使用权。租期届满，租金支付完毕，并且承租人根据融资租赁合同的规定履行完全部义务后，租赁物件所有权即转归承租人所有。尽管在融资租赁交易中，出租人也有设备购买人的身份，但购买设备的实质性内容如供货人的选择、对设备的特定要求、购买合同条件的谈判等都由承租人享有和行使，承租人是租赁物件实质上的购买人。融资租赁是集融资与融物、贸易与技术更新于一体的新型金融产业。由于其融资与融物相结合的特点，因此出现问题时，租赁公司可以回收并处理租赁物。融资租赁对企业资信和担保的要求不高，非常适合需要购买大件设备的初创企业融资。此外，融资租赁属于表外融资，不体现在企业财务报表的负债项目中，不影响企业的资信状况，这对需要多渠道融资的创业企业而言是非常有利的。

**7. 参加创业计划大赛**

目前，很多大学生将参加创业计划大赛作为挑战自我的机会和创业实战的平台。

一般而言，创业计划大赛的创业培训资金非常丰厚，通过决赛得到第一名的选手往往能得到10万元左右的创业培训基金，因此这种创业计划大赛吸引了很多大学生。

## 12.3 大学生创业贷款

### 12.3.1 大学生创业贷款的申请条件、申请额度及偿还方式

大学生创业贷款的申请条件需要关注以下三点：① 贷款申请者必须有固定的住所或营业场所；② 贷款申请者必须有营业执照、经营许可证以及稳定的收入和还本付息的能力；③ 创业者所投资的项目已有一定的自有资金，这一点也是最重要的。只有具备以上条件，方能向银行申请贷款。

申请贷款时需要提供的资料主要包括婚姻状况证明、个人或家庭收入及财产状况等还款能力证明文件；贷款用途中的相关协议、合同；担保材料，涉及抵押品或质押品的权属凭证和清单，银行认可的评估部门出具的抵（质）押物估价报告。抵押物的抵押方式较多，可以是动产、不动产抵押，也可以是定期存单质押、有价证券质押、流通性较强的动产质押。

大学生创业贷款的申请额度一般最高不超过借款人正常生产经营活动所需流动资金、购置(安装或修理)小型设备(机具)以及特许连锁经营所需资金总额的70%;期限一般为2年,最长不超过3年,其中生产经营性流动资金的贷款期限最长为1年;个人创业贷款执行中国人民银行颁布的期限贷款利率,利率可在规定的幅度内上下浮动。

大学生创业贷款的偿还方式:对于贷款期限在1年(含1年)以内的个人创业贷款,实行到期一次还本付息,利随本清;对于贷款期限在1年以上的个人创业贷款,可采用等额本息还款法或等额本金还款法,也可采用双方商定的其他方式偿还。

### 12.3.2 大学生创业贷款的政策优惠

大学生创业是政府关心的一件大事,国家及地方政府都制定了一系列的大学生创业优惠政策来扶持高校毕业生自主创业。例如,大学生创业从事个体经营的,1年内免交工商登记类和管理类行政事业性收费;自主创业、自谋职业者还可将户口档案托管在市大中专毕业生就业指导服务中心。当前,大学生创业贷款的政策优惠总结起来有以下几点。

**1. 简化贷款程序**

凡高校毕业生(毕业后2年内,下同)申请从事个体经营或申办私营企业的,可通过各级工商部门注册大厅“绿色通道”优先登记注册。其经营范围除国家明令禁止的行业和商品外,一律放开核准经营。对限制性、专项性经营项目,允许其边申请边补办专项审批手续。对在科技园区、高新技术园区、经济技术开发区等经济特区申请设立个、私企业的,特事特办,除了涉及必须前置审批的项目外,试行“承诺登记制”。申请人提交登记申请书、验资报告等主要登记材料,可先予颁发营业执照,让其在3个月内按规定补齐相关材料。凡申请设立有限责任公司,以高校毕业生的人力资本、智力成果、工业产权、非专利技术等无形资产作为投资的,允许抵充40%的注册资本。

**2. 减免各类费用**

除国家限制的行业外,工商部门自批准其经营之日起1年内免收其个体工商户登记费(包括注册登记费、变更登记费、补照费)、个体工商户管理费和各种证书费。对参加个私协会的,免收其1年会员费。对高校毕业生申办高新技术企业(含有限责任公司)的,其注册资本最低限额为10万元。如资金确有困难,允许其分期到位,申请的名称可以“高新技术”“新技术”“高科技”作为行业予以核准。高校毕业生从事社区服务等活动的,经居委会报所在地工商行政管理机关备案后,1年内免予办理工商注册登记,免收各项工商管理费用。

**3. 优先贷款支持,适当发放信用贷款**

为加大对高校毕业生自主创业贷款的支持力度,对于能提供有效资产抵(质)押或优质客户担保的,金融机构应优先给予信贷支持。高校毕业生创业贷款可由高校毕业生为借款主体,并由其家庭成员或直系亲属家庭成员的稳定收入或有效资产作为担保。对于资信良好、还款有保障的,可在风险可控的基础上适当发放信用贷款。

**4. 利率优惠**

贷款机构应视贷款风险程度的不同,在法定贷款利率的基础上适当下浮或少上浮。

当然,对于大学生自主创业的各项具体政策还应向各地方相关部门咨询。

### 12.3.3 银行对大学生创业者的信用考察

(1) 银行信用,包括结算信用和借款信用:结算信用是指申请借款企业现金结算情况正常,未发生过违反结算纪律、退票、票据无法兑现和罚款等不良记录;借款信用是指申请借款企业有良好的还款意愿,曾发生过银行借款的,无逾期贷款或欠息等无力偿还现象。

(2) 商业信用:申请借款企业在合同履约、应付账款的清偿上能恪守商家的诺言,不失信。

(3) 财务信用:申请借款企业会计结算规范,会计报表真实可信,无抽离现金或其他弄虚作假的行为。

(4) 纳税信用:申请借款企业能按时上缴应纳税款,无偷税、漏税等不良记录。

### 12.3.4 大学生创业者融资贷款的注意事项

事实上,一方面现在很多银行因为考虑到贷款风险和资金收益问题,对中小企业贷款资格的审查非常严格,需要贷款申请人提供各式各样的文件和证明资料,从而造成了很多申请人"想贷款却贷不到"的困境;但另一方面我们也发现,如果能提前做好一些准备,那么贷款申请也许会简单许多。

(1) 做好贷款申请前的咨询工作。一般来讲,银行对贷款申请人的资质都会做出明文规定,在递交贷款申请前,请务必先看清自己是否属于"不贷类型"。

(2) 贷款前要先测算企业的利润率和还款能力,根据资金需求提出贷款额度申请和借款期限。一般来说,最初的贷款额度尽量不要太大,否则有可能造成"拒贷"。

(3) 贷到款之后,要按时还款,诚实守信,和银行建立良好的信贷关系。

### 12.3.5 大学生创业贷款实用策略

**1. 巧选银行,贷款也要货比三家**

按照金融监管部门的规定,各家银行发放商业贷款时可以在一定范围内上浮或下浮贷款利率。例如,许多地方银行的贷款利率可以上浮 30%。相对来说,国有商业银行的贷款利率要低一些,但手续要求比较严格,如果你的贷款手续完备,为了节省筹资成本,可以采用个人"询价招标"的方式,对各银行的贷款利率以及其他额外收费情况进行比较,从中选择一家成本低的银行办理抵押、质押或担保贷款。

**2. 精打细算,合理选择贷款期限**

银行贷款一般分为短期贷款和中长期贷款,贷款期限越长则利率越高,如果创业者资金使用需求的时间不是太长,应尽量选择短期贷款。例如,原打算办理两年期贷款可以一年一贷,这样可以节省利息支出。另外,创业融资也要关注利率的走势情况,如果利率走势趋高,应抢在加息之前办理贷款;如果利率走势趋降,在资金需求不急的情况下则应暂缓办理贷款,等降息后再适时办理。

**3. 用好政策,享受银行和政府的低息待遇**

创业贷款是近年来银行推出的一项新业务,凡是具有一定生产经营能力或已经从事生产经营活动的个人,因创业或再创业需要,均可以向开办此项业务的银行申请专项创业贷款。创业贷款的期限一般为 1 年,最长不超过 3 年,按照有关规定,创业贷款的利率不得向上浮动,并且可按银行规定的同档次利率下浮 20%。许多地区推出的下岗失业人员创业贷款还可以享受 60%的政府贴息。

**4. 提前还贷,提高资金使用效率**

在创业过程中,如果因效益提高、货款回笼以及淡季经营、压缩投入等原因致使经营资金出现闲置,这时,可以向贷款银行提出变更贷款方式和年限的申请,直至部分或全部提前偿还贷款。贷款变更或偿还后,银行会根据贷款时间和贷款金额据实收取利息,从而降低贷款人的利息负担,提高资金使用效率。

## 12.4 大学生创业风险的规避

面对正在兴起的创业浪潮,大学生创业正迎来前所未有的大好时机,新型商业模式层出不穷,融资渠道多元化,政府也出台了众多扶持政策。在创业的道路上,我们可以先想再做,也可以边想边做,还也可以做了再想,但绝对不可以只想不做。有关统计表明,自创企业在 1 年内失败的比例高达 50%~80%。对大学生创业来说,创业失败率更高。面对如此高的创业失败率,我们应该怎么办呢?

### 12.4.1 大学生创业风险的成因

创业风险是指在企业创业过程中存在的风险,是由于创业环境的不确定性、创业机会与创业企业的复杂性,以及创业者、创业团队与创业投资者的能力与实力的有限性等导致的创业活动偏离预期目标的可能性。创业是一个整合过程,需要充分考虑各方面的因素,如果没有经验的积累,没有社会的支持,大学生创业实际上是“独木难支”,因为大学生的劣势就是严重缺乏市场动态、融资方式和法律方面的知识及社会经验等。所以,大学生必须充分认识到创业过程中可能遇到的风险以及风险产生的原因,这样才能保证创业的成功进行。

**1. 盲目决定创业**

盲目创业是创业大学生的通病。在许多大学生看来,创业是一场比尔·盖茨式的“运动”,有了创意就能开公司,开了公司就会财源滚滚,因而对行业缺乏深度审视,对市场缺乏深刻了解。其实,创业需要理智而不是冲动,需要冷静而不是狂热。因此,对于大学生来说,创业要十分谨慎。如果对创业所需要的各种条件考虑不周,对创业的前景不甚了解,就马上投入资金和人力、物力,成立自己的公司,就会面临很大的市场风险。因此,创业的决策要科学,要经过深思熟虑,盲目决定创业会为创业融资埋下风险隐患。

### 2. 创业技能缺乏

一家公司从无到有，从小到大，有许多需要学习和准备的地方。很多大学生创业者眼高手低，既不了解创业的相关政策法规，也没有在相关企业工作、实践的经历，既缺乏创业必备的知识技能，又缺乏必需的能力和经验，却对创业的期望值非常高。这样的大学生创业无异于“纸上谈兵”，创业失败的可能性会很大。大学生一定要对行业、企业有初步的了解，具备一定的企业管理及市场营运知识以及一定的创业技能后，才能进行创业。

### 3. 融资渠道单一

“巧妇难为无米之炊”，资金难筹几乎是每一个大学生创业者都会遇到的难题。企业创办起来后，就必须考虑是否有足够的资金支持企业的正常运作。对于初创企业来说，如果连续几个月入不敷出或者由于其他原因导致企业的现金流中断，都会给企业带来极大的威胁。银行贷款申请难、手续复杂，如果没有更广阔的融资渠道，企业会在创办初期因资金紧缺而严重影响业务的拓展，甚至错失商机而不得不关门大吉。

### 4. 社会资源匮乏

创业本身是一个复杂的系统工程，市场不会因为创业者是大学生就网开一面。在单纯的校园环境中成长起来的大学生，由于掌握的社会资源非常有限，而企业创建、市场开拓、产品推介等工作都需要调动社会资源，因此在面对社会和市场时，大学生会感到非常吃力，比有社会经验的人更容易迷茫和迷失。大学生创业的资源相对来说是不足的，如缺乏创业必备的技术资源、资金资源、人才资源、社会关系资源等。很多大学生创业从事的是服务性产业，技术门槛较低，但竞争非常激烈，创业更容易失败。

### 5. 管理知识不足

由于长期接受应试教育，不熟悉经营的“游戏规则”，一些大学生创业者虽然在技术上出类拔萃，但财务、营销、采购、广告、管理等方面的能力普遍不足。大学生有理想与抱负，但初涉商海，眼高手低，知识单一，又缺乏实战经验，对具体的市场开拓缺乏相关的知识与经验，往往会出现决策随意、信息不通、理念不清、急功近利、患得患失、用人不当等情况。在这种情况下，大学生创业就会遇到各种不可预见的问题，很可能会犯一些低级错误，导致创业失败。

### 6. 人力资源流失

一些研发、生产或经营性企业需要面向市场，大量的高素质专业人才或队伍是这类企业成长的重要基础。防止专业人才及业务骨干流失是创业者应该时刻关注的问题，在那些依靠某种技术或专利创业的企业中，拥有或掌握关键技术的业务骨干的流失是创业失败最主要的风险。

### 7. 核心竞争力缺乏

对于具有长远发展目标的创业者来说，他们的目标是不断地将企业发展壮大，但创业者自己也应具有核心竞争力。一个依赖别人的产品或市场来打天下的企业是永远不会成长为优秀企业的。核心竞争力在创业之初可能不是最重要的问题，但要谋求企业的长远发展，它就成了最不能忽视的问题，没有核心竞争力的企业终究会被淘汰出局。

### 12.4.2 规避创业风险的主要措施

**1. 创业准备要充分**

有了创业意向，前期的工作一定要准备充分。通过政府政策扶持、高校创业指导，结合地区经济特点、社会发展需要，选择适合大学生创业者特点的项目。

大学生创业者在创业初期一定要做好市场调研，也可委托专业机构进行可行性研究，在了解市场的基础上进行创业。在创业之前，创业者一方面可以在企业打工或者实习，积累相关的管理和营销经验，为自己日后的创业积累人脉；另一方面可以积极参加创业培训，积累创业知识，接受专业指导，为自己充电。此外，创业者还可参加各类创业大赛，模拟创业，以提高创业的成功率。以上各种途径，可以减少大学生创业的盲目性，降低创业失败的风险。

**2. 避免投资预算错误**

在创业之初，大学生创业者应该从历代企业家身上学习些什么呢？避免犯以下五种常见的错误，就不会使你的创业淘金梦变成可怕的财政噩梦。

(1) 夸大预算规划。投资者们往往会过度看重短期内的数字效应，最终却深受其害。切实可行的预算及预算规划可能会延长融资期，一旦融资期结束，你就可以踏踏实实地将融资所得投入运营，并制订未来几年的盈利计划。

(2) 忽视当前预算需要。如果你的预算计划急需投入 50 000 美元进行市场营销，那就不能只筹集 30 000 美元。

(3) 盈利并不预示着正现金流的到来。在实际交易过程中，还存在着交易完全结束与现金收集结束的时间差，如果你做了充足的准备，这本该是正常的业务流转，并不会构成什么实质性问题。但事实上，好多企业都对此没有任何准备，结果导致了严重的现金流问题，因为他们超前支付了还未到手的资金。

(4) 忽略税款的存在。如果忽略税款的存在，最终收支往往会大于实际收支。因此资产负债表中不应把上述项目作为所有财产列入其中，否则将会出现未来项目预算风险，甚至难以支付巨额的成本。

(5) 不能把握广告时机。广告促销本来应该是顺理成章的营销模式，很多企业却将广告预算同期归入销售业绩中。为了确保经营效益，广告、营销活动应在销售开始前一段时间就开始运作。

**3. 资金管理要科学**

资金是企业生存与发展的基础，是企业进行经营活动的血脉。没有资金，再好的创意也难以转化为现实的生产力。在获取资金前做好预算，首先得明白自己需要多少资金，如何获得资金，资金的来源渠道如何。在创业初期，大学生要开拓思路，多渠道融资，除了银行贷款、自筹资金、民间借贷等传统途径外，还可充分利用风险投资、天使投资、创业基金等融资渠道。企业创办起来后，必须考虑是否有足够的资金维持企业的日常运转；同时，还必须建立健全资金的内部控制制度，加强企业资金的管理，确保企业资金的安全完整、正常周转和合理使用,减少和避免损失浪费。而要建立、健全行之有效的内部控制制度,就应针对企业经营活动中的各项风险,对业务流程进行重组,按照“职能分割、制约监督”的原则,建立业务管理、风险管理、财务管理三位一体的管理控制平台,完善事前防范、事中控制和事后监督的控制体系。

借钱创业或许是一件很简单的事情,但也极其危险,因为用别人的钱做生意,容易好高骛远,轻率不实在,极易导致经营风险。所以,即使要借贷创业,也必须有自己的一部分资金,尤其是小本生意,最好有过半的资金是自己支付的。只有这样,才会对自己负责,每花一笔钱都由自己决定,用得清醒,花得审慎。而且,创业不一定一次就能成功,一旦失败,创业者就会陷入债务危机,对将来再次创业造成更不利的影响。

一般的创业者很容易忽视资金问题上的会计成本,这有可能导致将来出现财务危机。创业者虽然满腔创业热情,但如果缺乏理性的思考和周全的计划,认为赚钱非常容易,在计划上低估了会计成本,将会给企业带来很大的危险。所以,创业者一定要恰如其分地计算出会计成本,之后就不能随意改动。也不能把会计成本算得过大,因为创业初期赚钱较难,成本太大,会使得收回本金的机会减少,从而打击创业者的创业信心。

在增加现金流入方面,除了想方设法提高销售业绩之外,创业者还可以通过提高顾客付款速度来实现现金流入的增加。例如,让顾客 30 天内而不是 60 天内付款,就可提前 30 天收回现金,加快资金周转速度,从而给急需现金的新创企业带来意想不到的好处。

为了避免发生资金周转困难的现象,一定要珍惜手上的现金,并尽量保存。如果不是非常必要,那么能租房子与设备就不要花巨资购买。这就是为什么有些创业者,明知房地产即将升值,在创业之初也宁可租用办公室而不是购买写字楼。不要为了表明自己有实力而大量购买设备,尽量多留出些现金作为创业的储备力量。

另外,在宣传费用方面,一定要慎重,宣传虽有必要,但企业真正成功并不靠它。所以,在创业之初不要花大量的钱搞宣传,这样会拖垮企业。要知道,宣传费用产生实际效益是要花很长时间的,所以宣传只要到位就行,不能影响到资金的流转。

创业者通常容易在计算毛利上犯两个极端的错误:① 对自己的产品没有信心,害怕与人竞争,将毛利定得很低,这样很可能出现商品卖光却无利可图的现象;② 由于不了解市场规律,希望赚得越多越好,将毛利定得很高,最终导致商品卖不出去,形成积压,由于没有生意,利润也就无从谈起。因此,要恰当地掌握好自己的收支平衡点,对自己的资金支出与收入有一个较清醒的认识,这样才能确定合理的利润率,使自己的生意顺风顺水,保持资金的流转畅通,让创业成功的机会大大增加。

**4. 创业技能要精通**

创业技能是一种以智力为核心的具有较高综合性要求的能力。智力技能创业是大学生创业的特色之路。一些风险投资家就是因为看中了大学生所掌握的先进技术,而愿意对其创业计划进行资助。因此,大学生创业者要有深厚的专业技术基础和较好的管理能力。身处高新科技前沿阵地的大学生,在这一领域创业有着近水楼台先得月的优势,网易、腾讯等大学生创立企业的成功，就是得益于技术优势。

**5. 社会经验要丰富**

良好的社交能力是创业成功的加速器。大学生思想比较单纯，涉世不深，经验缺乏，资源不足。在当今提倡合作双赢的时代，过去那种单枪匹马的创业方式已越来越不适应时代的需求。大学生创业者平时应多参加各种社会实践活动，扩大自己的人际交往范围，通过朋友掌握更多的信息、寻求更大的发展，使其成为成功企业的后盾。同时，创业者通常在产品研发上投入很大精力，而对所处的社会、政治、政策、法律环境了解不深，对突发事件缺乏敏锐性和应变能力，如果对紧急事件的处理不够恰当或者出现失误，将直接导致创业活动的失败。所以，创立企业并不是一个孤立的生产单元，要认识到它与周围世界的联系，注意观察相关法律、政策信息，及时制定和调整企业的生产策略。

**6. 勇于创新**

创业的过程就是不断创造与创新的过程，没有创新，企业只会陷于激烈的竞争中，面临生存的考验。尤其是大学生创业，经验缺乏、资源不足是硬伤，更需要以创新来弥补。大学生创业者一定要注意创新，如产品创新、技术创新、盈利模式创新、营销方式创新等，只有开发具有独立知识产权的产品，才能使企业立于竞争的不败之地。

**7. 心理素质要提升**

大学生创业时，必须对自己有信心，相信自己能成功、能做好，否则就难以坚持下去。创业是一项极具挑战性的“工作”，只有相信自己，才能不断战胜自我。创业者如果在创业过程中出现不自信的心理状况，那创业成功的概率就会大打折扣。创业者遇到困难时要冷静，不能急躁，不要浪费创业机会。在创业过程中，遇到难题是很正常的，如果遇到难题一味地放弃，将会一败涂地，沉稳冷静的心态是很重要的。在冷静下来之后，创业者还要善于思考，不怕吃苦；要心胸开阔，踏实肯干。多疑是一种不良情绪，容易带来悲观心理，造成团队人心涣散、工作执行力和效率下降。

**8. 健全企业管理制度**

大学生创业者容易仅凭着一腔热情和一项技能创业而忽视企业管理的重要性。一个企业能够正常运行，不仅要选定好的项目，有可靠的资金保证，还必须有一批高素质的企业管理者。这批管理者不能仅仅懂得书本上学过的企业管理和经营知识，更重要的是具有投身企业管理的实践经验。

初创企业的管理不外是员工的招聘管理、营销管理、生产管理、财务管理等，任何一个环节出现纰漏，都可能导致企业跌入低谷甚至倒闭。一个初创企业要想持久地保持活力，除了要有持续的创新意识、敏锐的市场观察力以外，健全的管理制度也是必不可少的。整章建制的精神在于，不论合作伙伴是谁，在企业的管理制度面前都是平等的，在出现问题时都应该严格按照制度处理。

## 案例分析

### 案例 1：独资创办公司不到一年销售额超百万

陈建明是海南大学经济与管理学院市场营销 2002 级学生，2009 年 4 月，陈建明个人独资创办了海南丝韵礼品有限公司，专门从事礼品业务，提供各种商务礼品、会议礼品、促销礼品、挂历、台历以及海南特色工艺品的定做、团购、批发业务。2009 年 4—12 月，销售额就实现了 120 万元。

**1. 发现商机，调查市场**

陈建明在大学期间就发现，海南的礼品市场空间很大、很有潜力，他觉得毕业后可以从事这个行业，并把这个行业做大做强。于是在校时，他利用暑假的时间到浙江、广东等地礼品厂商聚集地考察，同时走访海口、三亚等地调查礼品市场状况。通过几次考察，陈建明更加坚信了自己今后的发展方向——在海南开发礼品市场。

**2. 筹备创业，"潜伏"打工**

筹备创业对于陈建明来说并不简单，首先让他头疼的事情是自己对礼品采购、成本控制、市场运作、客源开发一点都不熟悉。陈建明说："要把一件产品推销出去，自己就一定得了解它、热爱它，如果客户问你，你还一问三不知，客户怎么能信任你?"为此，陈建明有自己的想法，他准备从基层做起，于是便"潜伏"到礼品公司工作了一年，熟悉了礼品公司的运作。毕业后，陈建明先到海口一家礼品印刷厂打工，工资只有每月 800 元，但却为创业积累了丰富的经验。

**3. 实施创业，创办公司**

在礼品印刷厂打工的近一年时间里，陈建明摸清了礼品的生产制作、加工流程、材料成本，更重要的是他还认识了不少供货商。

陈建明觉得"锻炼"的目标达到了，于是 2007 年 7 月便从礼品印刷厂辞职。但他认为自己毕业才一年，创业资金不足，社会资源稀缺，经验还不够丰富，为了稳妥些，他决定和朋友合伙成立海南尚品文化传播有限公司。通过一年的努力，2008 年尚品公司销售额突破 100 万元，其中陈建明的销售额占 60%。这时候，陈建明觉得可以自己单做了，在 2009 年 4 月，离校不到 3 年的陈建明独资成立了海南丝韵礼品有限公司，开始专业从事礼品业务。

陈建明决心在礼品市场做出自己的品牌，把这个市场的潜力挖深，把礼品的内涵做透。他提供给客户的礼品都经过精心设计，质量完全保证，并且按时交货，获得客户的长期信赖。陈建明在给企业做商务礼品的时候，会根据企业具体的经营做相应的礼品策划方案，精益求精，为企业打造出和企业融为一体的礼品，从而和客户形成长期的合作关系。到 2009 年 12 月，仅 8 个月时间，陈建明创立的礼品公司就实现销售额 120 万元。

从陈建明的经历来看，创业成功要明确三点：一是创业不是一蹴而就，而是一个长期积累、精密策划的过程；二是在创业前，项目的确定是非常关键的，要找到一个新颖的、市场中没有或才起步的项目，这样才能避开激烈的市场竞争，创造出“奇兵”的效果，创业也就比较容易成功；三是创业不能光凭勇气和蛮力，需要用知识武装头脑，用智慧装点机敏，还需要有灵敏的市场嗅觉。

## 案例 2：财富就在身边，行动成就梦想

陈志文是海南大学园艺园林学院海甸校区 2004 级园艺专业学生，自 2004 年入学以后，经院团委招聘选拔，进入学院宣传部工作，成为一名团委干事。在担任团委干事期间，陈志文同学不但做好了本职工作，而且主动提出帮助外联部工作。在老干部的带领下，该同学开始外出为学院活动拉赞助，与经销商合作做促销活动，外联工作进行得有声有色。

2005 年 5 月，南昌强生生物有限公司设立海南办事处，并在校园招聘兼职业务代表，做生物学试剂销售。陈志文和几个同学一起报了名，并开始了新的奔波。凭借着外联工作的基础，加上自己的勤奋与执着，陈志文的销售业绩一直在同时进入公司的同学当中遥遥领先，并很快被任命为该公司的首席业务代表，尽管那时他还只是一名大二的学生。

但是，陈志文并没有满足于首席业务代表的职务，在了解公司运营模式后，凭借着积累起来的一点人脉，他开始摸索自己的创业之路。2006 年 3 月，陈志文辞去南昌强生生物有限公司海南办事处首席业务代表职务，找来一名合作伙伴陈江，共同成立了海口美兰天生化试剂营业部。营业部成立之初，启动资金总共不到 5 万元，还都是通过他与陈江两个人找亲戚朋友一点一滴凑到的，营业部的全体工作人员也只有三人，经营的业务范围仅限于生物学试剂和耗材。虽然创业的风险和困难摆在面前，但他们依然坚持自己的梦想。凭借着先前工作打下的基础和三人团队的日夜拼搏，小小的营业部在经历了短暂的艰难维持之后，销售业绩在刚刚足以支撑日常开销的基础上开始逐步增长，公司的业务量也在接下来的日子开始不断增长，随之而来的是资金需求量的不断增加。创业之初那 5 万块钱已经远远不能满足他们的需求，这个问题如果得不到解决，将会成为营业部发展不可逾越的障碍。于是，他们开始四处寻找资金来源。也许是年轻人的创业热情与执着感动了别人，也许是营业部良好的发展势态坚定了别人对他们的信心，就在他们为筹集资金忙碌奔走的时候，一个客户（中国热带农业科学院博士、研究员）同意无偿借给他们 20 万元，用以帮助他们逐步扩大经营。这 20 万元资金的注入使营业部的运营如鱼得水，施展的空间进一步加大了，2006 年的营业额达到了 100 万余元。

2007 年是一个丰收年，陈志文的营业部继续扩大规模，拓展客户市场，营业额在 2006 年的基础上翻了三番。为了进一步扩大市场和进军政府采购领域，2007 年 11 月，海南天地科技有限公司正式注册成立了。2008 年，是 2004 级大学生的毕业年，当陈志文的同学们拿着毕业简历四处投递的时候，他已经把自己公司的招聘广告挂在校园招聘会上，并抱着一大堆求职简历逐个筛选起来。大学毕业后，陈志文开始把全部的时间与精力都投入到事业当中，尝试参与政府采购竞标，不仅公司的业绩再上了一个台阶，而且经营范围也进一步扩大了，涵盖了科教仪器设备、工业仪器设备、生物试剂耗材、生化试剂耗材以及医药化工试剂耗材等，市场领域由原先的科研院所逐步渗透到高校、农业系统、海洋渔业系统、公安系统、进出口检验检疫系统、医疗系统等部门。至此，公司的经营范围和市场定位已经基本形成。

早期学生干部的经历，培养和锻炼了陈志文的组织、协调、判断能力以及社会交往能力，而后来的兼职工作，为他的创业奠定了社会基础。总结陈志文创业的案例，其成功的关键在于以下几点：

首先，拥有良好的创业团队。创业前必须慎重，选择良好的合作伙伴，组建优质的团队至关重要。

其次，要有一定数量的创业资金。创业资金曾经是陈志文团队发展的瓶颈，创业时不但要考虑前期的启动资金，也要考虑团队业务发展所必需的后续投入。

再次，选对项目。选择一个自己熟悉的并且有发展前景的项目是陈志文团队成功的关键。切不可盲目听从别人的介绍与劝导，在不熟悉行业内部情况的前提下盲目投入。

最后，拥有良好的人脉关系。这是保证团队能够在成立之初就打开局面的关键。当然，百分之九十九的人脉关系都不是与生俱来的，关键是后期的交流与交往。如果没有现成的人脉关系，就必须要有很强的社交能力。这样才能够迅速建立并不断扩大人脉关系网络。

## 案例 3：失败的创业经历

**1. 创业者：小侯**

2012 年 8 月中旬，小侯大学毕业之后走上了创业之路。因为喜欢汽车，他把目标锁定于与汽车有关的项目，一家属于他自己的汽车饰品店在一番忙碌之后诞生了。但是仅仅半年，他就鸣金收兵，败下阵来。回忆那段创业的日子，让小侯很是痛苦：付出很多，回报太少。其实，创业之前，小侯是做了充分准备的。因为喜欢汽车，他就琢磨着在汽车方面找路子。他先到网上搜集了一些关于汽车消费品的创业项目。然后根据实际情况,考虑到随着人们生活水平的提高,买车的人越来越多,而爱车的人一般都比较注重车内装饰,那么开一家汽车饰品店,生意应该不错。

觉得自己的想法还是比较顺应市场发展的,小侯就高高兴兴地开始了第二步工作。他先从网上搜索了一些经营汽车饰品的代理商,并对各家的产品质量和价位进行了比较,然后选定一家太原的代理商。经过联系,他和那家代理商签好了协议,交了 6 000 元的加盟费,就开始租房子、装修、进货,脑子里满是憧憬的小侯很快就成了老板。但是现实却给小侯的热情浇了一盆冷水,开张后,顾客寥寥。尽管他店里的饰品很吸引眼球,无奈饰品店所处的位置比较偏,路过的车倒是不少,但也仅仅是路过,而且大部分是大货车,根本不会在这样一个地段停车,也不会来买车内饰品。小侯每天都早早开店,很晚才打烊,商品的价位也定得很低,就这样,开业半年,总共才卖出两三千元的货。这时,房租到期了,小侯不敢再恋战,把剩下的货放到朋友空着的车库里,从此再也不提开店的事了。

小侯创业失败的主要原因是没有事先做好市场调查,再加上店址选择不当,最终导致失败。

**2. 创业者:小李**

小李开店不容易,因为家庭经济比较困难,从资金和心理上,小李都有很大的压力。在权衡许久之后,他看上了一个投资回报快的项目——风味灌汤包。虽说店面不大,但投资却也不少,房租、设备、原料、员工,还有学习技术的费用,加起来也花去三四万元。为了开店,小李还向朋友借了一万多元。但不管怎么样,总算是把自己的店开起来了。开张的一个多月里,小李的生意好得不得了,可能是因为有风味小吃的诱惑,店里每天都是顾客盈门,可是没过几个月,风味灌汤包的小吃店如雨后春笋般出现在附近的大街小巷,小李店前的顾客数量明显减少。在朋友的建议下,小李也开始卖其他风味小吃,但生意还是没有多大的起色。

在连续亏损了两个月后,小李的店就关门大吉了,赔了一万多元,对一个大学毕业生来说,这并不是个小数目。小李失败后,没有再选择创业,而是选择了一份薪水不高的工作,虽说薪水不高,但心里踏实。

小李失败的原因显而易见——没有做好市场调查和市场预测。选择创业项目一定要有自己的特色,小李的失败是在项目选择上,他选择的项目没有很大的市场潜力,同时该项目也已经有些市场饱和,缺乏发展潜力。在准备创业的时候,一定要学会一些必要的技能,如市场营销、市场调查等,小李说他最大的失败是没有认识到自己应该学习之后再去创业,以至于盲目跟风,导致创业失败。

我们每个人都是消费者，但并非每个人都能成为创业者，其区别就在于有的人能发现商机，并善于抓住商机；有的人与商机迎面相逢却毫无知觉，擦肩而过。陈建明在大学期间就发现海南的礼品市场需求空间很大，从而发现了商机；陈志文作为南昌强生生物有限公司的兼职业务代表，从而找到了创业的方向。所谓找到商机，无非就是发现别人的需求，有需求就有商机。那些成功企业家的经历告诉我们，很多创业者就是从身边的日常生活需求中发现商机的，对日常生活需求的认识往往就是创业的开始。留心观察满足需求的条件和渠道，注重与同类消费者的信息沟通，有时会自发联想到实现需求的商业创意，及时把商业创意转化为行动，就有可能取得意想不到的成功。

**讨论题：**

1. 结合创业成功与失败的案例，谈谈如何规避创业风险。

2. 请你仔细观察身边的人和事，看看能否发现某种商机，如果真的发现了某种商机，请认真撰写一份创业计划书。

## 思考题

1. 创业计划书的主题思想是什么？如何撰写创业计划书？
2. 大学生创业的主要融资渠道有哪些？大学生如何解决创业资金来源？
3. 大学生创业可以申请哪些种类的贷款？如何申请？
4. 大学生创业会面临哪些风险？

# 参考文献

[1] 樊莹,罗淑贞:《财务学原理》,东北财经大学出版社,2012年。
[2] 朱艳阳,李晓翠:《公司理财》,经济管理出版社,2010年。
[3] 秦海敏,苏淑艳,张国柱,等:《财务管理》,清华大学出版社,2012年。
[4] 杨志慧:《财务管理》,立信会计出版社,2011年。
[5] 陈玉菁,宋良荣:《财务管理》,清华大学出版社,2011年。
[6] 荆新,王化成,刘俊彦:《财务管理学》,中国人民大学出版社,2012年。
[7] 中国注册会计师协会:《财务成本管理:CPA考试用书》,经济科学出版社,2013年。
[8] 上官敬芝,赵秀芳,陈玲娣:《财务管理学》,高等教育出版社,2010年。
[9] 陈纪南,张华:《财务与成本管理》,化学工业出版社,2004年。
[10] 李淑平,蒋葵:《中级财务管理》(第3版),武汉理工大学出版社,2013年。
[11] 李航星:《财务管理学》,四川大学出版社,2013年。
[12] 杨春甫,李光富:《财务管理》,华中科技大学出版社,2013年。
[13] 陈小平:《财务管理教程》,华东理工大学出版社,2012年。
[14] 田中禾,张涛:《财务管理理论与实务》,兰州大学出版社,2012年。
[15] 骆永菊,郑蔚文:《财务管理学实用教程》,北京大学出版社,2012年。
[16] 汤谷良:《财务管理案例》,北京大学出版社,2012年。
[17] 杨淑娥:《财务管理学》(第2版),高等教育出版社,2014年。
[18] 谷祺,王棣华:《高级财务管理》,东北财经大学出版社,2010年。
[19] 李海波,蒋瑛:《财务管理》,立信会计出版社,2013年。
[20] 田明:《中级财务管理全国会计专业技术资格考试辅导用书》,经济科学出版社,2013年。
[21] 沈洪涛,樊莹,罗淑贞:《初级财务管理》,东北财经大学出版社,2008年。
[22] 中国专业硕士命题研究中心,上海金程教育金融硕士教研组:《金融硕士(MF)辅导》,复旦大学出版社,2011年。
[23] 傅太平,颜剩勇:《财务管理》,湘潭大学出版社,2011年。

[24] 刘伟主:《财务管理》,华中科技大学出版社,2011 年。

[25] 李金兰,柏春红,姚丽琼,等:《财务管理》,北京大学出版社,2012 年。

[26] 张思强,卞继红,陈素琴:《财务管理理论与实务》,北京大学出版社,2012 年。

[27] 孙建文:《创业财务管理》,中国轻工业出版社,2012 年。

[28] 竺素娥,裘益政:《创业企业财务管理》,东北财经大学出版社,2013 年。

[29] 马永斌:《公司治理与股权激励》,清华大学出版社,2010 年。

[30] 刘彦文,张晓红:《公司治理》,清华大学出版社,2010 年。

[31] 高明华:《公司治理学》,中国经济出版社,2009 年。

[32] 王国红:《创业管理》,大连理工大学出版社,2005 年。

[33] 于东智:《公司治理》,中国人民大学出版社,2005 年。

[24] 茅宁,汪丽:《公司理财》,北京师范大学出版社,2006 年。

[35] 刘淑莲:《高级财务管理理论与实务》,东北财经大学出版社,2005 年。

[36] 张蔚虹:《技术创业:新创企业融资与理财》,西安电子科技大学出版社,2009 年。

[37] 王恩国:《创业期企业财务管理研究》,东北财经大学硕士学位论文,2005 年。

# 附表

## 附表 1 复利终值系数表

| n \ i | 1% | 2% | 3% | 4% | 5% | 6% | 7% | 8% | 9% | 10% | 11% | 12% | 13% | 14% | 15% | 16% | 17% | 18% | 19% | 20% | 25% | 30% |
|---|---|---|---|---|---|---|---|---|---|---|---|---|---|---|---|---|---|---|---|---|---|---|
| 1 | 1.010 | 1.020 | 1.030 | 1.040 | 1.050 | 1.060 | 1.070 | 1.080 | 1.090 | 1.100 | 1.110 | 1.120 | 1.130 | 1.140 | 1.150 | 1.160 | 1.170 | 1.180 | 1.190 | 1.200 | 1.250 | 1.300 |
| 2 | 1.020 | 1.040 | 1.061 | 1.082 | 1.103 | 1.124 | 1.145 | 1.166 | 1.188 | 1.210 | 1.232 | 1.254 | 1.277 | 1.300 | 1.323 | 1.346 | 1.369 | 1.392 | 1.416 | 1.440 | 1.563 | 1.690 |
| 3 | 1.030 | 1.061 | 1.093 | 1.125 | 1.158 | 1.191 | 1.225 | 1.260 | 1.295 | 1.331 | 1.368 | 1.405 | 1.443 | 1.482 | 1.521 | 1.561 | 1.602 | 1.643 | 1.685 | 1.728 | 1.953 | 2.197 |
| 4 | 1.041 | 1.082 | 1.126 | 1.170 | 1.216 | 1.263 | 1.311 | 1.361 | 1.412 | 1.464 | 1.518 | 1.574 | 1.631 | 1.689 | 1.749 | 1.811 | 1.874 | 1.939 | 2.005 | 2.074 | 2.441 | 2.856 |
| 5 | 1.051 | 1.104 | 1.159 | 1.217 | 1.276 | 1.338 | 1.403 | 1.469 | 1.539 | 1.611 | 1.685 | 1.762 | 1.842 | 1.925 | 2.011 | 2.100 | 2.192 | 2.288 | 2.386 | 2.488 | 3.052 | 3.713 |
| 6 | 1.062 | 1.126 | 1.194 | 1.265 | 1.340 | 1.419 | 1.501 | 1.587 | 1.677 | 1.772 | 1.870 | 1.974 | 2.082 | 2.195 | 2.313 | 2.436 | 2.565 | 2.700 | 2.840 | 2.986 | 3.815 | 4.827 |
| 7 | 1.072 | 1.149 | 1.230 | 1.316 | 1.407 | 1.504 | 1.606 | 1.714 | 1.828 | 1.949 | 2.076 | 2.211 | 2.353 | 2.502 | 2.660 | 2.826 | 3.001 | 3.186 | 3.379 | 3.583 | 4.768 | 6.275 |
| 8 | 1.083 | 1.172 | 1.267 | 1.369 | 1.478 | 1.594 | 1.718 | 1.851 | 1.993 | 2.144 | 2.305 | 2.476 | 2.658 | 2.853 | 3.059 | 3.278 | 3.512 | 3.759 | 4.021 | 4.300 | 5.961 | 8.157 |
| 9 | 1.094 | 1.195 | 1.305 | 1.423 | 1.551 | 1.690 | 1.839 | 1.999 | 2.172 | 2.358 | 2.558 | 2.773 | 3.004 | 3.252 | 3.518 | 3.803 | 4.108 | 4.436 | 4.785 | 5.160 | 7.451 | 10.605 |
| 10 | 1.105 | 1.219 | 1.344 | 1.480 | 1.629 | 1.791 | 1.967 | 2.159 | 2.367 | 2.594 | 2.839 | 3.106 | 3.395 | 3.707 | 4.046 | 4.411 | 4.807 | 5.234 | 5.695 | 6.192 | 9.313 | 13.786 |
| 11 | 1.116 | 1.243 | 1.384 | 1.540 | 1.710 | 1.898 | 2.105 | 2.332 | 2.580 | 2.853 | 3.152 | 3.479 | 3.836 | 4.226 | 4.652 | 5.117 | 5.624 | 6.176 | 6.777 | 7.430 | 11.642 | 17.922 |
| 12 | 1.127 | 1.268 | 1.426 | 1.601 | 1.796 | 2.012 | 2.252 | 2.518 | 2.813 | 3.138 | 3.499 | 3.896 | 4.335 | 4.818 | 5.350 | 5.936 | 6.580 | 7.288 | 8.064 | 8.916 | 14.552 | 23.298 |
| 13 | 1.138 | 1.294 | 1.469 | 1.665 | 1.886 | 2.133 | 2.410 | 2.720 | 3.066 | 3.452 | 3.883 | 4.364 | 4.898 | 5.492 | 6.153 | 6.886 | 7.699 | 8.599 | 9.596 | 10.699 | 18.190 | 30.288 |
| 14 | 1.150 | 1.320 | 1.513 | 1.732 | 1.980 | 2.261 | 2.579 | 2.937 | 3.342 | 3.798 | 4.310 | 4.887 | 5.535 | 6.261 | 7.076 | 7.988 | 9.008 | 10.147 | 11.420 | 12.839 | 22.737 | 39.374 |
| 15 | 1.161 | 1.346 | 1.558 | 1.801 | 2.079 | 2.397 | 2.759 | 3.172 | 3.643 | 4.177 | 4.785 | 5.474 | 6.254 | 7.138 | 8.137 | 9.266 | 10.539 | 11.974 | 13.590 | 15.407 | 28.422 | 51.186 |
| 16 | 1.173 | 1.373 | 1.605 | 1.873 | 2.183 | 2.540 | 2.952 | 3.426 | 3.970 | 4.595 | 5.311 | 6.130 | 7.067 | 8.137 | 9.358 | 10.748 | 12.330 | 14.129 | 16.172 | 18.488 | 35.527 | 66.542 |
| 17 | 1.184 | 1.400 | 1.653 | 1.948 | 2.292 | 2.693 | 3.159 | 3.700 | 4.328 | 5.055 | 5.895 | 6.866 | 7.986 | 9.277 | 10.761 | 12.468 | 14.427 | 16.672 | 19.244 | 22.186 | 44.409 | 86.504 |
| 18 | 1.196 | 1.428 | 1.702 | 2.026 | 2.407 | 2.854 | 3.380 | 3.996 | 4.717 | 5.560 | 6.544 | 7.690 | 9.024 | 10.575 | 12.376 | 14.463 | 16.879 | 19.673 | 22.901 | 26.623 | 55.511 | 112.455 |
| 19 | 1.208 | 1.457 | 1.754 | 2.107 | 2.527 | 3.026 | 3.617 | 4.316 | 5.142 | 6.116 | 7.263 | 8.613 | 10.197 | 12.056 | 14.232 | 16.777 | 19.748 | 23.214 | 27.252 | 31.948 | 69.389 | 146.192 |
| 20 | 1.220 | 1.486 | 1.806 | 2.191 | 2.653 | 3.207 | 3.870 | 4.661 | 5.604 | 6.728 | 8.062 | 9.646 | 11.523 | 13.744 | 16.367 | 19.461 | 23.106 | 27.393 | 32.429 | 38.338 | 86.736 | 190.050 |
| 25 | 1.282 | 1.641 | 2.094 | 2.666 | 3.386 | 4.292 | 5.427 | 6.849 | 8.623 | 10.835 | 13.586 | 17.000 | 21.231 | 26.462 | 32.919 | 40.874 | 50.658 | 62.669 | 77.388 | 95.396 | 264.698 | 705.641 |
| 30 | 1.348 | 1.811 | 2.427 | 3.243 | 4.322 | 5.744 | 7.612 | 10.063 | 13.268 | 17.449 | 22.892 | 29.960 | 39.116 | 50.950 | 66.212 | 85.850 | 111.065 | 143.371 | 184.675 | 237.376 | 807.794 | 2619.996 |

## 附表 2 复利现值系数表

| n \ i | 1% | 2% | 3% | 4% | 5% | 6% | 7% | 8% | 9% | 10% | 11% | 12% | 13% | 14% | 15% | 16% | 17% | 18% | 19% | 20% | 25% | 30% |
|---|---|---|---|---|---|---|---|---|---|---|---|---|---|---|---|---|---|---|---|---|---|---|
| 1 | 0.990 | 0.980 | 0.971 | 0.962 | 0.952 | 0.943 | 0.935 | 0.926 | 0.917 | 0.909 | 0.901 | 0.893 | 0.885 | 0.877 | 0.870 | 0.862 | 0.855 | 0.848 | 0.840 | 0.833 | 0.800 | 0.769 |
| 2 | 0.980 | 0.961 | 0.943 | 0.925 | 0.907 | 0.890 | 0.873 | 0.857 | 0.842 | 0.826 | 0.812 | 0.797 | 0.783 | 0.770 | 0.756 | 0.743 | 0.731 | 0.718 | 0.706 | 0.694 | 0.640 | 0.592 |
| 3 | 0.971 | 0.942 | 0.915 | 0.889 | 0.864 | 0.840 | 0.816 | 0.794 | 0.772 | 0.751 | 0.731 | 0.712 | 0.693 | 0.675 | 0.658 | 0.641 | 0.624 | 0.609 | 0.593 | 0.579 | 0.512 | 0.455 |
| 4 | 0.961 | 0.924 | 0.889 | 0.855 | 0.823 | 0.792 | 0.763 | 0.735 | 0.708 | 0.683 | 0.659 | 0.636 | 0.613 | 0.592 | 0.572 | 0.552 | 0.534 | 0.516 | 0.499 | 0.482 | 0.410 | 0.350 |
| 5 | 0.952 | 0.906 | 0.863 | 0.822 | 0.784 | 0.747 | 0.713 | 0.681 | 0.650 | 0.621 | 0.594 | 0.567 | 0.543 | 0.519 | 0.497 | 0.476 | 0.456 | 0.437 | 0.419 | 0.402 | 0.328 | 0.269 |
| 6 | 0.942 | 0.888 | 0.838 | 0.790 | 0.746 | 0.705 | 0.666 | 0.630 | 0.596 | 0.565 | 0.535 | 0.507 | 0.480 | 0.456 | 0.432 | 0.410 | 0.390 | 0.370 | 0.352 | 0.335 | 0.262 | 0.207 |
| 7 | 0.933 | 0.871 | 0.813 | 0.760 | 0.711 | 0.665 | 0.623 | 0.584 | 0.547 | 0.513 | 0.482 | 0.452 | 0.425 | 0.400 | 0.376 | 0.354 | 0.333 | 0.314 | 0.296 | 0.279 | 0.210 | 0.159 |
| 8 | 0.924 | 0.854 | 0.789 | 0.731 | 0.677 | 0.627 | 0.582 | 0.540 | 0.502 | 0.467 | 0.434 | 0.404 | 0.376 | 0.351 | 0.327 | 0.305 | 0.285 | 0.266 | 0.249 | 0.233 | 0.168 | 0.123 |
| 9 | 0.914 | 0.837 | 0.766 | 0.703 | 0.645 | 0.592 | 0.544 | 0.500 | 0.460 | 0.424 | 0.391 | 0.361 | 0.333 | 0.308 | 0.284 | 0.263 | 0.243 | 0.226 | 0.209 | 0.194 | 0.134 | 0.094 |
| 10 | 0.905 | 0.820 | 0.744 | 0.676 | 0.614 | 0.558 | 0.508 | 0.463 | 0.422 | 0.386 | 0.352 | 0.322 | 0.295 | 0.270 | 0.247 | 0.227 | 0.208 | 0.191 | 0.176 | 0.162 | 0.107 | 0.073 |
| 11 | 0.896 | 0.804 | 0.722 | 0.650 | 0.585 | 0.527 | 0.475 | 0.429 | 0.388 | 0.351 | 0.317 | 0.288 | 0.261 | 0.237 | 0.215 | 0.195 | 0.178 | 0.162 | 0.148 | 0.135 | 0.086 | 0.056 |
| 12 | 0.887 | 0.789 | 0.701 | 0.625 | 0.557 | 0.497 | 0.444 | 0.397 | 0.356 | 0.319 | 0.286 | 0.257 | 0.231 | 0.208 | 0.187 | 0.169 | 0.152 | 0.137 | 0.124 | 0.112 | 0.069 | 0.043 |
| 13 | 0.879 | 0.773 | 0.681 | 0.601 | 0.530 | 0.469 | 0.415 | 0.368 | 0.326 | 0.290 | 0.258 | 0.229 | 0.204 | 0.182 | 0.163 | 0.145 | 0.130 | 0.116 | 0.104 | 0.094 | 0.055 | 0.033 |
| 14 | 0.870 | 0.758 | 0.661 | 0.578 | 0.505 | 0.442 | 0.388 | 0.341 | 0.299 | 0.263 | 0.232 | 0.205 | 0.181 | 0.160 | 0.141 | 0.125 | 0.111 | 0.099 | 0.088 | 0.078 | 0.044 | 0.025 |
| 15 | 0.861 | 0.743 | 0.642 | 0.555 | 0.481 | 0.417 | 0.362 | 0.315 | 0.275 | 0.239 | 0.209 | 0.183 | 0.160 | 0.140 | 0.123 | 0.108 | 0.095 | 0.084 | 0.074 | 0.065 | 0.035 | 0.020 |
| 16 | 0.853 | 0.728 | 0.623 | 0.534 | 0.458 | 0.394 | 0.339 | 0.292 | 0.252 | 0.218 | 0.188 | 0.163 | 0.142 | 0.123 | 0.107 | 0.093 | 0.081 | 0.071 | 0.062 | 0.054 | 0.028 | 0.015 |
| 17 | 0.844 | 0.714 | 0.605 | 0.513 | 0.436 | 0.371 | 0.317 | 0.270 | 0.231 | 0.198 | 0.170 | 0.146 | 0.125 | 0.108 | 0.093 | 0.080 | 0.069 | 0.060 | 0.052 | 0.045 | 0.023 | 0.012 |
| 18 | 0.836 | 0.700 | 0.587 | 0.494 | 0.416 | 0.350 | 0.296 | 0.250 | 0.212 | 0.180 | 0.153 | 0.130 | 0.111 | 0.095 | 0.081 | 0.069 | 0.059 | 0.051 | 0.044 | 0.038 | 0.018 | 0.009 |
| 19 | 0.828 | 0.686 | 0.570 | 0.475 | 0.396 | 0.331 | 0.277 | 0.232 | 0.195 | 0.164 | 0.138 | 0.116 | 0.098 | 0.083 | 0.070 | 0.060 | 0.051 | 0.043 | 0.037 | 0.031 | 0.014 | 0.007 |
| 20 | 0.820 | 0.673 | 0.554 | 0.456 | 0.377 | 0.312 | 0.258 | 0.215 | 0.178 | 0.149 | 0.124 | 0.104 | 0.087 | 0.073 | 0.061 | 0.051 | 0.043 | 0.037 | 0.031 | 0.026 | 0.012 | 0.005 |
| 25 | 0.780 | 0.610 | 0.478 | 0.375 | 0.295 | 0.233 | 0.184 | 0.146 | 0.116 | 0.092 | 0.074 | 0.059 | 0.047 | 0.038 | 0.030 | 0.025 | 0.020 | 0.016 | 0.013 | 0.011 | 0.004 | 0.001 |
| 30 | 0.742 | 0.552 | 0.412 | 0.308 | 0.231 | 0.174 | 0.131 | 0.099 | 0.075 | 0.057 | 0.044 | 0.033 | 0.026 | 0.020 | 0.015 | 0.012 | 0.009 | 0.007 | 0.005 | 0.004 | 0.001 | 0.000 |

## 附表 3　年金终值系数表

| n \ i | 1% | 2% | 3% | 4% | 5% | 6% | 7% | 8% | 9% | 10% | 11% | 12% | 13% | 14% | 15% | 16% | 17% | 18% | 19% | 20% | 25% | 30% |
|---|---|---|---|---|---|---|---|---|---|---|---|---|---|---|---|---|---|---|---|---|---|---|
| 1 | 1.000 | 1.000 | 1.000 | 1.000 | 1.000 | 1.000 | 1.000 | 1.000 | 1.000 | 1.000 | 1.000 | 1.000 | 1.000 | 1.000 | 1.000 | 1.000 | 1.000 | 1.000 | 1.000 | 1.000 | 1.000 | 1.000 |
| 2 | 2.010 | 2.020 | 2.030 | 2.040 | 2.050 | 2.060 | 2.070 | 2.080 | 2.090 | 2.100 | 2.110 | 2.120 | 2.130 | 2.140 | 2.150 | 2.160 | 2.170 | 2.180 | 2.190 | 2.200 | 2.250 | 2.300 |
| 3 | 3.030 | 3.060 | 3.091 | 3.122 | 3.153 | 3.184 | 3.215 | 3.246 | 3.278 | 3.310 | 3.342 | 3.374 | 3.407 | 3.440 | 3.473 | 3.506 | 3.539 | 3.572 | 3.606 | 3.640 | 3.813 | 3.990 |
| 4 | 4.060 | 4.122 | 4.184 | 4.247 | 4.310 | 4.375 | 4.440 | 4.506 | 4.573 | 4.641 | 4.710 | 4.779 | 4.850 | 4.921 | 4.993 | 5.067 | 5.141 | 5.215 | 5.291 | 5.368 | 5.766 | 6.187 |
| 5 | 5.101 | 5.204 | 5.309 | 5.416 | 5.526 | 5.637 | 5.751 | 5.867 | 5.985 | 6.105 | 6.228 | 6.353 | 6.480 | 6.610 | 6.742 | 6.877 | 7.014 | 7.154 | 7.297 | 7.442 | 8.207 | 9.043 |
| 6 | 6.152 | 6.308 | 6.468 | 6.633 | 6.802 | 6.975 | 7.153 | 7.336 | 7.523 | 7.716 | 7.913 | 8.115 | 8.323 | 8.536 | 8.754 | 8.978 | 9.207 | 9.442 | 9.683 | 9.930 | 11.259 | 12.756 |
| 7 | 7.214 | 7.434 | 7.663 | 7.898 | 8.142 | 8.394 | 8.654 | 8.923 | 9.200 | 9.487 | 9.783 | 10.089 | 10.405 | 10.731 | 11.067 | 11.414 | 11.772 | 12.142 | 12.523 | 12.916 | 15.074 | 17.583 |
| 8 | 8.286 | 8.583 | 8.892 | 9.214 | 9.549 | 9.898 | 10.260 | 10.637 | 11.029 | 11.436 | 11.859 | 12.300 | 12.757 | 13.233 | 13.727 | 14.240 | 14.773 | 15.327 | 15.902 | 16.499 | 19.842 | 23.858 |
| 9 | 9.369 | 9.755 | 10.159 | 10.583 | 11.027 | 11.491 | 11.978 | 12.488 | 13.021 | 13.580 | 14.164 | 14.776 | 15.416 | 16.085 | 16.786 | 17.519 | 18.285 | 19.086 | 19.923 | 20.799 | 25.802 | 32.015 |
| 10 | 10.462 | 10.950 | 11.464 | 12.006 | 12.578 | 13.181 | 13.816 | 14.487 | 15.193 | 15.937 | 16.722 | 17.549 | 18.420 | 19.337 | 20.304 | 21.322 | 22.393 | 23.521 | 24.709 | 25.959 | 33.253 | 42.620 |
| 11 | 11.567 | 12.169 | 12.808 | 13.486 | 14.207 | 14.972 | 15.784 | 16.646 | 17.560 | 18.531 | 19.561 | 20.655 | 21.814 | 23.045 | 24.349 | 25.733 | 27.200 | 28.755 | 30.404 | 32.150 | 42.566 | 56.405 |
| 12 | 12.683 | 13.412 | 14.192 | 15.026 | 15.917 | 16.870 | 17.889 | 18.977 | 20.141 | 21.384 | 22.713 | 24.133 | 25.650 | 27.271 | 29.002 | 30.850 | 32.824 | 34.931 | 37.180 | 39.581 | 54.208 | 74.327 |
| 13 | 13.809 | 14.680 | 15.618 | 16.627 | 17.713 | 18.882 | 20.141 | 21.495 | 22.953 | 24.523 | 26.212 | 28.029 | 29.985 | 32.089 | 34.352 | 36.786 | 39.404 | 42.219 | 45.245 | 48.497 | 68.760 | 97.625 |
| 14 | 14.947 | 15.974 | 17.086 | 18.292 | 19.599 | 21.015 | 22.551 | 24.215 | 26.019 | 27.975 | 30.095 | 32.393 | 34.883 | 37.581 | 40.505 | 43.672 | 47.103 | 50.818 | 54.841 | 59.196 | 86.950 | 127.913 |
| 15 | 16.097 | 17.293 | 18.599 | 20.024 | 21.579 | 23.276 | 25.129 | 27.152 | 29.361 | 31.773 | 34.405 | 37.280 | 40.418 | 43.842 | 47.580 | 51.660 | 56.110 | 60.965 | 66.261 | 72.035 | 109.687 | 167.286 |
| 16 | 17.258 | 18.639 | 20.157 | 21.825 | 23.658 | 25.673 | 27.888 | 30.324 | 33.003 | 35.950 | 39.190 | 42.753 | 46.672 | 50.980 | 55.718 | 60.925 | 66.649 | 72.939 | 79.850 | 87.442 | 138.109 | 218.472 |
| 17 | 18.430 | 20.012 | 21.762 | 23.698 | 25.840 | 28.213 | 30.840 | 33.750 | 36.974 | 40.545 | 44.501 | 48.884 | 53.739 | 59.118 | 65.075 | 71.673 | 78.979 | 87.068 | 96.022 | 105.931 | 173.636 | 285.014 |
| 18 | 19.615 | 21.412 | 23.414 | 25.645 | 28.132 | 30.906 | 33.999 | 37.450 | 41.301 | 45.599 | 50.396 | 55.750 | 61.725 | 68.394 | 75.836 | 84.141 | 93.406 | 103.740 | 115.266 | 128.117 | 218.045 | 371.518 |
| 19 | 20.811 | 22.841 | 25.117 | 27.671 | 30.539 | 33.760 | 37.379 | 41.446 | 46.019 | 51.159 | 56.940 | 63.440 | 70.749 | 78.969 | 88.212 | 98.603 | 110.285 | 123.414 | 138.166 | 154.740 | 273.556 | 483.973 |
| 20 | 22.019 | 24.297 | 26.870 | 29.778 | 33.066 | 36.786 | 40.996 | 45.762 | 51.160 | 57.275 | 64.203 | 72.052 | 80.947 | 91.025 | 102.444 | 115.380 | 130.033 | 146.628 | 165.418 | 186.688 | 342.945 | 630.166 |
| 25 | 28.243 | 32.030 | 36.459 | 41.646 | 47.727 | 54.865 | 63.249 | 73.106 | 84.701 | 98.347 | 114.413 | 133.334 | 155.620 | 181.871 | 212.793 | 249.214 | 292.105 | 342.604 | 402.043 | 471.981 | 1054.791 | 2348.803 |
| 30 | 34.785 | 40.568 | 47.575 | 56.085 | 66.439 | 79.058 | 94.461 | 113.283 | 136.308 | 164.494 | 199.021 | 241.333 | 293.199 | 356.787 | 434.745 | 530.312 | 647.439 | 790.948 | 966.712 | 1181.882 | 3227.174 | 8729.986 |

## 附表 4　年金现值系数表

| n \ i | 1% | 2% | 3% | 4% | 5% | 6% | 7% | 8% | 9% | 10% | 11% | 12% | 13% | 14% | 15% | 16% | 17% | 18% | 19% | 20% | 25% | 30% |
|---|---|---|---|---|---|---|---|---|---|---|---|---|---|---|---|---|---|---|---|---|---|---|
| 1 | 0.990 | 0.980 | 0.971 | 0.962 | 0.952 | 0.943 | 0.935 | 0.926 | 0.917 | 0.909 | 0.901 | 0.893 | 0.885 | 0.877 | 0.870 | 0.862 | 0.855 | 0.848 | 0.840 | 0.833 | 0.800 | 0.769 |
| 2 | 1.970 | 1.942 | 1.914 | 1.886 | 1.859 | 1.833 | 1.808 | 1.783 | 1.759 | 1.736 | 1.713 | 1.690 | 1.668 | 1.647 | 1.626 | 1.605 | 1.585 | 1.566 | 1.547 | 1.528 | 1.440 | 1.361 |
| 3 | 2.941 | 2.884 | 2.829 | 2.775 | 2.723 | 2.673 | 2.624 | 2.577 | 2.531 | 2.487 | 2.444 | 2.402 | 2.361 | 2.322 | 2.283 | 2.246 | 2.210 | 2.174 | 2.140 | 2.107 | 1.952 | 1.816 |
| 4 | 3.902 | 3.808 | 3.717 | 3.630 | 3.546 | 3.465 | 3.387 | 3.312 | 3.240 | 3.170 | 3.102 | 3.037 | 2.975 | 2.914 | 2.855 | 2.798 | 2.743 | 2.690 | 2.639 | 2.589 | 2.362 | 2.166 |
| 5 | 4.853 | 4.714 | 4.580 | 4.452 | 4.330 | 4.212 | 4.100 | 3.993 | 3.890 | 3.791 | 3.696 | 3.605 | 3.517 | 3.433 | 3.352 | 3.274 | 3.199 | 3.127 | 3.058 | 2.991 | 2.689 | 2.436 |
| 6 | 5.796 | 5.601 | 5.417 | 5.242 | 5.076 | 4.917 | 4.767 | 4.623 | 4.486 | 4.355 | 4.231 | 4.111 | 3.998 | 3.889 | 3.785 | 3.685 | 3.589 | 3.498 | 3.410 | 3.326 | 2.951 | 2.643 |
| 7 | 6.728 | 6.472 | 6.230 | 6.002 | 5.786 | 5.582 | 5.389 | 5.206 | 5.033 | 4.868 | 4.712 | 4.564 | 4.423 | 4.288 | 4.160 | 4.039 | 3.922 | 3.812 | 3.706 | 3.605 | 3.161 | 2.802 |
| 8 | 7.652 | 7.326 | 7.020 | 6.733 | 6.463 | 6.210 | 5.971 | 5.747 | 5.535 | 5.335 | 5.146 | 4.968 | 4.799 | 4.639 | 4.487 | 4.344 | 4.207 | 4.078 | 3.954 | 3.837 | 3.329 | 2.925 |
| 9 | 8.566 | 8.162 | 7.786 | 7.435 | 7.108 | 6.802 | 6.515 | 6.247 | 5.995 | 5.759 | 5.537 | 5.328 | 5.132 | 4.946 | 4.772 | 4.607 | 4.451 | 4.303 | 4.163 | 4.031 | 3.463 | 3.019 |
| 10 | 9.471 | 8.983 | 8.530 | 8.111 | 7.722 | 7.360 | 7.024 | 6.710 | 6.418 | 6.145 | 5.889 | 5.650 | 5.426 | 5.216 | 5.019 | 4.833 | 4.659 | 4.494 | 4.339 | 4.193 | 3.571 | 3.092 |
| 11 | 10.368 | 9.787 | 9.253 | 8.761 | 8.306 | 7.887 | 7.499 | 7.139 | 6.805 | 6.495 | 6.207 | 5.938 | 5.687 | 5.453 | 5.234 | 5.029 | 4.836 | 4.656 | 4.487 | 4.327 | 3.656 | 3.147 |
| 12 | 11.255 | 10.575 | 9.954 | 9.385 | 8.863 | 8.384 | 7.943 | 7.536 | 7.161 | 6.814 | 6.492 | 6.194 | 5.918 | 5.660 | 5.421 | 5.197 | 4.988 | 4.793 | 4.611 | 4.439 | 3.725 | 3.190 |
| 13 | 12.134 | 11.348 | 10.635 | 9.986 | 9.394 | 8.853 | 8.358 | 7.904 | 7.487 | 7.103 | 6.750 | 6.424 | 6.122 | 5.842 | 5.583 | 5.342 | 5.118 | 4.910 | 4.715 | 4.533 | 3.780 | 3.223 |
| 14 | 13.004 | 12.106 | 11.296 | 10.563 | 9.899 | 9.295 | 8.746 | 8.244 | 7.786 | 7.367 | 6.982 | 6.628 | 6.303 | 6.002 | 5.725 | 5.468 | 5.229 | 5.008 | 4.802 | 4.611 | 3.824 | 3.249 |
| 15 | 13.865 | 12.849 | 11.938 | 11.118 | 10.380 | 9.712 | 9.108 | 8.560 | 8.061 | 7.606 | 7.191 | 6.811 | 6.462 | 6.142 | 5.847 | 5.576 | 5.324 | 5.092 | 4.876 | 4.676 | 3.859 | 3.268 |
| 16 | 14.718 | 13.578 | 12.561 | 11.652 | 10.838 | 10.106 | 9.447 | 8.851 | 8.313 | 7.824 | 7.379 | 6.974 | 6.604 | 6.265 | 5.954 | 5.669 | 5.405 | 5.162 | 4.938 | 4.730 | 3.887 | 3.283 |
| 17 | 15.562 | 14.292 | 13.166 | 12.166 | 11.274 | 10.477 | 9.763 | 9.122 | 8.544 | 8.022 | 7.549 | 7.120 | 6.729 | 6.373 | 6.047 | 5.749 | 5.475 | 5.222 | 4.990 | 4.775 | 3.910 | 3.295 |
| 18 | 16.398 | 14.992 | 13.754 | 12.659 | 11.690 | 10.828 | 10.059 | 9.372 | 8.756 | 8.201 | 7.702 | 7.250 | 6.840 | 6.467 | 6.128 | 5.818 | 5.534 | 5.273 | 5.033 | 4.812 | 3.928 | 3.304 |
| 19 | 17.226 | 15.679 | 14.324 | 13.134 | 12.085 | 11.158 | 10.336 | 9.604 | 8.950 | 8.365 | 7.839 | 7.366 | 6.938 | 6.550 | 6.198 | 5.878 | 5.585 | 5.316 | 5.070 | 4.844 | 3.942 | 3.311 |
| 20 | 18.046 | 16.351 | 14.878 | 13.590 | 12.462 | 11.470 | 10.594 | 9.818 | 9.129 | 8.514 | 7.963 | 7.469 | 7.025 | 6.623 | 6.259 | 5.929 | 5.628 | 5.353 | 5.101 | 4.870 | 3.954 | 3.316 |
| 25 | 22.023 | 19.524 | 17.413 | 15.622 | 14.094 | 12.783 | 11.654 | 10.675 | 9.823 | 9.077 | 8.422 | 7.843 | 7.330 | 6.873 | 6.464 | 6.097 | 5.766 | 5.467 | 5.195 | 4.948 | 3.985 | 3.329 |
| 30 | 25.808 | 22.397 | 19.600 | 17.292 | 15.373 | 13.765 | 12.409 | 11.258 | 10.274 | 9.427 | 8.694 | 8.055 | 7.496 | 7.003 | 6.566 | 6.177 | 5.829 | 5.517 | 5.235 | 4.979 | 3.995 | 3.332 |